新时代外国语言文学
新发展研究丛书

总主编 罗选民 庄智象

文体学新发展研究

Stylistics: New Perspectives and Development

张德禄 贾晓庆 雷茜 / 著

清华大学出版社
北 京

内 容 简 介

本书重点探讨新时期文体学发展的趋势和脉络，包括四个部分。第一部分概述自20世纪以来文体学的总体发展趋势；第二部分探讨文体学理论的发展，重点探讨近十年来文体学理论的新发展；第三部分探讨文体学研究方法的类型和发展，以及未来的发展趋势；第四部分探讨文体学研究的主要实践。本书将历时研究和共时研究，理论探讨和实践研究，全面性、探索性、预测性相结合，突出文体学理论和实践的新发展。本书适合从事文体学、文学、语言学等研究的研究者参考使用。

版权所有，侵权必究。举报：010-62782989，beiqinquan@tup.tsinghua.edu.cn。

图书在版编目（CIP）数据

文体学新发展研究/张德禄，贾晓庆，雷茜著. —北京：清华大学出版社，2021.6
（2023.6重印）
（新时代外国语言文学新发展研究丛书）
ISBN 978-7-302-57336-4

Ⅰ.①文… Ⅱ.①张… ②贾… ③雷… Ⅲ.①文体论—研究 Ⅳ.①H052

中国版本图书馆CIP数据核字（2021）第018006号

策划编辑：郝建华
责任编辑：郝建华　周　航
封面设计：黄华斌
责任校对：王凤芝
责任印制：丛怀宇

出版发行：清华大学出版社
　　　　网　　　址：http://www.tup.com.cn，http://www.wqbook.com
　　　　地　　　址：北京清华大学学研大厦A座　邮　编：100084
　　　　社 总 机：010-83470000　邮　购：010-62786544
　　　　投稿与读者服务：010-62776969，c-service@tup.tsinghua.edu.cn
　　　　质 量 反 馈：010-62772015，zhiliang@tup.tsinghua.edu.cn

印 装 者：大厂回族自治县彩虹印刷有限公司
经　　销：全国新华书店
开　　本：155mm×230mm　印　张：26.75　字　数：408千字
版　　次：2021年8月第1版　印　次：2023年6月第2次印刷
定　　价：146.00元

产品编号：088063-02

中国英汉语比较研究会
"新时代外国语言文学新发展研究丛书"
编委会名单

总主编

罗选民　　庄智象

编　委

（按姓氏拼音排序）

蔡基刚	陈　桦	陈　琳	邓联健	董洪川
董燕萍	顾曰国	韩子满	何　伟	胡开宝
黄国文	黄忠廉	李清平	李正栓	梁茂成
林克难	刘建达	刘正光	卢卫中	穆　雷
牛保义	彭宣维	冉永平	尚　新	沈　园
束定芳	司显柱	孙有中	屠国元	王东风
王俊菊	王克非	王　蔷	王文斌	王　寅
文秋芳	文卫平	文　旭	辛　斌	严辰松
杨连瑞	杨文地	杨晓荣	俞理明	袁传有
查明建	张春柏	张　旭	张跃军	周领顺

总　　序

　　外国语言文学是我国人文社会科学的一个重要组成部分。自 1862 年同文馆始建，我国的外国语言文学学科已历经一百五十余年。一百多年来，外国语言文学学科一直伴随着国家的发展、社会的变迁而发展壮大，推动了社会的进步，促进了政治、经济、文化、教育、科技、外交等各项事业的发展，增强了与国际社会的交流、沟通与合作，每个发展阶段无不体现出时代的要求和特征。

　　20 世纪之前，中国语言研究的关注点主要在语文学和训诂学层面，由于"字"研究是核心，缺乏区分词类的语法标准，语法分析经常是拿孤立词的意义作为基本标准。1898 年诞生了中国第一部语法著作《马氏文通》，尽管"字"研究仍然占据主导地位，但该书宣告了语法作为独立学科的存在，预示着语言学这块待开垦的土地即将迎来生机盎然的新纪元。1919 年，反帝反封建的"五四运动"掀起了中国新文化运动的浪潮，语言文学研究（包括外国语言文学研究）得到蓬勃发展。中华人民共和国成立后，尤其是改革开放以来，外国语言文学学科的发展势头持续迅猛。至 20 世纪末，学术体系日臻完善，研究理念、方法、手段等日趋科学、先进，几乎达到与国际研究领先水平同频共振的程度，取得了令人瞩目的成绩，有力地推动和促进了人文社会科学的建设，并支持和服务于改革开放和各项事业的发展。

　　无独有偶，在处于转型时期的"五四运动"前后，翻译成为显学，成为了解外国文化、思想、教育、科技、政治和社会的重要途径和窗口，成为改造旧中国的利器。在那个时期，翻译家由边缘走向中国的学术中心，一批著名思想家、翻译家，通过对外国语言文学的文献和作品的译介塑造了中国现代性，其学术贡献彪炳史册，为中国学术培育做出了重大贡献。许多西方学术理论、学科都是经过翻译才得以为中国高校所熟悉和接受，如王国维翻译教育学和农学的基础读本、吴宓翻译哈佛大学白璧德的新人文主义美学作品等。这些翻译文本从一个侧面促成了中国高等教育学科体系的发展和完善，社会学、人类学、民俗学、美学、教育学等，几乎都是在这一时期得以创建和发展的。翻译服务对于文化交流交融和促进文明互鉴,功不可没,而翻译学也在经历了语文学、语言学、文化学等转向之后,日趋成熟,如今在让中国了解世界、让世界了解中国,尤其是"一带一路"建设、人类命运共同体构建,讲好中国故事、传递好中国声音等方面承担着重要使命与责任,任重而道远。

20世纪初,外国文学深刻地影响了中国现代文学的形成,犹如鲁迅所言,要学普罗米修斯,为中国的旧文学窃来"天国之火",发出中国文学革命的呐喊,在直面人生、救治心灵、改造社会方面起到不可替代的作用。大量的外国先进文化也因此传入中国,为塑造中国现代性发挥了重大作用。从清末开始特别是"五四运动"以来,外国文学的引进和译介蔚然成风。经过几代翻译家和学者的持续努力,在翻译、评论、研究、教学等诸多方面成果累累。改革开放之后,外国文学研究更是进入繁荣时代,对外国作家及其作品的研究逐渐深化,在外国文学史的研究和著述方面越来越成熟,在文学理论与文学批评的译介和研究方面、在不断创新国外文学思想潮流中,基本上与欧美学术界同步进展。

外国文学翻译与研究的重大意义,在于展示了世界各国文学的优秀传统,在文学主题深化、表现形式多样化、题材类型丰富化、批评方法论的借鉴等方面显示出生机与活力,显著地启发了中国文学界不断形成新的文学观,使中国现当代文学创作获得了丰富的艺术资源,同时也有力地推动了高校相关领域学术研究的开展。

进入21世纪,中国的外国语言学研究得到了空前的发展,不仅及时引进了西方语言学研究的最新成果,还将这些理论运用到汉语研究的实践;不仅有介绍、评价,也有批评,更有审辨性的借鉴和吸收。英语、汉语比较研究得到空前重视,成绩卓著,"两张皮"现象得到很大改善。此外,在心理语言学、神经语言学和认知语言学等与当代科学技术联系紧密的学科领域,外国语言学学者充当了排头兵,与世界分享语言学研究的新成果和新发现。一些外语教学的先进理念和语言政策的研究成果为国家制定外语教育政策和发展战略也做出了积极的贡献。

习近平总书记指出:"要着力推进国际传播能力建设,创新对外宣传方式,加强话语体系建设,着力打造融通中外的新概念新范畴新表述,讲好中国故事,传播好中国声音,增强在国际上的话语权。"为贯彻这一要求,教育部近期提出要全面推进新工科、新医科、新农科、新文科等建设。新文科概念正式得到国家教育部门的认可,并被赋予新的内涵和定位，即以全球新技术革命、新经济发展、中国特色社会主义新时代为背景，突破传统的文科思维模式与文科建构体系，创建与新时代、新思想、新科技、新文化相呼应的新文科理论框架和研究范式。新文科具备传统文科和跨学科的特点，注重科学技术、战略创新和融合发展，立足中国，面向世界。

新文科建设理念对外国语言文学学科建设提出了新目标、新任务、新要求、新格局。具体而言，新文科旗帜下的外国语言文学学科的发展目标是：服务国家教育发展战略的知识体系框架，兼备迎接新科技革命的挑战能力，彰显人文学科与交叉学科的深度交融特点，夯实中外政治、文化、社会、历史等通识课程的建设，打通跨专业、跨领域的学习机制，确立多维立体互动教学模式。这些新文科要素将助推新文科精神、内涵、理念得以彻底贯彻落实到教育实践中，为国家培养出更多具有融合创新的专业能力，具有国际化视野，理解和通晓对象国人文、历史、地理、语言的人文社科领域外语人才。

进入新时代，我国外国语言文学的教育、教学和研究发生了巨大变化，无论是理论的探索和创新，方法的探讨和应用，还是具体的实验和实践，都成绩斐然。回顾、总结、梳理和提炼一个年代的学术发展，尤其是从理论、方法和实践等几个层面展开研究，更有其学科和学术价值及现实和深远意义。

鉴于上述理念和思考，我们策划、组织、编写了这套"新时代外国语言文学新发展研究丛书"，旨在分析和归纳近十年来我国外国语言文学学科重大理论的构建、研究领域的探索、核心议题的研讨、研究方法的探讨，以及各领域成果在我国的应用与实践，发现目前研究中存在的主要不足，为外国语言文学学科发展提出可资借鉴的建议。我们希望本丛书的出版，能够帮助该领域的研究者、学习者和爱好者了解和掌握学科前沿的最新发展成果，熟悉并了解现状，知晓存在的问题，探索发展趋势和路径，从而助力中国学者构建融通中外的话语体系，用学术成果来阐述中国故事，最终产生能屹立于世界学术之林的中国学派！

本丛书由中国英汉语比较研究会联合上海时代教育出版研究中心组织研发，由研究会下属29个二级分支机构协同创新、共同打造而成。罗选民和庄智象审阅了全部书稿提纲；研究会秘书处聘请了二十余位专家对书稿提纲逐一复审和批改；黄国文终审并批改了大部分书稿提纲。

本丛书的作者大都是知名学者或中青年骨干，接受过严格的学术训练，有很好的学术造诣，并在各自的研究领域有丰硕的科研成果，他们所承担的著作也分别都是迄今该领域动员资源最多的科研项目之一。本丛书主要包括"外国语言学""外国文学""翻译学""比较文学与跨文化研究"和"国别和区域研究"五个领域，集中反映和展示各自领域的最新理论、方法和实践的研究成果，每部著作内容涵盖理论界定、研究范畴、研究视角、研究方法、研究范式，同时也提出存在的问题，指明发展的前景。总之，本丛书基于外国语言文学学科的五个主要方向，借助基础研究与应用研究的有机契合、共时研究与历时研究的相辅相成、定量研究与定性研究的有效融合，科学系统地概括、总结、梳理、提炼近十年外国语言文学学科的发展历程、研究现状以及未来的发展趋势，为我国外国语言文学学科高质量建设与发展呈现可视性极强的研究成果，以期在提升国家软实力、构建人类命运共同体过程中承担起更重要的使命和责任。

感谢清华大学出版社和上海时代教育出版研究中心的大力支持。我们希望在研究会与出版社及研究中心的共同努力下，打造一套外国语言文学研究学术精品，向伟大的中国共产党建党一百周年献上一份诚挚的厚礼！

罗选民　庄智象

2021 年 6 月

前　　言

在中华人民共和国建国70周年（2019）之际，中国英汉语比较研究会联合相关机构拟推出"新时代外国语言文学新发展研究丛书"，并计划在中国共产党成立100周年之际出版，作为对我国建党和建国大业的献礼，具有很强的社会意义、现实意义、历史意义和学术价值。

我国进入新时代以来，各行各业、各个领域都发生了巨大变化，外国语言文学的教育、教学和研究也是如此。特别是近十年来，无论是理论探索和创新、方法探讨和应用，还是具体的实验和实践，都取得了很多优秀成果。回顾、总结、梳理、研究和提炼十年来的学术发展，尤其从理论、方法、实践等几个层面展开研究更有其学科和学术价值及现实和深远的意义。

本书重点探讨新时期文体学发展的趋势和脉络，由概述、理论、方法、实践和结论五个部分组成。概述部分重点探讨文体学的学科背景和历史发展历程，对20世纪的发展状况进行综述，然后探讨进入21世纪文体学的新发展，包括21世纪初的发展情况，以及近十年文体学的发展脉络等。理论部分重点探讨近十年重要的文体学理论，包括文体学核心理论概念及表述、重要理论议题及观点，以及对它作出的分析和评价；近十年文体学领域的重要研究论文及专著，它们对学科发展产生的影响及贡献，以及近十年来文体学领域出现的代表性团体及人物。方法部分首先探讨在21世纪文体学领域发展的主流研究方法、产生的影响以及对这些新方法的评价；然后探讨近十年来文体学研究方法的新发展，以及在发展过程中的新变化及调整；最后，探讨文体学研究方法的发展趋势及发展前景并作出评价。实践部分探讨文体学学科领域的实践所面临的挑战、遇到的问题，并进行介绍和评价；文体学家应对挑战所采取的措施，取得的效果和作出的评价；文体学各学科和流派间的互动实践、协作研究等；文体学在其他各个学科的应用和实践，以及一些重要的实践项目。结论部分对全书的研究进行综合分析、讨论和评价，同时也表达了作者的学术观点。

  本书的写作对作者来说具有很大的挑战性——既要掌握整个文体学理论的发展脉络，还需要在多个角度上掌握文体学研究所涉及的方方面面。首先，他不仅需要掌握所有的文体学理论，还要掌握各种文体学的研究方法，以及各种不同的文体学理论和流派在不同的实践领域的应用潜势和价值。在讨论每个相关的理论时，要讨论它相应的发展阶段，主要概念或理念的形成、观点的产生、主要的目的；每一部分还要有相应的发展阶段、主要概念或理念的形成、观点的产生、主要的学术流派、主要的标志性成果、主要的学术代表性人物或团体、主要的标志性学术会议；每个学术流派应有主要的标志性成果、主要的学术代表性人物或团体、主要的标志性学术会议、主要的学术期刊等，仿佛进入浩瀚的学术海洋中。

  第二，除了对相关的文体学理论、研究方法和应用实践要熟悉外，作者还要对文体学发展的总体趋势做出合理的判断：哪些理论和方法会在将来的某个阶段消亡、变异或成为主流，哪些理论和方法会在某些新的领域得到大规模应用等，哪些理论和方法还有可能在不久的将来出现，或替代现有的理论和方法等。

  第三，除了对文体学整体学科的掌握外，还需要熟知每个理论和流派，及其使用的方法和应用领域。这个目前流行和兴盛的文体学理论，如功能文体学、认知文体学等的基本理论基础、理论框架、历史发展轨迹、研究的基本方法、研究的角度、出发点、范围、特点是什么，将来会有什么发展动态，有哪些人物和研究机构主要研究这个理论，他们有哪些标志性的成果等。研究者需要清楚每个理论所涉及的方面，所以，对作者是很大的挑战。

  第四，从文体学的整体理论发展来看，每一个理论或流派都不是孤立发展的，都是在与其他学科的理论和流派共存共生、相互竞争，又相互依存发展而来的。理论之间既有矛盾、竞争，也具有互补性，对于整体学科的发展都会有贡献。所以，在研究中，如何认识不同流派的理论的优势和不足，发挥其长处，避免其缺陷，将本学科所有的相关理论汇入文体学理论、方法和实践的洪流中也是研究者的重要任务。

本书第一部分对文体学发展的概述从文体学在修辞学中的孕育和发展开始，但概述的重心放在修辞研究中与文体相关的部分上。然后，本部分重点介绍文体学在20世纪的诞生和发展；最后，我们将落脚于文体学在21世纪的新发展及其未来发展趋势上。本部分的概述分为两章，第1章首先介绍文体学在修辞学中的孕育和发展，但重点是现代文体学的诞生和文体学在20世纪的繁荣和发展。第2章主要关注文体学在21世纪的新发展和文体学的未来发展趋势。此外，本书的主要研究对象是英语文体学。虽然英语文体学来源于西方文体学，但英语文体学基本上能够代表西方文体学，因为在20世纪，特别是20世纪后期和21世纪的开始阶段，西方文体学基本上就是英语文体学。我们在讨论英语文体学的产生和发展时则需要了解西方文体学，因为在研究英语文体学时，不探讨西方文体学，英语文体学就成为无源之水、无本之木，难以进行深入探讨。因此，本部分的概述始于西方文体学，但主体是英语文体学的产生和发展。

第二部分探讨文体学理论的发展。这是全书的主体，重点探讨近十年来文体学理论的发展，并且作出评价。近十年的文体学理论以功能文体学、认知文体学、多模态文体学和语料库文体学为主体，并勾勒出了文体学的发展脉络，包括以下四章：第3章探讨近十年功能文体学的重要理论发展，包括核心理论及表述，重要的议题和观点，对近十年功能文体学理论发展的分析和评价；近十年在本领域的主要著作和论文，以及对学科发展产生的影响和贡献；近十年在功能文体学领域国际国内的重要学术团体和专家，以及对这个学科的贡献。第4章探讨近十年认知文体学的重要理论发展，包括核心理论及表述，重要的议题和观点，对近十年认知文体学理论发展的分析和评价；近十年在本领域的主要著作和论文，以及对学科发展产生的影响和贡献；近十年在认知文体学领域国际国内的重要学术团体和专家，以及对这个学科的贡献。第5章探讨近十年多模态文体学的重要理论发展，包括核心理论及表述，重要的议题和观点，对近十年多模态文体学理论发展的分析和评价；近十年在本领域的主要著作和论文，以及对学科发展产生的影响和贡献；近十年在多模态文体学领域国际国内的重要学术团体和专家，以及对这个学科的贡献。第6章探讨近十年语料库文体学的重要理论发展，包括核心理论及表述，重要的议题和观点，对近十年多模态文体学理论发展的分析和评价；近十年在本领域的主要著作和论文，以及对学科发展产生的影响和贡献；近十年在语料库文体学领域国际国内的重要学术团体和专家，以及对这个学科的贡献。

第三部分探讨文体学研究方法的类型和发展情况，以及将来的发展趋势。本部分包括以下两章：第7章探讨21世纪文体学主流的研究方法，以及产生的影响和对这种发展的评价；第8章探讨近十年来文体学的新发展，发展过程中的变化及调整，研究方法未来的走向，对文体学研究方法的发展作出预测与评价，并进行展望。文体学研究在开始阶段，主要采用定性的实证方法，对文本语言特征进行描述和分析，得出数据，解释其文体效应。伯克和埃弗斯（Burke & Evers, 2014: 35）认为"早期文体学的实证性并不是通过观察数据提出假设，然后采用量化或实验方法检验假设而体现出来的，而是通过采用语言学理论开展文本语音层、字形层、句法层和语义层的语言特征分析，并对文本的意义进行更加深入的判断和评价而体现出来的"。然而，伴随着科技发展，统计方法和实验方法应用于文体学，改变了文体研究实证性的内涵，同时大大增加了文体研究的科学性和精确性，使其成为一门真正意义上定量和定性相结合的实证科学。尤其是进入21世纪后，文体研究不仅在传统方法上更加深入，而且新兴方法也层出不穷，因此有必要全面回顾文体学研究方法的发展。

第四部分研究文体学的主要实践，包括两章。第9章探讨文体学理论研究实践以及理论应用实践情况。本章把现代文体学研究实践中的问题归纳为四个方面：（1）文体学的寄生问题；（2）研究范围的不确定性；（3）西方文体学与中国文体学的交融问题；（4）文体学实践范围的不确定性。并且探讨了在这些方面所面临的挑战，对其进行评价，同时提出通过接触和对话、召开相关会议、设计合作研究课题、扩大研究范围来应对挑战的思路和举措，以及产生的效果和对效果的评价。

第10章探讨文体学不同理论和流派间的相互联系形成的实践活动，这种实践过程产生的效果，以及对效果的评价等；文体学理论的应用实践、相关的项目和活动，以及对这些项目和实践的评价等。本章具体探讨论了修辞学与文体学的互动、传统文体学与形式文体学的互动、形式文体学与功能文体学的互动、功能文体学与认知文体学的互动，以及文体学与叙事学的互动等，对不同文体学流派互动的效果进行了介绍并作出了评价，提出了文体学理论研究领域扩展并发展起来的新的文体学理论或流派，包括批评文体学、语用文体学、语料库文体学和多模态文体学，并且研究了文体学的应用实践领域，探讨了教学文体学、翻译文体学、媒体文体学等领域。

最后是总结，对21世纪，特别是近十年的发展进行综合分析、讨论与评价等。

本书表现出与其他专著不同的特点。首先，本书把历时研究和共时研究相结合，既有历时跨度，如从现代文体学出现到21世纪20年代末；又致力于共时研究，讨论一个历史阶段的文体学及其各种理论和流派的发展状况，把研究重点着眼于近十年的发展。第二，本书把理论、方法和实践相结合，首先探讨基本理论框架及创新，然后探讨所使用的方法及创新，最后探讨该理论在不同学科和实践领域的应用，同时还关注理论研究和实践应用取得的具体成果。第三，本书突出文体学理论和实践的新发展。本书的研究重点是近十年来文体学理论、方法和实践的新发展，但它面向未来，研究将来可能的发展趋势，以及如何发展更有利或更有前途。最后，本研究将全面性、探索性、预测性相结合。本书的全面性前面已经作了介绍，但本书并不只是像文献综述那样把发展脉络理清楚，而是在全面总结文体学近期，特别是近十年的发展的同时，探索发展的特点、路径和规律，并且给予讨论和评价。

本书的作者共三人，其中张德禄负责全书的设计，第四部分的第9章和第10章的写作，前言、目录的编写以及全书的统稿工作。贾晓庆负责第二部分第3章至第6章的写作。雷茜负责第一部分第1章和第2章、第三部分第7章和第8章的写作。

感谢中国英汉语比较研究会推出"新时代外国语言文学新发展研究丛书"，给我们撰写本书提供了机会。感谢清华大学出版社外语分社出版该系列丛书。也感谢同济大学、上海理工大学、西安外国语大学对本书撰写给予的各种支持和帮助。

本书适合作为文体学、文学、语言学研究者的参考资料，也适合作为给这些专业的研究生、博士生、研究人员和教师进行科学研究和教学的参考文献。

张德禄

同济大学外语学院

2020 年 9 月

目　　录

第一部分　文体学发展概述 ·· 1

第 1 章　文体学在 20 世纪的产生和发展 ················· 3

1.1　引言 ·· 3
1.2　文体学在修辞学中的孕育和发展 ·························· 3
  1.2.1　古典修辞学中的文体研究 ···························· 4
  1.2.2　中世纪修辞学中的文体研究 ························ 6
  1.2.3　文艺复兴时期修辞学对文体研究的重视 ······ 7
  1.2.4　启蒙时期修辞学对文体学的贡献 ················ 8
  1.2.5　20 世纪文体学与修辞学的分离 ··················· 9
  1.2.6　文体学与修辞学的关系 ····························· 10
1.3　文体学在西方的诞生和发展 ······························ 11
  1.3.1　文体学的诞生 ·· 11
  1.3.2　文学文体学地位的确立 ····························· 12
1.4　文体学在西方的繁荣 ·· 14
  1.4.1　形式文体学 ·· 14
  1.4.2　功能文体学 ·· 17
  1.4.3　感受文体学 ·· 20
  1.4.4　教学文体学 ·· 21
  1.4.5　语用文体学 ·· 22
  1.4.6　批评文体学 ·· 24
  1.4.7　女性文体学 ·· 26

1.5 文体学在我国的发展 ··················· 27
   1.5.1 西方文体学在我国的发展 ············· 27
   1.5.2 汉语文体学的发展 ··················· 29
1.6 结语 ···································· 32

第2章 文体学在21世纪的新发展 ············· 33

2.1 引言 ···································· 33
2.2 世纪之交兴起的文体学分支 ················ 33
   2.2.1 认知文体学 ·························· 34
   2.2.2 语料库文体学 ························ 42
   2.2.3 叙事文体学 ·························· 45
2.3 功能文体学在21世纪的新发展 ············· 48
2.4 21世纪新兴的文体学分支 ·················· 52
   2.4.1 多模态文体学 ························ 52
   2.4.2 情感文体学 ·························· 56
   2.4.3 文体学和真实读者 ···················· 58
2.5 21世纪我国文体研究的新发展 ············· 63
   2.5.1 我国外语界文体研究的新发展 ········· 63
   2.5.2 汉语文体学的新发展 ·················· 67
2.6 文体学发展趋势展望 ······················ 69
2.7 结语 ···································· 73

第二部分 21世纪文体学理论的新发展 ········· 75

第3章 功能文体学的新发展 ··················· 81

3.1 引言 ···································· 81

目录

- 3.2 功能文体学的重要理论发展 ······················ 81
  - 3.2.1 评价文体学的出现 ···························· 82
  - 3.2.2 经典元功能分析的延续和发展 ············ 84
  - 3.2.3 基于哈桑的语言理论的功能文体分析 ···· 89
  - 3.2.4 功能文体学与其他学科理论的结合 ········ 89
  - 3.2.5 功能文体学研究对象的扩展 ················ 94
- 3.3 近十年功能文体学领域的主要著作和论文 ···· 96
- 3.4 近十年功能文体学领域重要学术团体和专家 ···· 97
- 3.5 对近十年各个文体学理论发展的分析和评价 ···· 98
- 3.6 结语 ·· 98

第4章 认知文体学的新发展 ···························· 101

- 4.1 引言 ·· 101
- 4.2 认知文体学的重要理论发展 ························ 102
  - 4.2.1 认知文体学/认知诗学与认知科学的双向发展探讨 ···································· 103
  - 4.2.2 经典认知文体学理论被用于多体裁、多模态研究 ···································· 106
  - 4.2.3 经典认知文体学理论发展、融合及与其他学科结合 ·································· 114
  - 4.2.4 认知文体学的实证研究 ···················· 117
  - 4.2.5 认知语法的深入应用 ························ 124
  - 4.2.6 认知文体学的跨学科融合 ················ 129
- 4.3 近十年认知文体学领域的主要著作和论文 ···· 130
- 4.4 近十年认知文体学领域重要学术团体和专家 ···· 141

4.5　对近十年认知文体学理论发展的分析和
　　　评价 ··· 156
4.6　结语 ··· 157

第 5 章　多模态文体学的新发展 ························· 159

5.1　引言 ··· 159
5.2　多模态文体学的重要理论发展 ···················· 159
　　　5.2.1　分析对象从图文模态拓展到多种模态 ······ 159
　　　5.2.2　多模态文体分析框架的建构 ·················· 163
　　　5.2.3　多模态文体学的跨学科应用 ·················· 163
5.3　近十年多模态文体学领域的主要著作和
　　　论文 ··· 165
5.4　近十年多模态文体学领域重要学术团体和
　　　专家 ··· 170
5.5　对近十年多模态文体学理论发展的分析和
　　　评价 ··· 172
5.6　结语 ··· 173

第 6 章　语料库文体学的新发展 ························· 175

6.1　引言 ··· 175
6.2　语料库文体学的重要理论发展 ···················· 177
　　　6.2.1　检索分析多种体裁中的多种语言特征 ······ 177
　　　6.2.2　系统介绍语料库文体学的论著 ··············· 178
　　　6.2.3　语料库文体学的跨学科结合 ·················· 180
6.3　近十年语料库文体学领域的主要著作和
　　　论文 ··· 185
6.4　近十年语料库文体学领域重要学术团体和
　　　专家 ··· 188

6.5 对近十年语料库文体学理论发展的分析和评价 ················ 194
6.6 结语 ················ 195

第三部分 文体学研究方法的发展 ················ 199

第7章 21世纪文体学的主要研究方法 ················ 201
7.1 引言 ················ 201
7.2 文体研究的方法论 ················ 201
    7.2.1 理论取向 ················ 202
    7.2.2 方法论基本假定 ················ 202
    7.2.3 逻辑策略和研究路径 ················ 203
7.3 文体学的基本研究方法 ················ 204
    7.3.1 语言学理论方法 ················ 204
    7.3.2 操作方法 ················ 204
    7.3.3 推理方法 ················ 209
7.4 21世纪文体学的主要研究方法 ················ 211
    7.4.1 统计方法 ················ 211
    7.4.2 语料库方法 ················ 217
    7.4.3 心理实验方法 ················ 223
7.5 结语 ················ 230

第8章 近十年文体研究方法的新进展 ················ 231
8.1 引言 ················ 231
8.2 多模态方法 ················ 231
    8.2.1 理论基础 ················ 232
    8.2.2 主要研究方法 ················ 232
    8.2.3 研究现状 ················ 234

  8.2.4 多模态方法对文体学的贡献 ················· 236

  8.2.5 多模态方法存在的问题 ····················· 237

 8.3 认知神经实验方法 ································· 238

  8.3.1 理论基础 ································ 238

  8.3.2 主要研究方法 ···························· 239

  8.3.3 研究现状 ································ 241

  8.3.4 认知神经实验方法对文体学的贡献 ············ 243

  8.3.5 认知神经实验方法存在的问题 ··············· 244

 8.4 自然阅读法 ····································· 245

  8.4.1 自然阅读法简介 ·························· 245

  8.4.2 研究现状 ································ 245

  8.4.3 自然阅读法对文体学的贡献及其局限性 ········ 247

 8.5 文体学研究方法发展趋势展望 ······················ 248

 8.6 结语 ··· 250

第四部分 文体学研究的主要实践 ························· 251

第 9 章 文体学理论和应用实践所面临的挑战及应对措施 ········ 255

 9.1 引言 ··· 255

  9.1.1 西方文体学的发展 ························ 256

  9.1.2 中国现代文体学的发展 ···················· 258

  9.1.3 西方文体学在中国文体学研究中的作用 ······· 260

 9.2 文体学发展中的问题 ···························· 261

 9.3 文体学理论的寄生性 ···························· 263

  9.3.1 寄生发展的模式 ·························· 263

  9.3.2 寄生发展的特点 ·························· 269

  9.3.3 解决方案 ································ 270

####### 9.3.4 研究范围的不确定性 272

9.4 西方文体学与中国文体学的交融问题 277
####### 9.4.1 研究现状 277
####### 9.4.2 发展中的问题 279
####### 9.4.3 解决方案及评价 280

9.5 实践范围的不确定性 282
####### 9.5.1 主要问题 282
####### 9.5.2 解决方案 283

9.6 结语 286

第 10 章 文体学各学派间的互动及应用实践 291
10.1 引言 291
10.2 新旧理论互动 291
####### 10.2.1 修辞学与文体学 292
####### 10.2.2 传统文体学与形式文体学 293
####### 10.2.3 形式文体学与功能文体学 295
####### 10.2.4 功能文体学与认知文体学 298
####### 10.2.5 文体学与叙事学 301
10.3 不同文体学流派互动的效果与评价 304
10.4 文体学的实践领域扩展与应用 306
####### 10.4.1 文体学实践领域的扩展 306
####### 10.4.2 文体学理论的应用研究 313
10.5 结语 319

结论 321

参考文献 325

术语表 377

第一部分
文体学发展概述

文体学是一门有着悠久历史的古老学科，因此，对文体学发展的概述需要考虑古今中外四大维度。鉴于本书聚焦文体学的新发展，我们的概述则以现代文体学为主。现代文体学在西方已形成健全的理论体系并拥有独立的学科体系，我国外语界学者的文体研究与西方文体学体系完全吻合，但我国的汉语文体研究比较零散，还没有取得独立的学科地位。因此，我们首先介绍西方文体学的发展，然后概述西方文体学在我国的发展和汉语文体学的发展。实际上，不论是西方文体学还是我国的汉语文体研究都始于修辞学。西方修辞学在两千多年前的意大利和希腊就已成形，而文体研究则是从 20 世纪初开始的。虽然，从两千多年前一直到 20 世纪初，西方都只有修辞学，没有文体学，但在修辞学研究中，语言的文体一直是研究的主要对象之一。因此，本书对文体学发展的概述始于修辞学对文体学的孕育，但概述的重心放在修辞研究中与文体学相关的部分上，当然也离不开对修辞学和文体学关系的简单说明。本部分分为两章，第 1 章首先介绍文体学在修辞学中的孕育和发展，随后重点介绍现代文体学的诞生和文体学在 20 世纪的繁荣和发展。第 2 章主要关注文体学在 21 世纪的新发展和文体学的未来发展趋势。此外，本书在概述西方文体学时主要的研究对象是英语文体学。英语文体学来源于西方文体学，但英语文体学基本上能够代表西方文体学，因为在 20 世纪，特别是 20 世纪后期和 21 世纪的开始阶段，西方文体学基本上就是英语文体学。

第 1 章
文体学在 20 世纪的产生和发展

1.1 引言

文体学的现代化进程从西方开始,因此本章的概述从西方文体学开始,并最终落脚于西方文体学在中国的发展和汉语文体学的发展。又因为现代文体学的诞生离不开修辞学,所以本章首先介绍修辞学对西方文体学的孕育和发展,包括古典修辞学和中世纪修辞学中的文体研究,文艺复兴时期修辞学对文体研究的重视,启蒙时期修辞学对文体学的贡献,20 世纪文体学与修辞学的分离,以及文体学与修辞学的关系。随后介绍文体学在西方的诞生,包括文体学的诞生和文学文体学地位的确立。接着详细回顾 20 世纪 60 年代到 90 年代兴起和繁荣的文体学分支,包括形式文体学、功能文体学、感受文体学、教学文体学、语用文体学、批评文体学、女性文体学等。最后,对 20 世纪西方文体学在我国的发展和汉语文体学的发展进行概述。

1.2 文体学在修辞学中的孕育和发展

西方修辞学在两千多年前的意大利和希腊就已经成形。从两千多年前一直到 20 世纪初,西方都只有修辞学,没有文体学。但在修辞学中,语言的文体一直是研究的主要对象之一。

1.2.1 古典修辞学中的文体研究

早在约公元前700年,古代修辞学就已经诞生了,针对文体的研究在古代修辞学中也可窥见一斑。"传统上把修辞学的缔造者归于在今意大利南部西西里岛锡拉丘斯的柯腊克斯(Corax of Syracuse,公元前476年)"(胡壮麟,1997:6)。公元前4世纪古希腊哲学家亚里士多德(Aristotle)的《修辞学》(On Rhetoric),公元前一世纪古罗马政治家和演说家西塞罗(Cicero)的《论演说家》(On Oratory and Orators)和公元一世纪古罗马教育家和演说家昆体良(Quintilian)的《演说术原理》(Institutio Oratoria)是这一时期主要的修辞学论著(王文融,1984:40)。

高吉亚斯(Gorgias,公元前485年—公元前380年)是继柯腊克斯之后最重要的修辞学家。在其著作《海伦颂》(Encomium of Helen)和《帕拉米提斯》(Palamites)中,高吉亚斯认为,修辞艺术是言语魅力的艺术,是"神幻的力量,通过其魔力,迷惑、劝诱和改变人的灵魂"(胡壮麟,1997:6)。高吉亚斯修辞学研究的对象是口头演讲,他认为修辞学的目的是提高口头演讲的劝说力,或者说是挖掘口头演讲中具有修辞作用的语言手段。同一时期的修辞学家还有苏格拉底(Socrates,公元前469年—公元前399年)。和高吉亚斯一样,苏格拉底也认为修辞学是有关演讲的知识,他把演讲叫作逻格斯(logos)。逻格斯包含四个方面:(1)一般的说话或谈论;(2)系统且有组织的说话,如演讲者的连续说话或讨论;(3)理性的叙述而不是讲述故事或神话;(4)提供理由和解释。此外,这一时期的修辞学论述还包括柏拉图(Plato,公元前427年—公元前347年)的"真修辞理论"。在其《高吉亚斯》("Gorgias")一文中,柏拉图以苏格拉底与高吉亚斯对话的形式提出了自己的修辞理论。柏拉图认为:(1)一个好的语篇应当具有明确而有机的结构;(2)一个真正好的语篇的先决条件是创作这个语篇的人应当了解自己所作题目的真正价值并关注听众;(3)对善恶的正确认识是政治家风度不可或缺的先决条件,但政治家也需要掌握修辞学的技术规则,以使公众信服;(4)一个人的人格应当高于他的文学作品。一个写成的语篇就是作者活的思想的无生命意象,在语篇遭受误解时,作者需要站出来为其解释或辩护。

第 1 章　文体学在 20 世纪的产生和发展

柯腊克斯、高吉亚斯、苏格拉底和柏拉图的研究对象主要是演讲，涉及政治、法律、艺术等领域。虽然他们都没有提到文体或文体学，但他们的研究都和文体学有着千丝万缕的联系，并对文体学研究的重点问题进行了解释：如形式和内容的关系、效果和政治观点与道德的关系、体裁和题材的关系等。

柏拉图的学生亚里士多德（Aristotle，公元前 384 年—公元前 322 年）从语篇的不同体裁与修辞学的关系、听众心理分析和演讲修辞的步骤这三个方面论述了自己的修辞观。

在语篇不同体裁与修辞学的关系方面，亚里士多德认为演讲主要发生在议政、法律和宣德三个领域，后来在文学的各种类别中得到运用，并产生了有关体裁的理论。亚里士多德认为每种体裁都包含一组本质特征，并有高雅低俗之分。而且，每种体裁的表达手段也不同。不同的体裁和表达手段需要作者选择不同的语言和修辞格等。

在听众心理分析方面，亚里士多德认为演讲的修辞效果是在听众中产生的，也只有在听众中才能发现。因此，演讲者在演讲前和演讲中就需要了解听众的好恶、情感、立场等。通过分析不同年龄、不同政治背景以及拥有不同财富的人，亚里士多德发现了听众的共同心理特征和由社会地位、政治利益和历史背景决定的特殊心理特征。亚里士多德认为，进行听众心理分析的主要目的是帮助演讲者选择不同的修辞手段，以达到更好的说服效果。从亚里士多德的听众心理分析中可以看出，他的修辞研究与文体效果紧密联系。

在演讲修辞的步骤方面，亚里士多德认为演讲的整个过程包括觅材取材、谋篇布局、文体风格、记忆和演讲技巧五个阶段。其中，谋篇布局和文体风格与文体学关系相对密切。谋篇布局指以最有效的方式组织演讲。在这里，体裁概念成为主要的研究对象。亚里士多德认为，所有的演讲均由引言、问题的提出、论证说理和结尾四个部分组成。这可以说是亚里士多德对体裁结构的粗略概述。此外，他认为演讲的每个部分都有各自诉诸的劝诱手段：引言（诉诸情感、诉诸人品），问题的提出（诉诸理性），论证说理（诉诸理性），结尾（诉诸情感、诉诸人品）。西塞罗也对演讲的谋篇布局进行了研究，他认为演讲实际上包括五个部分：引言、问题的提出、问题的叙述、观点的阐释和结尾。各个部分的分工如下：引言（诉诸伦理、诉诸情感），问题的提出（诉诸理性），问题的叙述（诉诸理性、诉诸情感），观点的阐释（诉诸理性），结尾（诉诸伦理、诉诸情感）。但是，以上分析只是宏观的体裁结构，并不是具体的语言特征。

文体风格指演讲者对语言的选择。亚里士多德认为选择更加适合语境的语言也是演讲者要认真考虑的问题之一。亚里士多德曾经把文体风格看作一种装饰点缀，一种满足人们感官享受的低级欲望，因此对其不屑一顾。但是他本人开创了对修辞格的研究，也就是说，亚里士多德的文体风格主要指对修辞格的研究。他认为，寻找合适的修辞格是一个探索过程，选择比喻、夸张、讽刺等手段可以使表达更加有效，更易于发现新的思想、开阔演讲者的眼界等。语言的文体风格也是文体学研究的重要对象，在这一点上文体学似乎和修辞学有交叉。确实，两者在研究范围上有一致的地方，但修辞学注重的是选择什么样的语言表达手段能产生相应的修辞效果，而文体学则主要关注语篇中运用了哪些语言手段，这些手段能产生什么样的文体效应。

1.2.2 中世纪修辞学中的文体研究

在中世纪（Middle Ages，约476年—1453年），西方修辞学界活跃着一批诡辩主义者，他们擅长使用华而不实的、浮华多样的表现手段，其中包括语言手法；还有一些热衷于对古典修辞学进行翻译和阐释的修辞学家。尽管他们都没有对修辞学作出新的贡献，但是他们对语言表现手法的重视使文体研究的重要性得到了彰显。这一时期，在修辞学中影响力最大的人物是奥古斯丁（Augustinus，354—430）。奥古斯丁在皈依基督教之前是一个诡辩主义学家；皈依基督教后，他的修辞学思想也发生了变化，开始极其厌恶诡辩主义思想，因此写了著名的《忏悔录》（*Confessions*）(Grasmuck, 2004)。奥古斯丁把修辞学看作一种劝说的方法，而不是一种表现人思想和经历的方法。不难看出，他对修辞学的研究主要集中在讲经布道上，如上文对演讲的修辞研究一样，具有很强的目的性。其次，奥古斯丁扩大了修辞学的研究范围，把说明、描述和论说等内容纳入修辞学，使中世纪的修辞学家可以像古典修辞学家那样从多个方面对修辞学进行研究。遗憾的是，在抛弃诡辩主义思想的同时，他也抛弃了诡辩主义者重视语言表现手段的做法。

1.2.3　文艺复兴时期修辞学对文体研究的重视

文艺复兴时期（The Renaissance，14世纪—17世纪），修辞学发展活跃，形成了传统派、拉米斯派和修辞手段派三个主要流派。其中，占主导地位的是拉米斯派（The Ramists），代表人物是拉米斯（Ramus）。拉米斯把选材取材、构思布局划归为逻辑学，只把文体风格、记忆和演讲技巧作为修辞学的研究内容。就文体风格而言，拉米斯强调风格必须以具体的受众、语境和体裁为转移，不可不加区别地采用同一套标准和价值。不同类别的话语性质不同，对风格的要求也不一样。传统派的主要研究内容是古典修辞学的"五艺说"。芬纳（Fenner，2010）在《逻辑学和修辞学的艺术》(*Artes of Logike and Rhetoryke*)一书中，把"五艺说"的研究划分为逻辑学和修辞学。修辞手段派重点关注修辞格和比喻等修辞手段。修辞手段派的主要代表是谢里（Sherry，2012），他的代表作《论构式和转义》(*A Treatise of Schemes and Tropes*)是16世纪英语修辞格研究的教材。谢里认为修辞格是口才的必要工具，对表达的清晰程度大有裨益。此外，这一时期也不乏英语修辞学的著作，如考克斯（Cox，2009）的《新修辞艺术和技巧》(*Arte or Crafte of Rhetoryke*)和威尔逊（Wilson，1560/2009）的《修辞艺术》(*Arte of Rhetorique*)。

在这个阶段，英语修辞学开始在西方修辞学中登场亮相并发挥其作用。在16世纪，伊拉斯谟（Erasmus）和维韦斯（Vives）在英国学校课程设置中增加了修辞学的内容，推动了修辞学在英国的发展。戴伊（Day，1599）的《英语秘书学》(*The English Secretorie*)用修辞学的理论探讨写作中的修辞。他把书信分为四个类别：论证性书信、商议性书信、司法性书信和通俗性书信，分别探讨了它们的写作方式，并同时探讨了不同书信中的修辞手段。普特纳姆（Puttenham，1589/1970）则把修辞学的研究范围扩大到文学领域，出版了他的专著《英语诗歌的艺术》(Arte of English Poesie)。虽然他仍然是以辞格为主要研究对象,但他研究的是诗歌当中辞格的运用,并且把这些辞格根据对人不同感官的刺激,分为听觉辞格、感觉辞格和说教辞格。听觉辞格指以语音作为媒介的辞格(包括声响、节拍、重音、语调等);感觉辞格指以感官发生变化来刺激听话者的辞格;说教辞格则指既对听觉又对大脑产生刺激的辞格。综上所述,文艺复兴时期的修辞研究都表现出对文体风格的足够重视,为文体学的发展奠定了基础。

1.2.4　启蒙时期修辞学对文体学的贡献

　　启蒙时代或启蒙运动时代(Age of Enlightenment)是指17世纪至18世纪在欧洲以知识传播及文化运动为特征的时代。随着实验科学和归纳性逻辑学的发展,笛卡尔(Descartes,1596—1650)和培根(Bacon,1561—1626)的逻辑学研究都对修辞学作出了重要贡献。笛卡尔公开肯定了风格的重要性和内容对风格的依赖。他重申了"内容与形式之间的和谐与统一"这一修辞原则,提出四种"因言伤义"或"言不及义"的情况:第一,文体上富丽浮夸,但是作品结构松散懈怠。第二,言辞充满有意义的、高尚的思想,然而文风玄虚。第三,文章思想充实,但是表达简陋寒碜。最后一种是文章内容空洞无物,仅仅依靠文字游戏、惹眼诗赋和煞费心机的噱头来吸引读者的注意力。培根(Bacon,1605:129)从经验主义的立场出发研究修辞学,认为修辞的职责和功能是"将理性施加于想象,以便更好地调动意志"。培根把人脑的作用分为记忆、想象、理性、爱好和意图五大类,并在此基础上发展了他的心理学理论。他将心智艺术按照目的分为四类:探索或发明,审验或判断,保存或记忆,表达风格或传统技艺。可以说,培根的修辞学理论将心理学和认识论理论巧妙结合,诉诸人的智能来达到劝说的目的。

　　除了笛卡尔和培根,坎贝尔(Campbell,1719—1796)、布莱尔(Blair,1718—1800)和惠特利(Whately,1787—1863)对古典修辞学的重新解释、阐述和扩展也值得关注。坎贝尔(Campbell,1776)的《修辞哲学》(Philosophy of Rhetoric)是西方修辞理论承前启后的一部重要著作，也是 18 世纪西方修辞学的巅峰之作。在这本书中，坎贝尔把修辞学重新定义为"话语用来适合其目的的艺术或能力"。他认为，话语旨在对人类的不同行为施加影响、产生效果，并进一步指出修辞研究的四个目的，它们是启迪理解、满足想象力、移情和影响意愿。布莱尔在其《修辞学与美文学讲座》(Lectures on Rhetoric and Belles-Lettres)(Downey, 1993) 中提出了以文学鉴赏为主要标准的修辞理论。他用情趣取代雄辩，认为情趣的应用具有净化道德的内在倾向，因此在修辞产生宏观、长远社会效果的过程中发挥关键作用。惠特利 (Whately, 1964) 在其《修辞学原理》(Elements of Rhetoric) 中以亚里士多德的名义重新界定修辞，提出演讲者的人品只能根据听众的感觉来决定的论断。

在英国，这一时期的修辞学家广采各个时期的理论，出现了修辞理论纷呈的局面。受培根和布朗特（Blount, 1618—1679）等人的影响，英国人最终选择了按照一整套固定的语言使用规则来写作的路子，随之兴起的是简洁朴实的写作文体。培根 (Bacon, 1605/1965) 在《学问的进展》(The Advancement of Learning) 中集中探讨了三种文体：一是文体与主题一致；二是简洁文字的使用；三是和谐文体的形成。这对推崇英语的简洁文体起到了重要的推动作用。此外，布朗特（Blount, 1654）在其《雄辩的学问》(The Academie of Eloquence) 中也强调了简洁文体的重要性，他认为优美的文体有四个特点：简洁、清晰、风趣、得体。总而言之，启蒙运动时期的修辞学研究受当时盛行的科学化思潮影响很大，给文体研究也贴上了"科学"的标签，为口语文体的研究和文体学从修辞学中的分离奠定了基础。

1.2.5 20 世纪文体学与修辞学的分离

20 世纪是文体学正式诞生的时期。伴随着科学化思潮的发展，修辞学的许多方面被划归到了其他学科，但是话语概念的引入也深化和丰富了修辞学理论。在 20 世纪的前 20 年，修辞学的研究一度停止，只在教授作文时才用到修辞学。而在两次世界大战期间，修辞学以交流和劝说为目的的学科性质使其重新得到重视。伯克（Burke）把文学看作修辞学的一个分支,并出版了两本修辞学著作——《动机语法》(*The Grammar of Motives*)(Burke,1945/1969a)和《动机修辞学》(*The Rhetoric of Motives*)(Burke,1950/1969b)。伯克把所有形式的话语都作为修辞分析的对象,创立了一套系统分析话语影响动机的概念和方法。奥登和理查兹(Ogden & Richards,1923)提出了著名的"语义三角"理论,并通过结合修辞学和哲学发展了哲学修辞学。佩雷尔曼(Perelman,1984,2001)认为修辞学是研究论辩和劝说的学科,他不仅揭示了论辩诉诸理性的思想基础,还主张人们在论辩中必须将自己与受众"同一"起来。图尔明(Toulmin,1958/2003)提出了一个包含断言(claim)、依据(ground)、权证(warrant)、支持(backing)、辩驳(rebuttal)和修饰(modifier)六个部分说理特征的非形式论证模式,在当时产生了很大的影响。随后,法国哲学家福柯(Foucault)和德里达(Derrida)的哲学研究也对英语修辞学产生了重要影响。尽管他们的理论属于哲学范畴,却都支持修辞学的观点。哲学是要寻求绝对的真理,而修辞学则是寻求人类在具体情境中特殊的真理,两者都承认或然性和一致性是自然生成的,而不是被发现的。

最后,结构主义语言学的产生和发展,以及索绪尔对语言和言语概念的区分为现代文体学的建立创造了直接条件。语言是同一社团约定俗成的符号使用规范;而言语则指个人在具体情况下对语言的使用。文体学的研究对象正是个人语言使用的特征,也就是说,文体学以言语为具体的研究对象。但是,文体学对言语的研究必须以语言的使用规范为参照。现代文体学正是在语言和言语这两个概念得以明确区分的基础上找到了内生动力,完成了其在修辞学中长期孕育和发展的过程,最终走向了与修辞学的分离和自身的独立。

1.2.6 文体学与修辞学的关系

从公元前约700年古典修辞学的创立到20世纪初,文体研究经历了一个不断发展和完善的过程,并最终实现了独立。文体学的产生离不开修辞学的孕育,但现代文体学和修辞学属于两个不同的学科,两者之间的关系可以简单概括如下:

（1）修辞学和文体学是两个独立的学科，但研究修辞学会涉及文体学的某些内容，而研究文体学也不能离开修辞学的基础。

（2）修辞学和文体学的关系十分密切，在许多方面是相互重叠的，如对体裁的研究和修辞格的研究在修辞学和文体学中都有涉及。

（3）修辞学和文体学侧重不同。修辞学侧重于对演讲类话语的研究；文体学侧重于对书面选用的语言特征和修辞手段的研究。

（4）从历史发展的角度看，文体学是修辞学的一个重要组成部分。修辞学是对整个话语过程的研究，包括准备阶段和演讲阶段，而文体学则是对话语过程中某些特征的研究，包括对选择体裁的研究，突出对语言特征的研究和对选择的修辞格效应的研究。古代修辞学的研究范围远远大于现代修辞学。此外，由于那时没有文体学这一学科，对于文体的研究也只能归入修辞学中。

（5）从现代的角度讲，虽然文体学从修辞研究中派生出来，但现代修辞学仍然作为一个独立的学科存在，因为文体学和修辞学是从不同的角度来探讨话语的结构特征和意义特征的。现代修辞学适用于写作等学科的指导，而现代文体学则适合对已有的语篇进行分析。两者在一定程度上有比较明确的分工。

从以上的分析可以看出，尽管文体学与修辞学是两个不同的学科，但古代修辞学是现代文体学的母体学科，对现代文体学的发展起到了孕育作用。

1.3　文体学在西方的诞生和发展

经历了长期的孕育，现代文体学在 20 世纪初正式诞生。这里主要介绍文体学的诞生和文学文体学地位的确立。

1.3.1　文体学的诞生

索绪尔的学生、瑞士语言学家巴利（Bally，1909）在《法语文体学》（*Traite de Stylistique Francaise*）一书中对文体学的任务、研究对象和研究方法作了明确阐述，标志着现代文体学的问世。

受索绪尔语言学理论影响，巴利的文体研究将社团集体语言表达与个人语言明确区分。巴利将某一社会集团习用的语言表达方式作为自己的研究对象，他并不关心个人使用语言的特色。因为，巴利认为个人语言使用受自身意识影响，不能作为科学研究的对象。在定义文体上，巴利采用了二元论的立场，他认为同一思想可以有不同的表达方式：一种是中性的、纯概念的，其余都是中性文体的"变异"方式。文体学研究首先需要概括出这种"理智的表达方式"，然后将其作为参照标准，研究各种语言变异现象的感情内容。巴利把文体学要研究的感情特征分为两类：一是自然的感情特征，具体的表现为思想和表达它的语言结构间存在的自然联系；二是联想的感情特征，即不同性别、年龄、地区、职业、社会阶层的语言使用者在具体语言环境中习用语言的使用特征。尽管巴利将口语作为研究对象，没有特别关注文学文本，但是他的"普通文体学"对于文学文体学的形成有直接的推动作用（申丹，2000：22）。巴利的文体研究区分了社会集团语言的使用规范和个人语言的使用特征，既研究社团的语言使用形式，又考虑社会、文化、心理等诸多因素的影响。他的文体学思想是现代文体学的理论根基，因此，他也被尊为"现代文体学之父"。

1.3.2 文学文体学地位的确立

现代文体学的基本理论体系在20世纪初就已建立，但是，文学文体学的地位却在20世纪30年代初到50年代末才真正得以确立。下文重点介绍德国文体学家斯皮泽（Spizter，1887—1960）、俄国形式主义学派和布拉格学派对文学文体学的重要贡献。

斯皮泽的研究对象是文学作品。斯皮泽认为文学作品的价值主要体现在语言上，因此他详细分析了具体语言细节产生的效果，并提出了一种适于分析长篇小说的语文圈（philological circle）研究方法，即寻找作品中频繁出现的偏离常规的语言特征，然后对其作出作者心理根源上的解释，接着再回到作品的细节中，通过考察相关因素予以证实或修正（Spizter，1948）。斯皮泽认为，作品作为一个整体，其中包含着作者的

第 1 章　文体学在 20 世纪的产生和发展

精神。作者精神是构成作品内在凝聚力的要素，是作品的"精神源"，也是足以说明与解释作品全部细节的"共同点"。任何细节都可以通过作品中的作者精神来解释。我们通过直觉选择作品语言方面的一个特点（或情节、人物、布局等方面的一个特点）作为进入作品的起点。这个特点是偏离习惯用法的特别的表达方式，是个人的文体变异，受作者精神制约。同时，同一时代或同一国家的全部作品也有一个"共同点"，即作品的团体精神，一个作者的作品精神也能反映他的民族精神。斯皮泽以作家的作品为研究对象，重点研究作家在使用语言材料方面的独特手法，并从心理上作出解释，由此考察民族文化、思想嬗变的历史。他的偏离概念和语文圈研究方法对研究作家个人的文体变异以及实证主义文学批评起到了推动作用，因此他被尊称为"文学文体学之父"。

俄国形式主义学派和布拉格学派的诗歌研究理论把文学文体学研究推向了新的高度。在布拉格学派元老哈弗拉奈克（Havranek）"陌生化"（defamiliarization）概念的基础上，穆卡洛夫斯基（Mukařovský，1958）提出了"前景化"（foregrounding）理论。穆卡洛夫斯基认为标准语言的功能是交际，其特点是自动化（automatization）；而诗歌语言的功能是审美，文学语言（特别是诗歌语言）最大的特点是使熟悉的东西"陌生化"，并最大限度实现前景化。"陌生化"意味着文学的功能是让那些习惯性的、已经自动化了的感知重获新鲜感，让人用新的眼光去看待旧的事物。穆卡洛夫斯基的前景化理论深刻地解释了文学语言（尤其是诗歌语言）的本质，成为分析文学作品语言特征的重要理论基础。

布拉格学派的创始人之一雅柯布逊（R. Jakobson）在 20 世纪 50 年代末提出了著名的功能说。雅柯布逊将语言交际行为划分为六个组成部分，与之相关的是语言的六种功能：情感功能（emotive function）、意动功能（conative function）、指称功能（referential function）、元语言功能（metalingual function）、寒暄功能（phatic function）和诗学功能（poetic function）。雅柯布逊认为，在不同情况下，不同的功能起主导作用。在文学语言中，诗学功能起主导作用。因此，文体学研究的对象分别是指向信息的诗学功能和指向代码的元语言功能。雅柯布逊认为，诗学功能将选择轴的对等原则投射到组合轴上，因而在（诗歌）序列的构成中包含着等价现象（Jakobson，1960a：368）。也就是说，诗歌作为一种特殊的言语信息，其表层各符号之间的关系除了受组合原则支配外，还受等价原则支配，表现出大量的押韵、音步、平行、排比等语言等价现象，使诗文迥异奇趣。雅柯布逊尤其强调语言学理论对文学研究的重要性。在1958年于美国印第安纳大学召开的文体学国际研讨会上，雅柯布逊（Jakobson，1960a：377）宣称："倘若一位语言学家对语言的诗学功能不闻不问，或一位文学研究者对语言学问题不予关心、对语言学方法一窍不通，那么他们显然都是过时落伍的。"也正是这次文体学研讨会标志着西方文学文体学地位的真正确立，为文学文体学的发展和繁荣奠定了基础。

1.4 文体学在西方的繁荣

随着语言学理论的蓬勃发展，20世纪60年代到90年代是文体学的繁荣期，出现了流派纷呈的发展局面。下面对形式文体学、功能文体学、感受文体学、教学文体学等这一时期出现的主要文体学流派进行简单介绍。

1.4.1 形式文体学

形式文体学是在20世纪60年代发展和繁荣起来的文体学流派。从1910年到1930年，俄国形式主义文学流派对诗歌语言的研究、对形式主义文体学的发展起到奠基作用。鉴于他们的主要理论在上文已有提及，这里主要介绍采用索绪尔结构主义语言学理论开展的文体研究和基于乔姆斯基转换生成语法进行的文体探索。

形式文体学是利用语言学理论对作品语言形式特征进行分析的文体学流派的统称，其理论基础是内容与形式可以分割的二元论思想，它视文体风格为"附加在思想上的外衣""适当的表达方式""最有效的方式讲适切的事"等（徐有志，2000a：67）。形式主义语言学家比较关注语言学理论带给文学研究的科学性，但是这里的科学性并不是指利用自然

第1章　文体学在20世纪的产生和发展

科学的量化方法和实验方法进行文学研究，而是期待在对文学作品语音层、字形层、词汇层、语义层和句法层进行形式特征分析的基础上对文学作品进行更好的解读和评价（Burke & Evers，2014：32）。

除了上文提及的巴利建立在索绪尔结构主义语言学理论基础上的形式主义文体研究和雅柯布逊的诗学功能理论外，里法泰尔（Riffaterre）也是以结构主义语言学理论为依据的形式主义文体学家。里法泰尔（Riffaterre，1959）认为，一个语言符号的文体价值取决于它在语言结构中的位置，即它与别的语言符号的关系。因此，根据与其他语言符号结构关系的不同，同一个语言符号可以获得、改变或失去其文体特色。受行为主义刺激反应理论影响，里法泰尔认为文体现象是一种引起信息接受者反应的语言现象，而这种反应是出人意料的信号刺激的结果。按照里法泰尔的说法，有多少读者就可能有多少种关于该作品的文体特色的解释。里法泰尔的形式文体理论更加关注读者的反应，为后来的读者反应理论奠定了基础。既然里法泰尔关注语境因素，尤其重视听话人的反应，那么他为什么是一位形式主义者呢？实际上，里法泰尔只是把读者的反应当作文体策略的信号。他声称其关注的是听话人对语言之外情境因素的感知，但是他文体分析的着眼点是语言结构本身，他把文体效果归因于语言结构。他并不调查读者对文体效果的真实反应，也不分析情境因素本身及其对文体效果的影响，因而他是典型的形式主义文体学家。

总的来说，里法泰尔在很多方面将巴利和雅柯布逊的文体学理论融合在了一起。首先，他把巴利的主观感受文体观与雅柯布逊的客观语言分析结合起来。不过，他与二者的关注点不尽相同。他关注的主观感受是读者的阅读过程，而巴利关注的是说话人的表情手段。就客观的语言分析而言，雅柯布逊认为产生文体效果或诗学功能的语言特点是把语言中等价的结构投射到表达中。里法泰尔虽然不否认这种等价结构可能会产生文体效果，但是他认为，产生文体效果的必要条件是语境中的对比，即语言表达的不可预测性，以及这种不可预测的表达使读者产生的反应。其次，里法泰尔把巴利和雅柯布逊的文体学研究对象联系起来。巴利认为文体研究的对象应该是口头语言，而不是文学语言，因为作家只关注表达手段，而不关心语言的外指功能。而文学语言恰恰是雅柯布逊的文体研究对象。里法泰尔提出，这两种研究实际上是完全一样的，因为研究语言艺术（或者文学文体）只是研究同一现象的一种更加复杂的形式。由此，里法泰尔否定了把文体学的研究对象限定为口头语言或文学语言的必要性，扩大了文体学研究的范畴。

其次，这一时期流行的还有基于转换生成语法的生成文体学流派。乔姆斯基（N. Chomsky）《句法结构》（Syntactic Structures）（1957）一书的出版打破了结构主义垄断的局面。乔姆斯基提出，行为主义对客观可以观察到的行为的依赖使得人文科学对人类的理解是：人类似乎没有大脑，似乎思维活动根本没有发生（Taylor, 1980：86）。转换生成语法对行为主义的否定使在接下来的20世纪60年代至70年代中生成的文体学的影响远远超过了感受文体学的影响。奥曼（Ohmann, 1964, 1970）和索恩（Thorne, 1965, 1970）是生成文体学的代表人物。在奥曼（Ohmann, 1964）的论文《生成语法与文学文体概念》（Generative Grammars and the Concept of Literary Style）中，他详细阐述了自己的生成文体学思想。奥曼认为深层结构是意义的源泉，同一深层结构通过不同的转换规则产生不同的表层结构，这些表层结构的差异就是文体风格的差异。奥曼采用逆反转换效果的办法，将福克纳原作中一个典型的长达两页的迷宫式的句子反转成了一系列又短又小的基本句，与转换生成语法所谓的核心句相差无几。奥曼通过分析海明威和福克纳的文体，发现他们文体的差别在于使用不同的转换规则。他认为福克纳的风格在于对转换的大量使用，以致句子密度大、复杂程度高。他对于海明威散文的分析表明，海明威很少使用福克纳那种复杂的转换，而只用另一种简单的转换，故他的作品风格迥异。生成文体学理论有其合理性，因为人们普遍认为一个句子的基本逻辑内容可以表达为（一组）基本的命题，这些命题与命题间的关系一起构成了句子的深层结构或语义表达，变化语言的表达方式和措辞并不改变语言表达的意义，但是能够改变语言表达的效果。生成文体学在短暂的流行后很快就衰落了，主要原因是生成文体学只能提供对于一个句子文体特征的形式描述，进而对表达层的特征进行描述，而这种描述在对句子进行的语法描述中已经存在。因为转换生成文体学缺少关于交流和文体效果的理论，其描述的文体效果也是充满幻觉的，所以它是典型的形式主义文体学理论。

形式文体学理论是现代文体学初期的主导理论，对文体学的发展作出了重要贡献。形式文体学"对文本进行探精求微和统计的分析方法，体现了 20 世纪初期形成的文学理论的'语言学转向'，使文体学研究摆脱了初期印象式的倾向，逐步趋于科学化和客观化，并在一定程度上深化了文学的研究"（方汉泉、何广铿，2005：385）。"布拉格学派和雅柯布逊等人所创立的'功能说'以及'偏离''前景化'等概念对文体分析仍然有一定的实用参考价值"（方汉泉、何广铿，2005：385）。不仅如此，形式文体学对后来的功能文体学和认知文体学都有启发。雅柯布逊的功能观对功能文体学理论有很大帮助；里法泰尔的感受文体学以读者感受为文体分析出发点的做法和生成文体学对心智的强调都为读者阅读过程的认知研究打下了基础。

然而，形式文体学的缺点也是显而易见的。首先，形式文体学过度关注语言形式，不考虑形式特征的功能和效果（Nørgaard et al., 2010: 25）。其次，形式文体学遭受批评的另一个原因是它脱离了文本的社会和历史语境因素来研究文学（Nørgaard et al., 2010: 25）。形式主义文体学家把文体效果完全归因于语言结构本身，既不考虑语言与外部语境的互动，也不涉及语言形式与认知语境的互动，因此其文体分析难免有机械和片面的嫌疑。正如张德禄（2005: 8-9）所说，"形式文体学认为语言风格只能从可以观察到的语言单位中获得，而忽视了文化和社会语境的决定因素，禁锢了文体学的发展"。

1.4.2 功能文体学

兴起于 20 世纪 70 年代的功能文体学开始关注语篇的功能和语境，较好地克服了形式文体学的缺陷。功能文体学创立的标志是韩礼德（Halliday）于 1969 年在意大利召开的文学文体研讨会上宣读的论文《语言的功能与文学文体》（*Linguistic Function and Literary Style*）。功能文体学的理论基础是韩礼德的系统功能语言学。系统功能语言学认为语言有三大纯理功能：表达发话人经验的概念功能（ideational function），表达发话人态度及交际角色间关系的人际功能（interpersonal function）和组句成篇的语篇功能（textual function）。这三种功能互相关联，是构成语义层或语义潜势的三大部分。在交际中，语义系统要同语言情景发生联系，而语言情景的符号结构由话语范围（field of discourse）、话语基调（tenor of discourse）和话语方式（mode of discourse）这三大要素构成。符号结构与语义系统之间存在着系统上的一致性。语义系统的每个元功能都直接受语言情景系统某个要素的影响：概念系统受话语范围特征的影响，人际系统受话语基调特征的影响，语篇系统受话语方式特征的影响。韩礼德（Halliday, 1971: 97-98）认为，文体是一种表达，没有不存在文体的语言区域。针对传统文体学偏离研究过分强调语言变异的特点，他提出了突出（prominence）的概念，并将突出分为失协（incongruity）和失衡（deflection）两种，前者强调质量上的（qualitative）偏离，后者强调数量上的（quantitative）偏离。韩礼德（Halliday, 1971: 100-102）继而指出失衡现象在文体分析中更有意义，因为失衡可以通过统计数据来表达。不过他同时指明，数据只能潜在地揭示突出的存在，并非所有的突出都有文体意义，只有那些有动因的突出（motivated prominence）才是前景化特征，才是语篇的文体特征。判断一个突出的语言特征是否构成前景化特征参照的是相关性标准（criteria of relevance），韩礼德明确指出，突出特征只有与语境和作者的创作意图相关，才是前景化的特征。最后，韩礼德运用以上的功能文体学理论对戈尔丁（Golding）的小说《继承者》（*The Inheritors*）中三个选段的及物性使用特征进行了详细分析并得出结论：小说中某些及物性过程及其参与者的使用明显偏离了现代语言的常规，与作者的创作意图相关，构成小说的前景化文体特征，生动地再现了原始人观察世界的异常眼光，对小说主题的揭示起着决定性作用（Halliday, 1971）。韩礼德的这篇论文是系统功能文体学的奠基之作。他提出的文体存在于语言任何领域的观点将文体研究扩展到概念功能这一领域，提供了一种揭示人物生存活动性质和观察世界的特定方法。其次，他的"突出"和"前景化"概念，以及相关性标准都成为后来功能文体分析的理论基础。

哈桑（Hasan）是与韩礼德同时代的重要功能文体学家，她的论述围绕文学作品为何是言语艺术展开。她认为，文体分析需要把研究的

第 1 章　文体学在 20 世纪的产生和发展

重心从文学的语言（language of literature）转换到文学作品中的语言（language in literature）上来，或者确切地说，转移到文学作品中语言的功能（functions of language in literature）上来。哈桑对前景化也有自己的看法，她认为前景化发生在一个已经确立的期待的基础之上，如果一个事情违背确立的背景而凸显出来，我们就可以说该事情被前景化了。此外，她还指出前景化之所以能够引起人们的注意是因为它的意义指向的稳定性（the stability of its semantic direction）和语篇位置的稳定性（the stability of its textual location）：前者是指各种各样的前景化模式都指向同一种抽象的意义，而后者指有意义的前景化模式倾向于出现在语篇某个重要的位置。结合韩礼德提出的语言模型，她提出了一个言语艺术的符号系统模型（Hasan，1989：99）。在这一符号系统模型中，她将功能文体分析归纳为三个阶段（张德禄，2005：43-44）。第一阶段为言语表达层面的分析阶段；在这一阶段，文学作品被等同于其他类别的语篇，通过对文学作品在系统功能语法框架下从语义、词汇语法以及音系三个层次进行分析，我们能够明白文学作品所表达的内容。第二阶段为象征性表达层面的阐释阶段；在这一阶段，我们将确定这些突出特征是否有价值，也就是要确定它们是否为前景化特征，用哈桑的话说，就是看这些"突出"除了表达字面意义之外，是否还隐喻地表达了另外一层意义，是否和谐、一致地指向同一个主题。第三个阶段是结合主题层面的评价阶段；哈桑（Hasan，1989：100-101）指出，言语艺术的根本在于言语艺术的象征性表达层，也就是说，我们对一部文学作品的评价主要依赖对象征表达层的分析，如果这部作品在象征表达层成功体现了作品的主题，又在言语表达层得到清晰的体现，那么这个文学作品毫无疑问就是一部好的作品。这个阶段的重点在于对各种语言模式意义指向的稳定性和语篇位置的稳定性的分析（Hasan，1989：95）。哈桑的言语艺术模型和文体分析步骤对文学作品前景化特征的确定和主题的分析有很大帮助。

随着系统功能语言学在 20 世纪 80 年代至 90 年代的发展，功能文体学理论家把文学视为社会语篇，从社会符号视角对文学作品和其他语篇进行解读（Fowler，1981，1989；Hodge & Kress，1979/1993）。功能文体学在这一阶段的发展还伴随着研究对象的扩展，也就是，文体学研究对象从文学语篇向非文学语篇的扩展。申丹（2002：190）指出，在福勒（Fowler）和克瑞斯（Kress）等人的研究中，文学和非文学之间的界限已经消失了，像新闻报道这样的功能或者实用文体也进入了功能文体学的研究视野。伯奇和奥图尔（Birch & O'Toole, 1988）在《文体的功能》(Functions of Style) 一书中收录了多篇反映这一发展的论文。从方法论上讲，大多数功能文体学家对语篇表达概念意义的及物性特征进行了系统的分析；少部分功能文体学家从分析语气、情态、语调、人称、表达态度的形容词和副词等方面入手，探讨文本中反映的信息发送者和接收者之间的关系（小说中作者/叙述者、人物、读者之间的关系），以及他们对于经验内容的立场态度和价值判断；也有功能文体学家探讨文本中的主位结构、信息结构、句子之间的衔接与文本主题意义之间的关系等。早期的功能文体学家一般聚焦于某一特定的功能范畴。近年来，越来越多的功能文体学家注意在几个层次上同时展开分析，注意几种意义如何相互作用来构成文本的总体特性，以强化主题意义并塑造人物（Birch & O'Toole, 1988）。

综上所述，功能文体学既重视语言特征的形式分析，又强调语境对语言选择的制约关系，形成了以韩礼德的前景化理论和哈桑的文学作品言语艺术理论为基础的功能文体学理论，并扩展到了批评话语分析领域，表现出强大的生命力。

1.4.3 感受文体学

感受文体学是 20 世纪 70 年代兴起的另一个重要的文体学分支，代表人物是文体学家费什（S. Fish, 1970, 1973, 1980）。费什认为，形式文体学和功能文体学在分析中存在从句法到语义的跳跃，因此不能很好地阐释语篇的文体特征，原因是"任何一种描述行为都是读者阐释"，也就是说"文体分析从头到尾都是阐释性的，它不可能是客观的，也不可能是科学的。因此，也不能用一个文体分析来验证其他的批评性阐释"（Weber, 1996：2）。费什（Fish, 1970：123）认为，文体效果首先是一种"心理效果"，因此，需要将读者积极的中介作用考虑在内。也就是说，文体学研究的对象是读者阅读过程中产生的假设、期望和解释性的心理过程。然而，作为理论的开创者，费什本人也充分地意识到感受文体分析面临的相对性问题，因为不同的读者对同一文本会作出不同的阐释，读者对文本的阐释过程也因人而异。因此，费什（Fish, 1980）提出了"阐释的社团"和"告知的读者"等概念，并提出读者对文本的阐释受所属的特定社团影响。当时，与费什的"告知的读者"概念类似的，还有"超级读者"（Riffaterre, 1959）、"模范读者"（Eco, 1979）、"理想读者"（Iser, 1978）等概念，但是这些概念都是把读者概念化为一个整体而不是面对文本的真实读者。这些概念的提出似乎避免了个性差异，但又落入虚化的怪圈。感受文体学对文本客观性的否定就说明了其分析问题的狭隘性，更何况这样的读者感受分析还摆脱不了文体分析相对性的困扰（申丹，1988：28；Weber, 1996：3）。

与费什等人不同，伊瑟尔（Iser）在关注读者解读文本时的大脑活动的同时，肯定文本自身意义建构在读者反应中的作用。范·皮尔（van Peer, 1986）和他的团队在使用实验方法研究读者阅读活动的过程中，很好地验证了伊瑟尔提出的文本决定读者反应的预言。但是，读者反应实验对方法要求很高，而且实验中读者的个性差异也不容忽视。尽管感受文体学存在自身的缺陷，但是感受文体的研究成果为后来的实验文体研究和情感研究奠定了基础。

1.4.4 教学文体学

20世纪70年代末，当感受文体学家仍陷入与形式文体学家和功能文体学家的理论争论中时，有一部分文体学家（Widdowson, 1975, 1992；Carter, 1996）将注意力从理论争辩转移到文体分析在教学中的应用上来。他们认为"文体分析也许不够客观和科学，但它们是严谨的、系统的、可应用的，具有主体间效度和教学意义"（Weber, 1996：3）。他们的目的是证明作为一种阅读方式的文体分析对母语学习和外语学习都很有帮助。温德森（Widdowson, 1975：1）在1975年出版的《文体学和文学教学》（*Stylistics and the Teaching of Literature*）一书中指出，对文学作品语言的关注"提供了一个研究文学作品的方法,也展示了这种方法与文学教学的相关性"。温德森认为,文体分析的价值在于它为读者提供了一种将文学作品与自身经历相联系的解读方式,而且这种解读方式还能进一步丰富读者自身的经历(Widdowson,1975:116)。与温德森不同,卡特(Carter,1996:149)给出了文体教学的具体策略。他首先指出,不同文体分析的技巧可以帮助学生更好地阅读文学作品。然后,他详细介绍了在文学教学中可以使用的文体分析技巧,包括内容预测、完形填空、概要撰写、课堂讨论和文本重写。以完形填空为例,教师有意空出诗歌中的一个词,要求学生填写,并将作者的选择和学生的选择对比,以强化学生的文体意识。重写也是文学课堂教学的常用方法。教师首先指导学生对作品进行改写,然后要求学生对改写后文本的风格与原文本的风格进行比较。由于改写过程促使学生使用不同的语言和结构,学生成为语言、语篇和文化转化的积极探索者,因此,这种文体教学方法对增强学生的文体意识、训练学生的语言驾驭能力都大有裨益。

与形式文体学和功能文体学不同,教学文体学不是以某一个语言学理论为分析基础。与感受文体学也不相同,教学文体学不是确定文体分析的对象,而是关注了文体分析的应用价值,因此,时至今日,教学文体学对文学教学和二语教学都具有很强的实践价值。卡特(Carter,2010)认为,文体学本身是一种教学方法,他在详细介绍了读者反应理论和语料库文体学如何辅助教学的基础上,提出了认知和社会视角结合的文学教学方法。

1.4.5 语用文体学

语用文体学是 20 世纪 80 年代兴起的文体学分支。语用文体学的理论基础是 20 世纪 60 年代至 70 年代兴起的语用学理论。因为语用学研究语言在真实语境中的使用情况,语用文体学的研究范围包含各种文学语篇和非文学语篇,而且会话分析和篇章语言学的理论也包含在语用文体学中,所以国内将这类文体研究统称话语文体学(申丹,2000;徐有志，2000a）。但由于其主要的理论基础是语用学理论，因此这里我们仍使用语用文体学这一说法。

受会话分析理论的影响，语用文体学的研究对象是会话交流、话轮转换、语句衔接、话题转移等为完成交际任务而使用的言语方式。所以当话语分析理论被运用到文学作品的研究中时，分析的重点是戏剧、小说、诗歌中的人物会话和独白等（Leech & Short，1981；Toolan，1990；Pratt，1977；Fowler，1989）。采用话语分析理论的文体学家也格外注重文学作品中对话双方语言相互作用的过程。自20世纪80年代以来，语用文体学家对文学语篇中的交际过程（即谈话的发起、轮流、修正、理解、结束等）、会话层次（如应对—交易—交换—话步—话目等）（Toolan，1989a）、礼貌策略（即维持自身、他人或受话人的恰当形象的策略）（Simpson，1989）的应用以及合作原则和会话含义理论（Short，1989）的应用进行了深入的研究，取得了引人注目的成果。

在《小说文体学》（*The Stylistics of Fiction: A Literary-Linguistic Approach*）一书中，图兰（Toolan，1990：273）使用格赖斯（Grice）的合作原则理论，对福克纳的小说《去吧，摩西》（*Go Down, Moses*）中的人物对话进行了分析。以英国伯明翰大学的辛克莱（Sinclair）和库尔特哈德（Coulthard）为代表的伯明翰话语分析理论借鉴了韩礼德的阶与范畴语法等级模式（句子、小句、词组、词、词素），建立起一个具有五个层次的模式（课、课段、回合、话步、行为）。以戈夫曼（Goffman，1967）提出的脸面概念和布朗与莱文森（Brown & Levinson，1978）提出的礼貌原则为基础的分析模式，将言语行为与社会学和社会心理学联系起来，认为人们在对话时，会注意采用一些策略来维持自身、他人或受话人的恰当形象。语用文体学家通过揭示人物在对话中采用的不同礼貌策略，说明文学作品人物之间的复杂关系（Simpson，1989：169–192）。语用学家格赖斯（Grice，1975）认为，人们在会话时一般遵循四项合作准则：数量准则、质量准则、关联准则和方式准则。会话双方运用这些准则及其对准则的故意违背产生或推导出各种会话含意。由于合作原则和会话含义理论适合挖掘会话及作品中蕴含的深层含义，所以它们是语用文体学家在分析戏剧、小说和电影等文学作品的会话时通常使用的理论模式。除了研究小说中人物之间的会话之外，普拉特（Pratt，1977）还借鉴合作原则分析了叙述者与受述者之间的相互作用。除此之外,福勒(Fowler,1989:76-93)还采用了巴赫金(Bakhtin)的对话理论分析了狄更斯的小说《艰难时世》(*Hard Times*)中的复调。总的来说,与功能文体学家相似,语用文体学家更为重视语言学描写的精确性和系统性,注重展示或检验所采用的语用学模式的可行性。

由于早期文体学的研究对象多为文学文本,所以对自然话语进行的文体分析和对文学作品中的会话进行的主体分析不像其他文体学研究那么受欢迎。值得庆幸的是,语用文体学家能紧跟时代潮流,越来越强调文本与社会、历史语境的联系,主张超越对文本美学价值的探讨,而将注意力转到文体特征与阶级、权力、意识形态的关系上,这无疑为文体学的发展注入了活力。

1.4.6 批评文体学

批评文体学也是20世纪80年代兴起的文体学分支,批评文体学的理论基础是批评语言学(Critical Linguistics)和批评话语分析理论(Critical Discourse Analysis)。由于批评文体学在分析中强调社会、历史语境的重要性,因此批评文体学在国内也被称为社会历史/文化文体学(申丹,2000)。由于这类文体分析的理论基础是批评语言学和批评话语分析,而且所有的研究也只有一个目的,即揭示文本中的意识形态和权力关系,所以我们称其为批评文体学。

批评语言学兴起于20世纪70年代末英国的东英吉利大学,其代表人物是福勒(Fowler)。1979年,福勒与他在该大学的同事克瑞斯(Kress)和霍奇(Hodge)等人出版了两本宣言性的著作:《语言与控制》(*Language and Control*)(Fowler et al.,1979)和《语言作为意识形态》(*Language as Ideology*)(Hodge & Kress,1979/1993)。书中首次提出了批评语言学这一名称,并阐明了这一派别的基本立场和方法。批评语言学家认为,语言结构与社会结构之间存在着密切关联,他们将语言视为社会符号,将话语视为社会政治现象,将文学视为社会语篇,并注重分析各种文本尤其是新闻媒体语言结构中蕴含的阶级观念、权力关系和

第 1 章　文体学在 20 世纪的产生和发展

性别歧视等意识形态（Fowler et al., 1979; Hodge & Kress, 1979/1993; Fowler, 1991）。进入 20 世纪 90 年代，批评话语分析理论迅速发展，其代表人物是费克劳尔（N. Fairclough）。批评话语分析主要揭示和批判语言中蕴含的意识形态和权力关系（Fairclough, 1989, 1995, 2000）。

　　批评文体学家正是通过对文本语言特征进行分析，达到挖掘并解释文本中蕴含的深刻意识形态和不平等观念的目的。英国文体学家伯顿（Burton）也是批评文体学的典型代表。伯顿（Burton, 1982）明确指出，后浪漫主义经典文学中有很大一部分作品掩盖矛盾和压迫，为统治阶级的意识形态服务；而文学批评，尤其是文体学，则通过对这些作品的文体分析和欣赏成为统治阶级的帮凶。她呼吁文体学家审视自己的研究，搞清楚它是为统治阶级意识服务的，还是挑战这种意识的。她指出，对文本展开的文体分析是通过语言了解文本建构出来的各种现实的强有力的方法，是批评社会、改造社会的有力工具。不论是对文学文本的文体分析，还是对新闻和政治语篇的文体分析，批评文体学家使用的分析工具主要是韩礼德的系统功能语法。系统功能语言学首先承认语篇对意义的建构，并认为语篇的语言选择能够反应语篇的语域、体裁和意识形态，因此是最适合进行语篇意识形态挖掘的理论工具。辛普森（Simpson, 1993）在其专著《语言、意识形态和视角》（*Language, Ideology and Point of View*）中详细论述了文体分析与语篇视角和语篇意义间的关系，他认为"通过选择某种文体，文本生成者凸显了某种认识事物的方式，而抑制了其他的方式，……文体学家的任务就是要透过语言表面，解读这些建构语篇意义的语言选择"（Simpson, 1993: 8）。

　　杰弗里斯（Jeffries, 2010）的专著《批评文体学: 英语的力量》（*Critical Stylistics: The Power of English*）系统阐述了批评文体学的研究范式和研究方法。杰弗里斯（Jeffries, 2014: 408-420）指出，批评文体学揭示的是语篇的概念功能，其实质是语篇特征与能够对外部世界产生一定视角的概念功能的结合。批评文体学家关注的能够表达意识形态概念的语篇特征包括: 命名（naming）、表征行为（representing action/events/states）、等同和对立（equating and contrasting）、例证和枚举（exemplifying and enumerating）、优先（prioritizing）、隐含和假定（implying and assuming)、否定(negating)、假设(hypothesizing)、表征言语和思想(presenting other's speech and thought)以及表征时间、空间和社会(representing of time, space and society)。批评文体学关注对语言背后隐含的意识形态进行分析和挖掘，又有比较成熟的语篇特征与概念功能分析框架，它在新闻、演讲、外宣等政治语篇中得到广泛应用，是当前文体研究的热点之一。

1.4.7 女性文体学

女性文体学也兴起于20世纪80年代，它是批评文体学与女性批评结合的产物。女性文体学主要是利用文体学工具揭示意识形态领域与性别有关的话题，尤其是女性主人公面对的不平等的社会地位(Burton, 1982; Mills, 1992, 1994, 1995, 2006)。尽管女性文体分析的对象是文学语篇和非文学语篇中的语言特征，但是研究的主题仍然是女性文学批评的主题。梅尔斯(Mills)指出，女性文体学关注性别对语篇产生和解读的影响方式，具体地说："女性文体学不停留于那些文本中存在性别差异的假设，而是致力于挖掘文本中印证这些假设的复杂语言信息，同时关注读者如何通过对文本语言特征的分析接受或者抗拒这些有关性别的假设"(Mills, 2006: 221)。女性文体学家擅长通过观察微观的语言特征，分析蕴含在文本中的意识形态，尤其是文学作品中女性人物所处的劣势社会地位和遭受的不平等待遇。伯顿(Burton, 1982)对半自传体小说《钟形罩》(*The Bell Jar*)的文体分析就是代表。通过对女主人公就医行为进行及物性分析，伯顿发现，女主人公很少是动作的施动者(actor)，在一系列物质过程中，女主人往往是动作的目标(goal)，因此她认为女主人公的生活境遇是被动的、无力的。文体学家威尔斯(Wales, 1994: vii)认为"女性文体学家们展示了一种利用语言学理论框架和方法解决女性文学理论、文学批评和有关性别的语言学研究中提出的基本问题的途径"。杰弗里斯(Jeffries, 1994)分析了现代女性诗歌中的"同位现象"(apposition)；维尔林(Wareing, 1994)对流行小说中卑微的、被动的女性人物形象进行了研究。卡尔沃(Calvo, 1994)

观察莎士比亚《皆大欢喜》(As You Like it)中女主人西莉亚(Celia)的语言技巧,尤其运用积极礼貌策略来观察其女性形象。梅尔斯(Mills, 1995)不仅研究了文学作品中女性形象的建构,还研究了在广告中语言特征如何与其他模态共同建构女性人物形象,将女性文体学的分析对象扩展到非文学语篇。

最后,由于女性文体学在挖掘作品中与性别相关的特征方面作出的贡献,这一研究范式也被广泛应用到叙事学研究中(Page, 2003, 2006, 2007b)。

1.5 文体学在我国的发展

中华人民共和国成立后,尤其是改革开放以来,从国外学成归来的学者们将西方文体学理论引入我国,形成了以利用现代语言学理论指导文体分析为特色的文体学研究,与传统的汉语文体研究并驾齐驱。因此,我国文体学研究在20世纪的概述包括两个部分:一是西方文体学在我国的发展,二是汉语文体学的发展。

1.5.1 西方文体学在我国的发展

下面从文体学论文、文体学教材和专著、文体学研讨会和国内西方文体学研究的特点几个方面对西方文体学在我国的发展进行概述。

1963年,王佐良先生发表在《外语教学与研究》的论文《关于英语的文体、风格研究》标志着我国外语界文体研究的开始。据胡壮麟、刘世生(2004: 5-6)统计,自中华人民共和国成立至1999年的50年间,国内各类学术期刊共发表文体学研究论文1446篇。自1949年至1977年的28年间,我国外语界学者共发表文体学论文20余篇,主要作者为王佐良、许国璋、徐燕谋等。自改革开放以来,文体学研究的文章数目呈明显的递增趋势。仅在改革开放至1988年的10年中,《外语教学与研究》《外国语》《现代外语》《山东外语教学》《外语教学》《外语学刊》等 56 种杂志和学报共发表文体学研究论文 378 篇，平均每年近 40 篇；1989 年至 1994 年的 6 年间发表的文体学研究论文共 310 篇，平均每年 50 多篇；仅 1998 年一年就发表了文体学研究论文 107 篇。从研究对象来看，这一时期文体学研究的主要内容是文体和文体学的概念、文体学的任务、体裁、文体学研究方法、个人风格研究、文体学的发展方向等。除了发表在各类期刊上的文体学研究论文，国内还出现了多部介绍西方文体学理论的论文集。王佐良先生（1980）的论文集《英语文体学论文集》收录了 9 篇文章，就现代英语的多种功能，现代英语的简练、词义、文体、翻译、英语的文体、风格研究，英语文体学研究，等等多个论题进行了开创性的论述。程雨民等人（1988）主编的《英语语体学和文体学论文选》收录了 18 篇文章，内容涵盖功能文体学、文学文体学、文学批评与文体研究等，为文体学在中国的发展作出了贡献。

1985 年，教育部制定了文体学教学大纲，文体学正式成为国内高校英语专业开设的课程，一大批供英语专业使用的文体学教材相继出版。最早出版的是秦秀白先生（1986）的《英语文体学入门》，随后有王佐良、丁往道（1987）的《英语文体学引论》、王守元（1990）的《英语文体学教程》、钱瑗（1991）的《实用文体学教程》、徐有志（1992）的《现代英语文体学》和张德禄等（1992）的《英语语体阅读教程》。除了以上文体学教材外，我国外语界的学者还出版了多部文体学专著，包括王德春（1987）的《语体略论》、侯维瑞（1988）的《英语语体》、程雨民（1989）的《英语语体学》、申丹（1995）的《文学文体学与小说翻译》、张德禄（1998）的《功能文体学》，刘世生（1998）的《西方文体学论纲》、申丹（1998）的《叙述学与小说文体学研究》、方梦之（1998）的《英语科技文体：范式与应用》。以上教材和专著的出版把我国的西方文体研究引上了规范化道路，为西方文体学理论在我国的普及和发展作出了贡献。

我国文体学研讨会起步较晚，但发展迅速。到目前为止，已经成功举办了十一届全国范围的文体学研讨会。除了首届全国文体学研讨会是在 20 世纪末举办外，其余十次会议都在 21 世纪举办。首届全国文体学研讨会于 1999 年 6 月在南京国际关系学院召开，来自全国 40 所高校和出版单位的 60 位代表参加了会议,并提交文体学论文 50 余篇。会议的议题包括:国内外文体学的教学与研究状况,文体学在教学、翻译、语体等方面的应用,文体学与其他学科的关系,等等。本次会议规模不大,却是我国文体学研究史上里程碑式的事件,为随后的交流与合作作好了铺垫。

我国外语界的文体学研究呈现出以下两大特点。第一,紧跟世界文体研究的步伐。早在 20 世纪初期,王佐良、程雨民等老一辈文体学家秉持"走出去,请进来"的理念,将西方文体学理论引入国内。20 世纪 50 年代到 80 年代,我国的文体研究受制于语言学理论,主要集中在形式主义文体学研究,关注的焦点是词汇和语法对文体的影响,文体分析的主要体裁是诗歌。伴随着西方文体学在 20 世纪 70 年代到 90 年代的繁荣,我国的文体研究也发生了巨大变化,感受文体学、教学文体学、语用文体学、批评文体学和女性文体学成为我国学者研究的重点。第二,我国的文体研究还表现出理论与教学相结合的明显特征。因为我国外语界的文体研究工作者大多是英语专业的教师,所以,把文体学理论研究与外语教学相结合成为我国文体学研究的一大特点。1984 年,王佐良先生在《英语文体学引论》一书的审稿会上明确指出,为英语专业学生开设文体学和语体学课程非常必要,这两门课既能提高学生理解和欣赏文学的能力,又能帮助学生根据语言使用的不同语境灵活地使用不同语体,以达到准确、得体使用英语进行跨文化交际的目的。此外,在历届文体学研讨会上,教学文体学的论文都占不少比例,真正达到了让文体研究为外语教学服务的目的。

1.5.2 汉语文体学的发展

我国的汉语文体研究也有悠久的历史。早在先秦两汉时期,就有对文体的论述,魏晋南北朝时期形成了系统、成熟的文体学理论,刘勰的《文心雕龙》就是这一时期文体学研究的集大成之作,书中提出的"原始以表末,释名以章义,选文以定篇,敷理以举统"(《序志》)的研究范式与基本概念成为我国传统文体学的经典研究模式。由于我们概述的重点不是古代文体学,而是中国文体学在现代的发展,所以对汉语文体学在20世纪的发展概述从中国传统文体学向中国现代文体学的转型开始,包含发展历程回顾、主要学者、学术团体和发展特点。

  中国传统文体学向现代文体学的转型发生在晚清及民国时期。20世纪初,西学东渐成为学术主流,中国文体研究也开始接受西方文学理论。传统文体学的体系被边缘化,白话文和俗文学研究超越了传统文体学的疆域,因此文体学也开启了自己的现代转型。20世纪50年代,受苏联文学理论的影响,中国学界简单强调文学为政治服务的功能,我国文体学研究在这一时期陷入低谷。但是,这一时期对文体学的研究并没有完全荒废,吴调公(1961)的《刘勰的风格论》和陆侃如、牟世金(1962)的《刘勰的文体论》等作品相继问世,为文体理论在新时期的传承做出了贡献。

  20世纪80年代,在老一辈学者的呼吁下,汉语文体研究重获新生。郭绍虞(1981)在《提倡一些文体分类学》一文中指出:"我们一方面希望修辞学能注意到一些文体分类学,一方面也希望文体分类学成为一种独立的学科。"吴承学(2019)认为,这样的呼声在当时的文化语境中可谓是空谷足音。王焕运(1982)也提出建立汉语风格学的意见,呼吁风格学从修辞学中分离,对各类语言风格在语音、词汇、语法、修辞中表现出的系统语言特点进行定量的全面分析。褚斌杰(1984,1990)在《中国古代文体概论》一书中明确指出"研究文体的学科称为文体论或文体学,是文学理论的一个重要方面"。该书对中国古代各类文体的起源、特点、发展等进行了细致的辨析,在普及古代文体知识方面作出了重要贡献。这一时期文体学研究的主要成绩是在文学风格学领域。詹锳(1982)的《〈文心雕龙〉的风格学》和周振甫(1989)的《文学风格例话》开创了风格学的研究风气,吴承学(1993)的《中国古典文学风格学》和李伯超(1998)的《中国风格学源流》都是对传统文学风格学的系统研究,也是风格学的集大成之作。

  到了20世纪90年代,在现代文学"文体革命"的推动下,文体学重新焕发出生机和活力,出现了一批影响力较大的文体学专著。童庆炳主编的"文体学丛书"就是其中之一。在这套丛书中,童庆炳(1994)的《文体与文体的创造》、陶东风(1994)的《文体演变及其文化意味》

第1章 文体学在20世纪的产生和发展

和蒋原伦、潘凯雄(1994)的《历史描述与逻辑演绎——文学批评文体论》对中国古代文体研究作了全面深入的讲解。其中,童庆炳提出了文体是体裁、语体、风格三个层次的结合体的文体概念,突出了语体的重要性,还为文体研究提供了一个综合理论框架。陶东风的《文体演变及其文化意味》以文本为研究中心,建构了历时文体学与文体文化学的理论框架。以上研究不仅在理论方面大大深化了对中国文体学的研究,还呈现出中西文体研究在方法论和研究路径上融合发展的趋势。

在20世纪,我国的汉语文体研究领域活跃着两类学者。一类是以王水照(宋代文体学)、黄霖(近代小说文体学)、曾枣庄(文体与文体史料学)、黄天骥(戏曲文体学)和吴调公(古代文论和文体)为代表的老一辈文体学家,他们扎根中国传统文化,继承以语言描绘和美学鉴赏为目的的传统文体研究方法,是我国汉语文体研究的重要学术力量。另一类是以吴承学、黎运汉、李建中、詹福瑞等新生学术力量为代表的青年理论文体工作者,他们经历了中国文体学从传统到现代的转型,思想敏锐、观点新颖,并且有强烈的创新意识,是汉语文体学理论发展的中坚力量。

20世纪末,在开放包容的良好学术氛围下,我国高等院校涌现出了一批批杰出的文体研究团队。其中,中山大学是海内外著名的中国文体学研究重地,以吴承学、彭玉平、何诗海等学者为核心成员的中山大学中国文体学研究团队在中国古代文体研究、文体形态研究等方面著述颇丰,为我国汉语文体学的发展作出了巨大贡献。此外,北京大学的中国古代文体研究中心专攻诗歌文体及理论,北京师范大学以古代散文文体研究见长,复旦大学古代文学研究中心专攻文章学与分体文学史研究,华东师范大学关注小说文体和词体研究,南京师范大学以实用(公文)文体与词学研究为主,四川大学的研究重点是敦煌与俗文体,武汉大学以批评文体研究见长。总的来说,以上团队主要隶属于文学院,专门致力于文体研究的少,与文学批评结合的多,但是他们的研究各有特色、相互补充,形成了国内相对合理的研究格局。

最后,受我国古代文体学和西方文体学理论的双重影响,我国的汉语文体研究呈现出以下特点。第一,断代史文体研究成果丰富。出于对中国传统文化的热爱,同时受复兴传统文化环境的影响,我国学者对古代文体研究兴趣浓厚，很大一部分汉语文体研究的专著和硕博士论文以我国古代某一时期某一文学体裁的风格研究为对象，如对先秦文体、宋代文体、明清小说文体等不同时期文体的研究层出不穷，出现了断代史研究的热潮。而文体学理论和应用文文体的研究成果偏少，只有少数学者研究古代公文文体和现代应用文文体。第二，我国的汉语文体学没有独立的学科地位和成熟的学科体系。在我国，古代文体学和现代文体学都被认为是修辞学的研究范围，国内的汉语文体研究工作者大都隶属于高校的文学院的文学研究中心，很少有学者来自专门进行中国文体学研究的研究机构，国内高校也没有开设汉语文体学课程的传统。最后，汉语文体学研究方法单一。我国传统文体研究继承了刘勰"原始以表末，释名以章义，选文以定篇，敷理以举统"的研究范式，采用语言描绘和主观阐释的研究方法，文体分析主观性强，对文本语言使用模式的量化研究不够，也没有采用现代化的信息技术处理文本的传统。

1.6 结语

20世纪是西方文体学和英语文体学产生、确立和发展的重要时期，也是我国文体学研究从传统转型到现代的关键时期。为了帮助读者理解现代文体学的产生，本章首先回顾了西方文体学在修辞学中的孕育和发展，厘清了现代文体学和现代修辞学的关系。接着，重点回顾了西方文体学在21世纪初的产生和确立，并详细介绍了文体学于20世纪60年代到90年代在西方的繁荣和发展，包括形式文体学、功能文体学、感受文体学、教学文体学、语用文体学、批评文体学、女性文体学等文体学分支产生的背景和发展历程。随后，回顾了西方文体学在我国的发展和我国的汉语文体研究情况，希望读者能够对新时代的文体研究形成全面的认识。最后，还需要注意，尽管在21世纪出现了不少新兴的文体学分支，但是以上文体学分支在21世纪的发展仍在持续，也不乏新方法的应用和与其他文体学分支的融合发展。因此，下一章"文体学在21世纪的新发展"将包含对以上部分文体学分支在新世纪的新发展的概述和对21世纪出现的文体学新兴分支的概述。

第 2 章
文体学在 21 世纪的新发展

2.1 引言

伴随着语言学理论和科学技术的发展，文体学研究在世纪之交和 21 世纪的最近十年都取得了长足进展。首先，受认知语言学理论和科学技术发展的影响，20 世纪末，认知文体学、语料库文体学和叙事文体学兴起，并在 21 世纪初迅猛发展，产生了丰硕的研究成果。进入 21 世纪，兴起于 20 世纪 70 年代的功能文体学也有了新的发展。与此同时，多模态文体学、情感文体学和文学语篇的真实读者研究等新兴文体学分支应运而生。因此，本章首先介绍世纪之交兴起的三个重要文体学分支：认知文体学、语料库文体学和叙事文体学。然后，简单介绍功能文体学近十年的新发展。接着，概述近十年兴起的多模态文体学、情感文体学和文学语篇的真实读者研究。最后，我们对 21 世纪我国文体研究的新发展进行概述，并对文体学在未来的发展趋势进行展望。

2.2 世纪之交兴起的文体学分支

20 世纪末，语言学理论的快速发展催生了认知文体学和语料库文体学；同时，文体学理论也与叙事学理论走向融合。本部分重点介绍认知文体学、语料库文体学和叙事文体学。

2.2.1 认知文体学

认知文体学兴起于20世纪后半叶，它是认知语言学理论在文学语篇分析中应用的结果。早在1996年，在韦伯（Weber）主编的《文体学读本：从诺曼·雅柯布逊至今》（*A Stylistics Reader: From Roman Jacobson to the Present*）一书的第八章里就被命名为"认知文体学"。在书中，作者重点收录了威尔逊·斯波伯（Wilson Sperber）从关联理论角度对反讽的研究和唐纳德·弗里曼（Donald Freeman）应用概念隐喻理论对莎士比亚（Shakespeare）《李尔王》（*King Lear*）的分析。维尔斯（Wales, 2001/2011）的《文体学词典》（*A Dictionary of Stylistics*）第二版收录了该词条，但是普遍认为，塞米诺和卡尔佩珀（Semino & Culpeper, 2002）的著作《认知文体学：语篇分析中的语言和认知》（*Cognitive Stylistics: Language and Cognition in Text Analysis*）和斯托克韦尔（Stockwell, 2002）的《认知诗学导论》（*Cognitive Poetics: An Introduction*）的问世标志着认知文体学得到了广泛的承认和重视。

认知理论的丰富性决定了认知文体研究的多角度性。目前的认知文体学研究主要从以下三个角度展开：（1）基于认知的文体学基本理论研究（van Peer, 1986, 2007; van Peer, Hakemulder & Zyngier, 2007）；（2）运用各种认知语言学理论，如意象图式理论、概念隐喻和概念整合理论、文本世界理论等进行的文体分析（Semino & Culpeper, 2002; Turner, 1996; Werth, 1999）；（3）认知诗学框架内的认知文体学相关理论研究（Tsur, 1992; Stockwell, 2002, 2003; Gavins & Steen, 2003）。

1. 基于认知的文体学基本理论研究

随着认知科学和心理科学的发展，文体学家对文体学的基本理论进行了更加深入的探讨，其中讨论最多的是前景化理论。

如前所述，前景化理论最早由布拉格学派的穆卡洛夫斯基提出。但是，在穆卡洛夫斯基的研究中，前景化仅仅是解释文学语言与日常语言间差异的手段。文体学家范·皮尔（van Peer）把前景化理论纳入了文体的认知研究,在其著作《文体学与心理学:前景化研究》(*Stylistics and Psychology: Investigations of Foregrounding*)一书中,范·皮尔(van Peer,1986)提出:"前景化是一个语用概念,是作者、(文学)语篇和读者三者之间的动态交互。一方面,某些前景化手段会引导读者对语篇的解释与评价;另一方面,读者也会为满足自己阅读文学语篇的审美需要去寻找这些手段。"由此可见,范·皮尔其实是重新定义了前景化,强调了阅读过程的交互性,还把前景化理论框架内的(文学)语篇研究引上了认知道路。

包括范·皮尔在内的认知文体学家(van Peer,1986;Miall & Kuiken,1994;Emmott et al.,2006)利用实验方法验证了前景化理论。范·皮尔(van Peer,1986)在真实读者中展开的诗歌语言特征显著度(strikingness)研究,用实证的方式证明了前景化理论是可以观察的文本特征,开创了在前景化理论框架内进行文学实证研究的先河。迈阿尔和库伊肯(Miall & Kuiken,1994)通过实验证明读者在阅读前景化特征时,阅读时间会延长,情感投入也会增加,而且读者对前景化特征的反应与读者的文学能力、阅读兴趣或者阅读经验无关。更重要的是,他们发现读者在阅读前景化语篇时,强化的感情(accentuated feelings)会增强读者对蕴含相似情感含义的其他段落的敏感度。霍恩(Hoorn)通过借助脑电图开展的文学隐喻认知效果的研究发现,新奇在创造前景化过程中起着重要作用,复杂新奇的语言刺激确实比常见的刺激更能引起阅读快感,隐喻等前景化语言的运用在认知方面有奇特作用(参见苏晓军,2008:116)。埃莫特、桑福德和莫罗(Emmott et al.,2006)采用语篇变化识别法(text change detection method)研究读者对具有前景化特征的句片和微型段落的阅读反应,研究发现读者更容易识别句片这样的前景化成分。该实验不仅从新的角度检验了文体学关于前景化的基本假定,而且丰富了对语篇处理细节和处理深度的心理研究。2004年,范·皮尔(苏晓军,2008:116)强调,前景化理论是一种功能理论,具有三种不同的功能。首先,它是一种语言学理论,具有在文学语篇中提供具体前景化手段的功能;其次,它是一种心理学理论,有为读者提供阅读前景化引导的功能;最后,它还是一种文化理论,在特定社会文化中具有前景化和改变前景化的功能。此观点对认知文体学关于前景化研究的所有问题进行了高度概括，也大大增加了前景化理论的阐释性，使其成为更具生命力的文体学核心概念。

2. 基于认知语言学理论的文体分析

认知语言学理论，如图式理论、概念隐喻和概念整合理论、文本世界理论都被广泛地应用于文体特征的认知机制研究，构成认知文体学的主体理论。

图式理论的研究始于20世纪初。瑞士教育学家皮亚杰（Piaget, 1925/1960）最早在他开展的儿童语言发展研究中使用schema这一术语。巴特利特（Bartlett, 1932）用schema描述讲话者在故事重述过程中填补空白的认知机制。在随后的研究中，学者们采用了不同的术语：明斯基（Minsky, 1975）使用frame，尚克和艾尔贝森（Schank & Abelson, 1977）采用script，桑福德和加罗德（Sanford & Garrod, 1981, 1998）使用scenario。尽管使用的术语不同，图式的普遍意义是相同的，均是有关同一类事物、事件和情景信息的规则和脚本，是指导我们理解外部世界和预测我们所处情景时运用的认知结构。运用图式理论进行语篇文体分析的尝试始于20世纪80年代后期。它首先被用来研究幽默的认知机制，研究发现，图式失协（incongruity）是幽默语言产生和理解的机制（Raskin, 1985: 30–40; Ermida, 2008: 14–25）。图式不协调理论已被应用于幽默文本的一系列研究当中，包括叙事幽默（Hidalgo, 2000; Ermida, 2008; Marszalek, 2013）、戏剧幽默（McIntyre & Culpeper, 2010）和讽刺杂志（Simpson, 2003）。其次，图式理论也被用于对人物思维风格的研究（Fowler, 1996），这类研究通常涉及人物对世界认知的研究，尤其是异于常人的人物（如儿童、动物、精神病患者或智力有限的人）对世界认知的研究（Semino, 2006）。研究发现，这些人物对物品不够详细的描述和不符合常人的感知图式均反映出他们对世界缺乏正常理解的事实（Halliday, 1971; Fowler, 1996; Leech & Short, 2007）。此外，瑞恩（Ryan, 1991）利用"最小出发原理"解释读者如何以他们的普遍知识为默认基础模式建构文本世界。伊达尔戈（Hidalgo, 2000）和斯托克韦尔（Stockwell, 2003）的研究均发现，如果读者遇到完全不同的世界（如科幻世界、幻想世界或荒诞世界）时，需要更换或补充现有的模式。实际上，读者对文本世界图式的建构和调整都需要以真实世界图式为基础。斯托克韦尔（Stockwell，2003，2010）讨论了作者表征图式改变的文体策略，包括提供新信息、印证假设信息、将新信息与读者现有知识整合等。最后，图式理论在文体认知中的研究还涉及社会文化图式研究。在文本构建中，大多数研究（Mills，1995；Pickering，2001；Montoro，2007；Schweinitz，2010）注重刻板印象在文本中的建构和使用。刻板印象通常被认为是将简单化、无知或不可避免的图式强加于所描述的个人或实体，从而导致对人物的偏见。从读者解读的角度来说，来自不同社会文化背景的读者对文本的解读会有差异。卡尔佩珀（Culpeper，2001）对莎士比亚的研究显示，图式随着时间的推移而变化，这可能导致现代的观众和伊丽莎白时代的观众对同一部作品有不同的解释。最后，图式理论还被用于语篇的文学性研究（Cook，1994；Semino，1997）和基于神经实验的情感研究（Burke，2011；Sanford & Emmott，2012）。

　　概念隐喻理论的思维属性使它成为文体认知研究的重要工具。传统隐喻观把隐喻看作一种语言和修辞现象（Aristotle，1954；Richards，1936：120；Eco，1983：217）。莱考夫和约翰逊（Lakoff & Johnson，1980）在《我们赖以生存的隐喻》（*Metaphors We Live By*）一书中明确提出了隐喻的思维属性，认为隐喻是人类思考、推理和想象的必要过程。概念隐喻是指用一个概念或领域来理解另一个概念或领域的过程。概念隐喻可以根据其认知功能分为结构隐喻（structural metaphor）、方位隐喻（orientational metaphor）和本体隐喻（ontological metaphor）。结构隐喻把源域的结构投射到目标域的结构上，从而使说话者可以用一个域来理解另一个域。方位隐喻使大量的方向隐喻达到彼此连贯（如概念隐喻有向上和向下方向的隐喻概念）。本体隐喻为抽象目标提供了对象、实体和容器状态。莱考夫和特纳（Lakoff & Turner，1989）主要研究文学中的概念隐喻，他们认为隐含在独特的、诗意的语言表达背后的概念隐喻可能极其常见，因为诗人和作家通常在概念层面上使用大量已经存在的隐喻调动读者对特定概念的知识，并以不同寻常的方式运用这些知识。弗里曼（Freeman，1995：691）分析了莎士比亚《麦克白》（*Macbeth*）

中占主导地位的意象图式，她认为路径和容器的意向图式、骨架结构、具身理解等因素构成我们理解《麦克白》语言、中心人物、各种背景的关键环节、以及情节顺序和结构的一套术语。弗里曼（Freeman，1995）系统分析了艾米丽·狄更斯的诗歌，得出结论：艾米丽使用的概念隐喻是"生活是一次空间上的飞行"，而不是同时代诗人常用的"生活是一次时间上的旅行"。卡塞比（Csábi，2000）分析了潘恩（Paine，1776）《常识》（Common Sense）中的隐喻，发现关系隐喻相互结合，并与文本中的转喻混用，为潘恩的"美国脱离英国论"提供了一个清晰的潜在隐喻：在每个家庭生活的特定时期，孩子（美国）为了开始他/她的个人生活，不得不离开父母（英国）。

概念整合理论相对较新，它形成于20世纪90年代，福克尼尔和特纳（Fauconnier & Turner，2002）对概念整合理论进行了完整的表达。概念整合理论的基础仍然是概念隐喻，不同的是，概念隐喻理论认为一个映射连接两个域（源域和目标域），而隐喻就是目标域概念向源域概念投射的过程。但是概念整合理论不仅承认单项的投射，还识别了其他类型的投射模式（如镜像和双范围混合）。概念整合理论认为，在所有的混合模式中，不论输入的空间有几个，概念结构的投射都以概念整合为目标。作为意义产生的一个过程，整合的要素和阶段备受研究者关注，通常认为概念整合理论首先需要识别两个或两个以上的输入空间（Fillmore，1985，2006）或心理空间（Fauconnier，1994，1997；Fauconnier & Sweetser，1996；Oakley & Hougaard，2008）。然后，类属空间是概念整合的关键，多个输入空间原本并无关联，但由于它们属于同一个类属空间，或者说拥有某个共同的属性，才会通过整合产生新意。概念整合理论一经提出，就被广泛应用于文体的认知研究。丹西吉耶（Dancygier，2005，2006，2007，2012）、塞米诺（Semino，2006，2010c）、科普兰（Copland，2008，2012）和哈丁（Harding，2007，2012）分别研究了叙述中的概念整合及其新意的产生；塞米诺（Semino，2009）将概念整合理论与文本世界理论进行了比较。在施莱德和哈特纳（Schneider & Hartner，2012）主编的《概念整合与叙事研究》（Blending and the Study of Narrative）一书中，作者们对叙事中的概念整合进行了深入论述。坎宁（Canning，2008）、鲍肯特（Borkent，

2010)、特纳(Turner, 2004)和卡诺瓦斯(Canovas, 2011)等人研究了诗歌中的概念整合。玛格丽特·弗里曼(Freeman, 2005a)以读者的认知过程为研究对象,用概念整合理论系统地分析了读者阅读普拉斯(Plath)的诗歌《申请者》(*The Applicant*)时的心理空间映射和整合过程。库克(Cook, 2007, 2010)将概念整合理论应用于对戏剧和表演的研究。最后,丹西吉耶(Dancygier, 2014:297-312)不仅完整地介绍了概念整合理论,还细致地展示了诗人如何利用多个输入空间,通过类属空间整合产生新的诗歌主题:国家领导人决定参与战争是违反基督教教义的不道德行为。在国内,张辉和杨波(2008:7-14)在介绍心理空间与概念整合理论的发展状况时,探讨了概念整合理论在文体分析中的应用。赵秀凤(2009,2010)利用概念隐喻理论和概念整合理论探讨了意识流小说文体的建构与认知。

最后,文本世界理论在文体认知中的应用也很广泛。最早提出"文本世界"这一术语的是德·博格兰德和德雷斯勒(De Beaugrande & Dressler)。他们是把文本世界(text world)作为一个和真实世界(real world)相对的概念提出来的。文本世界可以调动我们对真实世界的见解,这些见解不是客观地提供给读者的,而是要靠读者通过社会认知、交互和磋商去获得的。文本世界理论是沃斯(Werth, 1995a, 1995b, 1999)在20世纪80年代到90年代发表的一系列文章中提出的。文本世界理论的基本假设是人类处理和理解的所有话语都是通过在头脑中构建心理表征进行的。文本世界理论的目标是提供对话语心理表征进行系统审视和讨论分析的方法论工具。这一理论试图证明,我们在进行具体语篇阅读时需要调动阅读中积累的关于人物、地点和事件的知识以解释语篇的其余部分。沃斯的文本世界理论分三个运作层次。从高到低分别为:话语世界(discourse world)、文本世界(text world)和亚文本世界(sub-world)。话语世界是言语事件(speech event)发生的情景语境,包括话语参与者(discourse participants)、话语参与者能够感知到的一切以及话语参与者从感知中能够推知的一切。文本世界是概念场景(conceptual scenarios),包含使话语获得意义的信息。文本世界构建成分(world-building elements)构成语篇发生的背景,这些成分包括时间(time)、地点(location)、人物(characters)和物体(objects)等。亚文本世界指当前文本世界的内部变化，具体包括指示亚文本世界（deictic sub-world）、态度亚文本世界（attitudinal sub-world）和认识亚文本世界（epistemic sub-world）三种类型。文本世界理论一经提出就被应用于文体的认知研究。塞米诺（Semino, 1997）基于文本世界理论发展了一种诗歌分析方法，详细讨论了诗歌中的三种文本世界：话语情景、可能世界和心智构念（mental constructs）。作者还分析了一些非诗歌语篇，并鼓励学生利用文本世界理论分析小说、短篇故事、戏剧、广告和笑话等。加文（Gavins）提出概念整合理论（或"混合理论"）和文本世界理论的整合方法（Fauconnier & Turner, 2002; Gavins, 2007）。莱希（Lahey, 2004, 2006, 2007）引入"空"文本世界的概念，对沃斯关于世界构建和功能推进命题的某些问题进行了扩展说明。斯托克韦尔（Stockwell, 2009a）和惠特利（Whiteley, 2011a）尝试将真实读者的反馈整合到文本世界的理论框架中。最后，吉本思（Gibbons, 2011）提出"想象的跨文本世界"（figured trans-world）概念，认为读者在阅读中的身体参与可以通过双重指代和激发想象达到具身阅读的效果；她进而使用该理论分析了小说《特响，特近》（*Extremely Loud and Incredibly Close*），并得出结论：读者阅读过程的参与，模拟了文本世界中相应的动作，能帮助读者更好地获得主人公的生活经历体验和创伤体验。在国内，马菊玲（2008）应用文本世界理论研究了读者对黑色幽默小说荒诞性的认知机制。

3. 在认知诗学框架内展开的文体认知研究

认知诗学是近年来认知科学和文学研究融合的产物。由于很多学者将认知诗学和认知文体学交替使用，引发了不少误解。因此有必要简单界定认知诗学，区分认知文体学和认知诗学，并概括在认知诗学框架内开展的认知文体研究。

首先，认知诗学研究始于20世纪70年代文学研究的认知转向，以色列特拉维夫大学的楚尔（Tsur）教授是认知诗学领域的先驱。楚尔（Tsur, 1992, 2003, 2008）认为，"认知诗学"是一种文学批评理论，是使用认知科学提供的工具探究人类信息处理过程如何影响和制约诗歌

第2章 文体学在21世纪的新发展

的语言与形式,并对文学文本结构与感知效果间的关系作出系统阐释的一门科学;斯托克韦尔(Stockwell,2002)认为"认知诗学"是"关于文学的阅读",是将"认知语言学和心理学运用于文学文本分析"的研究;唐纳德·弗里曼(Freeman,1993)认为"认知诗学"不是文学批评理论,而是"研究制约文学反应和诗歌结构的认知过程,为文学感知提供理论认知基础"。综上所述,认知诗学是借用认知科学的理论解读文学文本、探讨心智活动在阅读中的作用的科学,是运用认知科学构建的一种全新的"诗学"理论。

由于认知文体学与认知诗学都借用认知科学理论对文学作品展开研究,因此两个学科间也有一定的重合。塞米诺和卡尔佩珀(Semino & Culpeper,2002:x)曾指出这两个术语有时交替使用,因为它们都关注文本阅读。申丹(2009a:1)也认为在"探讨读者对文学文本的认知时,'认知诗学'和'认知文体学'难以区分"。然而,两者并非等同关系(Stockwell,2002;Semino & Culpeper,2002)。尽管它们都关注文本语言,但是认知文体学是在非文化语境中使用语言学发展起来的方法和框架,是对文学文本的语言特征进行的非评价性描述;而认知诗学是在文学语境中运用人们的基本认知能力从阅读、阐释、审美和评价等多方面对文学文本进行的理解,包括文学语言和作者的意图。况且,"诗学"一词比"文体"一词可以有更广的涵盖面(申丹,2009a:1)。由此可见,认知诗学不属于文体学的范畴,而是比文体学涵盖面更广的文学研究。

下面主要介绍在认知诗学理论框架指导下开展的文体研究。楚尔(Tsur,1992)概述了一种基于广泛跨学科领域的韵律理论方法,包括格式塔心理学、俄罗斯形式主义、新批评、文学批评、语言学和神经科学,并展示其如何阐释诗歌效果,为系统探讨审美效果和非审美元素结构之间的关系提供了认知理论和模型。莱考夫和特纳(Lakoff & Turner,1989)运用认知语言学和认知心理学理论中的日常认知机制理解文学作品,并认为诗歌阅读所使用的概念隐喻与我们日常生活中的概念系统是一致的。玛格丽特·弗里曼(Freeman,2002a)运用认知语言学的象似性(iconicity)理论探讨诗歌文本结构与内容的关系,进而提出"诗歌象似性"(poetic iconicity)概念。塞米诺(Semino,2002:95–122)在福勒"思维风格"(mind style)研究的基础上,运用图式、隐喻和概念整合理论探讨不同思维风格在文本特征上的体现。斯托克韦尔（Stockwell，2002）的《认知诗学导论》（*Cognitive Poetics: An Introduction*）和加文与斯蒂恩（Gavins & Steen，2003）的《认知诗学实践》（*Cognitive Poetics in Practice*）均强调运用图形—背景、脚本图式、文本世界理论、可能世界理论、原型理论、认知语法、心智空间、隐喻等认知方式探讨如何精确解读文学文本，达到对文本准确理解的目的。最后，同样是在认知诗学的框架下，伯克（Burke，2011）通过在大学生中开展实地调查和进行神经实验揭示了文学阅读的认知理据，并验证了阅读过程的图像图式与镜像神经元活动有关的假设。

认知文体学不仅理论基础丰富，而且研究方法也非常多样，因此以上分析中难免有重复和重叠。由于具体的文体研究方法将在本书第 7 章和第 8 章详细阐述，因此这里不做赘述。

2.2.2 语料库文体学

语料库文体学是世纪之交兴起的文体学分支之一，它是语料库语言学和文体学结合的产物。其实，早在 20 世纪 50 年代和 60 年代，就有文体学家（Fucks，1952；Somers，1966；Milic，1967）使用统计方法研究作家创作风格、识别作品的作者，催生了计量文体学/统计文体学（statistical stylistics/stylostatisitics）。利奇和肖特（Leech & Short，2007：286）在《小说文体学》（*Style in Fiction*）中明确指出文体学的"语料库转向"。马尔贝格（Mahlberg，2014：378）认为，语料库文体学流行的部分原因是语料库语言学家越来越多地利用这个机会将电子文学文本视为自己的研究数据，文体学家也从日益丰富的现成语料库工具中获益。与计算文体学一样，语料库文体学"必须通过计数和比较来验证异常和特征"（Hoover，2013：518），正是这种计数和比较为文学文体学增添了额外的系统性，使语料库文体学研究成为一项有吸引力的工作（Stubbs，2005；O'Halloran，2007）。但是，与计算文体学相比，语料库文体学更注重结果阐释和定性分析。语料库文体学使用语料库方法解决文学文本相关的问题，但不是在每种情况下都有足够的临界数据可以回答特定的研究问题。马尔贝格（Mahlberg, 2014: 389）认为，如果不应用索引或生成关键字来解决特定的文学研究问题，索引或生成关键字就不是一种有用的研究方法，换而言之，语料库方法的应用和得出的数据如果不能与意义阐释建立理论联系，就可能仅仅是对文本进行的缺乏洞察力的天真观察。

语料库文体学在个体语言特征的语料库标注和分析、作家风格研究、作品主题和人物塑造表现方式研究等方面成果显著（卢卫中、夏云，2010: 51）。个体语言特征的语料库标注以塞米诺和肖特基于语料库的英语小说言语和思想表征的标注和分析最为突出。以利奇和肖特（Leech & Short, 1981）的小说言语和思想表征五大类别为理论基础，塞米诺和肖特（Semino & Short, 2004）自建英语小说语料库，手动标注了语料库中所有的言语和思想表征类别，在标注过程中，他们发现了新的言语、思想和书写表征子类别，完善了现有的言语、思想表征理论。基于塞米诺和肖特的模型，巴斯（Busse, 2010）研究了19世纪语料库中的言语、思想和写作表达类别，她指出，语篇中的重复模式可能在某种程度上有助于自动标注算法的实现。

基于语料库的作家风格研究主要包括作家创作风格变化研究和作家风格识别。通过对大量数据进行分析，既可以观察到作者风格随时间的变化，也可以将作者风格与同时代其他作家的创作风格进行比较。通过比较狄更斯（Dickens）23部作品的子类词频，塔巴特（Tabata, 2002）不仅证实了狄更斯系列小说和素描作品间的鲜明风格差异，还观察到了其创作风格随着时间推移从倾向书面和语法复杂到倾向口语和语法简单的变化；胡佛（Hoover, 2007）采用词语聚类分析法对比詹姆斯（James）的前后期作品，确认其两个时期的作品风格存在差异，他通过研究还发现了一类风格中立的作品；胡佛（Hoover, 2010）建立了专门的书信体小说语料库，以高频词为变量研究语料库中不同书信体小说叙事者语言风格的差异和同一部小说中不同通信者或叙事者语言风格的差异，证明语料库方法能够挖掘出文体学家观察不到的某些文体差异；何（Ho, 2011）利用语料库方法比较了佛勒斯（Fowles）小说《占星家》（*Magus*）两个版本在视点、词汇语义模式和隐喻性语言等方面的文体差异，印证了改版后的作品与原作风格的变化，不仅证明了语料库方法在文体风格对比研究中的价值,也提供了一种研究语篇间关系的新视角。

基于语料库的小说主题表征研究主要是运用词类、关键词、语义韵律等词汇特征作为语言变量,追踪文学文本的意义解释。斯塔布斯(Stubbs,2005)以 Brown、LOB、Frown 和 FLOB 等语料库中的"散文类"语篇以及 BNC 语料库中约 100 万字的书面语为参照库,使用词频表、词汇分布等检索手段对康拉德(Conrad)《黑暗的心》(*Heart of Darkness*)一书中的语言进行了检索和描述,发现小说中不确定性实词、虚词、某些抽象名词、带有否定前缀的形容词和名词以及某些类型短语和搭配的反复使用对表达小说主人公马洛心理上对现实的不确定性有特殊意义。马尔贝格和史密斯(Mahlberg & Smith,2010)研究了奥斯汀(Austin)《傲慢和偏见》(*Pride and Prejudice*)中关键词"礼貌"的词汇语境,尤其是与身体相关的词语在特定语境中的使用情况,得出结论:人物对礼貌的社会期望是导致他们产生误解和误判的主要原因。图兰(Toolan,2009)以短篇小说为研究对象,考察了如何用关键词生成的方法对短篇小说进行删节。他的研究显示,关键词和关键句是语篇发展的信号之一,与关键词生成相似的是关键语义域的检索。洛(Louw,1993,1997,2004)将"语义韵律"与文体联系起来,他认为"语义韵律"概念是文体分析的有力工具,可以解释创造性的或不寻常的词语使用情况。洛(Lonw,1993)分析了拉金(Larkin)的诗歌《日子》(*Days*)中与 days 搭配的语义韵,研究发现,由于人们通常会在 days 之后加上 gone、over、past 等词,因此诗歌中的 days 与一种忧郁的感觉有关。阿道夫和卡特(Adolphs & Carter,2003)通过分析伍尔夫(Woolf)的《到灯塔去》(*To the Lighthouse*)中的一段摘录,发现视点和语义韵律的互补分析可以提高对小说主题和人物的洞察力。巴拉斯(Balossi,2014)通过对伍尔夫《海浪》(*The Waves*)中独白中词性和语义韵律特征进行对比分析,发现了六个主人公语言风格和思维风格的差异,为意识流语篇人物的理解和语篇连贯的研究提供了深刻见解。另一个语料库语言学概念是"局部语篇功能"。有些语言特征的意义是局部的,因为它们描述的功能只与局部文本中的具体意义相关(Mahlberg,2005,2007b,2013)。马尔贝格(Mahlberg,2007a)研究了狄更斯的《远大前程》

(*Great Expectations*)中以 as if 开头的五词聚类的局部功能,认为 as if 聚类对刻画主人公匹普主观臆断的性格以及实现小说的主题有积极作用。

语料库文体研究的优势在于采用大数据捕捉那些读者和分析人员难以观察的语言模式。然而,由于语言描述可能存在着对文本缺乏洞察力和天真观察的缺陷,语料库文体学未来面临的挑战之一是确定可以用语料库方法有效解决的研究问题,进而准确使用语料库方法,为问题的解决提供超出人类分析人员能力的新见解。在方法论方面,比伯(Biber,2011)认为,应该将早期文体研究的统计方法与最近出现的语料库文体学的定性关注相结合,更好地发挥这个领域的潜力。雷茜、张德禄(2016:284)认为,要使用语料库方法,标注软件需进一步完善,统计方法应日趋缜密,语料描述和分析要注重多变量融合,更重要的是要建立起描写、阐释和评价相结合的文体分析框架。

语料库文体学研究离不开索引工具和大型参考语料库。Wordsmith Tools(Scott,2012)是目前最常用的索引软件包,它的主要功能包括:单词列表工具、索引工具和生成关键单词列表工具。另一个具有类似功能的免费工具是 AntConc(Anthony,2011)。其次,分析关键语义域的常用工具是 WMatrix(Rayson,2008)。目前,可自由访问的参考语料库包括:英国国家语料库(BNC)和当代美国英语语料库(COCA)。随着科学技术的发展,各种语料库工具也在不停地更新和发展。以上所列语料库工具操作简单、实用性强,基本能够满足文体分析的需要。

2.2.3 叙事文体学

叙事文体学是在 20 世纪至 21 世纪之交出现的一个文体学分支。2004 年,辛普森(Simpson,2004)在《文体学》(*Stylistics*)一书中首次正式使用"叙事文体学"一词,但叙事理论在文体学中的应用早在 20 世纪 70 年代就开始了。福勒(Fowler,1977)在《语言学与小说》(*Linguistics and the Novel*)一书中就曾试图借鉴叙事学理论,把故事和话语的叙事学区别作为文体分析的总体框架。利奇和肖特(Leech & Short,1981)在《小说的文体》(*Style in Fiction*)一书中不仅借鉴了叙事结构和语言结构这一叙事学类比，还使用了小说层面上的呈现方式选择和语言层面上的文体选择之间的类比。图兰（Toolan，1990）在《小说文体学：文学语言学方法》（*The Stylistics of Fiction: A Literary-Linguistic Approach*）中多次使用叙事学的概念，如热奈特（Genette，1980）的"故事外叙事的"（extra-diegetic）与"故事内叙事的"（intra-diegetic）概念、查特曼（Chatman，1978）的"隐蔽的叙述者"（covert narrator）与"公开的叙述者"（overt narrator）概念、热奈特（Genette，1980）和巴尔（Bal，1985）等人提出的"视点"（focalization）概念等。辛普森（Simpson，1993）在其专著《语言、意识形态和视角》（*Language, Ideology and Point of View*）中以多种形式提及故事和话语的区分，提到了热奈特对叙事时间的论述以及叙事学的视点模型和叙述模型。梅尔斯（Millis，1995）基于结构主义叙事学先驱普罗普（Propp）的叙事学理论，研究了女性人物所扮演的角色，并详细解释了"视点"，尤其重点研究了中性叙述和视点的性别化问题。肖特（Short，1999）通过对威尔士（Welsh）《秃鹳梦魇》（*The Marabou Stork Nightmare*）一书的叙事结构和文本语言特征进行探讨，展示了这部小说的叙事创新和文体创新是如何相互作用的，对文体学和叙事学的融合进行了大胆尝试。辛普森（Simpson，2004）试图通过区分叙事学和文体学基本概念并建立叙事结构的文体模型来整合叙事学和文体学。进入21世纪，叙事学理论也与迅速发展的认知文体学/诗学密不可分。认知文体学/诗学的理论基础主要是认知语言学，但叙事学也是其常用理论之一（申丹，2014：205）。斯托克韦尔（Stockwell，2002：9）认为，认知文体学/诗学不仅要探究世界呈现、读者解读和评价等问题，还要探索叙事和接受等传统文学领域的问题。斯托克韦尔（Stockwell，2002）借鉴了"隐含作者"（implied author）、"叙事者"（narrator）、"受述者"（narratee）和"故事外声音"（extra-fictional voice）等叙事学概念，为文学作品中指示语的认知探索提供了一个框架。埃莫特（Emmott，2002）发现，叙事学家热奈特和巴尔对叙事层次和视点的研究有助于她对语言如何在叙事中表达"分裂的自我"进行认知文体学研究。

事实上，尽管文体学和叙事学的研究对象都是文学作品，但两个学科却有着巨大的差异。文体学区分"内容"和"文体"，叙事学区分"故

第 2 章　文体学在 21 世纪的新发展

事"和"话语"。从表面来看,文体学的"文体"似乎与叙事学的"话语"对应;实际上,文体学中的"文体"与叙事学中的"话语"有很大区别。"文体"是故事呈现的语言方面,而"话语"是故事呈现的结构方面。两者的相关性也仅仅表现在视点、人物塑造和时态这几个方面（Shen, 2014: 191-205）。而且,文体学和叙事学在以上三个领域的研究侧重点也不同。虽然文体学和叙事学都非常重视视点,这是两个学科之间为数不多的交叉研究领域之一。然而,即使在这一交叉领域,研究的重点仍然是相当不同的。在叙事学研究中,视点指观察者（聚焦者）相对于故事的位置;而在文体学中,有关视点的研究重点探讨视点实现的语言形式（Leech & Short, 2007: 139）。就人物塑造而言,文体学和叙事学的研究也有很大差异:文体分析通常关注的是语言选择如何被用来描述或呈现虚构的人物（Culpeper, 2001: 164-233）,而叙事学家关注的是人物的不同结构模式及其分类（Rimmon-Kenan, 2002: 59-71）。最后,时态在文体学和叙事学中是完全不同的概念。尽管我们普遍认可时态的语法意义,但时态在叙事学中是一套用来描述叙事"紧张"（Prince, 2003: 98）的时间关系,根据热奈特（Genette, 1980: 114）的解释,时态包括"时序"（order）、"时距"（duration）和"频率"（frequency）。

正因为文体学和叙事学之间存在有限的交叉和巨大的差异,所以为了更全面地理解和欣赏叙事技巧,我们需要关注两个学科间的互补性（Shen, 2014: 204）。我们可以使用叙事学的概念和框架来指导细致的文体分析,也可以同时展开文体分析和叙事分析,并观察两者在文本中的互动。叙事文体学家在视点、人物塑造和时态研究方面都取得了可喜的成绩。利奇和肖特（Leech & Short, 2007: 139-141）把注意力转向了"虚构的观点",重点研究作者在为读者建构一个虚拟的文本世界过程中的语言选择;他们认为这些语言模式"无论是在意义上还是在内涵上,都表达了某种价值元素"（Leech & Short, 2007: 218-221）。在人物塑造方面,卡尔佩珀在里蒙-凯南（Rimmon-Kenan）人物塑造三模式（直接描述、间接呈现和类比强化模式）的基础上,区分了"显性""隐性"和"作者性"特征线索,根据会话结构、会话含意、词汇、句法特征、重音和方言等方面对"隐含"线索进行划分,并通过详细的文体分析展示了语言特征与人物性格的相关性（Culpeper, 2001: 164-233）,是叙事学和文体学互补分析的成功案例。其次，赫尔曼（Herman，2002：115）有效地结合了格雷马斯（Greimas）对叙事行为者的描述和韩礼德的及物性模型，研究不同角色的作用和角色间的关系。此外，在叙事学的影响下，利奇和肖特（Leech & Short，1981：176-180）开始关注小说文体分析中的顺序，并区分了表征的、时间的和心理的三种顺序。最后，弗卢德尼克（Fludernik，2003）详细阐述了叙事学和文体学中时态的差异和互补性，并采用叙事学框架分析了翁达杰（Ondaatje）《英国病人》（*The English Patient*）中的时态模式和时间安排等。佩姬（Page，2003，2006）关于女性主义叙事学的语言学研究也为文体学和叙事学的结合作出了贡献。在国内，沿着申丹（1998）叙事学和文体学理论互补性思路，贾晓庆（2009）构建了一个叙事—文体分析框架，展示了叙事分析和文体分析如何有机结合产生更有说服力的文学叙事解释；管淑红（2009）将伍尔夫小说《达洛维夫人》（*Mrs. Dalloway*）的功能文体分析与叙事学分析相结合，完善了对小说文学意义的阐释；雷茜（2017）从多模态认知文体学的角度出发，研究多模态特征如何帮助读者更好地解读洛雷（Rawle）的多模态小说《女性世界》（*Woman's World*）中的两位复杂人物并理解小说的深刻社会主题，是认知文体学和多模态叙事学理论巧妙结合的成功实践。

鉴于叙事学和文体学的有限重叠性和差异性，二者的互补发展会给文体分析和叙事结构特征分析带来意想不到的结果。文体学在英国蓬勃发展，叙事学在北美发展迅速，二者的融合发展开辟了文体研究新领域，也对文体学在北美的发展带来好处。

2.3 功能文体学在 21 世纪的新发展

功能文体学是于 20 世纪 70 年代兴起的文体学分支，其在 20 世纪的繁荣和发展在上一章已经介绍。进入 21 世纪，功能文体学在理论探索、实践拓展和跨学科发展方面都有突出成就。下面从理论、实践和跨学科发展三个方面概述功能文体学在 21 世纪的新发展。

随着功能语言学在 21 世纪不断发展，功能文体学理论在世纪之初

第 2 章 文体学在 21 世纪的新发展

也有了新进展。评价理论（appraisal theory）是功能语言学理论在 21 世纪最为突出的新发展。马丁等人（Martin & Rose, 2003; Martin & White, 2005）认为，人际意义除了能够通过语气、情态等语法手段实现外，还能在带评价色彩的词语身上得到体现。因此，我们可以通过分析这些词语的态度（attitude）、介入（engagement）和级差（gradation），判断作者在言语交际中持有的态度和立场。评价理论一经提出就在文体研究中得到应用，2005 年，彭宣维的《评价文体学》就是评价理论和文体研究的成功结合。该书在确立"作者—文本—读者"一体化认知解读模型的基础上，以"批评—审美"为着眼点，尝试建构一种文学文本分析框架，进而以故事事件和情节为依据，阐发作品中的整体评价动机，揭示各类评价意义、作者介入话语过程的方式、叙事口吻的强弱。管淑红（2011：77-81）将叙述学的视角理论和功能文体学的评价理论结合，探讨了英国作家弗吉尼亚·伍尔夫的意识流小说《达洛卫夫人》中人物思想表达的评价功能。彭宣维、程晓堂（2013：27-35）探讨了将评价理论应用于文体学分析中遇到的问题，并提供了相应的解决方案。除了评价理论之外，功能文体学在"实例化"（instantiation）与"个体化"（individualization）研究方面也取得了进展（宋成方、刘世生，2015：281）。马丁（Martin, 2008）把体现化、实例化和个体化三个维度整合在一个理论框架之中，讨论了三者之间的关系。以上述理论研究为基础，贝德纳雷克（Bednarek, 2011：185-204）从实例化和个体化维度分析了影视人物对情感语言资源的选择与影视人物情感认同之间的关系，是利用实例化和个体化理论研究文学作品的大胆尝试。

功能文体学的实践拓展不仅体现在用功能语言学理论指导文学作品分析的广度和深度方面，还表现在新兴理论的应用方面。受韩礼德（Halliday, 1971）功能文体学理论以及他对《继承者》（The Inheritors）文体分析思路的影响，早期的功能文体分析多集中在对体现概念意义的及物性特征的分析上（申丹，2006）。随着理论的发展和分析的深入，表达人际意义的语气、情态和表达语篇意义的主位结构都成为文体分析的工具。其中，赵晓囡（2009：66-69）对吉尔曼（Gillman）《黄色墙纸》（The Yellow Wallpaper）的分析，就是通过对主位结构特征、语气结构特征和情态系统特征进行综合分析，探索功能文体分析在研究女性文学文本方面的价值。此外，杨凤玲（2019）对欧·亨利（O' Henry）的三篇短篇小说《麦琪的礼物》(The Gift of the Magi)、《警察与赞美诗》(The Cop and the Anthem)和《最后的一片叶子》(The Last Leaf)的文体分析使用了实现概念功能的及物性系统、实现人际功能的语气和情态系统以及实现语篇功能的主位结构和衔接。她的研究将原来使用表达一种意义的语法系统开展文体分析扩展到使用表达三种意义的语法系统的全面分析。除此之外，哈桑文学作品的语言研究理论也在文学作品文体分析中得到应用。王竹青、苗兴伟（2015：106-111）以哈桑（Hasan, 1985）的语言艺术研究的三层次理论框架为理论基础，对塞林格（Salinger）的小说《麦田里的守望者》(The Catcher in the Rye)的文体特征进行了分析。最后，功能文体学还被应用于翻译和外语教学等领域。张德禄（2008）提出建立一个对比原文和译文的功能文体分析框架。吴静（2006：91-95）把功能文体学的及物性分析方法与认知语言学的"意象"概念结合，分析了中国古诗《枫桥夜泊》英译版本的文体特色。徐德荣、王圣哲（2018：104-110）以功能文体学为理据，研究动物小说翻译的文体风格再现，提出动物小说以功能为核心、以情感和审美为出发点，再现原文文体风格的分析思路。

除了理论发展和实践拓展，功能文体学在21世纪初也有与其他学科融合发展的趋势。其中，功能文体学与语料库语言学结合（Butler, 2004：147-186; Turci, 2007：97-114）的文体分析最为突出。图尔西（Turci, 2007）将语料库语言学的量化研究与功能文体学的质性研究有机结合，探讨了康拉德（Conrad）的《黑暗之心》(Heart of Darkness)中dark的使用特征及其深化主题的作用，是语料库语言学方法和功能文体分析结合的典范。毛赞、李娜和薛娇（Mao Zan et al., 2014：70-78）借助语料库分析软件AntConc 3.2.2分析了戏剧《巴巴拉上校》(Major Babara)原著和两部中文译著中情态动词的分布，并尝试提出戏剧翻译中的语料库功能文体研究模型。此外，功能文体学还与叙事学理论结合，开展文学作品的人物塑造和主题表征研究。王菊丽（2004：106-111）利用韩礼德的功能文体学理论和方法对叙事作品中叙事视角的文体功能进行分析。张鸣瑾（2014：141-143）探讨了及物性系统和评价系统在词汇语法层面的表现及其与叙事视角之间的联系，为叙事视角提供了语言依据。管淑红（2009）在博士论文中把系统功能语言学理论和叙事学理论结合，分析了弗吉尼亚·伍尔夫的小说《达洛维夫人》的文体特色。杜特–弗兰德斯（Dutta-Flanders，2017，2018）将功能语法理论与批评文体学理论结合，分析了犯罪叙事的主题和人物性格的发展变化。此外，功能文体学理论也与认知文体研究出现了融合的趋势。刘承宇（2008）把功能文体和认知文体方法结合研究语法隐喻现象。因为功能文体学和认知文体学在句法结构分析上同中有异，所以有些学者尝试把两种方法结合起来，典型的做法是把功能文体学对及物性模式的分析与认知心理学以及广义的认知科学揭示的认知规律结合起来，从而形成认知—功能分析方法。任绍曾（2006：17–21）对《国王底班》（All the Kings' Men）的文体分析就是从功能文体学的及物性入手，关注"痉挛"（twitch）一词在各种及物性过程中的体现，把"痉挛"的突出视为"作者对人生经历进行概念化（conceptualize）和识解（construe）"的方式，实现文体研究中功能和认知的有机结合。

　　除此之外，功能文体学理论还与多模态话语分析理论结合，形成了多模态功能文体学。南丹麦大学的诺加德（Nørgaard）不仅提出了多模态文体学概念（Nørgaard et al.，2010；Nørgaard，2011b），而且系统研究了多模态小说的文体分析思路和方法（Nørgaard，2010a，2019）。张德禄、穆志刚（2012：6）在功能文体学理论研究的基础上，探讨了多模态功能文体学理论框架的建构问题，并以儿童连环画的多模态文体分析为例，提出从模态组合、意义建构、语境、体裁和文化多个层面进行图文连环画文体分析的整体思路，对国内多模态文体分析起到了指导作用。雷茜（2014：1–4）系统介绍了多模态功能文体学的理论基础和发展状况，还利用功能文体学理论对比分析了洛雷（Rawle）的拼贴小说《女性世界》（Woman's World）的两版封面，使功能文体学理论与多模态话语分析理论的结合落到了实处（雷茜，2014）。雷茜（2018：36–41）探讨了多模态功能文体学理论建构中的几个重要问题，包括多模态语篇的界定、模态语法的建构、语境对多模态语篇的制约机制等问题。最后，功能文体学的跨学科发展并不局限于与一个学科的结合，功能文体学理论也有与多个学科的融合、结合或参考。雷茜（2017）从人物身份的认知入手，结合语言、图像、字体、布局等模态的文体分析，研究了洛雷（Rawle）的多模态小说《女性世界》（*Woman's World*）中复杂人物的读者认知机制，是功能文体学与多模态话语分析和认知语言学理论融合的文体分析实践。纳托尔（Nuttall，2018）把功能文体学的及物性分析和认知语法对同一现象所做的行动链（action chain）分析结合，分析了麦森（Matheson）《我是传奇》（*I Am Legend*）(1954)中的及物性模式，并尝试使用社会心理学理论解释这些语言模式引发读者的心灵归属程度，属于功能文体与认知语法和社会心理科学的融合发展。

综上所述，尽管功能文体学在近年发展速度明显减慢，且国内的功能文体学研究主要是西方功能文体学理论的借鉴和应用（宋成方、刘世生，2015：284），但是功能文体学仍然在理论和实践方面有新发展，而且在跨学科融合发展方面取得了可喜的成绩。

2.4 21世纪新兴的文体学分支

随着媒体技术的发展和认知科学的推进，多模态文体学、情感文体学和文学作品的真实读者研究备受关注。

2.4.1 多模态文体学

文体学是利用语言学理论研究文学作品意义建构的科学，对语言以外模态符号的表意现象并不关注。随着多媒体技术的推广和文体学研究范围向非文学语篇的扩展，有必要将文体学理论与符号学研究相结合，探讨和发展新的理论，既能分析语言的文体特色，也能研究非语言模态（如字体、布局、图像、颜色、声音、手势等）在语篇意义建构中的作用，多模态文体学应运而生。南丹麦大学的诺加德（Nørgaard）教授首次提出"多模态文体学"这一概念，她认为多模态文体学是一个把文体分析的范围扩大到语言之外的模态和媒介的崭新的文体学分支（Nørgaard et al.，2010：30），是文体学理论和符号学理论联姻的产物（Nørgaard，2011b：255）。诺加德认为，印刷版文学作品中的字体、布

第 2 章　文体学在 21 世纪的新发展

局、色彩、图像也参与文学作品意义的建构,所以需要建构一个文体分析框架研究它们在多模态语篇意义建构中的作用。虽然,她个人把印刷版文学作品作为多模态文体学的研究对象,但她同时指出网络文学、戏剧文学、电影文学等语类也是多模态文体学研究的范围。而且,现代文体学的研究范围已经从原来的文学语篇延伸到了任何形式的语篇,所以多模态文体学的研究对象应该包括各种形式的文学语篇和不同题材的非文学语篇。

已有的多模态文体研究主要从社会符号学视角、功能文体学视角和认知视角展开。社会符号学视角的多模态文体研究以系统功能语法为原型,探讨图像、字体、布局等非语言模态的语法建构及其意义产生的符号学原理。基于韩礼德"语言是一种社会符号"(Halliday, 1978: 108)的论断,多模态文体学家认为,既然语言只是传达意义的一种社会符号,那么其他社会符号系统也应该有各自的词汇语法系统,并与语言协同,为表达意义服务。多模态文体学就是要挖掘图像、色彩、印刷版式、布局等符号模态的语法体系(Nørgaard et al., 2010: 30)。克瑞斯和范·勒文(Kress & van Leeuwen, 1996/2006)建构了"视觉语法";范·勒文(van Leeuwen, 2005: 137–143; 2006: 139–155)初步建立了"字体语法";克瑞斯和范·勒文(Kress & van Leeuwen, 2002: 343–368)和范·勒文(van Leeuwen, 2011)研究色彩的使用规律。诺加德(Nørgaard, 2009)研究了字体模态产生意义的符号学原理;诺加德(Nørgaard, 2014: 475)将封面、纸张等物质媒介也视为模态,并以《达·芬奇的密码》(*The De Vinci's Code*)和《L》(*L*)等小说为例,说明封面和纸张在阅读中的特殊文体效果。诺加德(Nørgaard, 2019)系统地研究了多模态小说中字体、布局、图像、纸张和封面产生意义的原理及其在文体分析中的应用。模态间关系的研究始于图文关系研究。巴尔特(Barthes, 1977: 39)认为,媒体图像的意义是多重的,也是飘忽不定的,需要文字对其过于弥漫的意义潜势加以控制;克瑞斯和范·勒文(Kress & van Leeuwen, 1996: 17)认为,图像本身有独立的组织和结构,图像与文字之间的关系是关联性的,而非依赖性的;罗伊斯(Royce, 1998: 25–49; 2002: 191–212)提出了"模态间互补性"概念,他指出"在复杂的多模态语篇中,视觉模态和文字模态是互补关系,视觉成分和文字成分的组合能够产生出比单一模态大的语篇意义"。张德禄（2009a：27）把出现在多模态话语中的模态关系归纳为逻辑语义关系和表现关系，逻辑语义关系包括详述、扩展和提升，表现关系包括互补关系和非互补关系，互补又包括强化和非强化，非互补包括交叠、内包和语境交互。社会符号学视角的研究为多模态语篇的功能文体分析提供了重要语法依据。

功能文体学视角的多模态文体研究以功能文体学理论为基础，探索多模态文体分析理论模型的建构与应用。张德禄、穆志刚（2012）提出了一个多模态功能文体分析综合理论框架，展示了突出特征分析、语境相关性分析和前景化特征确定三步走的多模态文体分析思路，是多模态语篇文体分析的指导性理论模型。在这一框架中，"功能"是核心概念，概念功能、人际功能和语篇功能组成语言符号和其他符号共有的意义潜势。语境是多模态功能文体分析中的制约性因素。在具体的文化语境和情景语境制约下，一个意义可以由文字实现，也可以由其他模态实现，多模态功能文体学就是要关注具体语境下不同模态符号的突出特征以及语言模态符号和非语言模态符号间的协同关系。语言模态突出特征、其他模态突出特征以及模态间关系突出特征，只要与作者创造的情景语境相关，与讲话者的交际目的相关，就成为语篇的前景化特征。雷茜（2018）探讨了多模态文体分析理论框架建构、多模态语篇界定、多模态语法建构以及语境的制约机制等多模态功能文体理论建构中的几个重要问题；张德禄（2018）提出了汉英语篇文体特征对比理论框架，为汉英多模态语篇文体对比研究提供了理论依据。因此，多模态功能文体分析的理论框架不仅趋于成熟，而且还被用来指导英汉语际文体的对比研究。

多模态功能文体学的应用研究伴随着理论研究展开。奥图尔（O'Toole，1994）从三个纯理功能的角度研究了艺术品的视觉意义；奥哈洛兰（O'Halloran，1999：1-29）研究了数学语篇的多模态文体特征；诺加德（Nørgaard，2010：115-126）研究了福尔（Foer）的小说《特响，特近》（*Extremely Loud and Incredibly Close*）中的小说排版、布局和图片带来的独特文体特征；麦金泰尔（McIntyre，2008：309-334）分析了麦克莱恩（Mckellen）版的电影《理查德三世》（*Richard III*）的多模态文体效果。在国内，王红阳（2007：22-26）对卡明斯（E. E. Cummings）的视觉诗"la"进行了多模态功能分析；张德禄（2009a：24-30；2009b：15-20）提出了多模态话语分析框架，探讨模态间的协同关系，并进行了课堂话语多模态使用特征分析。希帕拉（Hiippala，2015）采用功能文体分析思路研究了旅游手册语类的多模态文体特征；翟后铭（2016）在此框架指导下分析了卡明斯诗歌"in-Just"的多模态文体特征；雷茜（2015）在多模态功能文体分析框架的指导下，分析了《特响，特近》中语言、图像、字体、布局和色彩的前景化特征以及模态间关系的前景化特征，尤其强调互补强化关系在突出小说创伤主题方面的独特作用。

认知视角的多模态文体研究重点关注非语言模态在多模态语篇（小说、电影、广告等）解读中的作用。多模态认知文体学是文体学研究发生认知转向和语篇多模态性受到关注后的新接面研究。多模态认知文体学的理论基础是认知语言学。虽然，认知文体学也借用心理学、神经科学等广义上认知科学的方法，但认知语言学的概念隐喻理论、概念整合理论、文本世界理论、图形—背景理论、认知语法和指示认知理论等理论是多模态认知文体学的核心理论。福塞维尔和尤瑞尔斯·阿帕瑞斯（Forceville & Urios-Aparisi，2009：4）指出了新奇多模态隐喻的文体取向；唐宁（Downing，2003）把文本世界理论扩展到了多模态文本的文体研究中；戈登（Gordon，1997：6）明确指出"图形—背景关系出现在所有感官模态中"，把文体学对前景化文体特征的研究扩展到语言模态之外。最后，认知语法和指示认知理论也是多模态认知文体研究的基础理论。福塞维尔（Forceville，1996）不仅使用文字—图像隐喻理论分析了读者对三则IBM广告的解读，还研究了根据麦克尤恩（McEwan）小说《来自陌生人的安慰》（*The Comfort of Strangers*）改编的电影中的隐喻及其文体效应（Forceville，1999：179-198）。在福塞维尔和尤瑞尔斯·阿帕瑞斯（Forceville & Urios-Aparisi，2009）合编的论文集《多模态隐喻》（*Multimodal Metaphor*）一书中，研究者们将广告、漫画、手势语、音乐、电影等作为研究对象，从不同的角度分析了多模态隐喻带来的文体效应。吉本斯（Gibbons，2011：86-166）在认知诗学的框架内研究多模态文学语篇，利用文本世界理论研究小说《特响，特近》中语言如何构建一个假设的文本世界；利用指示认知理论研究小说《平地歌剧》

（*VAS: An Opera in Flatland*）如何使读者产生阅读中的双重定位，并用概念整合理论和概念隐喻理论研究小说如何将虚构世界和真实感受整合，产生新的主题意义；雷茜（2017）研究了《女性世界》中两位复杂人物的理解过程，认为基于多模态隐喻的图式重构是多模态小说人物理解的关键。认知视角的多模态文体研究将分析对象从文本特征转向读者对文本特征的认知，是多模态文体研究的新角度。

尽管多模态文体研究在不同视角都初具规模，但是仍然存在很多问题：首先，符号语法不健全。色彩语法不够精确化（Kress & van Leeuwen, 2002; van Leeuwen, 2011），布局语法有待独立和完善（Kress & van Leeuwen, 1996），声音、手势等模态语法研究仍囿于起步阶段。其次，文体分析理论模型有限。现有的多模态功能文体分析理论模型仅针对图文结合的静态多模态语篇（张德禄、穆志刚，2012；王红阳，2007；雷茜，2015）；动态多模态语篇撰写和分析理论有限（张德禄等，2015；容榕，2015）。第三，语际文体的对比研究未充分展开。现有的多模态文体对比研究局限于英文封面的多模态文体对比（雷茜、张德禄，2015；贺赛波，2015），汉英多模态语篇文体对比研究非常少见（张德禄，2018）。最后，认知科学方法应用滞后。认知文体研究者多采用主观印象法和阐释法探讨多模态语篇的认知过程（Gibbons, 2010a, 2011），而认知科学的新方法，如眼动追踪测试法（eye-tracking test）和事件相关电位法（event-related potentials，简称ERP）等都还未能应用到多模态语篇的文体研究中。

2.4.2　情感文体学

采用文体学方法研究文学作品的情感也是21世纪新兴的文体学研究领域。实际上，不论是作者创作过程中的情感，还是读者对情感的感知，在以前的文学研究中都有涉及。亚里士多德的"情绪发泄理论"可以说是最早关于文学作品情感生成和接受的理论。然而，20世纪40年代和50年代的新批评提倡文学批评的客观性，把情感从文学接受的研究范围中剥离。值得庆幸的是，20世纪60年代的形式主义学者们相信

第2章 文体学在21世纪的新发展

文本具有激发情感的潜力,雅柯布逊(Jakobson,1960)在其著名的语言功能说中将情感功能与指称功能、诗学功能、意动功能、寒暄功能、元功能并列,这里的情感功能指语言表达发话者情感和态度的功能。很明显,它指发话者情感的产生,而不涉及读者对情感的接受。

20世纪70年代,受读者反应理论的影响,情感研究成为文体研究领域的一个重要话题,其研究的重心也从情感产生转移到情感接受。感受文体学的代表人物费什(Fish,1970,1980)认为,文体"不是文本内在的特征,而是读者在阅读文本过程中产生的动态效果"。费什的感受文体学抛弃了雅柯布逊的形式主义研究思路,他关心的不是文本,而是读者的阅读过程。但是,感受文体学的问题是:第一,费什所谓的读者阅读过程包含的主要内容是读者阅读过程中的阐释、假设和期待,而不是读者阅读过程中情感的接受;第二,不同的读者对同一文本会作出不同的阐释,读者感受分析摆脱不了相对性的困扰(申丹,1988:28;Weber,1996:3)。因此,在费什之后,感受文体学研究锐减。尽管系统功能语言学的心理范畴(mental category)中包含了情感(Halliday,1994:108),但它并不是话语分析的重点,也没有在文体分析中得到关注。

在世纪之交兴起的认知文体学重新引发人们对文学作品情感研究的兴趣。迈阿尔(Miall,2005:149)认为,文学作品的情感有助于我们将来自不同领域的概念联系起来;其次,情感源于体验,它促使我们对事件采取一定的立场态度;此外,当涉及自我概念的某一问题时,情感还包括自身的情感。尽管迈阿尔对文学作品情感的认识并不全面和系统,但却引起了人们对情感研究的重视。塞米诺(Semino,1997)将尚克(Schank)的图式理论认知模型(Thematic Organization Points,简称TOPs)与自己提出的"情感联想"理论结合,为文学作品的情感分析服务,这在利用文体方法研究文学作品情感领域中无疑是一次相当重要的尝试。除此之外,吉布斯(Gibbs,2003)对原型的研究、伯克(Burke,2001)对象似性(iconicity)的研究和埃莫特(Emmott,1997,2002)对人物移情的研究都是从文体的角度出发开展的文学情感研究。其中唐斯(Downes,2000)对情感体验语言表达的研究最为突出,他不仅从情感、评价和直觉三个方面描述情感体验的象似性表达,还考虑了情感的文化维度和认知维度。

此外，在认知诗学研究中，情感也是相当重要的成分。认知诗学的创始人楚尔（Tsur, 1992, 2003, 2008）将情感看作认知诗学的重要话题，并深入探讨了文学作品的情感和审美功能。伯克（Burke, 2001）在他的《象似性与文学的情感》(Iconicity and Literary Emotion)一文中明确指出"诗歌语言的句法、词形、书写同语言的语音和音位一样，可以表达作者的情感"。最后，情感研究也是叙事学研究的重点，叙事作品的话语层和故事层的情感都是研究对象。霍根（Hogan, 2003, 2011）研究了出现在常见题材故事层的情感，发现任何情感都可能存在于故事层，故事组织过程中有两种突出情感：一种是持续驱动人物行动的持续情感（sustaining emotion），另一种是出现在故事结尾的结果情感（outcome emotion）。斯滕伯格（Sternberg, 1978）研究了与故事情节相关的话语层情感，包括悬疑、好奇和惊讶等。

另外，文学作品的情感研究还呈现出多学科融合的特点。伯克（Burke, 2006: 129）系统回顾了与文体学相关的情感研究，不仅提出利用文体学方法研究文学作品情感的思路，而且指出"鉴于认知科学在文体学和文学阅读过程研究中发挥着越来越重要的作用，情感研究的理论框架和方法论有望在未来的文体学研究中得到更多的发展和应用。"霍根（Hogan, 2014）力图寻找文体学、情感和神经科学三者的融合，他认为情感是"为自觉行为提供动力的激励系统，这个激励系统包含很多诱发条件激活的神经回路"（Hogan, 2014: 516），而诱发条件恰恰是情感和文体研究中最为重要的部分。目前该领域的研究相对有限，因此基于脑神经科学的情感文体学研究有巨大的发展空间。霍根（Hogan, 2014: 528）指出，情感反应的普遍过程和个体反应中的任何非普遍模式都是可以继续研究的主题，他认为尽管文体、情感和神经科学方面的研究才刚刚起步，但是很明显它是最有前景的文体研究领域之一。

2.4.3 文体学和真实读者

文体学一直以来以文学分析的实证方法而闻名。按照常理，这种实证研究的一个切入点就是文本对读者的影响。然而，在现实中文体

第 2 章 文体学在 21 世纪的新发展

学家往往更注重文本分析,而不是读者(Hall, 2009: 331; Allington & Swann, 2009; Allington, 2011)。即使涉及读者,读者也是一个理论上的概念,类似于读者反应批评中的理想读者(Culler, 2002; Iser, 1978; Fish, 1980)。近年来,有文体学家开始通过文学实证研究(the empirical study of literature,简称 ESL)和自然阅读研究(the naturalistic study of readers,简称 NSR)关注真实读者如何在文学文本中找到意义,以及文体分析的假设和框架是否能够在真实读者那里找到充分的证据。这两种研究不仅促进了我们对阅读背后的认知过程的理解,而且以不同的方式帮助文体学家避免了读者反应(van Peer, 2001: 336)研究对文本纸上谈兵式的分析。

理查兹(Richards, 1929)是最早关注真实读者的文体学家。他在课堂上请学生阅读了一首诗,并要求他们对这首诗中的突出语言特征作出书面回应。研究发现,读者的反应是多变的和因人而异的。虽然理查德的研究属于实证研究,但是其研究设计相当粗糙,他对实验数据的解释也不一定准确(Martindale & Dailey, 1995),但他研究的可贵之处在于其观察对象是真实读者的阅读反应。

文学实证研究以读者对前景化文体特征的反应为主。范·皮尔(van Peer)是首个利用实验方法研究文学文本前景化特征读者反应的文体学家。范·皮尔(van Peer, 1986)给 6 位读者阅读不同诗人的 6 首诗,要求他们标出自认为最引人注目的诗句。在实验前,他本人根据前景化理论,对这些诗歌语音层、语法层和语义层的前景化特征进行了等级评定。随后,他比较了自己对诗歌前景化特征等级的评定结果和 6 位读者的标注结果,发现尽管读者的文学背景不同,但是对诗歌最引人注目诗句的评定高度一致。因此,范·皮尔得出结论,前景化是文学文本的一种可观察的特征,从而支持了许多文体学家的观点。

迈阿尔和库依恩(Miall & Kuiken, 1994)的文体实验不仅关注真实读者对前景化特征的判断,也关注前景化特征对真实读者阅读过程的影响。迈阿尔和库依恩的实验假设是:在包含前景化特征多的文本部分,读者的阅读速度会减慢,因为前景化特征会引发读者的更多关注。根据读者的文学经历,迈阿尔和库依恩将读者分成四组,展开了四次相同的实验。实验的具体操作是:选择三个短小的故事,并将故事切分成以词组和句子为单位的片段。实验者和两名研究者一起对三个故事语音层、语法层和语义层的特征进行分析。然后，要求读者在电脑屏幕上两次阅读故事。第一次阅读中，故事以片段的形式出现，读者读完一个片段后点击鼠标开始阅读下一个片段，电脑记录读者的阅读时间；在第二次阅读中，每一个片段和前后两个片段一同出现，要求读者对片段引人注目程度进行1级至5级的等级评定。结果显示，读者和研究者在前景化特征的判断上高度一致。在第一次阅读中，前景化特征多的部分阅读时间明显长于其他部分；在第二次阅读中，读者对前景化部分的判定等级明显更高，读者更容易被前景化特征多的故事部分打动。最终，他们得出结论：前景化特征的识别和前景化特征对读者阅读的影响与读者的专业程度和阅读经历无关。

埃莫特等人（Emmott et al., 2006）采用心理实验方法考察叙事文本中语篇碎片（text fragments）这一前景化特征的读者反应。他们考察的主要对象是句片（sentence fragment）和微型段落（mini paragraph）。在详细讨论了叙事文本中语篇分裂文体作用的基础上，埃莫特等人邀请了24名学生两次阅读预先选定的36个短小的叙事段落，并识别两次阅读中的语言变化，以考察读者对句片和微型段落的阅读敏感度。研究发现，读者经常能检测到句片中的信息变化，但微型段落的变化识别并不理想，其他部位则更加困难。因此，作者得出结论："就像我们通常在文体分析中所假设的那样，读者在阅读中对句片这一前景化特征进行更加仔细和更加深入的处理"（Emmott et al., 2006：23）。该研究将文体学研究与心理实验相相合，不仅从新的角度检验了文体学关于前景化的基本假定，也通过对语篇分裂这种前景化语言特征的观察为心理研究作出了贡献，形成了一种新的跨学科研究途径。

金吉尔等人（Zyngier et al., 2007：660）利用实验方法研究了前景化与文本复杂性的关系，他们的假设是，包含更多前景化特征的文本更复杂，也需要"延长读者的体验"，因此读者二次阅读后对其评价会更高。他们让来自巴西、埃及和荷兰三种文化的三组读者两次阅读了三个被研究人员评价为复杂性不同的文本，要求参与者回答关于文本反应的三个基本问题并完成对文本特征（无聊的、复杂的、深刻的、强烈的、强大的、丰富的、愚蠢的、引人注目的、无聊的、琐碎的、不重要的、弱小的）的评价。研究结果发现，读者对这三篇文章的复杂性看法与研究人员一致，两者均认为伍尔夫（Woolf）的《达洛维夫人》（*Mrs. Dalloway*）选段是最复杂的；斯坦福德（Stanford）的《当爱情来临时》（*When Love Awakes*）选段是最不复杂的，奥斯丁（Austin）的《傲慢与偏见》（*Pride and Prejudice*）居中（Zyngier et al.，2007：669）。然而，与研究人员的预测相反，来自巴西和埃及的两组读者的结果显示，第一遍和第二遍阅读的任何一篇文章都没有明显的差异。只有荷兰小组支持"读者会对不同层次上提供更复杂模式的文本评价更高，尤其是在第二次阅读时"（Zyngier et al.，2007：673）。金吉尔等人认为导致此差异的主要原因是阅读文化的不同。佩普洛和卡特（Peplow & Carter，2014：446）认为，金吉尔等人的文体实验有以下两个主要贡献：一是利用实验数据表明，对文本复杂性和前景化关系的理解需要真正的读者体验。虽然真正的读者普遍有对前景化的意识，但是对前景化的鉴赏不是所有读者都具备的能力；二是金吉尔等研究人员利用阅读文化的差异来解释其研究结果是潜在的、富有成效的方法，大大促进了对真实读者的文体研究。

尽管实验方法在真实读者研究方面收获颇丰，但是它也遭到了不少质疑。霍尔（Hall，2008）认为，实验方法过分关注句子加工，对语篇层面的研究不够重视；而且阅读者接触的文本都是实验者加工过的去语境化文本，读者在实验室的阅读也是非典型阅读环境，因此不能如实反映真实读者的阅读体验。由于这些认知上的缺陷和对个别研究结果有效性的质疑，近年来自然阅读研究成为真实读者实验的一种替代方法。自然阅读研究方法提倡研究在"习惯性阅读过程"中产生的文学解读（Swann & Allington，2009：248）。自然阅读小组广泛使用人种志方法来研究真正的读者，从读者提供的数据中"原原本本地"获取最原始的数据，而不是搜索特定的现象，或者创建对参与者来说不寻常的研究情境。

目前，大部分此类研究都将图书俱乐部作为"自然"阅读的场所（Swann & Allington，2009；Benwell，2009；Peplow，2011）。阅读小组话语研究项目针对现代英国读书小组展开了深入细致的调查研究（Allington & Swan，2009；Swan & Allington，2009）。该项目考察了 16

个面对面阅读小组（如监狱、私人住宅、工作场所）和两个在线阅读小组中使用的话语。该项目的研究既"对阅读小组这种当代文化现象进行了理解"（Swann & Allington, 2009: 247），又提供了一种不同于实验方法的文学研究新方法。斯旺和阿林顿（Swann & Allington, 2009）使用定性软件包 Atlas-ti 对小组活动的主题进行分析和编纂，但阅读小组话语研究的主要内容集中在阅读群体话语的社会性方面。斯旺和阿林顿的结论是读者的"解释活动取决于他们所阅读的语境的各个方面，并且与社会和人际关系密切相关"（Swann & Allington, 2009: 250）。在阅读小组这一群体语境中，文本的解释是"协同发展的，而不是单个演讲者的属性"（Swann & Allington, 2009: 262），讨论行为"构成了一种人际关系管理的互动资源"（Swann & Allington, 2009: 262）。遗憾的是，这些发现与文体分析并没有特别紧密的联系。本维尔（Benwell, 2009）的发展侨民项目也采用人种志方法研究阅读小组。本维尔的研究对象是侨民这样一个特殊群体。她的研究数据主要是多个阅读小组对利维（Levy）的小说《小岛》（Small Island）的讨论。本维尔（Benwell, 2009）感兴趣的是读者对世界理解的各种方式以及他们与群体中他人的协商方式。《小岛》作为一部关注移民人口的小说，引发了读者对种族和民族认同问题的反应。本维尔认为，当读者对小说作出解释时，他们的谈话涉及"常识性的反种族主义"，而这种常识性的反种族主义是通过一个"他者化"的过程来实现的，他者化是一个公然的种族主义群体的构建，与演讲者的价值观形成了含蓄的对比（Benwell, 2009: 309）。最后，佩普洛（Peplow, 2011）专注于自然阅读小组中特定话语特征和说话模式的研究。利用详细的文本分析，他发现三个话语特征在一个讨论组中尤为突出：话轮开头的"哦"、X 然而 Y 结构（如"我以为我讨厌它，然而我爱它"）和调用同类结构（如读者将书中人物的经验和自己的个人经验联系）。佩普洛将阅读小组视为一个典型的实践社区，他认为这些反复出现的话语特征和讲话模式构成了阅读小组的共同语言，在创建和培养群体认同方面发挥了重要作用。

上述三项自然阅读的研究并没有采用太多传统文体分析的方法。一般来说，这些研究中的读者往往不关注文体学通常感兴趣的文本分析。这是人种志研究方法的一个潜在缺点，因为研究人员无法以他们喜欢的方式控制小组活动。然而，这为实验方法和自然主义方法的结合创造了机会。菲亚略（Fialho，2007）在一定程度上尝试了这种混合的方法。为了研究前景化特征在文学专业和工程专业学生陌生化加工过程中的作用，她采用内省的方法对阅读数据进行定性分析，采用实验的方法寻找定量数据，但是她的实验方法不够精准（Peplow & Carter，2014：452）。惠特利（Whiteley，2011）较好地实现了文本特性和读者反应之间的平衡，她邀请了三个朋友来阅读石黑一雄（Kazuo Ishiguro）的《长日将尽》（*The Remains of the Days*），她既考虑了读者如何在群体背景下谈论这部小说，又特别关注他们如何认同小说中的人物。与自然阅读不同，惠特利研究的设计有严格的控制，她选择了读者（而不是之前的阅读小组）、选择了文本并提出了谈话的主题。这些限制使她能够看到文本中特定的元素，从而对文体分析做出了直接贡献。佩普洛和卡特（Peplow & Carter，2014：452）认为，未来的研究可以集中在类似的主题上，例如，可以考虑图书俱乐部读者如何处理文本的前景化特征和/或读者如何在谈论文本时采用角色的视角等具体话题。

2.5　21世纪我国文体研究的新发展

进入21世纪，我国文体研究发展迅速。下面从我国外语界文体研究的新进展和汉语文体研究的新进展两个方面进行概述。

2.5.1　我国外语界文体研究的新发展

进入21世纪，我国外语界学者在论文、教材、专著，还有学术交流方面成果喜人。

首先，我国外语界的文体学研究论文应接不暇。徐有志（2000a）撰文述评现代文体研究的90年；申丹（2000）回顾了西方文体学的百年发展历程；杨传普（2003）概述了现代文体学在20世纪的发展。以上研究不仅回顾了20世纪现代文体学的发展，还对21世纪现代文体学的发展趋势作出了展望，是新世纪文体学发展的里程碑。同时，建构普通文体学成为我国外语界学者的一个关注点，徐有志（2000b）撰文探讨了普通文体学理论建构的几个问题；吴显友（2003）探讨普通文体学理论框架的建构及其应用。此外，随着认知文体学和语料库文体学在国外的兴起，我国也出现了认知文体学和语料库文体学研究的热潮。在认知文体学方面，宫瑞英（2008）从认知文体学的视角研究叙事作品的人物塑造；贾晓庆、张德禄（2013）讨论了认知文体学理论建构中的几个重要问题；雷茜（2017）从认知文体学的视角出发，研究多模态文学作品的人物塑造；邱璐、许凌军（2020）以阿来的《格萨尔王》为例，探讨认知文体学视域下的翻译行为研究。语料库文体学研究方面，卢卫中、夏云（2010）向国内学者系统地介绍了语料库文体学的概念，并认为语料库文体学是文学文体学研究的新途径；黄立波（2011）以《骆驼祥子》两个译本中人称代词和叙事视角转换为例，讨论如何基于双语平行语料库开展翻译作品的文体研究；任晓霏等人（2014）以喜剧翻译中的指示系统为例，探索喜剧翻译研究的语料库文学翻译途径；胡开宝、杨枫（2019）探讨基于语料库的文学作品语言特征研究的内涵和意义。此外，在21世纪，功能文体学研究焕发出新的活力。申丹（2002）对功能文体学展开批判性思考；刘世生、宋成方（2010）概述了功能文体学的产生背景、理论框架和其在中国的发展，对国内学者全面了解功能文体学研究作出了贡献。20世纪20年代，功能文体学理论在多模态语篇文体研究中一展身手，雷茜（2014，2018）介绍了在西方兴起的多模态文体学，并探讨了多模态功能文体学理论建构中的几个重要问题。贺赛波（2015）以女性成长小说《大地的女儿》中译本为例，探讨了在多模态文体学视域下进行译本图像研究的具体方法。在这一时期，文体学研究的另外一个新发展就是学者们开始对文体学的研究方法给予了更多关注，张德禄（2007）对功能文体学的研究方法进行了全面介绍；雷茜、张德禄（2016）介绍了新世纪出现的语料库方法、多模态方法和实验方法，以上两篇论文是文体学研究方法方面的珍贵资料，对青年学者了解和开展文体研究很有指导意义。此外，2008年上海外语教育出版社出版了申丹的论文集《西方文体学的新发展》。此论文集收录了文体学研究方面的论文19篇，从认知文体学、批评文体学、功能文体学、话语文体学、语用文体学、教学文体学、计算文体学等七个流派入手详细介绍了国外文体学研究的最新成果,让国内的文体研究工作者迅速捕捉到了国外文体研究前沿,对我国文体研究在新世纪的发展起到了引领作用。

进入21世纪,新的英语文体学教材相继问世,包括董启明(2009)的《新编英语文体学教程》,张德禄、张国、张淑杰和胡永近(2016)的《英语文体学教程》和徐兴岭、安文风(2016)的《英语文体学概论与实践研究》。同时,不少视角独特、内容新颖的文体学专著也纷纷出版,在21世纪的第一个十年就涌现出了胡壮麟(2000)的《理论文体学》,封宗信(2002)的《文学语篇的语用文体研究》,冯庆华(2002)的《文体翻译论》,张德禄(2005)的《语言的功能与文体》,王虹(2006)的《戏剧文体分析——话语分析方法》,刘世生、朱瑞清(2006)的《文体学概论》,许力生(2006)的《文体风格的现代透视》,李华东(2007)的《戏剧舞台指令的语用文体研究》,曲卫国(2009)的《话语文体学导论》和申丹(2009b)的《叙事、文体与潜文本》。21世纪的第二个十年间,出现了戴凡、吕黛蓉(2013)的《功能文体理论研究》,苏晓军(2014)的《文体学研究:实证·认知·跨学科》,张德禄、贾晓庆、雷茜等(2015)的《英语文体学重点问题研究》,刘世生(2016)的《什么是文体学》和任晓霏、冯庆华(2016)的《语料库戏剧翻译文体学》,此外申丹的《叙述学与小说文体学研究》的第四版于2020年7月出版。以上教材和专著的出现把我国的西方文体研究引上了规范化的道路,也使得我国的文体学研究基本能够与世界同步。

进入21世纪,文体学研究领域值得关注的大事就是每隔2年召开的全国文体学研讨会。根据1999年第一届全国文体学研讨会的安排,第二届全国文体学研讨会于2000年9月在山东大学举行,来自全国各地的60位专家学者围绕文体学理论、方法、流派和具体的作家风格研究进行了深入探讨。第三届全国文体学研讨会于2002年4月在西南大学召开,第四届全国文体学研讨会于2004年10月在河南大学举行,这两届研讨会的规模和代表数量均超过了前两届,学者们的研究在广度和深度上也有很大提高,研究的重点包括文体学的学科建设、文体学流派的理论模式和方法、不同体裁的风格研究和文体学的应用研究,更重要的是我国文体学研究会在第四届研讨会期间正式成立,为国内外文体研究者工作者搭建了一个交流的平台。2006年6月,第五届文体学研讨会在清华大学举办,此次研讨会由文体学研究会主办、由清华大学和北京大学承办。该研讨会也是首届国际文体学研讨会,邀请了来自世界各国的130多名文体学家和文体研究工作者参加,大会的议题包括认知文体学、功能文体学、戏剧文体学、诗歌和小说文体学、普通文体学、教学文体学等。此届会议的主要成果收录在《文体学:中国与世界同步》(刘世生等,2008)一书中。继首届国际文体学研讨会之后,由中国文体学研究会主办,上海外国语大学英语学院承办的"2008年文体学国际研讨会暨第六届全国文体学研讨会"于当年10月在上海外国语大学举办,国内外90多所高校的140多名代表参加了会议,代表们就文体学理论、文体学研究方法和应用、文学文体学研究、功能文体学研究、文体学与相邻学科等议题展开了热烈讨论。会议的主要成果收录在《文体学研究:回顾、现状与展望》(俞东明,2010)一书中,并于2010年9月由上海外语教育出版社出版。第三届文体学国际研讨会暨第七届全国文体学研讨会由中国文体学研究会主办、由宁波大学外国语学院承办,2010年10月在宁波大学外国语学院举办,会议的主题仍然是"文体学:回顾、现状和展望",会议的议题包括文体学学科建设及文体学理论研究、文体学理论综述及各个分支学科研究等。第四届文体学国际研讨会暨第八届全国文体学研讨会于2012年10月在苏州大学举行,会议的主题是"文体学研究:理论与实践"。会议的议题还包括文体学理论研究、文体学和各个分支学科研究等。由中国修辞学会文体学研究会主办、重庆师范大学外国语学院承办的第五届文体学国际研讨会暨第九届全国文体学研讨会于2014年10月在重庆师范大学举行。会议的主题是"新世纪文体学研究的新进展"。第六届文体学国际研讨会暨第十届全国文体学研讨会于2016年6月在黑龙江大学举办,此次研讨会的主题是"当代文体学理论与实践及跨学科研究",与会代表就文体学理论研究、语体及体裁特征研究、文体与修辞研究等国际前沿的文体学议题展开热烈讨论。第七届文体学国际研讨会暨第十一届全国文体学研讨会于2018年10月在福州大学举行。此次会议共有150多名专家学者参加,除我国学者外,还有来自英国、荷兰、日本等国家的学者。会议以"作为学科的文体学"为主题,就文体学理论研究、文体学各分支学科研究、多模态文体学研究、文体学与跨文化话语研究等国际前沿文体学议题展开讨论。文体学研究会是学者们就文体学前沿问题深度交流的平台,吸引着国际知名文体学家和来自世界各国的文体学研究工作者的参与,也带动了更多的年轻学者投身文体学研究。因此,以上文体学研讨会在我国的举行使我国外语界的文体学研究在深度和广度上逐步提升,并与世界接轨。

综上所述,我国外语界学者在新世纪开展的文体研究有以下两个特点。第一,与西方文体研究基本同步。因为中西交流的加深和信息化的发展,我国外语界的文体学研究也出现了语料库文体学、认知文体学和多模态文体学的研究热潮,这一点与西方文体学研究基本一致。其次,我国外语界的文体研究表现出明显的科学化趋势。与传统的文学批评和我国的汉语文体研究不同,我国外语界的文体研究工作者大多数是高等院校的外语教师,很多在西方接受过系统的语言学或文体学训练,采用定性研究与定量研究结合的方法开展文体分析。正如俞东明、曲政(2012:12)指出的"随着新生代学者知识结构的变化和科学知识的普及以及计算语言学和语料库语言学的发展,统计方法和定量方法在文体学研究中得到广泛应用,我国的文体研究成了人文性和科学性的完美统一"。

2.5.2 汉语文体学的新发展

进入 21 世纪,汉语文体研究越来越受到学术界的重视,在文体学理论、断代文体学研究和文体与文体形态研究等方面都取得了喜人的成绩。黎运汉(2003)撰文讨论汉语风格学传统,郭英德(2005)的《中国古代文体学论稿》、吴承学(2011)的《中国古代文体学研究》、曾枣庄(2012)的《中国古代文体学》等专著系统地概括了中国古代文体学理论。此外,断代史研究成果丰硕,李士彪(2004)的《魏晋南北朝文体学》、任竞泽(2011)的《宋代文体学研究论稿》和过常宝(2016)的《先秦文体与话语方式研究》就是典型的代表。最后,吴承学（2000）的《中国古代文体形态研究》是文体和文体形态方面的代表作。连燕堂（2000）的《从古文到白话：近代文界革命与文体流变》、鄢化志（2001）的《中国古代杂体诗通论》、李良荣（2002）的《中国报纸文体发展概要》、沙红兵（2008）的《唐宋八大家骈文研究》、刘晓军（2011）的《章回小说文体研究》和刘宝强（2018）的《清代文体述略》等研究全面地呈现了不同体裁文本的文体研究。

  然而，21世纪我国汉语文体研究的最新进展应该是研究方法的改变和中国文体研究史的突破。在研究方法上，计量方法开始在汉语文体研究中受到重视。施建军（2019）的《计量文体学导论》详细介绍了开展文体计量研究所需的统计学基础知识，并且利用统计学方法以及基于现代统计学理论的计算机文本挖掘技术（文本聚类和分类技术）开展了以下几方面的研究：中国古代和现代文学作品的文体特征抽取、作者鉴定方法、特定作品的文体分析、作家语言使用的变异、以及计算机文体计量相关软件使用等诸多方面的研究。计量文体学研究在国外具有很长的历史，也积累了丰硕的科研成果。该书尝试从日本相关技术及研究方法中借鉴，希望可以起到抛砖引玉的作用。在中国文体研究史方面，李南晖、伏煦、陈凌（2014）的《中国古代文体学论著集目》一书出版。该书收录了1900年至2014年中国大陆和中国台湾、香港、澳门三地出版的关于中国古代文体学的著作和论文，是有关文体和文体学的整体性论述；从辞赋编到戏曲编，分别以各文体为中心收录资料。各编之下，以主题为中心，设立部、类两级目。全目以编为经，部、类为纬；内部以文体为经，主题为纬，纵横支柱。所列论著并非数据罗列，而是在甄别内容后，按照研究内容和主题分别布局，更能切实反映学科的整体格局和趋势，对全面系统了解汉语文体学的古往今来很有帮助，也为汉语文体学的学科体系建设做好了铺垫。

  我国汉语文体研究的学术队伍也发生了重要改变。以吴承学、黎运汉、李建中、詹福瑞等为代表的理论文体工作者成为我国汉语文体学研究的中坚力量，他们不仅在自己的研究领域著书立说，也明确提出汉语文体学的学科建设问题，为汉语文体学的学科建设作出了不可磨灭的贡献。此外，一大批青年学者在文体研究领域崭露头角，例如，何诗海（明清文体学）、刘湘兰（文体史料学与小说文体）、韩高年（先秦文体学)、于雪棠(汉代文体学)等,在此不一一列举。最后,也是最值得庆幸的是,出现了少数致力于中西文体交流的青年学者,例如,陈军(比较文体学)、宋莉(中外文体交流)、施建军(计量文体研究)等。他们接受了西方系统的文体理论训练,不但能立足于汉语文体研究,还致力于中西文体理论的交流和融合,代表着现代文体学未来的发展方向。

最后,新世纪的汉语文体研究呈现出以下两个特点。第一,汉语文体学学科体系建设步入正轨。经过了几代汉语文体工作者(吴承学,2005,2015)的努力和强烈呼吁,我国汉语文体学的学科体系建设有突破性进展。中山大学文体学研究团队李南晖、伏煦、陈凌基于国家社科基金重大项目"中国古代文体学发展史"的论著《中国古代文体学论著集目》系统地梳理了汉语文体学的古往今来,为汉语文体学的学科独立和学科体系建设做出了贡献。第二,在与西方文体学理论的交流和对话中谋求发展。随着科学技术的发展,我国新生代的汉语文体研究工作者不再满足于传统汉语文体研究的模式和方法,开始了与西方文体研究的交流和借鉴。同时,我国外语界文体学研究工作者们也在不断谋求文体研究的本土化,并积极采用已经熟练掌握的语料库方法和实验方法等开展汉语文体研究。相信在这些研究工作者的共同努力下,我国的汉语文体研究会取得突破性进展。

2.6 文体学发展趋势展望

现代文体学从 20 世纪初建立到现在,已经经历了一个多世纪的发展,在形式文体学、功能文体学、感受文体学、教学文体学、语用文体学、批评文体学、女性文体学、认知文体学、语料库文体学、叙事文体学、多模态文体学、情感文体学和文学阅读中的真实读者研究等领域都取得了丰硕的成果。面对科技时代的大背景和学科融合发展的总体趋势,我们认为文体学有以下五大发展趋势。

第一,认知文体学的突破性进展。认知文体学不仅理论基础丰富,研究方法也非常多样。除了本章介绍的文体学基本理论研究(van Peer,1986,2007),运用各种认知语言学理论,如图式理论、概念隐喻和概念整合理论、文本世界理论等进行的文体分析（Semino & Culpeper，2002；Fowler，1996；Turner，1996；Werth，1999）和认知诗学框架内的认知文体学相关理论研究（Tsur，1992；Stockwell，2002；Gavins & Steen，2003）之外，近年兴起的文学语篇情感研究和文学作品真实读者研究都可以划分到认知文体学的范畴。在不久的将来，不论是对文本认知过程进行阐释的文体研究，还是以观察读者为目的真实读者研究，都会因为心理科学和认知神经科学的发展而取得突破性进展。此外，用于观察真实读者的文体实验方法和自然阅读方法可以与传统的文本分析相结合，为各种前景化文本特征的理解提供更加有力的科学依据。

第二，多模态文体研究的快速发展。作为一个新兴的文体学分支，同时又适应现代科技发展的需求，多模态文体学有着广阔的发展前景，有待在以下领域取得长足进展。首先，现有模态语法的完善和发展，尤其是色彩、声音和手势等模态语法的完善，从而为多模态文体分析做好铺垫。第二，采用认知神经科学的新方法，如 ERP 方法开展多模态文体的认知研究，为前景化特征的确认提供科学依据。第三，构建功能—认知结合的文体分析框架。功能文体学从语篇的社会功能出发研究语篇文体特征，认知文体学从概念化过程出发研究作者和读者对语篇意义和新奇文体特征的建构和认知，二者都以语篇意义为核心，所以，可以利用认知语言学理论完善和深化多模态功能文体学理论分析框架。第四，英汉语篇多模态文体对比研究的深化。各种模态符号的社会属性决定了不同模态符号的文化制约性，英语多模态语篇和汉语多模态语篇在表达相同意义时突出的模态和模态间关系明显不同，深化差异研究对多模态语篇的跨文化阅读和理解都有实践意义。最后，多模态文体学理论将更好地与教学实践和翻译实践相结合。通过分析课堂教学语篇的模态使用和挖掘模态间关系可以达到提高教学效果的目的，通过分析语篇的多模态文体特征为可以为语篇的翻译提供理据。

第三，文体学与叙事学结合推进。到目前为止，国内外尚未单设叙事文体学这门学科。我们认为叙事文体学不是两者分析结果的简单相加。叙事学对宏观叙事技巧的分析和文体学对微观语言特征的分析可以相互证实，更深入地揭示作品的主题。与文体技巧相比，叙事技巧处于宏观层且数量有限，所以，在叙事文体分析中大多可以以叙事技巧为出发点，按照下述顺序进行分析。首先，寻找叙事作品中前景化的叙事技巧，并对其进行描述和解释。叙事技巧主要包括视角、人物形象的充实、地点的具体化、事件的具体化（特别是时间顺序、速度和频率）和空间形式；其次，发现与上述叙事技巧相关的文体特征，结合该叙事技巧对文体技巧进行分析；再次，在分别分析了可能存在的前景化叙事技巧和文体技巧之后，以新发现的文体技巧作为参照，回头去审视之前发现和分析的叙事技巧，对其进行修正、补充。最后，对这两种技巧进行双向分析之后，尝试在形式分析的基础之上解读整个叙事作品，包括作品中的人物、主题以及作者的世界观。因此，叙事文体学是文体学的又一个未来发展方向。此外，叙事文体学在未来还会与其他学科结合，实现优势互补，以解决更多问题，比如，叙事文体学已经被用于翻译研究，探讨叙事学和文体学在翻译研究中的应用（方开瑞，2007：58-61）。

第四，文体研究方法的发展与融合。随着人文社科研究的不断科学化，文体学研究方法的科学化将会继续向纵深发展，主要表现在以下两个方面：一是语料库方法、实验方法和多模态方法的进一步完善。首先，语料库方法将在标注软件上进一步完善，在统计方法上日趋缜密，语料描述和分析将更注重多变量融合，更重要的是要建立起描写、阐释和评价相结合的文体分析框架；其次，随着科技的发展，建立不同体裁的超大型语料库、常规搜索库等功能更强大、使用更便利的语料库群，以这些库为标准阐释某些具体语篇、某些作家作品的文体特色，将会有力地推动文体学的发展；另外，实验方法自身也会进一步精确化、自然化、易于操作，最终得出更加精确可靠的文体实验结果。文体学家和心理学家、神经科学家的进一步合作会弥补双方的缺陷，心理学的眼动实验和神经科学的事件相关电位实验可以为前景化文体特征和情感阅读提供科学依据；最后，多模态方法将会成为一种综合性、超学科性的文体分析方法。功能和认知相结合的多模态文体研究模式会孕育而生，使深入探讨语境通过何种因素影响模态选择和读者如何解读多模态"前景化"文体特征成为可能。而且，多模态文体研究的范围也会扩大到声音模态，文体研究的体裁也会扩大到复杂的动态多模态语篇。二是文体研究方法的融合发展。在多学科综合发展的大环境下，语料库方法对作品文体的新发现可以利用实验方法验证，多模态文学作品的文体特征可以使用语料库方法分析，也可以利用实验方法验证，文学实验和自然阅读在未来的文体研究中的也会谋求结合，取长补短，这些无疑将大大推进文体研究的科学性和实证性。

第五，非文学语篇文体研究的扩展和深化。现代文体学研究的主要对象一直都是文学语篇。虽然非文学语篇的文体研究在近年取得了一定的进展，但远远不够全面和深入。目前的非文学语篇文体研究主要集中在广告、海报、新闻、演讲等语篇，其他非文学语篇的文体研究涉猎非常少。因此，今后的非文学语篇文体研究可以向其他语类扩展，也可以涵盖新媒体语境催生的各种多模态语篇（如网页语篇、微信语篇、融媒体语篇等），以拓展非文学语篇文体研究的广度。其次，非文学语篇文体研究会继续深化。目前的非文学语篇文体研究以语言文体特征分析和少量图文互动特征分析为主，采用的主要理论是功能语言学理论和批评话语分析理论，今后的非文学语篇文体研究可以把语言学方法与语料库方法、认知方法和多模态方法结合，探究少量文本无法观察到的语篇特征、揭示非文学语篇的认知机制和研究语言模态与多种非语言模态的协同表意机制，推进非文学语篇文体研究的深度。

第六，汉语文体学理论与西方文体学理论的交流和融合。我国的汉语文体学在20世纪60年代到80年代就完成了从古代文体学向现代文体学的转变，也取得了喜人的成果。但是，汉语文体学的学科建设滞后，一直没有形成健全的汉语文体学学科体系。而且，现代意义上的汉语文体学研究方法也是传统的描绘法和阐释法，主观性较强。而西方文体学有完善的学科体系，并以方法的严谨性和科学性著称。在21世纪的前20年里，认知科学的发展使西方文体学研究方法在多样性和科学性上都有了新发展。更重要的是，我国外语界学者正在积极采用西方文体学的理论和方法开展汉语的文体研究。因此，在学科融合和交流互鉴的文化语境下，我国汉语文体学家和我国外语界的文体工作者有望以开放包容的态度增进交流，共同推动现代文体学在古今中外的对话中谋求长远发展。

2.7　结语

　　进入 21 世纪,文体研究取得了长足进展。20 世纪末期,认知语言学理论和语料库语言学理论兴起,认知文体学和语料库文体学也随之诞生。然而,这两个分支的真正繁荣和发展却是在 21 世纪。因此,本章首先概述了 20 世纪末兴起的认知文体学、语料库文体学和叙事文体学。此外,尽管功能文体学是 20 世纪 70 年繁荣发展的文体学分支,但是进入新世纪后,功能文体学仍然保持了旺盛的生命力。因此,本章也简单介绍了 21 世纪功能文体学在理论、实践和跨学科发展等方面的新发展。接着,本章对近十年兴起的多模态文体学、情感文体学和文学语篇的真实读者研究进行了详细介绍。其次,本章也概述了进入 21 世纪后西方文体学在我国的新发展和汉语文体学的新发展。最后,本章对文体学在未来的发展趋势进行了展望。

第二部分
21世纪文体学理论的新发展

本书的三位作者在 2015 年撰写了由外语教学与研究出版社出版的"全国高等学校外语教师丛书"理论指导系列之中的文体学著作——《英语文体学重点问题研究》。该系列"力图为教师提供某学科或某领域的研究概貌，期盼读者能用较短的时间了解某领域的核心知识点与前沿研究课题"（张德禄等，2015：v）。在该系列丛书中，本书三位作者负责撰写的《英语文体学重点问题研究》，旨在厘清文体学领域的重点概念和理论，包括存有争议的一些领域，"如文体概念的范围和定义、文体效应产生的机理等。同时，对于文体学应该重点研究什么，不同的理论流派和不同研究领域的学者持有不同观点：如文体学是重点研究文学还是研究包括文学在内的所有体裁的语篇；统计学、语料库语言学、心理实验等在文体学研究中，特别是在文学文体学研究中到底有没有作用，占据着什么位置；文体特征是表现为共性特征，还是特殊特征；文体学研究是局限于研究语言文体，还是研究包括语言和其他模态整合协同形成的多模态语篇的文体等"（张德禄等，2015：ix）。我们在此之所以详细引述 2015 年著作所研究的主要内容，是为了和本书进行对比，不仅让读者理解本书的重点在于梳理和分析文体学在近十年来的发展情况，而不是探讨文体学的基本概念和理论，也通过对比让读者看到文体学自 2015 年以来所取得的进展。我们看到，在 2015 年 3 月出版的著作里，文体学应该重点研究文学还是包括文学在内的所有体裁的语篇，统计学、语料库语言学、信息实验等在文体学研究中有没有作用，文体学研究是局限于研究语言文体，还是研究包括语言和其他模态整合协同形成的多模态语篇的文体等被列为"文体学重点问题"来探讨，而在时隔四年之后的现在，学者们的论著对这些问题都作出了清楚且响亮的回答。在接下来我们对文体学四个主要流派发展的梳理中，大家会看到，上述这些问题都不再有"是"或"否"的选择，而且在分析体裁的丰富性（既包括文学文体，也包括非文学文体中的多种体裁），分析对象的多模态性和与语料库语言学、统计学等有助于分析客观化的学科的结合方面取得了很多成果。

蒙特罗（Montoro, 2015: 355-372）在综述 2014 年西方文体学研究成果时提到该年出版了两本重要的文体学指南，即斯托克韦尔和惠特利（Stockwell & Whiteley, 2014）合著的《剑桥文体学指南》（*The*

Cambridge Handbook of Stylistics）和伯克（Burke，2014）著的《劳特里奇文体学指南》(*The Routledge Handbook of Stylistics*)。两本指南侧重点各有不同，其中前者选择的主题围绕文体学的一些大主题，如"文体学学科""文学概念与文体学"或"文体的技巧"等，而后者更多地关注这个学科从最初研究修辞到最近在多模态和神经科学领域的新发展。前者虽然关注的是文体学的一般理论，但是把文体学的分析方法应用于非文学材料，如结合产生了媒体文体学（media stylistics）(Lambrou & Durant，2014)，查特里斯-布莱克（Charteris-Black，2014）将文体学方法用于分析政治文体（political style）。在伯克的指南中，霍根（Hogan，2014：516–530）提出关于情感、风格和大脑之间关系的有趣话题。具体说来，霍根解释说："在对情感与文体之间关系的研究上做的工作很少，而且主要关注对于美的文学反应和感受"（Hogan，2014：516）。因此，霍根提出，这个领域需要更多卓有成效的合作和实验研究，这可能是文体的认知效果研究领域进一步发展的一个方向。这两部文体学指南表现出上述提及的文体学学科的一些主要发展趋势，即分析对象的体裁从文学体裁扩展到非文学体裁，包括一些当代新兴的体裁，同时从分析语篇语境中的文体特征及其功能或者文体特征体现的作者或人物的认知结构，到对文体特征与读者认知、情感之间互动的关注，并呼吁更多基于读者真实感受和评论的文体学实验研究。

保罗·辛普森于2004年出版了《文体学：一本学生用书》(*Stylistics: A Resource Book for Students*)，在时隔十年之后的2014年出版了该书的第二版。该版本对第一版所作的调整反映出文体学在2004年到2014年的十年内发生的变化。如蒙特罗（Montoro，2015：357）所说，与第一版相比，第二版在范围上表现出多一点的多模态、多一点的认知以及多得多的语料库辅助。蒙特罗的这句点评生动地概括出从2004年到2014年的这十年里西方文体学界发生的变化，即多模态文体学和认知文体学继续发展，语料库辅助文体分析出现并得到迅速广泛的应用。

从上述几部著作我们可以粗略地看出文体学在这个世纪的头十几年发生的变化。接下来，我们集中梳理、分析文体学在从2009年至今的十多年里所取得的进展。纵观文体学近十年来的发展，它一方面随着其赖以产生的语言学理论的发展而不断拓宽和深入，另一方面广泛借鉴其他学科的理论和方法，这些使得文体学能够分析各种各样的文体特征，如图兰（Toolan，2018：60-71）总结的那样，文体学研究中广泛分析的文本特征包括情态，及物性，衔接（复指），指示，人物言语和思想表现时的选择，句子结构的选择（形合与意合、从句嵌入偏好、分裂句、从句成分的主位前移），某种概念隐喻的突出（Semino，2008），有标记语义韵的使用（Louw & Mikhailovic，2016），文本世界理论（Gavins，2007），刻画人物时应用的重复词汇簇（Mahlberg，2013）以及格莱斯合作原则或关联理论原则的应用（Chapman & Clark，2014）等。

图兰（Toolan，2018：60-71）在综述文体学发展史时提出当代文体学研究的两个大趋势，一是跨学科，即文体学与认知语言学、心理语言学、语料库语言学、媒介学和多模态研究都建立了联系；二是提倡系统的和实验的方法，追求证据的清晰性和可以验证的假设。

文体学研究中的跨学科趋势是文体学界关注很多的一个问题。杰弗里斯和麦金泰尔（Jeffries & McIntyre，2010：4）说，文体学家既采用脱离语境的形式描写，也借鉴语用学、社会语言学、认知语言学和语料库语言学等的语境化语言描写，并且通常乐于探讨这些方法是否可以结合使用。这反映了文体学跨学科研究的新趋势，例如，为了检验和加强一个认知语言学假设，研究者需要应用语料库语言学的方法挖掘、提供大量的语料证据。麦克阿瑟，林-麦克阿瑟和方丹（McArthur et al.，2018）在评价当代文体学发展时主要提到，因为在文本和文体研究中越来越多地使用计算的方法和语料库语言学，因此产生了计算文体学，该文体学分支主要在文本中挖掘有特色的语言模式，曾经被用于确认文本的作者身份。索林（Sorlin，2016a：286-301）专文论述了文体学固有的跨学科性，认为文体学分析可以根据研究对象和研究目的综合应用各种语言工具，如语用学、批评话语分析、认知语法等。索林（Sorlin，2016a：286-301）认为，由三个重要出版社出版的三部文体学手册：《劳特里奇文体学手册》(*The Routledge Handbook of Stylistics*)，《剑桥文体学指南》(*The Cambridge Handbook of Stylistics*)和《布卢姆斯伯里文体学指南》(*The Bloomsbury Companion to Stylistics*)，标志着文体学的成熟，并且从一种分析方法进步成为"我们的领域"（our domain）。但是，莱格（Lugea，2017：340-360）提出，这种所谓的我们的领域却给文体学家们

第二部分 21世纪文体学理论的新发展

更大的信心去投入到跨学科的研究中,而跨学科一直处于这个以兼收并蓄(eclecticism)为特点的领域的中心。莱格(Lugea,2017:340-360)在对2016年度西方文体学研究的工作进行了一番"令人疲惫却又激动人心的调查"之后认为,可以得出这样的结论:方法论上的兼收并蓄是文体学这一学科保持健康和严谨的核心。

关于文体学的第二个发展趋势——应用系统的和实验的方法,如图兰(Toolan,2018:67)所说,文体学越来越注重读者对文本的反应,往往在更可控和更广泛的实验条件下或在相当自然和日常的情况下进行(例如,一个已建立的书友会或阅读社团的话语以及他们对一篇文章的自由评论)。在这里,文体学家自己对文本的判断可能会被压制,让位于受试者的判断,但是,作为文体学研究,研究者仍将努力追踪读者对文本中语言模式和线索的反应。《语言与文学》(*Language and Literature*)杂志一直是文体学研究论文的一个发表重地,展现并且引领着文体学的发展。该杂志现任书评栏目编辑莱格(Lugea,2017:340-360)在梳理2016年该杂志上发表的文体学研究论文的主题时提出,语料库方法提供了自下向上理解文本特征的工具,实验方法使得我们能够检测自上向下的观察,这两个工具使得文体学看起来不仅状态良好,而且在科学上很强大。混合应用这些方法的文体研究,如马尔贝格等(Mahlberg et al.,2016:433-463)的研究提醒我们,(1)文体研究在有证据支持的情况下(文本或实验数据)是最强的;(2)它应用了一个或多个分析模型,阐明了研究人员对数据的理解,确保了解释的准确性和可复制性。

下文主体将分为四章,分别梳理两大历史较长的文体学流派——功能文体学和认知文体学的发展,和通过与其他学科结合形成的两大新兴文体学流派——多模态文体学和语料库文体学的发展。本书的三位作者通过梳理近十年文体学各个流派的论著发现,文体学在近十年里的发展趋势主要有以下四个:(1)各个文体学流派随着其语言学基础的发展继续发展,特别是将作为其理论基础的语言学流派中的某个具体理论,如认知语言学的认知语法理论,系统全面地与文体分析结合起来,从而表现出语言学与文体分析更加深入、细致结合的趋势;(2)文体分析的对象范围不断扩宽,从主要关注文学体裁延伸到各种非文学文体,如政治文体，从主要关注经典文学作品到关注如超文本小说等应用现代技术的新兴文学文体，展示出文体学广泛的适用性和强大的生命力；（3）与语料库工具、多模态符号学、社会心理学、叙事学等结合，对文本中多种类多层次的文体特征进行分析，把质的分析与量的分析结合，把文本分析与社会学、人类学等知识结合，对文体特征的意义做出超出文本本身的、更加有深度的阐释；（4）与神经科学、眼动实验等结合的实验性研究趋势，从以作者感受出发、文本的文体特征为中心的静态、主观文体分析延伸到强调从读者真实阅读感受出发，进而寻找读者产生的认知、情感反应与文体特征之间关系的动态、实验性的文体研究。这四个发展趋势是文体学学科的总体表现，因而在四个文体学流派中都有反映，但是各个文体学流派又表现出各自独有的特点。

对这四个文体学流派发展的梳理和分析主要包括以下四个方面：（1）该文体学流派的重要理论发展，包括核心理论、重要的议题和观点；（2）近十年在该文体学流派出现的主要著作和论文以及其对该流派发展的影响和贡献；（3）近十年在该文体学领域国际国内的重要学术团体和专家及其对这个流派发展的贡献；（4）对近十年该文体学流派的理论发展作出分析和评价。

第 3 章
功能文体学的新发展

3.1 引言

如宋成方、刘世生（2015：278–286）所说，功能文体学是文体学中发展最为成熟的流派之一。威尔斯（Wales, 2012：9–11）提出，自 20 世纪 60 年代以来，功能文体学得到了迅速发展，是文体学中发展最为成熟、也最受研究者欢迎的分支或流派之一。申丹（Shen, 2012：93–105）在向国外介绍国内的西方文体学研究时，同样分节总结了国内的功能文体学研究在新世纪的发展状况。宋成方、刘世生（2010：14–19）则系统地介绍了功能文体学的理论观点和中国的功能文体学研究，并讨论了功能文体学的发展前景。

3.2 功能文体学的重要理论发展

功能文体学的重要理论发展主要表现为评价文体学的出现、经典元功能分析的延续和发展、基于哈桑的语言理论的功能文体分析、功能文体学与其他学科理论的结合。

3.2.1 评价文体学的出现

功能文体学理论发展中最为突出的当属评价理论。马丁和怀特（Martin & White, 2005: xii）指出功能语言学是一个非常宽广的理论，为语言分析提供了多种维度和视角，并且还在不断发展之中。随着功能语言学的发展，功能文体学也在发展。宋成方、刘世生（2015: 281）提出，评价理论可能是功能语言学自完整的理论体系提出以来（Halliday, 1978; Martin, 1992），该流派最大的理论创新。马丁和怀特（Martin & White, 2005）指出，人际意义除了包括主要通过语法手段表达的情态和意态，还包括主要通过词语表达的评价意义；评价理论在语篇语义层区分了评价意义的不同范畴，建立了评价意义的网络系统，从"层次化"（stratification）维度讨论了评价意义与语境层的"一致关系"（solidarity）、与词汇语法层的词语之间的实现关系。管淑红（2009）通过评价分析，讨论了《达洛卫夫人》中主人公之间的爱情关系、人物塑造和意识形态的构建。管淑红（2011: 77-81）还把叙述学的视角理论和功能文体学的评价理论结合来探讨《达洛卫夫人》中人物思想表达的评价功能。彭宣维、程晓堂（2013: 27-35）讨论了把评价理论应用于文体学分析中遇到的问题，并提供了相应的解决方案。封宗信进而在2017年发表的《系统功能语言学前沿与文体学研究：文体学前沿研究专题（笔谈）》中高度评价了彭宣维教授的《评价文体学》（2015a）这一著作。他（封宗信，2017: 19）提出，"马丁等人在20世纪90年代提出的评价系统，把评价性词语的修辞功能、人际意义及社会关系之间的联系纳入研究范围，开创以人为本的语篇分析，拓展系统功能语言学理论，也为文体学提供新的模式。彭宣维（2015a）教授的《评价文体学》是在这一背景下完成的一部标志性专著"，同时他也指出该评价文体研究的跨学科特征，"它立足于语言学理论，涉及逻辑学、伦理学、修辞学、诗学和文艺美学等学科，致力于语篇分析，得益于叙事学，成熟于理论文体学和文学文体学，有多学科性质"。彭宣维（2015b: 7-12）又专文论述了评价文体学理论建构的基础，即《评价文体学》的建构基于三个基本原则：一维过程性、轨迹在线性和层次结构性，三者足以统摄先前应用于话语分析的所有原则。第一条描述的是文本过程次第出现的前景化评价文体成分；第二条是针对评价文体成分所属评价次范畴的前后关联，并始终出于工作记忆状态而具有现在的性质；第三条涉及由前二者构拟的整体评价主旨，包括前景化和背景化视野里的评价层次，从而出现立体模式。该文提出，在著作《评价文体学》中所建构的评价文体学的工作思路对所有话语分析甚至对语篇语言学的建构均具有启发意义。

在我们看来，评价文体学这个命名只是为了突显这一研究具体应用的是评价系统理论，事实上，根据文体学流派按照其语言学流派基础来命名的惯例，这一研究方法仍然是以系统功能语言学为其语言学基础的功能文体学。所以，这一专著的出版及相关研究的涌现反映出功能文体学的一个发展趋势，即其中的某种理论，如评价理论的继续深入发展及在文体学中的应用。

除了评价理论的发展和应用之外，宋成方、刘世生（2015：281）还指出功能文体学在"实例化"与"个体化"维度研究方面也取得了进展。马丁、罗丝（Martin & Rose, 2008）指出，在过去60多年里，功能语言学主要围绕层次化［也被称为体现化（realization）］和元功能两个维度以及级（rank）和语轴（axis）两个属于结构和系统维度的理论概念构建一个较为完善的造意系统，但是对实例化和个体化维度的关注不够。马丁、罗丝（Martin & Rose, 2008）把体现化、实例化和个体化三个维度整合在一个理论框架之中，讨论了三者之间的关系。宋成方、刘世生（2015：281）发现，功能语言学在这方面的理论研究也影响了文体研究。以上述理论研究为基础，贝德纳雷克（Bednarek, 2011：185-204）从实例化和个体化维度分析了影视人物对情感语言资源的选择与影视人物情感认同之间的关系。贝德纳雷克（Bednarek, 2011：185-204）认为，从符号学的视角看，影视人物独特的或者与其他人类似的在情感资源方面的选择处于微观层面，它的功能是用来建构中间层次的情感策略／行为／风格（expressive strategies／actions／styles），中间层次的情感策略／行为／风格又依次建构宏观层面的情感认同（expressive identity）和情感认同类别（expressive identity types）。

3.2.2 经典元功能分析的延续和发展

近十年中,功能文体分析中对于经典的元功能理论的应用仍久盛不衰。申丹(2006:4-10)分析了休斯(L. Hughes)的《在路上》(*On the Road*)中的及物性模式,并挖掘休斯在采用同一种及物性过程中形成的对比及其表达的深层象征意义。穆罕默德(Muhammed, 2016:188-197)用功能文体学的及物性分析对马娅·安杰洛(Maya Angelou)自传体小说《笼中鸟为何歌唱》(*I Know Why the Caged Bird Sings*)做了文体研究,目的是根据及物性的语义规律来考察语篇的文体特征,从而考察语篇如何实现从对读者传递信息的领域跨度到与读者互动和影响的领域。论文从语义学和文体学的关系入手,接着讨论及物性的原则,多次提及约翰·塞尔的隐喻模式,分析了能指和所指的关系或源域和目标之间的关系,从中揭示了书中种族和性别这些意识形态问题。该研究还试图把形式和心理因素置于社会文化背景中,以促进读者理解某些语言选择的目的和功能。

佛木空(Fomukong, 2017:91-99)分析了博尔·布塔克(Bole Butake)的《棕榈酒会流》(*And Palm Wine Will Flow*)一书动物谚语中及物性的文体效应,分析作者通过动物谚语传递的信息。系统功能理论认为语言是人们通过在语境中表达意义来达到目的的一种资源。给定上下文的特定方面界定了可能要表达的含义和可能用于表达这些含义的语言。该文用描述性的方法,描述谚语和谚语中使用的动物之间的关系,展示出动物阵营中的对立。布塔克把人带到动物的层面,因为他想要人类社会中的和解。这就是他过度使用体现行动的物质过程的原因。该研究中分析的及物性将语言选择和语言使用的社会方面联系起来,挖掘出该戏剧中潜在的抗议信息。周江萍(Zhou, 2020:195-202)应用系统功能语言学的及物性系统理论分析了曼德拉自传《漫漫自由路》(*A Long Walk to Freedom*)第115章中的及物性模式,结合定性和定量的研究方法,分析了曼德拉在该章中如何运用及物性系统的要素向他的同胞们阐述他的思想,并使他们团结起来为自由而战。该论文的研究表明,曼德拉主要把物质过程和关系过程结合起来,并且故意使用被动语态来召唤自己的同胞扮演起行动者的角色。

学者们在分析元功能时常常选定作品中的两种或三种元功能在语言特征上的表现，及其对于人物刻画和主题表现的作用。杨凤玲（2019）选取欧·亨利的三篇短篇小说《麦琪的礼物》《警察与赞美诗》《最后的一片叶子》，以功能语言学的元功能理论为理论框架，对小说中的小句从三个方面进行分析：概念功能的及物性系统、人际功能的语气和情态系统以及语篇功能的主位结构和衔接。通过分析欧·亨利对上述三类文体特征的选择，如对比及物性结构中物质过程、行为过程、关系过程等的频率，来分析作品中的主要人物形象。该论文认为，对体现三种元功能的语言特征的分析能够帮助读者更加透彻地理解人物性格。

有一些及物性分析有女权主义倾向，通过分析对男女人物采用的不同及物性模式来解释作品中隐含的男权至上思想（秦俊红，2009）或女权主义话语（Zhang，2010：54-57，81）。鲍春（2012）的论文主要从及物性系统、语气和情态系统等几个层面分析澳大利亚女作家考琳·麦卡洛（C. McCullough）的著名小说《荆棘鸟》（*The Thorn Birds*），进而挖掘其主要女性人物的性格特征，为文学作品的理解和鉴赏提供一个新的视角。佩布里安蒂等人（Pebrianti，2020）以德国在线媒体《每日镜报》（*Tagesspiegel*）为分析对象，揭示德国网络新闻中对女性的表现，运用赫林（Herring）提出的以计算机作为媒介语篇分析方法（CMDA）分析该网络媒体的交际语境，运用系统功能语言学的及物性分析，结果显示，德国的网络媒体往往对女性不利。研究发现，受到性骚扰的女性受害者常被表现为男性行为的被动接受者。基于这些发现，该文作者解释说，发表在德国《每日镜报》的在线新闻文本存在性别偏见。

功能文体学的及物性分析也从最初主要被用于分析文学作品发展为被用于分析各种非文学体裁文本。赵蓉蓉（2019）则把功能文体学的及物性分析应用于新的体裁——国际生态话语。该文选取《纽约时报》中的10篇能够体现当今世界国际社会关系的新闻报道作为研究对象，以韩礼德系统功能语法为理论基础，采用定量与定性相结合的方法进行分析，旨在探讨国际新闻语篇的及物性特点以及其生态意义。该文通过统计体现及物性的六种过程的频率，用数据表明，国际新闻语篇中有益性和中性过程所占比重较大，但仍然存在不利于国际生态正向发展的破坏性话语。张一超（Zhang，2017：65-72）运用韩礼德系统功能语言学中的及物性理论对希拉里·克林顿和唐纳德·特朗普的第一次电视辩论进行了分析。具体而言，该文试图通过定量分析，找到以下两个问题的答案：第一，两位候选人所使用的六种过程的分布情况；在分布上有什么相似和不同或规则吗？第二，这种分布的原因是什么？不同过程和主要参与者的分布在帮助说话者传达意图方面有什么作用？主要研究结果表明，在两位候选人的演讲中，物质过程、关系过程和心理过程相对占主导地位；与希拉里相比，特朗普倾向于使用更多存在主义的过程。在政治话语中，说话者格外谨慎地衡量自己的言语，以便与人互动，表达自己的态度和判断，影响听众的观点和行为，这主要是人际功能的实现。刘凤梅（2018）用定性和定量结合的方法分析美国总统特朗普演讲中三个元功能的实现，从而揭示特朗普的演讲是如何获得成功的。该研究发现，特朗普的就职演讲在概念功能方面以物质过程和关系过程为主，使得演讲更具有客观性和说服力。在人际功能方面，陈述句的大量使用说明演讲以陈述事实为主；频繁使用情态动词旨在让美国人民看到自己为美国的美好未来而奋斗的决心。胡慧莲等人（Hu et al., 2018: 17-29）研究了词典实例所反映的性别意识形态，主要运用系统功能语言学中的及物性和人际系统分析了第七版《当代汉语词典》（CCD7）中的性别话语。该研究发现第七版《当代汉语词典》中A~B部分的女性和男性相关例句在及物性模式和人际意义上存在一定的差异。女性的经历大多局限于自身和其近处的环境。她们的行动往往是自我指向的，很少影响其他参与者或环境。相反，男性通常被描绘成典型的社会人、积极的社会参与者和环境的塑造者，他们的行动往往会给其他参与者或环境带来具体的变化。及物性模式和人际意义的差异把男性建构成为有价值的社会成员，而忽视了女性在社会世界中应有的价值。斯塔菲尔德等（Starfield et al., 2015）的研究非常有趣，把系统功能语言学的及物性方法用于分析博士论文评阅书中专家评阅意见这种实用体裁的语言特征。该文考查了142位博士论文评阅人对澳大利亚的一所大学提交的论文提供的评阅意见中的评价和指导话语。该文借鉴了系统功能语言学，特别是及物性方法来分析这些评阅报告。研究显示，评阅人在他们的报告中可以采用多达10种角色，每一种角色都可能同时出现在一份评阅报告中。该文的作者们认为，这种多角色共同出现的现象可能会让报告的听众（博士学位申请人、博士导师、部门主管等）感到沮丧，特别是在理解文本中的评论是代表评价、指示还是旁白时。通过揭示评阅意见书中这些多重但同时存在的角色以及与之相关的语言表现，该文希望提高论文评阅人对撰写评阅意见报告所使用的语言的含义的认识，同时希望得到论文导师和论文完成人所在机构对论文评阅意见报告这种还没有得到充分探讨的体裁中常见歧义的关注。左新雅（Zuo，2019：820-825）用及物性分析方法分析了国际生态话语。该文作者指出，国际生态话语属于交叉研究领域，可以理解为通过生态话语分析对话语中的国际关系进行研究。该文旨在揭示说话者的话语影响力，分析话语传播的生态意义：保护或破坏国际生态系统，或秉持模棱两可的态度。该文首先对国际生态话语和国际生态系统的相关概念进行梳理，并以中国传统文化和外交理念为基础，提出了促进国际生态系统良好发展的生态哲学。该文发现，在这些理论和及物性理论的基础上，对国际生态话语中及物性模式的分析反映了国际生态话语建构的特点，其中包括对参与者的生态学扩展和细化，以及对六个及物性过程类型的生态效益的解释：对生态有益的、中立的和破坏性的。

有学者把及物性和功能文体学的其他分析方法结合对文本的文体特征作出更加全面的分析和阐释。比如，李娟（Li，2010：3444-3458）以《纽约时报》和《中国日报》对1999年5月北约轰炸中国驻南斯拉夫大使馆的报道为例，试图揭示在新闻文本中呈现这一事件及其社会行动者的过程。该文着重探讨了某些语言形式的选择与这些语言形式背后的意识形态和权力关系之间的关系。该文以批评语篇分析的假设为指导，借鉴韩礼德的系统功能语法的分析框架，考察了小句语法的两个维度：及物性和词汇衔接。这两个维度可能分别与语言的概念功能和篇章功能有关。通过分析不同意识形态的新闻文本中与语言的这两个维度相关的从句语法方面，该文表明，对北约轰炸和参与爆炸事件的社会行动者的阐释是通过每家报纸在文本组织的两个维度所作出的具体选择来构建的。

有些学者把及物性分析和认知文体学的思维风格阐释结合，从系统功能语法中构建的及物性系统分析提取文本中的语法模式，从而分析文本所呈现的世界观。纳托尔（Nuttall，2019：159-179）研究了及物性分析与思维风格之间的关系，认为系统功能语法中的及物性分析和认知文体学对思维风格的阐释可能不同，但这些解释方式和解释效果往往具有根本的相似性。在该文中，作者从认知文体的角度研究及物性分析与其潜在的相似性。该文不仅把功能文体学的及物性分析和认知文体学的思维风格分析结合起来，还试图对这种潜在的相似性进行实证检验。它以文体学和批评性话语分析中的一系列分析为出发点，即这些分析往往将一系列类似的语法特征（如无目的不及物从句和转喻）与人类主体的意图、意识和控制力减弱联系在一起。该文认为，这些文体选择的共同解释性效应可以通过认知语法的识解模型来理解，即及物性选择从根本上影响我们对参与者的心理状态的归因，或者说是"心智建模"。该文还做了一个在线读者反应实验，在更广泛的读者样本中测试上述阐释。该研究结合心理学中心理归因的实验研究方法，结合受控的康拉德和海明威文本转变，揭示了跨语境及物性选择可预测的认知效应。

王璐、张德禄（2009：9-11）提供了一个语码转换的文体特征分析框架，并以出现在中文小说中的人名和商标语码转换为语料，从功能文体学的角度探讨书面语中词汇语码转换的文体特征。赵晓囡（2009：66-69）以吉尔曼的代表作《黄色墙纸》为样本，对其中的主位结构特征、语气结构特征和情态系统特征进行综合分析，来探索功能文体对于分析女性文学文本的价值。

也有学者从及物性模式角度审视一个文本的不同译文。陶世龙（Tao，2019：1433-1441）从系统功能语言学的角度，对中国古诗《节妇吟》两个英译版本中的"贞洁之妻"形象的再造进行了比较，从概念元功能的经验意义下的及物性来衡量诗人和译者的语言选择。该研究发现，译者哈特（Hart）倾向于遵循创造性和想象力的翻译，从而直接和明确地塑造了一个更加热情甚至激情的年轻的"贞洁之妻"形象，而弗莱彻（Fletcher）则相对含蓄地表现了一个成熟的贞洁之妻冷静温柔的形象。此外，两个译本都再现了爱情的主题，但都损失了原诗中的政治主题。该文认为，在翻译过程中，词汇语法的选择会导致词义的变化，从而对同一人物再造出不同形象，而这种看似无意识的选择可以在翻译语境中得到更好的理解。

从上述梳理可以看出，系统功能文体学的及物性分析在近十年不仅继续被应用，而且在理论结合和分析对象上都有扩展，在理论上出现多种元功能和及物性过程综合分析，及物性分析和词汇衔接等其他功能文体学的分析方法结合，和认知文体学、心理学、实证方法等其他理论和方法进行结合；在分析对象上从起初主要分析文学语篇扩大到分析演讲、辩论、生态话语等实用文体。

3.2.3　基于哈桑的语言理论的功能文体分析

如宋成方、刘世生（2015：278–286）所说，功能文体学领域的一个趋势是从早期只应用韩礼德的系统功能语言学理论到有些学者应用哈桑的语言理论来进行功能文体分析。王竹青、苗兴伟（2015：106–111）以哈桑（Hasan，1985）提出的语言艺术研究的三层次理论框架为理论基础，对小说《麦田守望者》的文体特征进行了分析。

3.2.4　功能文体学与其他学科理论的结合

功能文体学除了随着其主要语言学理论基础——系统功能语言学的发展而发展之外，也出现与其他学科融合的趋势，其中最主要的是与语料库语言学的结合（如 Butler，2004：147–186）。把系统功能语言学与语料库语言学结合起来分析文学作品功能文体学的研究可参考图尔奇（Turci，2007：97–114）。张德禄（2007：12）提出，"功能文体学在过去的 40 年中基本上是以定性分析的方法来进行文体研究的。研究对象通常是个体性的：个体的语篇、个体的突出语言特征、个体的功能"。他认为："首先通过观察、描述等定性研究方法来提出理论假设，然后辅以定量分析、调查和实验等方法来验证理论是功能文体学理论发展的必由之路。"也就是说，在直觉印象、语言特征描述等基础上可以以数据统计等量化方法来为突出的语言特征提供客观依据，使得文体分析和阐释更有说服力。语料库分析工具正是一种量化分析方法，因而可以给功能文体分析提供补充。毛赞等（Mao et al.，2014：70–78）借助语料库分析软件 AntConc 3.2.2 分析了戏剧《巴巴拉上校》原著和两部中文译著中情态动词的分布，并尝试提出戏剧翻译中的语料库功能文体研究模型。巴特利和伊达尔戈-特诺里奥（Bartley & Hidalgo-Tenorio，2015：14–34）把功能文体学的及物性分析方法和语料库分析工具结合，分析了爱尔兰媒体的意识形态倾向。"凯尔特之虎"（Celtic Tiger）时期，爱尔兰的增长速度快于欧元区，但后来却遭受了经济衰退的严重影响。与此同时，群体内本质主义的增加导致了对少数民族的偏见。当极端主义政客为反移民的信仰辩护时，种族主义成为爱尔兰的一个问题。对某些群体的袭击急剧增加，妇女、旅行者、非洲人或同性恋遭受言语和身体上的虐待。金融危机导致社会和话语的边缘化，不宽容不可避免地助长了支持过时价值观的歧视性观点。在这样的背景下，该文两位作者认为媒体会有一种妖魔化他人的倾向，而且媒体来源的意识形态倾向将对如何描绘他人产生一些影响。鉴于爱尔兰同性恋者在同性婚姻争议后的新地位，该文作者分析报纸文章，以观察同性恋的话语建构，并未发现任何恐同症的例子。为此，该文将重点放在及物性概念上，进行基于语料库的批评话语分析，以揭示媒体中的歧视性观点。

张德禄（2007：13）进而提出，"作为一门社会科学的分支，所有应用于社会科学的研究方法都可应用于功能文体的分析，只是功能文体学的研究道路还很漫长，仍有待于进一步探索"。正如费尔东克（Verdonk, 2002）、杰弗里斯和麦金泰尔（Jeffries & McIntyre, 2010）所说，文体学的理论取向和方法论是随意取材的、开放的，这种开放性也正是这个学科的力量之源。这种跨学科结合使得文体学领域不断衍生出各种连字符连接的文体学分支，如认知文体学或认知诗学、语料库文体学、语用文体学、批评/话语文体学、生态语言学文体学等，以及多模态文体学（Nørgaard, 2014：471–484）。

目前，功能文体学除了与语料库语言学结合之外，还与多模态符号学相结合，形成多模态功能文体学。张德禄、穆志刚（2012：6）"在功能文体学理论研究的基础上，以图文连环画为例，探讨了多模态功能文体学理论框架的建构问题，提出通过探讨不同模态的突出特征，模态之间的连接和协同的关系，从模态组合、意义建构、语境、体裁和文化多个层面探讨图文连环画的文体"。南丹麦大学的诺加德教授首次提出多模态文体学这一概念，她认为多模态文体学是一个把文体分析的范围扩大到语言之外的模态和媒介的崭新的文体学分支（Nørgaard，2010a：255），是文体学理论和符号学理论联姻的产物（Nørgaard，2011b：255）。雷茜、张德禄（2014：1-4）认为，"目前的多模态文体学研究有两大发展方向：一是建立在功能文体学理论基础上的多模态功能文体学，二是建立在认知语言学基础之上的多模态认知文体学"。多模态功能文体学的理论基础是韩礼德（Halliday，1978：138）语言是社会符号的社会符号学理论和功能文体学理论。和功能文体学一样，多模态功能文体学的核心仍是功能；不同的是，功能文体学研究语言符号体现的概念功能、人际功能和语篇功能及其在语篇中形成的意义潜势，而多模态功能文体学关注的是语言符号和其他非语言符号，包括图像、色彩、印刷版式、布局、声音等符号模态共有的意义潜势和协同作用。宋成方、刘世生（2015：282）也指出，功能语言学把不同的模态看作是释解经验、生成意义的不同方式，并指出用来分析语言文本的理论框架也可以被用来分析多模态文本；目前以功能语言学为基础的多模态语篇分析已成为该领域最有影响力的理论流派，一些以功能语言学或者韩礼德的社会符号学理论为基础的关于多模态分析的理论著作则成为该领域的经典［如克莱斯和范·勒文（Kress & van Leeuwen，1996）］。桑德兰和麦格拉申（Sunderland & McGlashan，2012：189-210）系统分析了以同性恋父母为主题的儿童图画书，揭示了此类图画书对同性父母的不同性别角色的建构。谢妮妮（2014：21-25）则通过对插图版《格林童话》的分析解读出了一些不同于纯文字文本的意义。诺加德是多模态文体学的主要推动者，她通过对不同多模态叙事文本的分析，展示了以社会符号学为基础的多模态文体学分析在文本解读方面的价值。

　　功能文体学还可以与叙事学理论结合，对叙事技巧作出更加细致、系统的分析。如王菊丽（2004：106-111）用韩礼德的功能文体学理论和方法对叙事作品中叙事视角的文体功能进行分析。张鸣瑾（2014：141-143）探讨了及物性系统和评价系统在词汇语法层面的表现及其与叙事视角之间的联系，以此为叙事学的重要研究对象叙事视角提供语言依据。管淑红（2009）在博士论文中把系统功能语言学理论和叙事学理论结合，用以分析弗吉尼亚伍尔夫的小说《达洛维夫人》。她（管淑红，2011：77-81）又把叙述学的视角理论和功能文体学的评价理论结合来探讨《达洛卫夫人》中人物思想表达的评价功能，重点分析其中的自由间接思想，因为自由间接思想是该小说人物话语表达的主要模式，也是小说重要的介入资源和态度评价源。

杜特–弗兰德斯（Dutta-Flanders, 2017）在分析犯罪小说中表现悬疑的语言时，不仅把功能文体学对及物性过程的分析，特别是对心理过程（mental process）的分析，与认知文体学对于隐喻中源域和目标域的投射、思维风格（mind style）的研究结合起来，而且应用了大量叙事学的概念，包括话语（discourse）、故事（story）、嵌套（embedding）、时序（temporal order）、热奈特提出的"时序倒错"（anachrony）和叙事（diegesis），叙事学对于经验自我和叙事自我的区分，并且援引了许多著名叙事学家的观点，如热奈特（Genette）、米克·巴尔（Mieke Bal）、赫尔曼（Herman）、普林斯（Prince）、托多罗夫（Todorov）等。正如笔者在对该书所撰的评论中所说（Jia, 2018: 508-512），虽然该书作者杜特–弗兰德斯说该书是一部文体学著作，但是更准确地说该书是一部叙事学和文体学结合的著作，而且其文体学分析是基于分析的语言特征的要求结合了功能文体学和认知文体学的理论和分析方法。这反映出文体学研究中多学科融合的趋势和为了全面分析语言特征及其美学、主题意义而在分析方法上随意取材的特点。杜特–弗兰德斯（Dutta-Flanders, 2018: 721-743）主要应用功能文体学中的功能语法理论，结合批评文体学理论，分析了犯罪叙事中的主题和人物性格的发展变化。

刘承宇（2008）把功能文体和认知文体方法结合起来研究语法隐喻现象。因为功能文体学和认知文体学在句法结构分析上同中有异，所以有些学者尝试把两种方法结合起来，典型的做法是把功能文体学对及物性模式的分析与认知心理学以及广义的认知科学揭示的认知规律结合起来，从而形成认知—功能分析方法。任绍曾（2006: 17-21）在分析小说《国王班底》（*All the Kings' Men*）时，从功能文体学的及物性开始，提出"在文本中，痉挛（twitch）一词在及物性的所有过程中都有体现"，说明"痉挛笼罩了小说人物生活的多个方面"，接着把痉挛的突出视为"作者对人生经历进行概念化（conceptualize）和识解（construe）"的方式。整本书体现了对两个毫不相干的空间（spaces）的概念合成（conceptual integration），或者说体现了跨越两个域（domain）的映射

（mapping）。其中痉挛是源域（the source domain），生活是目标域（the target domain）"（李华东，2010：66）。

就上述功能文体学对其他学科的借鉴而言，我们认为宋成方、刘世生（2015：282）的分类很有道理：这类理论结合根据理论之间的紧密程度，又大致可以分为融合、组合和参考三个类型。融合型就是把功能语言学的理论和其他学科理论结合起来分析某种语言现象，上述应用语料库语言学工具和分析方法所做的功能文体分析，如卡尔佩珀（Culpeper，2009）根据功能语言学的元功能理论对主题词的分类也属于这一类型；组合就是应用功能语言学和其他学科理论分别独立分析一些语言现象，再把分别分析的结果结合起来对文本的意义进行阐释，比如杜特－弗兰德斯（Dutta-Flanders，2017）就是分别应用功能文体学理论分析及物性特征，用认知文体学分析隐喻，同时应用叙事学理论分析叙事特征，最后把这些分析的结果结合起来对分析作品作出全面的阐释；参考型就是以功能文体学分析为主，借助其他学科理论对分析的结果作出更加全面的阐释，如，"辛普森（Simpson，2014b：3–22）对叙事急迫（narrative urgency）的分析则属于理论组合的类型。他首先从功能语言学的元功能、叙事学的叙事时间和认知文体学的文本世界理论（Text World Theory）三个平行的理论视角总结了叙事急迫的六个文体特征；其次他又用'滑稽模仿'（burlesque）和'库里肖夫监听员'（Kuleshov Monitor）两个来自于不同理论体系、用来描述不同叙事层次的概念对由文体特征构成的叙事急迫模式进行限定，最终提出了一个包括文体特征、滑稽模仿和库里肖夫监听员三个部分组成的理论模式来分析叙事急迫。这些理论在分析文本时各自相互独立，各司其职，因此我们称其为理论的组合"（宋成方、刘世生，2015：283）。

功能文体学与其他学科之间的结合不限于与一个学科，也可以与多个学科之间进行融合、结合或参考。如纳托尔（Nuttall，2018）把功能文体学的及物性分析和认知语法对于同一现象所做的行动链（action chains）分析结合，从而让两种方法互补来分析理查德·马特森（Richard Matheson）的小说《我是传奇》（*I Am Legend*）中的及物性模式，这属于上述所说的融合模式；在该分析之后，作者又借用社会心理学的概念：心灵归属（mind attribution）来解释语言模式所激起的读者心灵归属的程度，这种对于社会心理学概念的应用属于上述的参考模式，即借用社会心理学理论和分析方法对文体分析的结果进行阐释，从而能够帮助解释吸血鬼人物的思维风格以及为什么真实读者会在评论中写下阅读时不舒服的移情经历和道德判断。

除了上述功能文体学与其他理论发生的理论融合之外，功能文体学还被应用于翻译、外语教学等领域。张德禄（2008）提出建立一个对比原文和译文的功能文体分析框架。申丹（Shen，2012：93-105）在总结中国的西方文体学研究时发现，在分析诗歌中的及物性选择时，一些学者不仅关注诗歌原文，而且关注中／英原文和英／中译文之间及物性模式的不同，并通过对比来分析原文和译文对及物性作出的相同和不同选择。吴静（2006：91-95）在分析中国古诗《枫桥夜泊》的英译版本时，把功能文体学的及物性分析方法与认知语言学的"意象"概念结合，通过对该诗英译文中的及物性分析，来揭示句式背后译者组织经验的认知倾向和塑造的意象效果。徐德荣、王圣哲（2018：104-110）以功能文体学为理据，认为动物小说的文体风格是在以一定叙述视角展现自然背景下的动物生存斗争和动物与人矛盾关系的过程中，由功能显耀的语言集中表达的思想、情感和审美特质的统一体。译者应以语言凸显功能，功能凝聚思想、情感和审美特质为出发点，具体语篇具体分析，切实在译文中再现原文的文体风格。

3.2.5 功能文体学研究对象的扩展

在功能文体学被提出以后的十几年中，学者们主要应用基于系统功能语言学的功能文体学理论（Halliday，1973：103-138）。然而，功能文体学的研究对象得到扩展，申丹（2002：190）指出，文学和非文学之间的界限已经消失，也就是说像新闻报道这样的功能或者实用文体也进入到了功能文体学的研究视野。学者们应用上述功能文体学分析理论和框架对不同体裁和语域的语篇的文体特点进行研究，其主要成果汇集在由伯奇和奥图尔（Birch & O'Toole，1988）主编的《文体的功能》（*Functions of Style*）。功能文体学分析的语篇类型还在不断增加，如阿拉

第 3 章　功能文体学的新发展

比等(Alabi et al., 2017: 8639-8650)应用功能文体学语域理论,包括话语范围(field)、话语基调(tenor)、话语方式(mode)这三个方面来分析网络上的乞讨话语(begging discourse)这一语篇类型。

在中国的西方文体研究界,从功能文体学被提出起到 20 世纪的头十年,功能文体学研究者们主要采用的方法都是上述功能文体理论,通过分析体现某一种或二、三种元功能的语言特征来分析作品的主题意义。如戴凡(2002: 41-48)应用韩礼德的系统功能语言学理论及马丁和罗丝(Martin & Rose, 2002)在此基础上发展的格律论(Periodicity)和评价系统(Appraisal),从宏观和微观两方面分析一个语篇的文体特征。司建国(2004)用功能文体学理论专书分析了小说《在冷血中》。申丹(Shen, 2012: 93-105)在梳理 20 世纪前十年中国的西方文体学研究时总结道,一些中国学者在做功能文体分析时会综合分析诗歌、小说和非文学文体语篇中实现三种元功能的文体选择,但是大多数学者会集中关注一种元功能和实现该元功能的一种语法结构。就功能文体分析的对象而言,申丹(Shen, 2012: 93-105)发现,从 2000 年开始,中国学者已经发表了 100 多篇研究及物性结构的论文,其研究对象覆盖各种类型的文本,包括小说、短篇故事、诗歌、神话故事、《圣经》、笑话、演说词、广告、新闻报道、社论、学术论文摘要、导游手册,甚至还有京剧。

戴凡、吕黛蓉(2013)的《功能文体理论研究》收集了国内学者过去多年来对功能文体学在理论上的探讨以及对诗歌、小说、新闻、翻译等方面的功能文体分析。该书的结构安排体现了功能文体学发展中的上述几个趋势。首先,该书探讨了功能文体学的焦点问题,主要有人际评价系统、文体与评价、衔接与文体、名物化的纯理功能与文体特征。接着,该书以小说为研究对象,分析了及物性过程表现的权力关系和人物性格,又把功能文体学和叙事学结合分析了小说《喜福会》中的叙事视角。然后,在分析诗歌的章节里应用了多模态文体学分析方法分析了卡明斯的诗歌。之后,在第 5 章《实用语篇分析》中分析了社论英语、国际政治新闻英语、新闻访谈英语、学术交流电子邮件等多种体裁的文体特征,展示出功能文体学分析的广阔的体裁对象。第 6 章则探讨了功能文体分析在翻译中的应用,以《简·爱》为例对比分析了原文中被动语态变异的功能破损。这本书的六个章节全面展示出功能文体学的经典理论深入发展、分析对象扩大、与多模态符号学、叙事学等学科的分析方法结合,以及用于分析翻译中对某些文体特征的处理。

3.3 近十年功能文体学领域的主要著作和论文

从上文梳理和分析可以看出,近十年来功能文体学理论研究相比于上一个十年来说并没有太大变化。国内外的功能文体学研究主要继续应用功能文体学的理论和方法来分析文学文体和各种实用文体。近十年中,功能文体学的主要发展是研究对象在原先主要关注文学文体的基础上得以扩大,在分析时往往和语料库分析工具、认知文体学理论和方法等其他学科理论进行结合。要说这十年里国内外主要的著作和论文,我们认为以下著作和论文体现了功能文体学理论的进一步发展。

在对功能文体学的经典理论发展并应用方面的主要著作有彭宣维(2015a)《评价文体学》。评价文体学是该作者尝试建立的一个综合性文学文本分析框架,旨在重新思考文学实践、文本分析、批评与审美行为的意义和价值。其"出发点是系统功能语言学的层次观,基础是马丁等人的评价范畴,着眼点是韩礼德关于语言、社会、文化与记忆关系的基本见解"(彭宣维,2015a:3),在学科定位上属于广义的功能文体学范围。该作者通过建构自己的理论范式和学科前提,确立了一套令人耳目一新的批评模式,并为如何运用这一模式提供了具体的文本分析案例,确属"本领域多年来难得一见的重磅力作"(刘世生教授评语,见该书封底)。如杨尉(2016:99)总结说,该书具有视野宏阔、关怀切实和方法综合的鲜明特点。该书作者提出,评价文体学的评价范畴"不仅可以对文学文本作出隐含作者可能期待的合理分析,还能以此反观既有各类文学理论和美学体现,进而建构基于评价范畴的批评—审美模式"(彭宣维,2015b:10)。杨尉(2016:100)总结说:"国学大师马一浮曾说,'国家生命所系,实系于文化,而文化根本则在思想。从闻见得来的是知识,由自己体究,能将各种知识融会贯通,成立一个体系,名为思想'。《评价文体学》的作者,由于闻见得来的知识非常广博,具有语言学、心理学、哲学、伦理学、美学和文学批评的大量相关知识,又经过一番涵泳体察和融会贯通,终于建构了自己的体系——评价文体学,朝着马一浮所说'思想'的方向迈进了一大步"。刘世生和宋成方则以《世说新语》(插图版)为分析对象,对哈桑的模式进行了修订,并进一步丰富了她的"前景化"概念。

与多模态话语分析结合方面,张德禄、穆志刚(2012:6)的论文《多模态功能文体学理论框架探索》"在功能文体学理论研究的基础上,以图文连环画为例,探讨了多模态功能文体学理论框架的建构问题,提出通过探讨不同模态的突出特征,模态之间的连接和协同的关系,从模态组合、意义建构、语境、体裁和文化多个层面探讨图文连环画的文体"。在其基础之上,雷茜、张德禄(2014:1-4)的论文《多模态文体学——一种文体研究新方法》和雷茜(2018:36-41)的《多模态功能文体学理论建构中的几个重要问题探讨》进一步探讨了多模态文体学的一些重要概念和理论以及多模态功能文体学理论构建中的几个重要问题。

3.4 近十年功能文体学领域重要学术团体和专家

上文提到,近十年里功能文体学自身的理论并没有明显的发展,在研究对象和分析方法应用上体现出开放性。我们在查阅近十年发表在A&HCI来源期刊上的功能文体相关论文时发现,与认知文体学、语料库文体学和多模态文体学不同,近十年基本没有集中研究功能文体学的团队和专家。尽管近十年国内外也发表了不少功能文体研究论文,但是论文的作者是非常分散的。我们认为,相比较而言,近十年在功能文体学领域国际国内的重要学术团体和专家如下。

在对功能文体学的经典理论进行探讨和应用方面最主要的进展是评价文体学的提出,而对评价文体学进行研究的重要专家是彭宣维教授。彭宣维(2013:27 35;2014:1-4, 28;2015;a2015b:7-12)在从2013年以来发表在外语类核心期刊上的4篇论文和著作《评价文体学》中,非常系统地探讨了评价文体学的批评和审美观,评价文体学理论建构中的问题和解决方案。所以,彭宣维教授在功能文体学的评价理论深化并广泛应用方面作出了持续且卓有成效的努力,对于继续推进功能文体学研究作出了贡献。

在功能文体学与其他学科结合方面有许多重要专家。在功能文体学与多模态语篇分析的结合方面,厦门大学杨信彰教授(2009:11-14)探讨了多模态语篇分析与系统功能语言学的关系;同济大学张德禄教授作为国内功能文体学领域和多模态话语分析领域的重要专家,将这两个领域相结合,建构了多模态功能文体学理论框架。张德禄教授指导他的博士生穆志刚(2012:1-6)对多模态文体学的分析方法做了介绍,指导雷茜(2014:1-4;2015:20-26)对多模态文体学的理论建构和应用进行探索,为多模态文体学在中国的西方文体学研究界占有一席之地并继续发展作出了重要贡献。本书三位作者之一的雷茜教授曾经师从张德禄教授,在多模态文体学,特别是多模态功能文体学的理论建构方面作了不少思考(2014:1-4,44;2018:36-41)。

3.5 对近十年各个文体学理论发展的分析和评价

从上文的梳理可以看出,中国的西方文体学界近十年来对功能文体学的研究主要集中于对其经典理论的应用,主要是及物性分析及其体现的功能以及对评价理论在文体分析中应用的探讨。此外,很多学者把功能文体学的理论和其他文体学流派或者其他学科结合起来作文体研究,因而发展出了多模态功能文体学、功能文体学和叙事学、功能文体学和认知文体学等结合的理论和应用研究方法。关于功能文体学与多模态符号学、认知文体学的结合,在后文多模态文体学和认知文体学部分还有探讨,所以为了避免重复,上文这两种结合只作简要介绍。

3.6 结语

与中国文体学界对功能文体学的关注度不同,西方文体学界近十年来对功能文体学的热情有所减退。在近十年发表于西方文体学重要杂志

第 3 章　功能文体学的新发展

《语言与文学》的年度文体学研究总结里,我们看到常见的板块是传统文体学概念研究、认知文体学、语料库文体学、多模态文体学,而没有功能文体学。这说明近十年来在西方文体学界,功能文体学得到的关注不多,因而进展也不大,特别是在对功能语言学的理论发展与应用方面并没有太大进展。而中国的西方文体学界对功能文体学的理论发展也比较少,主要是将其理论用于分析不同类型的文本,因此就功能文体学的理论而言并没有太大发展。如宋成方、刘世生(2015:284)所说,"就功能语言学与功能文体学分析之间的互动而言,功能文体学分析目前还基本上是对功能语言学的应用,并且研究者在发现功能语言学不能很好地解决面临的问题时,往往会转而寻求其他语言学流派的帮助","更多的功能文体学研究在奉行'拿来主义'时,拿来的东西还是功能语言学经典的部分,对最新的发展并没有及时跟进"。从我们在对四个文体学分支所作的梳理和分析可以清楚地看出,近十年里,功能文体学领域没有出现理论探讨的重要著作,而认知文体学、多模态文体学和语料库文体学都有展示理论进展的著作出版,也有集中研究该文体流派理论和方法的团体和专家。

第 4 章
认知文体学的新发展

4.1 引言

20 世纪 90 年代以来,随着认知科学的迅猛发展,文学研究领域出现了明显的"认知转向",其中最具代表性的是认知文体学、认知叙事学和认知诗学的兴起和蓬勃发展。以塞米诺和卡尔佩珀(Semino & Culpeper, 2002)、斯托克韦尔(Stockwell, 2002)、加文和斯蒂恩(Gavins & Steen, 2003)为代表的学者们把认知语言学和广义上的认知科学的研究成果用于文学阐释,给传统的文学研究注入了新的活力。贾晓庆、张德禄(2013: 6-10)梳理了国内外认知文体学的发展,发现国外的认知文体学研究主要有以下三种模式:(1)认知文体学的基本理论研究,如纳吉(Nagy, 2005)探讨了从认知角度研究文体的基本理论;伯克(Burke, 2010)借鉴神经生理学理论解释认知文体分析方法之一的意象图式理论的认知理据。(2)认知诗学框架内的认知文体学相关理论研究,如斯托克韦尔(Stockwell, 2002)、加文和斯蒂恩(Gavins & Steen, 2003)探讨并例示了一些认知文体学分析方法。(3)运用各种认知语言学理论,如意象图式、概念隐喻、心理空间、文本世界等,甚至广义的认知科学方法,进行文体分析,这是目前最主要的研究模式(Semino & Culpeper, 2002;Lambrou & Stockwell, 2007)。

国内认知文体研究主要采取的是上述第三种模式,但著述较少,应用的方法也有限。在语言学框架中探讨概念隐喻理论的著述较多,但是将其用于认知文体分析的较少（赵秀凤，2009：11-17；任绍曾，2006：17-21；等等）。马菊玲（2007：78-81）、赵秀凤（2010：7-11）等学者应用心理空间理论（mental space theory）分析了语篇的文体特征。张辉、杨波（2008：7-14）在述介心理空间与概念整合理论的发展状况时，探讨了概念整合理论在文体分析中的应用。运用文本世界理论分析文学作品的也很少，其中马菊玲（2008）应用文本世界理论研究了读者对黑色幽默小说的荒诞性的认知机制。对文学作品中的意象图式、可能世界、方位指示语进行分析的很少。魏爽、毛延生（2013：114-120）从多个维度阐释短篇小说《阿拉比》中主人公身份危机的象似性表征发现，小说主人公身份危机（情感危机、认知危机、个体身份危机、集体身份危机）在话语象似性的诸多层面（语音象似性、词汇象似性、句法象似性、语用象似性）上均有体现。该文的分析表明，从语言学视角展开文学文本诠释不但可以为文学文本批评提供夯实的语言学指导与佐证，而且证明，借助实证性的语言分析方法探讨文学主题的路向具有充分的现实可行性。

加文（Gavins, 2009：367）在回顾2008年一年里文体学研究的发展时，提及他担任《语言与文学》杂志书评栏目主编的六年间文体学领域所发生的变化，他认为，毫无疑问，在过去的五年里，文体研究领域最迅速的扩展发生在该学科的认知领域。他提出，当他2003年和霍尔一起为当年的文体学研究写年鉴时，文学语言学研究中的认知方法还处于摸索适应的阶段。但是在接下来的五年中，认知文体学取得了非常快速的发展，加文（Gavins, 2009：367）认为，认知方法在文体学和语言学中占据了中心地位，这在更广泛的领域得到证明，许多来自不同学术背景的研究人员现在可以轻松而有规律地利用认知结构和框架来辅助他们的核心研究目标。

4.2 认知文体学的重要理论发展

我们通过梳理和分析发现，近十年认知文体学领域取得了很大的发展，主要表现在以下五个方面：认知文体学／认知诗学与认知科学的双向发展探讨，经典认知文体学理论被用于多体裁和多模态研究，经典认知文体学理论发展、融合及与其他学科结合，认知文体学的实证研究，认知语法的深入应用。

4.2.1 认知文体学/认知诗学与认知科学的双向发展探讨

贾晓庆（2014：83-87）以布鲁恩（Bruhn, 2011：405）在为《当代诗学》2011年专刊《交换价值：诗学与认知科学》做的介绍为基础，梳理了认知诗学，即广义的认知文体学从发端之时到2011年的发展历程。布鲁恩（Bruhn, 2011：405）首先分析了认知科学与诗学结合的历程并提出，在建构全面的人类认知理论的过程中，文学事实可能更能揭示认知事实，而不是相反。认知诗学的这一发展趋势早在20世纪80年代末就由《当代诗学》的第二任主编佐哈尔（Zohar）在该杂志的视野和目标声明中作出预测（Bruhn, 2011：405）。在该构想的指引下，《当代诗学》从那时起并在之后的30年间一直扮演着重要角色，为这个新兴的跨学科的发展和评价提供一个领先的国际论坛，而这个跨学科就是现在众所周知的"文学认知研究"（cognitive literary studies）或认知诗学。在这30年间，给该杂志供稿的学者们成长为认知诗学领域的专家，包括小雷蒙德·吉布斯（Raymond Gibbs Jr.）、大卫·赫尔曼（David Herman）、帕特里克·科尔姆·霍根（Patrick Colm Hogan）、大卫·迈阿尔（David S. Miall）、艾伦·理查森（Alan Richardson）、艾伦·斯波尔斯基（Ellen Spolsky）、斯蒂恩、伊芙·斯威彻尔（Eve Sweetser）、鲁文·楚尔（Reuven Tsur）、马克·特纳（Mark Turner）、范·皮尔（van Peer）等众多知名学者。在这30年中，《当代诗学》极大地促进了认知诗学的发展。布鲁恩（Bruhn, 2011：405）指出，没有其他任何一家杂志开设过如此之多关于用认知科学方法研究文学的专刊。《当代诗学》杂志就该领域的发展多次开设专刊，其中四次关于隐喻（metaphor）[1983, 4(2); 1992, 13 (4); 1993, 14 (1); 1999, 20 (3)]，两次关于认知革命（cognitive revolution）[2002, 23 (1); 2003, 24 (2)]，一次关于文学接受的实验方法（empirical approaches to literary reception）[2004,

25（2）]，最近一次专刊是关于宽泛的认知主题，其探讨的问题涉及以上各个方面，以及其他一些方面 [2009, 30（3）]。2011 年 [32（3）] 专刊则以"交换价值：诗学与认知科学"为专题。可以看出，《当代诗学》从 20 世纪 80 年代到 2011 年之间的每个年代都开设了认知诗学专刊，在 20 世纪 90 年代和 21 世纪的头十年还相当密集。数量如此之多的认知诗学专刊清楚地展示出国外认知诗学界学者们持续地构建、完善认知诗学学科体系的轨迹。

从这些专刊专题的历时性变化中可以看出认知诗学的发展脉络。《当代诗学》杂志在 20 世纪 80 年代和 90 年代四次开设了以"隐喻"为专题的专刊，这表明文学作品中的认知隐喻在认知诗学研究起步的 20 年里是学者们关注最多的问题。2002 年、2003 年和 2004 年连续三年举办的专刊探讨的问题是文学分析中的认知革命，以及文学研究的实验方法。虽然在 20 世纪 80 年代至 90 年代对文学作品中认知隐喻的探讨也是文学分析中认知革命的一部分，但是在新千年伊始，认知诗学界对文学分析中的认知革命的探讨视野更加开阔，甚至从认知科学的角度重新审视整个文学史，如马克·特纳就提出概念整合在过去的两千年里很大程度上被修辞研究所忽视，但是它在人类的整个进化史中是无处不在的（Richardson & Steen, 2002: 4）。2004 年的专刊则从以分析者为中心的研究模式转而关注对文学接受的实验研究。韦斯特（West, 2013: 130）指出，认知文体学的早期文本——从特纳（Turner, 1991）的《读心》（*Reading Minds*）到斯托克韦尔（Stockwell, 2002）的《认知诗学》（*Cognitive Poetics*）——很大程度上忽视了对读者阅读时真实思维过程的实证研究，范·皮尔（van Peer, 1986）的《文体学与心理学》显然是早期研究中的一个例外。虽然韦斯特（West, 2013）采用的是"认知文体学"概念，但是当认知文体学关注的对象是文学语体时，其实也是认知诗学的一个部分。胡壮麟（2012: 166）对比了认知诗学和认知文体学概念，说明把这两个概念完全等同，"从长远来看，这不利于文体学的发展，因为我们所谓的文体学，既有文学语篇，也有非文学语篇"。也就是说，认知诗学和认知文体学的最大差别就在于前者是认知科学和诗学的结合，以文学为研究对象，而后者是认知科学和文体学的结合，研究对象既包括文学也包括非文学语体。但是，"因为欧洲大陆的文体学研究者都是以文学语篇为研究对象的,而第一批从事认知文体学研究的学者也都是搞文学文体学的"(胡壮麟,2012:166),同时,诗学的涵盖范围比文学文体学要宽泛,因此早期的认知文体学是认知诗学的一部分。也就是说,缺乏对读者真实认知过程的实证研究也是认知诗学早期研究中的问题。2004年开设以文学接受的实验方法为专题的专刊表明,这一问题在新千年得到了重视,成为认知诗学研究的一个重要关注点。

2009年第3期认知诗学专刊没有对专题做具体限定,其论文涉及认知诗学领域的多个方面,既包括之前的专刊所探讨的问题,也涉及其他一些认知诗学问题。该期专刊既是对过去的30年中认知诗学研究成果的总结,也展现出新千年里认知诗学研究领域百花齐放的面貌。

2011年第3期认知诗学专刊则表明,认知诗学发展到一个新阶段。它以"交换价值:诗学与认知科学"为专题,标志着认知诗学界从认知科学单方面服务于文学分析走向对两个学科之间交换价值的探讨。正如布鲁恩(Bruhn,2011:446)所说,该专刊要求作者们以尽可能清楚或具体的方式展示或评价认知诗学研究中一个或两个可能的价值转移方向。但有趣的是,该专刊7篇论文所探讨的问题都同时对文学研究和认知研究至关重要(Bruhn,2011:447)。布鲁恩(Bruhn,2011:453)认为,这七篇论文作为一个整体标志着认知诗学向着认知科学和诗学的真正跨学科结合取得的重要进步,即这两个领域的理论、方法和研究结果将会在结合中互相充实。

可以说,《当代诗学》在这30年中开设的专刊系统地展现了认知诗学的发展历程和认知诗学学科构建的过程。从早期应用认知科学的隐喻概念来分析文学文本,到文学分析中更广泛的认知革命,到对文学接受的实证研究,到应用多种认知科学理论进行文学分析,再到对认知与诗学交换价值的探讨,认知诗学作为一个跨学科领域,其理论体系在逐渐充实和完善。2011年第3期专刊对交换价值的探讨在认知诗学发展史上具有里程碑意义,它标志着认知诗学已经从文学分析单向受益于认知科学转变为双向受益,最大限度地体现了认知科学与诗学结合的内涵和价值。

卡利斯等(Callies et al., 2011)的论文集主要试图重建认知科学和认知文体学之间跨学科借用方面的平衡。这本书的前提是,虽然人文和社会科学借鉴了心理学和人工智能等主要认知学科的概念、方法和技术，但这种借鉴一直是前者向后者的单向借鉴。如果认知科学要发展，那么人文科学和其他领域的发现结合起来很重要，因此该文的标题为《认知科学的双向性》("Bi-Directionality in the Cognitive Sciences")。

认知文体学领域中文体学与认知科学的这种互动是该领域中的一个主要发展趋势，此外，我们会看到，与功能文体学一样，认知文体学这个文体学流派中的经典理论也再继续被应用，并且被用于分析体裁更加多样化的语篇。

4.2.2 经典认知文体学理论被用于多体裁、多模态研究

加文（Gavins，2009：368）对概念隐喻的研究情况作出以下总结：概念隐喻理论已经存在了好几十年，现在尽管学者们仍然对这个理论框架有兴趣，但在我担任《语言与文学》杂志书评栏目编辑期间，概念隐喻理论（CMT）在文体学领域的重要性和与其关系密切的概念整合理论或混合理论相比已经略显失色。麦金泰尔（McIntyre，2011：354）在综述2010年文体学研究情况时提出，认知隐喻理论仍然是认知语言学研究的一个重要对象，这不可避免地与认知文体学领域的隐喻研究产生交叉。但是，我们认为，这两个领域的研究之间是有本质区别的，即认知语言学领域的认知隐喻研究是为了从语言应用中挖掘出使用认知隐喻的案例，目的是为了了解人类语言本身的使用规律；而认知文体学研究者们分析语篇中的认知隐喻应用是为了对作品的主题意义作出阐释。所以，我们可以以研究目的来区分一个认知研究是认知语言学研究，还是认知文体学范畴内的研究。

从2011年《当代诗学》开设的专刊看出，隐喻是认知诗学领域中研究的一个重要概念和分析方法，这种理论和分析方法在该专刊开设后至今仍在广泛使用，如艾迪有诺和阿里（Ediyono & Ali，2019：746-753）用概念隐喻理论分析了哈姆扎·优素福（Hamza Yusuf）的宗教诗歌中语音层和语义层存在语义偏离的隐喻模式，并将这些隐喻分为拟人和去人格化（depersonification）。文学隐喻是贝林（Bailin，2008：151-

169）的诗歌歧义与隐喻研究的重点；申和艾森曼（Shen & Aisenman, 2008：107-121）对通感隐喻（synaesthetic metaphor）进行了研究。雷亚利（Reali, 2020：41-60）用认知文体学方法研究詹姆斯·乔伊斯的《一个青年艺术家的肖像》（*A portrait of the Artist as a Young Man*）中情感的隐喻表达。该文发现了大量与愤怒、欲望、羞耻、骄傲、恐惧、快乐和悲伤等情感相关的概念隐喻，通过新颖的概念映射和对传统隐喻的原创性语言表达，语言的创造性得以显现。原创性表达体现了小说主人公的思维风格，尤其是他与负面情绪做斗争的思维风格。例如，愤怒和怨恨被概念化为一种可以毫不费力地从身体中分离出来的覆盖物，而与羞耻相关的感觉被附以概念隐喻，说成有威胁性的洪水。该研究展示出认知文体学的理论和分析方法可以揭示出文学评论不能挖掘出的语言特征和主题意义。霍尔姆（Holm, 2019：23-39）以约瑟夫·布罗德斯基（Joseph Brodsky）的诗歌《致乌拉尼亚》（*To Urania*）为分析对象，提出认知文体学可以为阐释文学作品中"置换变形"（displacement）这种体验提供新方法。该文用概念隐喻理论中的心智体验性概念，对诗歌中流亡是一种被感觉到的缺席的描述进行分析。通过对阅读的生成和动态特性进行重现和分析，该文研究了身体体验的直接性和它所无法把握的事物之间的张力。隐喻被解释为一种演绎替代体验（vicarious experiences）的工具，同时也是一种表达"置换变形"体验的手段。该文发现在对置换变形的隐喻表达中存在心智体验。这种隐喻投射建立在体验性的意象图示的基础上，例如，路径图示、垂直图示和容器图示。在《致乌拉尼亚》中处于中心的是感觉空虚的概念，该文通过揭示以下隐喻模式来解释，即情感是物质，而身体是情感的容器。"好就是向上"（good is up）这个比喻传递的信息是向上的都是积极的，这与该论文对《致乌拉尼亚》的分析也相关。该文还提出，空间隐喻不应该简单地被看作是整体体现的，因为意象图示会引起读者不同程度的身体参与，所涉及的领域必须从身体—知觉的角度来看，并且在目标域是身体内部、身体外部或两者都不是的体验隐喻时应该会有区别。典型的身体隐喻包括将身体经验投射到身体外部或完全抽象的领域，但身体也可能是隐喻投射的目标。虽然前一种映射方式很容易引起读者的体验性参与，但该文认为，在后一种反向投射场景中，这种情况如何发生也很有趣。

科恩（Cohn，2016）的论文集也是把认知文体学的隐喻理论用于某类以往研究较少的文体，其中收录的论文应用认知文体学的概念隐喻、概念整合理论（blending theory）、意象图式等重要理论，并和视觉语言理论结合，用于分析漫画体裁中的序列图像（sequential images）。这种分析一方面对认知文体学的一种或几种理论作出更深入的探讨，另一方面也是认知文体学与多模态研究的结合，即把认知文体学的研究对象从单一的文字模态延伸到图像模态等其他模态。加文（Gavins，2009：367）在梳理2008年文体学的研究情况时也提出，喻念隐喻在2008年仍是认知主义的正式和非正式成员的一个主要关注点。

塞米诺（Semino，2008）的《语篇中的隐喻》（Metaphor in Discourse），分析了文学、政治、科学和教育这四个重要领域中大量的隐喻。该书主体章节选取的文本覆盖多种体裁，包括伊丽莎白·詹宁斯（Elizabeth Jennings）的诗歌《答案》（Answers），《卫报》（Guardian）记者史蒂夫·贝尔（Steve Bell）的政治漫画，英国广播公司 GCSE 生物学在线复习指南摘录。塞米诺用认知文体学的概念隐喻理论分析如此广泛的体裁类型，展示出认知文体学广泛的适用范围。不仅如此，塞米诺的研究中出现了认知文体学与语料库方法结合研究的萌芽。加文（Gavins，2009：368）指出，塞米诺在该书末尾讨论可使用语料库技巧来检验和扩充概念隐喻理论，并用英国国家语料库来研究英国媒体中含有"语言交流是身体侵犯"（communication as physical aggression）这个含义的隐喻。

玛拉·扎诺托、琳恩·卡梅隆和玛瑞尔达·卡瓦尔坎蒂（Zanotto，Cameron & Cavalcanti，2008）合著《面对应用中的隐喻：一种应用语言学方法》（Confronting Metaphor in Use: An Applied Linguistic Approach），是2002年在巴西圣保罗举行的主题为"语言与思维中的隐喻"的会议的论文集。该论文集中收录的论文研究的话语类型及其中的隐喻结构非常广泛，分成四个相互独立的部分：第一部分是"调查应用中的隐喻的本质"，其中包括卡梅隆（Cameron）的课堂讨论和调解讨论中隐喻转移（metaphor shifting）的对比以及卢（Low，2008：79）对9篇学术评论中隐喻应用的分析；第二部分"语料库中的隐喻研究"，包括维罗妮卡·科勒（Koller，2008）对营销话语中矛盾隐喻的分析；第三部分"理解语言教育中的隐喻"，其中有创新性的是对青少年学习者的隐喻理解的调查（Piquer-Piriz, 2008）；第四部分是"将隐喻作为职业发展的工具"，包括卡瓦尔坎蒂和比宗（Cavalcanti & Bizon, 2008）对网络课程聊天室中隐喻的研究。

塞米诺（Semino, 2011b: 130-152）研究了不同体裁间的隐喻改写。斯托克韦尔（Stockwell, 2011a: 35-51）探讨了文学阅读中的道德和想象。塞米诺（Semino, 2011a: 296-300）的论文《反思思想表现呈现：对帕尔默的〈社会思维〉的一些思考》("Rethinking 'Inferred' Thought Presentation: Some Reflections on Palmer's 'Social Minds'")和斯托克韦尔（Stockwell, 2011a: 288-291）的论文《叙事中的思维改变》("Changing Minds in Narrative")发表在《文体》(Style)杂志2011年的同一期——第二期上，该期主要关注"批评和小说中的社会思维"（Social Minds in Criticism and Fiction）。发表在这一期杂志上的还有帕尔默（Palmer, 2011: 196-240）、赫尔曼（Herman, 2011: 265-271）和奥特利（Oatley, 2011: 330-332）等学者。麦金泰尔（McIntyre, 2012a: 407）认为，这些研究作为一个整体，为这个近年来似乎走上文学为主道路的期刊带来一股清新的语言空气，令人欣慰。汉密尔顿（Hamilton, 2011: 23-42）在《文学语义学杂志》(Journal of literature Semantics)上提出一个有趣的假设：政治颠覆性的寓言之所以具有强大的影响力，是因为它们是概念融合，而当审查者（censor）与读者的认知中运行着同样的概念融合时，审查（censorship）就发生了。概念隐喻作为融合理论的一个理论来源，仍是热门研究对象，而且其研究对象已超出文学作品范畴。如泰（Tay, 2011: 47-68）把"治疗是一个旅程"（Therapy is a journey.）作为话语隐喻来分析。司建国（2011: 21-24）把认知隐喻理论用于对现代汉语戏剧文本《北京人》的分析，通过定性和定量分析语篇中表示"上"和"下"垂直概念的隐喻，并将其与戏剧的意义对照，发现这些隐喻的文体功能和语篇意义。该文认为"将认知隐喻理论用于《北京人》和其他汉语文本分析，不但可拓展认知隐喻理论的应用范畴，而且有利于完善和发展这一学说"（司建国，2011: 24）。

贝伦特（Berendt, 2008）的论文集《用于学习的隐喻》(Metaphors for Learning)中的文章都用认知的方法研究隐喻和教学。研究涉及全球多种文化和学习环境，包括日本（Hiraga, 2008: 55-72）、马来西亚

（Ho-Abdullah, 2008：123）、中国（Jin & Cortazzi, 2008：177–202）和南非（Finlayson et al., 2008：225）。《应用语言学》(*Applied Linguistics*)杂志在2008年发表了两篇关于概念隐喻的论文，一篇是对大学讲座中使用隐喻的研究（Low et al., 2008：428–455），另一篇是对用于描述学校组织变革的隐喻的分析（Argaman, 2008：483–502）。

麦金泰尔（McIntyre, 2011：354）认为，2010年的认知文体研究中一个重要成绩是Low等人（Low et al., 2010）的论文集《现实世界中隐喻的研究和应用》(*Researching and Applying Metaphor in the Real World*)中的第三部分，其题目为"语篇中的隐喻之功能"（The Function of Metaphor in Discourse）。该部分中的论文研究了大学讲座中隐喻缺失的现象（Low, 2010：291–308）、政治演讲中的创造性隐喻（Mueller, 2010：321–332）、隐喻的评价意义（Deignan, 2010：357–374）等。该书其他部分中与认知文体学相关的有现代和当代英语中含有动词或名词"爱"的概念隐喻研究（Tissari, 2010:125–144）以及与计算机桌面相关（desktop metaphor）的隐喻的分析（Terkourafi & Petrakis, 2010：145–164）。

认知文体学对隐喻的研究，主要体现在塞米诺（Semino, 2010a：205–226）分析的疼痛（pain）的隐喻式描述。塞米诺（Semino, 2010b：250–274）的论文发表于杂志 *English Text Construction* 开设的专刊上，该期专刊由丹西吉耶和桑德斯（Dancygier & Sanders）主持，专题为"从形式创造意义"（Creating Meaning through Form）(Dancygier & Sanders, 2010：141–332）。该期专刊中吸引文体学家的还有对于创造性隐喻"生活是音乐"（Life is Music.）的研究（Górska, 2010：275–293）。

奥克利和霍高（Oakley & Hougaard, 2008）在他们的论文集《话语与互动中的心理空间》(*Mental Spaces in Discourse and Interaction*)的导论中反思了心理空间理论的崛起。该论文集中的一些文章出自心理空间和概念整合领域的一些领军人物之手。该论文集包含了把心理空间和概念整合理论用于多种语篇类型的研究。丹西吉耶（Dancygier, 2008a：51–78）分析了伊恩·麦克尤恩（Ian McEwan）的小说《赎罪》(*Atonement*)和玛格丽特·阿特伍德（Margaret Atwood）的小说《盲刺客》(*The Blind Assassin*)等小说的节选文本；帕斯夸尔（Pascual, 2008：79–108）研究

第 4 章 认知文体学的新发展

了法庭话语；霍高（Hougaard，2008：179-208）分析了电台电话节目；威廉姆斯（Williams，2008：209-234）研究了教师教孩子如何报时的方法中涉及的概念融合。概念整合理论之前遭到严厉的批评（如 Gibbs，2000：347-358），但是弗卢德尼克（Fludernik，2010：1-28）卓有成效地应用概念整合理论解释了非自然的故事叙述框架如何产生于以前人们熟悉的和自然的框架，塞米诺（Semino，2010b：250-274）用该理论解释多种体裁中的隐喻创造。

2008 年对概念整合理论的其他几个有趣的应用发表在《应用语境中的语言：语言的话语和认知方法》（*Language in the Context of Use: Discourse and Cognitive Approaches to Language*）（Tyler et al., 2008）一书中，其中包括丹西吉耶（Dancygier，2008b：167-182）对小说的另一项分析，斯威彻尔和西斯摩尔（Sweetser & Sizemore，2008：25-52）对语言和手势的研究以及藤井（Fujii，2008：183-198）对幽默话语的分析。在这些分析体裁多样的概念整合理论研究中，加文（Gavins，2009：369）认为，今年对概念整合理论应用最熟练、最吸引人的两项研究都是以文学作品为对象的，并出现在我们自己的期刊上，即对布莱克的《毒树》（*A Poison Tree*）的细致分析（Crisp，2008：291-308）和对赫伯特的《耶稣会》（*JESU*）的娴熟而迷人的分析（Canning，2008：187-203）。此外，杰弗里斯（Jeffries，2008：69-85）在分析彼得·桑索姆（Peter Sansom）的《连指手套》（*Mittens*）和麦基西安（McGuckian）的《疼痛告诉你该穿什么》（*Pain Tells You What to Wear*）时，也令人信服地将概念整合理论与指示转换理论和叙事理解理论结合起来。

斯托克韦尔和惠特利（Stockwell & Whiteley，2014）在《剑桥文体学指南》的第五部分"文体学的拓展"中收录了六篇文章，第一篇的研究对象是媒体，包括互动对话性的采访和一个在推特网上发的引起官司的帖子。第二篇是分析广告文化，以推特网上的微博客广告引发的争议开篇，将注意力引向 21 世纪的网络等社会媒介的新推销方式——不仅语篇形式变了，发送者与受话者的关系也出现各种复杂的变化。该文探讨了当今推销语篇的性质和特点。第三篇关注的是政治文体，介绍语料库"关键词比较分析"的方法，并采用这一方法分析了时任英国首相的政治演讲文本。第四篇则聚焦于人物关系体现的性别政治。第五篇强调文体学在翻译研究中的重要性,以一首唐诗的英译为对象展开分析。第六篇把研究对象转向日常交谈,通过对小组交谈的具体分析,说明细致的文体分析有助于理解社会交往(转引自申丹,2014:303-308)。

哈里森(Harrison,2020:22-38)认为,认知文体学研究使读者或观众的解读重新得到关注,但认知文体学主要被用于文学文本研究,在电视、电影和银幕等方面的应用较为有限。该文用认知文体分析方法分析了改编自当代加拿大作家玛格丽特·阿特伍德(Margaret Atwood)1985年出版的同名小说《使女的故事》(*The Handmaid's Tale*)的电视剧中的画外音叙事,重点探讨人物朱妮/奥芙弗雷德(June/Offred)的"分裂的自我"的表现以及这些分裂的自我是如何通过一种突出的"电影合成手段"来调和的。改编自该小说的第一部系列剧中的故事场景设置在一个反乌托邦的未来美国,讲述的是朱妮,又名奥芙弗雷德作为一个女仆的生活。在名为"基列"(Gilead)的国家的神权极权政权中,朱妮/奥芙弗雷德是被迫为富裕家庭生育后代的女人。她被安置在这个政权的领导人之一——指挥官弗雷德·沃特福德(Fred Waterford)和他的妻子塞丽娜(Serena)的家里。第一部系列剧讲述了朱妮/奥芙弗雷德如何适应她的新生活。该论文通过对第一部系列剧中画外音及其制作选择的分析,首先探讨了不同的交流方式——视觉制作的选择(如浅焦镜头)和语言特征(如称谓"你"和容器隐喻)——是如何结合起来表现奥芙弗雷德的分裂视角的;其次,这些文体元素是如何突出该剧的重要主题的,如监禁、人格物化和监视。

外丝(Voice,2019:7-22)发展了莫里尼(Morini,2013:283-297)的音乐文体学方法,用认知理论来阐释音乐和歌词如何以不同的方式协同工作。该文认为奥特卡斯特(OutKast)创作的歌曲 *Hey Ya!* 在歌词内容与节奏和基调之间创造了一种不谐调,而它们之间调和的过程造成读者对歌曲含义理解的陡变和修正,这种重新理解经常被读者在网络文章和听众讨论中提及。该文还把认知诗学方法和音乐心理学中的听觉适应和流畅性理论结合,围绕着该歌曲歌词的前景和背景变化,解释听者注意力的变化过程。

司建国(2016)在《当代文体学研究》的第一章"认知文体学"中,除了分析戏剧《沉默者》中非关联和无关联的会话外,都以实用文体的语篇作为分析对象，如商务英语语篇、奥巴马竞选演说、中国的英语公示语等。克鲁克香克和莱希（Cruickshank & Lahey）（2010：67-91）用文本世界理论分析了汤姆·斯托帕德（Tom Stoppard）的戏剧《罗森格兰兹和吉尔登斯吞死了》（*Rosencrantz and Guildenstern Are Dead*）。克鲁克香克和莱希关注舞台指示，区分有戏剧功能和虚构功能的指示；他们认为，语言线索促使读者在舞台世界和虚构世界之间切换。该文用文本世界理论对戏剧的分析进一步证明文本世界理论分析除小说之外的体裁文本的能力。麦金泰尔和莱格（McIntyre & Lugea, 2014：62-88）展示了他们对美国HBO电视网播出的情节系列警剧《火线》（*The Wire*）的研究。该研究关注的是该剧第一集中音频对话和为耳聋和听力障碍（DHOH）观众配备的字幕之间不一致之处。该文对对话和字幕之间不一致的语言进行提取和分类，并用一种人物刻画的认知模型来确定这些不一致是否会导致耳聋和听力障碍观众对剧中的角色产生不同的看法。该研究发现，字幕中主要遗漏的是对话中的人际关系特征，如话语标记，并且发现因为这种遗漏，人物之间关系受到了不利影响。该文认为，该研究应用的人物刻画模型对于专业的字幕师来说是有价值的，可以用来评估在给影视剧配字幕时对音频对话内容做出删除可能产生的影响。

哈里森和斯托克韦尔（Harrison & Stockwell, 2014：218-233）在总结近年来认知诗学的发展时提到，在认知诗学领域，最近出现对多模态文学的特别兴趣。也就是说，那些传统的线性叙述被图形和图像、超链接或图表的结合，或者文本中艺术形式的设置所颠覆。这类文学作品对认知诗学研究特别有意义，因为它们通过颠覆传统文本，突出了传统文本的许多重要特征。分析这类作品的人往往需要作出非常精确和细微的区分，例如，在一些文本中，区分叙述意识的"声音"和组织作者意识的"声音"是不可靠的、实验性的或好玩的。对指示中心的分析可以通过注意文本指示元素（textual deictic elements）和组成指示元素（compositional deictic elements）的区别，在直接引语/思想（DST）中进行跟踪（Stockwell, 2009a）。在分析传统文学作品时很少需要这种区别。吉本思（Gibbons, 2012a：420-434；2012b）对多模态和实验小说作了认知诗学分析。例如，她探讨了第二人称叙事的奇妙效果；在这种叙事中，"你"具有双重指示功能，可以指向想象中虚构的受话者，也可以指向实际受话的读者。这种效果不能用传统的文体分析来解释，因为它们本质上产生于文本与读者对自我的意识和对人物的刻画之间的互动及文本对后者的改变（参见 Page, 2009；Bell, 2010；Bell et al., 2013）。

4.2.3 经典认知文体学理论发展、融合及与其他学科结合

"世界"理论是认知文体学的重要理论，最近仍是认知文体研究的一个重点。肖特（Short, 2016：195–211）、图兰（Toolan, 2016）、塔贝特（Tabbert, 2016）、米尔多夫和金泽尔（Mildorf & Kinzel, 2016）、索林（Sorlin, 2016a：286–301）、金吉尔（Zyngier, 2016）、泽特曼（Zettelmann, 2017）都分析了文本中的"世界"。文本世界理论由沃斯（Werth, 1999）提出，加文（Gavins, 2007）和多位学者将该理论继续改进和发展。文本世界理论的理念是，文本创造出一个独特的本体论空间，它借鉴了认知科学的观点，旨在研究读者在阅读文本时建构的世界。"文本世界"由文本特征触发，由语篇世界特征（如文本世界建构者的相关经验和知识背景）补充。在《布卢姆斯伯里文体学指南》的一章中，加文（Gavins, 2015：444）宣称，文本世界理论"现在是当代文体学研究中最活跃的领域之一"。如麦金泰尔（McIntyre, 2011：355）所说，如果不谈文本世界理论，一个关于认知文体学的部分是不完整的。

加文（Gavins, 2010：402–418）用文本世界理论分析伊曼纽尔·加里瑞（Emmanuel Carriére）的小说《胡子》（*La Moustache*）中的主人公逐渐失去理智的过程。主人公在故事开始时跟家人和朋友开玩笑，把蓄了十年的胡子刮掉，但是他的朋友和家人都假装看不到。主人公坚持，但家人都说他从未有过胡子，他的妻子和老友否认他曾经有过胡子使故事气氛紧张，主人公渐渐怀疑自己神经错乱。加文主要分析了自由间接引语并提出，故事结尾让人非常不安的是主人公的身体与思想的脱节以及一种他不是有意识地思考自己的想法的感觉。

国内的认知文体学界对文本世界理论也很感兴趣。马菊玲（2008）

的博士论文用文本理论分析美国黑色幽默小说中荒诞的世界。梁晓晖、刘世生（2009：17-25）通过对比沃斯（Werth, 1999）和加文（Gavins, 2007）对文本世界的定义，尝试对文本世界作出更加清楚的界定，以提高文本世界理论在文本分析中的实用性。该文（梁晓晖、刘世生，2009：25）提出，"文本世界理论尚处在完型阶段，它所提供的各个世界层次的图式生动地解释了读者理解文本时心智表征的模式；但不论是沃斯的模式还是加文的模式，在对文本世界这个核心层次的界定上还没有一个统一的标准"，该文描述的文本世界"在分析一些不同手法写成的小说时能够更好地探讨读者的理解过程及文本的潜在信息"。

莱格（Lugea, 2017：8）认为，认知文体学界一直对文本世界理论有极大的热情，部分原因在于这个理论能够在一个框架下分析整个话语结构。"文本世界"这个词现在已经进入文体学词典，成为布鲁姆斯伯里出版社 2016 年出版的"文体学进展"（Advances in Stylistics）系列中两部著作的重点。其中的一部名为《世界构建：心灵中的语篇》（World Building: Discourse in the Mind）（Gavins & Lahey, 2016），汇集了对各种语篇类型中世界构建的新研究。在该书的介绍部分，加文和莱希详细梳理了以"世界"为基础的研究的出现和发展。这些新研究超越了早期以"世界"为基础的文学文本分析。在这些新的"世界"研究中，出现以下各种场景中的语篇处理（discourse processing），如学校的文学课堂、创意写作实践和民族志访谈中的身份协商（negotiation of identity in an ethnographic interview）。从这些研究中，读者可以深入地了解话语的处理。正如这些例子所示，该论文集的重点主要在世界的建构过程；也就是说，文本生产和接受的动态性和协作性。尽管认知诗学决定认真对待语境（Stockwell, 2002：4），但是在从相关的抽象认知过程理解文本特征的认知诗学分析实践中，语境因素在很大程度上被忽视了。莱格（Lugea, 2017：8）认为，这个问题在最近的文本世界理论研究中仍存在，即文本世界理论承认语篇世界是"世界"建构中不可或缺的部分，但是语篇世界特征对文本世界的影响却一直很少有人探讨，加文（Gavins, 2015）详细论述了这一点。在加文和莱希（Gavins & Lahey, 2016）的著作中有几章提到文本世界理论对于语篇世界的分析能力。其中莱希展示了文本世界对我们理解文本的影响；吉本思探索了沉浸式戏剧（immersive theatre）中事实与虚构的互动。在其他论文中，"世界"分析方法与其他分析框架结合，如和斯托克韦尔（Stockwell, 2009b）的文学共鸣模型结合、与概念隐喻理论结合（Browse, 2018）。该论文集见证了"文本世界理论"各种各样新的研究思路以及这些研究如何将文本世界理论构建的"什么"和"如何"结合起来。

在布鲁姆斯伯里出版社 2016 年出版的"文体学进展"系列丛书中，第二部专门研究文本世界理论分析西班牙语语篇的做法，进一步扩大了该理论的应用范围。在《西班牙语和英语口语叙事的世界构建》（*World Building in Spanish and English Spoken Narratives*）（Lugea, 2016a）中，文本世界理论是通过分析同一个故事的多个口语版本得以测试和发展的，这些版本预先被转录、建成口语叙事语料库。这些语料用"青蛙故事法"（frog story method）收集。通过这种方法，一本没有文字的图画书被用来引出参与者的口头叙述。该论文集的作者们对这些西班牙语和英语的叙事做定性和定量分析，对比两种语言建构世界的策略，特别关注情态、假设（hypotheticality）和指示语（具体关注口语叙事中的时间性，见 Lugea, 2016b）。莱格（Lugea, 2016a）对用西班牙语和英语讲故事时在修辞上的差异以及叙述者在文本世界中表达自己的观点的方式提出独特的见解。莱格（Lugea, 2016a）创建文本世界使用的软件是由文体学家与计算机科学家合作开发的在线软件 World builder 1.0。World builder 1.0，即 World builder 的第一个版本，包括用于文本世界分析的在线语料注释和可视化工具。与加文和莱希（Gavins & Lahey, 2016）的语篇研究相比，莱格（Lugea, 2016a; 2016b）更关注"世界建构"中的文本运作。尽管如此，由于语篇处理涉及多个因素，因此文本世界理论激发了对"世界"建构的多方面的研究。

从上述研究可见，认知文体学界对文本世界的研究更加深入和广泛，特别是开发出了标注世界构建成分的软件以及将文本世界理论用于分析不同体裁的英语语篇和包括西班牙语在内的非英语体裁叙事文本。但是，对文本世界的研究和整个认知文体学学科的研究一样，存在不足，即对读者的认知背景、过程，以及对读者与语篇的互动关注不够。读者在上述国外代表性的文本世界研究中可以看出，尽管文本世界理论的研究者们意识到文本世界的建构是语篇中的世界建构元素与读者的语篇世界的互动，但是在文本分析中往往侧重前者，而对读者的语篇世界及其与语篇中的世界建构元素的互动关注不足。不过，从认知文体学在近十年的发展来说，学者们对实证研究的关注有所增加。

除了继续发展文本世界理论等认知文体学的重要理论和方法之外，认知文体学研究者还把两种甚至更多的认知文体学理论和分析方法融合，目的是对文本的文体特征作出更加全面的描述和分析。吉本思（Gibbons，2019：391-417）以埃莱娜·费兰特（Elena Ferrante）的那不勒斯小说为个案研究对象，把文本世界理论和心智建模理论（Mind-Modelling）结合起来，提出了一种对小说性和作者意图的认知研究方法。该论文探讨了两种形式的本体论扭曲：读者对小说体裁（如自传体小说或自传）的错误分类，以及作者的笔名身份所带来的问题。分析分为三个部分：首先，对小说与自传在句法/文体上的相似性进行文本世界分析，从而揭示其本体结构；其次，论述了叙事的本体论阈限以及读者构建作者费兰特的思维模式的途径；第三，探讨批评家和读者对文本虚构性的评价，以及费兰特的笔名对读者理解作者的意向性和心智模型的影响。通过上述分析，该文提出认知方法为读者对作者和小说虚构性的解读提供了最好的洞见。

4.2.4 认知文体学的实证研究

认知文体学本质上就应是实证性的，"因为认知文体学关注的不是文本的阐释，而是大脑对文体的认知结构和认知过程，是认知和情感在描写、界定和说明阅读过程中的作用"（胡壮麟，2012：170）。但是大部分认知文体研究都将作者本人的感受和理解作为文体效果，以此作为认知文体分析和阐释的出发点，而对读者反应关注较少。近几年，如何研究读者反应在文体学领域得到了很多关注。对读者反应的实证研究主要有两种作法，一种是实验法，一种是自然观察法。实验法目前在文体学领域不太常见，因为这种研究追求实验控制、测试假设，经常使用定量方法，要求研究在严格控制的环境中进行（通常在一个实验室里，有一位研究人员在场），还涉及对文本的操作，包括提取文本的特征，通过统计分析结果。与实验法相比,自然观察法在文体研究中更常见。这类研究以原始形式呈现文本,用读者在他们的日常环境(通常是一个读书小组或在线讨论)中对文本的讨论作为读者反应语料,用最少的研究者干预,从而寻求最大的生态有效性。这类研究对日常环境中读者的言语数据几乎总用定性方法分析,有时还包括人种学。贝尔等(Bell et al., 2019:249-271)指出,虽然实验方法和自然观察法代表了两种相反的范式,也有一些实证研究把它们结合,例如,问卷调查可以用来引出阅读原始文本的数据。该文进一步分析说,这两种方法各有局限,最近关于实证研究在文体学研究中的价值的讨论开始接受多种方法论和方法。《语言与文学》杂志 2016 年专刊《数字化时代的阅读》在介绍部分提出,他们开设该期专刊是因为坚信不同方法论可以而且应该结合在一起,以便更好地理解阅读和阐释过程。他们建议文学实证研究应该具有包容性。该杂志 2017 年专刊《读者反应研究的文体方法》的主持人同样鼓励应用实验和自然观察这两种方法,同时指出在文体学中应用实证研究的方法不同。他们认为文体学研究中的读者反应研究是一种不断发展的文体研究,对文本和证明文本接受程度的数据给予同等程度的关注。贝尔认为,文体学的读者反应研究与文学实证研究的区别在于,文体学的实证研究致力于细致分析文本和/或读者数据,并且在做读者反应研究时发展文体学理论和方法。上述所说的方法论上的灵活性对认知文体学的实证研究来说很有推动力,但是在贝尔等人(Bell et al., 2019:249-271)看来,文体学中的读者反应研究很大程度上是自然观察法主导,即对来自阅读组或互联网上的读者讨论做定性分析。这是因为自然观察法更适合于生成关于更大、更复杂的文学概念(如隐喻、移情、沉浸感)的数据,这些概念通常是认知诗学研究的重点。然而,更重要的是在用自然观察法进行的研究中难以生成的是关于特定文体或语言特征的言语数据。自然观察法研究允许读者确定讨论的重点,有利于鼓励参与者讨论文本中的特定主题或元素,但他们的讨论不太可能始终聚焦于某个文体特征对文本的贡献,因此得出的评论语料可能比较分散,不利于分析。

基于对实验方法和自然观察法的对比,贝尔等人(Bell et al., 2019:249-271)提出在认知文体学实证研究中用综合性的读者反应考察文本特征，因为从上述对两种实证方法的对比看出，不用实验方法不可能获取关于特定的文体特征的数据，如数值量表和统计分析，这样的话读者对某文体特征的回应的复杂性难以获取。因此，该文提出一种新的综合性方法，使用一种传统上与实验方法相关联的定量研究工具——李克特量表（Likert scale）——从在日常环境中真实呈现的文本中获取关于预先选定的文本特征的丰富的语言数据。因此，该文使用李克特量表并不是对其提供的定量结果进行统计学分析，而是对其量化的文体特征进行讨论。该文对由量表量化产生的语言数据做定性分析，以说明读者对特定文体特征的反应的差别，从而说明文体特征的复杂性。该文认为，这种综合性的实证方法比自然观察法的优势在于，可以促使多个读者对相同的指定文本特征给出回应。同样，尽管该文认识到对语言数据的定性分析意味着不会产生统计数据，但与严格的实验方法相比，有一个优势，那就是能够更多地关注个体反应的细微差别。该文说明其目的是进一步建立读者反应文体学研究范式，利用李克特量表生成可以定量分析的数据和引出定性分析数据。该文主要要展示这些定量和定性数据怎样综合在一起分析文本，从而为认知叙述学和文体学提供基于实证研究的结论。该文指出，虽然该文提出的新方法可以用来分析各种体裁和类型的文本，但该文主要分析的是金妮沃特和拉森（Geniwate & Larsen）的数码小说《公主杀手》（*The Princess Murderer*）中的第二人称叙述，对小说中"你"的模糊形式的体验性提出一种新的理解。该文体分析旨在展示文本中的语言特征如何触发读者反应。该文分析了读者对此类语言特征的反应，表明这比单纯的文体分析能对"你"叙事提供更细致入微的解释，因为它能洞察不同的读者是否从心理上投射和/或扮演"你"的角色，如果是的话又是如何投射和/或扮演。该文提出该研究首次对第二人称叙事进行实证研究，也是第一个为双重指示性的"你"找到实证基础的研究。该文是一个典型的基于读者反应的认知文体实证研究，展示出读者对小说中"你"的各种模糊形式产生什么样的体验。

最近十年，越来越多的研究人员关注读者对文本的"真实"反应，如 PALA 的特殊兴趣集团，以及《语言与文学》杂志开设的两期专刊：《互联网时代的阅读》（2016 年第 3 期）和《读者反应研究的文体学方法》

（2017年第2期），都展示出文体学研究中的实证取向。由于实证方法是检验预先确定的理论的一种方法，而这些理论可以从对任意数量的文本和语篇研究中提取出来，因此这两期专刊中的认知文体学实证研究与从民族志到教学文体学的其他学科结合。也就是说，文体学研究中的实证做法也不可避免地呈现出与其他学科交叉的特点。

对文学的这种实证化的研究也常出现在学习环境中（Burke et al., 2016），采用实证方法研究文学如何被教授和学习。伯克等人（Burke et al., 2016）的论文集《学习环境中文体学研究的科学方法》（*Scientific Approaches to Literature in Learning Environments*）探索了文学在非母语的英语教学和第二语言课堂中的应用以及在中小学和大学的其他课程中及在工作场所和书友会上的应用。这些研究人员应用一系列有趣的方法收集证据，包括有声思维报告（think-aloud protocols）、学生问卷和读者写下的阅读反应。论文集中的作者们认为，"来自实证研究的结果使得我们可以作出以证据为基础的教学决策"（Burke et al., 2016：6）。在回顾相关研究之后，这些研究者重申了伯克（Burke et al., 2016：11）的观点，即"为了我们自己作文体学研究是件快乐的事情，而为了我们的学生做文体研究是一个值得称道的必需"。

莱格（Lugea, 2017：12）认为，研究我们所处的学习环境是有意义的，因为我们的日常工作为我们提供了丰富的数据，从中我们可以观察阅读实践（这种方法可以追溯到理查兹 I. A. Richards，并一直延续到今天）。然而，为了了解学术界外人群的阅读实践，读者反应研究应该在非学术环境中进行。图书俱乐部或阅读小组提供了这类场景，尽管离线组（Llopis et al.）和在线组（Vlieghe et al.）都具有相当特殊的交互性特征。在论文集《谈论书籍：阅读小组的研究》（*Talk about Books: A Study of Reading Groups*）（Peplow, 2016）中，佩普洛采用人种志的方法，即收集真实读者在一起讨论小说时的口语数据，得到超过24小时的情景对话记录。他对这些数据做话语分析，发现在这些"实践社区"中，以直接引语形式表现的人物言语可以让参与者模仿人物的思维，而这种模拟阅读可以让他们像谈论真实生活一样谈论小说。

莱格（Lugea, 2017：12）指出，虽然上述佩普洛的研究不是严格意义上的文体分析，但他的发现与认知文体学有关。在认知文体学研究中，

第 4 章　认知文体学的新发展

读者的思维与文本的相互作用得到大量讨论，但是往往缺乏实证数据的支持，可参见迈阿尔对这一趋势的评论（Miall，2006：291-311）。不过，近年来采用实证性方法做认知文体研究的论著在增长，因此本书作者认为实证方法也将会成为认知文体学发展的一个趋势。纳托尔（Nuttall，2018）的认知文体研究就充分展示出这一趋势，即认知文体分析不再是基于作者本人的阅读经历和体会，而是基于已经发表的大量的文学评论以及读者在诸如 Goodreads.com 的网络阅读社群发布的相关作品评论。

基于人类学理论的自然阅读研究法（NSR）也引起了文体学家的关注。一些学者采用观察、录音、访谈等定性研究手段来研究"自然读者"的阅读行为。斯旺和阿林顿（Swann & Allington，2009：247-264）研究了英国的 16 个阅读小组的文学阅读活动，在从人类学角度解释这种人类活动的同时提供了一种文学研究的新途径；本维尔（Benwell，2009）也做了类似实验，从中发现小组成员关于文学作品理解的交流是一种超越文学本身、并嵌入文化和政治的复杂活动。虽然这两个实验研究没有分析具体的文本，但是对认知文体学的实证研究有很大启发。

认知文体学实证研究的又一做法是与语料库工具和方法结合，如麦金泰尔（McIntyre，2012a：402-415）在回顾 2011 年的文体学研究时指出，马尔贝格和麦金泰尔（Mahlberg & McIntyre，2011：204-227）对伊恩·弗莱明（Ian Fleming）的詹姆斯·邦德小说《皇家赌场》（*Casino Royale*）的分析就是这种研究，该研究试图将语料库分析提供的深入理解映射到文本世界理论，以解释建构小说世界的语言因素。

国内的认知文体学界也出现实证研究。比如荣榕（2016：32-37）整合沃斯的文本世界理论与埃莫特的情景框架理论，并结合心理学对回忆的实证研究，提出两种回忆体验模式以及其相应的认知文体学解读模型。该文以英国作家勒卡雷（le Carre）的长篇悬疑小说《不朽的园丁》（*The Constant Gardener*）（2001）为对象，通过分析回忆视角在不同"世界"间的移动路径，深入挖掘记忆闪回的文本表征、读者心智表征、文体效果这三者的关系，为小说人物的心理分析及阅读理解研究提供启示。荣榕、李昀（2018：27-32）通过对比 2002 年—2016 年间 SSCI 来源期刊《语言与文学》（*Language and Literature*）上发表的认知诗学和认识文体学相关论文，提出西方认知文体学和认知诗学都以优化文学阐释方法为基本目标，但认知诗学进一步探讨阅读与文学批评的关系；其次，认知文体学聚焦文学阐释机制，而认知诗学研究更关注文学阅读引起的情感反应；最后，两者都涵盖了认知语言学和认知心理学的相关成果，但认知诗学在研究方法上更具实证性。在我们看来，虽然该文是对比探讨认知诗学和认知文体学的区别，但是该文举出的很多认知诗学例证是关注语言特征的，因而也可以归入认知文体学研究范畴。比如，该文在阐述认知诗学领域的实证研究趋势时提到，"近年来认知诗学具有研究对象心智化的趋势，与之相对应的是研究方法的实证化，这也在一定程度上弥补了传统文体学分析过度依靠主观推测所导致的不足"（荣榕、李昀，2018：30）。该文将认知文体学领域的实证方法分为两种：一是语料库研究法，如斯托克韦尔和马尔贝格（Stockwell & Mahlberg, 2015）用语料库研究法，收集能够引导读者建构人物心理模型的文本线索，系统地论证了语言表达如何影响读者对人物的态度、情感等心理因素的推导。该研究把定量的语料库研究法和定性的文体学阐释法相结合，大大提高了文学阐释的有效性和可靠性。另一个实证研究方法是考察真实读者反应，如惠特莉（Whiteley, 2011a：23–42, 2011b：236–256）、加文和斯托克韦尔（Gavins & Stockwell, 2012：33–50）的研究。惠特莉（Whiteley, 2011b：236–256）通过把对读者反应调研和认知文体学分析相结合，检验文本世界理论对阅读情感的假设。该文研究分为两步：研究者首先用文本世界理论，对石黑一雄（K. Ishiguro）的小说《长日将尽》（*The Remains of the Day*）的剧情发展和人物塑造做了有关心理投射的探讨。心理投射的核心在于推导，读者通过作品的语言表述，激活自身在现实世界中积累的感知经验和知识，将自身在语篇世界中的指示域投射于文本世界，并从那个指示域去感受故事进程和人物关系。该研究通过实证调研，记录和分析了参与的阅读小组有关剧情和人物的讨论，发现真实读者的确会产生相关的心理投射。该文还发现，"加文和斯托克韦尔（Gavins & Stockwell, 2012：33–50）选择了与惠特莉（Whiteley, 2011b：236–256）相反的路径，用文本世界理论来解释不同解读的合理性。研究者首先从线下读书会和线上评论两个渠道收集读者反馈，通过整理发现了针对同一作品的两种不同的解读,然后以此为参照,采用文本世界概念和文体学分析法,系统阐明了这两种解读背后的语言学依据和认知机制。这项研究在某种程度上实现了规约性阅读与个体性阅读的结合,不仅丰富了作品的解读,还从读者反应的角度优化了文学批评理论"。

我们看到认知文体学研究中研究读者反应的做法主要是通过对读者调研,收集读者的线上线下评论等方式进行,但是这些实证研究主要是由西方学者所做,中国的西方文体学界还很少做此类实证研究,这个应该是今后中国的西方文体学研究者们需要加强的一个领域。另外,就上述西方学者所做的实证研究来说,数量也不多,并且往往只是采用对读者访谈或者收集读者写的文学评论,然后用文体学的理论和方法进行解读,很少应用认知心理学等认知科学理论进行分析和解释。近年来,学者们对文学体验作为文学共鸣的一种形式能带来的显著效果产生了兴趣(Stockwell, 2009a, 2009b: 25–44)。斯托克韦尔(Stockwell, 2009b: 25–44)将认知心理学对视野感知和记忆的研究与认知语言学对代理和前景化的研究结合起来,建构了一个注意力共振模型,并证明这可能是解释读者体验的一种方法。共鸣是文学阅读体验的文感(texture)问题,其目的是按照同样的原则将文本与认知整合在一起。就像上文介绍的几个分析模型一样,它的目的是描述和解释文学的制度化图式中的主观经验。

伯克(Burke, 2010)除了关注读者阅读文学作品时产生的情感反应之外,还借鉴神经生理学的研究成果分析了文体的认知理据,指出,认知文体学理论之一的意象图式理论(image schema)与镜像神经(mirror neuron)的活动有关。伯克(Burke, 2010)不仅借用意象图式的神经基础解释读者阅读文学作品时身体反应的认知理据,而且把对意象图式的记忆与该意象图式引起的情感记忆联系起来,从而用该意象图式唤起的身体反应解释读者由此产生的情感体验以及对主题意义的认知。

到目前为止,很少有认知文体学研究应用认知神经学理论,或者脑电仪、眼动仪等技术来了解读者的真实生理反应,并基于此更加科学、客观和全面地再现和分析读者在阅读时的情感和认知反应。张辉、杨波(2008: 8–14)在探讨心理空间与概念整合理论的发展和应用时总结了

6个方面，其中包括概念整合与认知文体学研究以及概念整合与神经语言学研究。该文列举了概念整合研究中的神经语言学实验，认为神经语言学的实验为该理论提供了有说服力的证据。科尔森（Coulson, 2001）首次应用神经语言学事件相关电位（ERP）方法为概念整合这种认知行为的存在提供了神经学证据。而科尔森和佩滕（Coulson & Petten, 2002）则利用概念整合的观点来设计ERP实验。但是这种概念整合的神经学研究主要在语言学研究领域，还没有应用到文体学研究中。刘国辉（2014：1-9）提出，若要真正揭示语言的实质，我们的研究方法必须科学合理并符合研究对象的实际，需要考虑3个基本问题：语料量、语言共性和认知神经基础。而这些问题正好需要3个不同维度的实证理论和方法的支撑，它们就是语料库、类型学和认知神经科学，因为它们共同构成一个内外结合的实证体系。

目前，在认知文体学研究中，对语料库这种实证方法的应用相对较多，但是对认知神经科学应用地还非常少，雅各布斯（Jacobs, 2015：1-22）的论文《神经认知诗学：研究文学接受的神经和认知—情感基础的方法和模型》是一个完整的此类尝试。米阿尔（Miall, 2011：323-348）的ERP实验不仅证实了文学作品读者形成于阅读早期（最先500 msecs）的情感对随后阅读中的推理、记忆力和对人物的同情有重要意义，而且详细探讨了包括自指（self-reference）、预测（anticipation）、整合经验的情感能力（a capacity of emotion to integrate experiences）和万灵倾向（a tendency of animism）等在内的多个由早期情感诱发的独特信息加工过程及其在阅读中的作用。

4.2.5 认知语法的深入应用

哈里森和斯托克韦尔（Harrison & Stockwell, 2014：218-233）在《认知语言学指南》（*The Companion to Cognitive Linguistics*）一书中"认知诗学"部分总结认知诗学的发展时提到，认知诗学领域最近最有希望的一个进展是将认知语法（Langacker, 2008）作为一种以读者为中心分析作品文感的文体学方法。这种研究文学作品语言风格的方法允许分

第 4 章　认知文体学的新发展

析者在符合一般认知主义原则的语法框架内探索前景、主体、行动和反思等问题。哈里森等人（Harrison et al., 2014）的论文集代表了这类研究的集合。认知语法对突显（profiling）、释解、扫描（scanning）、衰减（attenuation）和投射（projection）等读者行为的关注（Langacker, 2008）为认知诗学对阅读过程的研究提供了一种独特的无缝结合。这项研究表明，认知语法能够解释文学中非常微妙的文体效果。认知语法的这种探索微妙、精炼或难以表达的文体效果的能力，可能会让我们探索那些短暂的、几乎无法形容的潜意识文学阅读体验。文学作品的环境特征，如小说世界的氛围、叙述的语气，或某一段特别引人注目的共鸣，都是应用这种分析方法的文体学家所能再现的。斯托克韦尔（Stockwell, 2013: 263-277）将语料库语言学中基于心理学的词汇启动（lexical priming）理论与兰盖克（Langacker, 2008）的"认知域"（dominion）概念结合起来，对这些问题进行了探讨。

　　在认知文体学的重要著作——《认知诗学》（Stockwell, 2002）中，认知语法只是 11 种认知诗学分析方法之一，占的篇幅很短，其他 10 种认知诗学方法包括图形/背景理论、原型理论、认知指示、图示和脚本、语篇世界和心理空间、概念隐喻、文本世界等。与其他认知文体学分析方法，特别是概念隐喻、文本世界、心理空间等理论相比，认知文体分析对认知语法的应用要少得多。汉密尔顿（Hamilton, 2003: 55-65）最早开始专门应用认知语法分析作品，分析的对象是维尔浮莱德·欧文的诗歌《医务驳船》（*Hospital Barge*）。近几年认知文体学界对认知语法探讨的数量更多，应用也越来越系统和深入，出现了三部应用认知语法进行文体分析的专著，即哈里森等（Harrison et al., 2014）、哈里森（Harrison, 2017）和纳托尔（Nuttall, 2018）的作品。

　　如布劳斯（Browse, 2018: 121-146）所说，在文体学研究中系统功能语法一直是最有影响的语法之一，但是最近出现越来越多的论著应用认知语法来解释文体效果。布劳斯在该论文中不仅分析了认知语法与功能语法的相似性，而且以功能文体的里程碑作品所分析的对象——戈尔丁的《继承者》为语料，用认知语法理论分析了读者在体会人物不正常的思维风格时所经历的释解过程及其效果。他认为系统功能语法可以分析作品中的概念结构，认知语法可以勾勒出读者构建意义的过程。

论文集《文学中的认知语法》（Cognitive Grammar in Literature）（Harrison et al., 2014）是第一部专门探讨文学文体分析中认知语法应用的著作。文体学界著名学术团体"诗学和语言学协会"（Poetics and Linguistics Association，缩略为 PALA）资助了这一研究，证明了该研究的价值。纳托尔（Nuttall, 2014: 83-100）提出，认知语法提供的细致分析可以补充之前认知文体学，如文本世界理论对文学作品的分析。蒙特罗（Montoro, 2015: 360）说，在读过这样一本引人思考的论文集后，他想说，认知语法分析代表了一种较少有人涉足的方法论途径，尽管如此，它有望在不久的将来带来新的见解。我们在上述评论发表后至今的四年里看到，纳托尔和其他学者继续探索着认知语法对文体分析的价值和具体的应用方法。

焦瓦内利和哈里森（Giovanelli & Harrison, 2018）的《文体学中的认知语法：一个实用指南》（Cognitive Grammar in Stylistics: A Practical Guide）一书在文体分析中应用了认知语法的主要概念，用以探讨经验的"涉身性"如何在文学阅读中得以模拟，并且指导文体学研究者去体验和理解这种涉身性。该著作系统地探讨了认知语法和文体学所关注的核心问题之间的接面，展示出认知语法的广泛用途。哈里森（Harrison, 2017）在《当代小说中的认知语法》（Cognitive Grammar in Contemporary Fiction）一书中也采用了这种研究范式，但是显然他主要关注的是范围更小的文学文本，即当代小说。

纳托尔（Nuttall, 2018）在专著《思维风格与认知语法：推理小说中的语言和世界观》（Mind Style and Cognitive Grammar: Language and Worldview in Speculative Fiction）中系统地探讨了认知语法和认知文体学研究的一个重要对象——思维风格的接面，是把认知语法理论研究的各个语言层面和认知文体学的一个研究对象系统性地结合的一个案例。该书共 8 章，其中前 3 章介绍认知语法的理论和分析方法、认知文体学对思维风格的研究等，并提出要把认知语法理论与其他理论结合来更全面地分析思维风格。第 4 章到第 7 章把与其他理论结合后的认知语法理论和方法用于分析四部小说。第 4 章题为《句法和思想》，把认知语法的概念——突出和动态（dynamicity）和文体学的相关概念结合，描写和分析玛格丽特·阿特伍德（Margaret Atwood）的小说《使女的故事》

第 4 章 认知文体学的新发展

(*The Handmaid's Tale*)中的语言特征,包括很多并列的事物、过程的名词化等,阐释人物的思维风格和读者在阅读时大脑中经历的次第扫描(sequential scanning)和总括扫描(summary scanning)等阅读反应,以及读者在评论中所写的阅读时大脑中释解到一个疏离的小说世界的原因。第 5 章主要分析词汇层面,探讨了词汇选择如何塑造出一个人物的思维风格或者使读者体验到一种独特的思维风格。这个部分把认知语法的几个概念,如把 focusing, reference point relationships and specificity 和文体学的概念"前景化/背景化"结合起来,以网络上关于石黑一雄(Kazuo Ishiguro)的小说《别让我走》(*Never Let Me Go*)的读者评论为研究语料,分析了该小说对读者头脑知识的顺序激活、发展或修正,以及读者感受到其中克隆或者非人性人物的思维风格的原因,并阐释了读者释解出一个冰冷、可怕的文本世界的文本依据。第 6 章把功能文体学的及物性分析和认知语法对于同样现象所做的行动链分析(action chains)结合,用以分析理查德·马特森(Richard Matheson)的科幻小说《我是传奇》(*I Am Legend*)(1954)中的及物性模式,并且借用社会心理学的概念:心灵归属(mind attribution),解释语言模式引起的读者心灵归属的程度。所有这些理论和分析方法的结合一起揭示了吸血鬼人物的思维风格以及为什么真实读者会在评论中写下阅读时不舒服的移情经历和道德判断。第 7 章分析了表现思维风格的又一个语言特征——比喻性语言,包括明喻和暗喻/隐喻。该章用认知语法的理论:虚拟位移(fictive motion)和力动态(force dynamics)补充了认知文体学对隐喻的分析。同样,该章中分析的语料是网络上巴拉德(J. G. Ballard)的小说《被淹没的世界》(*The Drowned World*)(1962)的读者评论和已经发表的关于该小说的文学评论。作者用文体理论探讨了隐喻让读者体验到一种独特的思维风格的方式。

我们在上一段中对纳托尔(Nuttall, 2018)把认知语法和文体学结合的做法做了综述。可以看出,该书主要应用认知语法进行文体分析,清楚地展示出认知文体学的发展趋势。一是与其他理论和方法融合的趋势,该书不仅把认知语法与其他认知文体学的分析方法,特别是与文本世界理论结合起来,而且还借鉴系统功能语法以及其他理论,目的是为了建构一个全面的、可操作的思维风格分析框架。不仅如此,该著作也展示出认知文体学适合探讨的新体裁——推理小说（speculative fiction）。该体裁主要描述陌生化的世界，因而经常会塑造认知文体学所关注的反常规思维风格（mind style）。

斯托克韦尔（Stockwell, 2010a: 419-432）的《末日启示叙事的第十一张检查表》（*The Eleventh Checksheet of the Apocalypse*）证明兰盖克的认知语法在科幻小说文本的典型想象探索中的适用性。焦瓦内利（Giovanelli, 2018: 38-51）分析了宝拉·霍金斯（Paula Hawkins）2015年的畅销小说《火车上的女孩》（*The Girl on the Train*）对人物思维风格的刻画。该书探讨了霍金斯如何呈现雷切尔（Rachel）这个虚构人物的心理；蕾切尔是一个因酒精性昏迷而患顺行性遗忘症（anterograde amnesia）的角色。蕾切尔的叙述声音推动小说的发展，而该叙述声音对事件的重述则表现出以下突出特点，即她无法回忆起与那晚一名年轻女子失踪并被谋杀相关的重要信息。该文用认知语法中的释解这个概念探讨蕾切尔的思维方式及其启示和局限性。该研究建立在对认知语法的潜能已有的学术研究基础之上，对虚构人物的思维提供了一个丰富、微妙的描述。该分析特别考察了事件释解的两种呈现方式：认知入景理论（nominal grounding strategies）和参照点关系（reference point relationships）。对于后者，该文还展示出一种新兴的研究，即试图在认知语法和文本世界理论之间建立联系，来探讨文本如何投射出心理表征。

伦德奎斯特（Rundquist, 2020: 39-56）应用认知语法对用自由间接文体表现的人物心理进行分析。以往的思维风格分析往往是用语言学揭示一些潜在的认知过程和人物角色的心理中起作用的倾向或癖好。该研究分析的角色是马尔科姆·洛瑞（Malcolm Lowry）的《火山之下》（*Under the Volcano*）中的主角——一个酒鬼，他的主要心理特征就是醉酒后的想法。该论文着重探讨了用于表现他醉醺醺的心境的语言特征，主要从注意焦点方面分析了这些特征的语义效应，并应用认知语法概念，如客观释解（objective construal）、侧面（profile）和域（domain）等，将这些特征与主人公的自我意识、部分意识、反应迟缓和自我错觉等认知倾向联系起来。论文还讨论了思维风格分析的理论背景，论证了分析文本与人物思维之间的关系，以及关注读者思维这一认知文体学中占主导地位的研究对象的重要性。

4.2.6 认知文体学的跨学科融合

相比于西方文体学界对认知文体学理论的发展和应用，中国的西方文体学界主要应用其理论和方法进行文本分析。此外，中国的学者还把认知文体学与翻译研究结合起来，来评价翻译质量。谭业升（2012：94-99）的论文《表情力与翻译中的认知增量——翻译认知文体学再探》是在他（Tan，2009）提供的翻译认知文体分析框架的基础上，对翻译认知文体学的进一步探讨。该文结合传统文体分析中的表情性（expressivity）和表情力概念，基于描写性的文本对比分析，阐明了不同类型的识解运作对于提升表情力、实现有效的认知增量的影响，同时也说明了翻译的认知增量原则与最佳关联原则和解释相似原则之间的相互作用关系。谭业升（2013：72-77）借鉴认知文体学的分析框架，以《红楼梦》两个经典译本为例，对译者主体的认知处理策略和原则及文体效果进行了批评性分析。徐德荣、姜泽珣（2018：97-103）从多维视角探讨翻译中风格再造的实现，提出从语音、语相、语用和语篇等层面进行风格再造的"多位一体"原则，并借助语音文体学、多模态文体学、语用文体学和认知文体学等文体学分支的最新发展探讨了儿童文学翻译风格再造的可行性和有效性。邵璐、许凌君（2020：136-144）应用认知文体学理论来研究翻译行为，并以藏族作家阿来的长篇小说《格萨尔王》中佛教用语的英译为例，用文体分析法对译者的认知进行探索。该文指出，译者的语言现象、生理表征均由翻译行为主导产生；与实证研究相似，文体分析法也可用于翻译行为分析。该研究可以为译者认知提供新的研究途径，以推进翻译行为研究的发展。

詹妮弗（Jennifer，2018：371-380）把认知文体学理论和方法与其他学科、专业结合，如与医学人文学、神经学等结合分析疾病叙事，特别是癫痫叙事。该文发现，文学作品可以提供关于癫痫的丰富信息：从复杂的叙事到儿童图画书，可以帮助增加人们的理解，展示出与癫痫病人一起生活是什么样子的，并为癫痫患者（PWE）提供一种沟通的媒介。后者是特别重要，尤其是当癫痫发作的经历是非常主观的情况下，如"局限性发作"，这是一种常见的癫痫类型，有各种不同的、难以描述的症状，导致诊断非常困难，因为这种癫痫发作的许多症状与其他心理健康问题相重叠。然而,文学不仅有对癫痫去神秘化的作用,还能提供更多的东西。在学科层面上,文学被不同的语言分析框架所包围,重要的是,这些分析框架也适用于现实生活中的话语。特别是,公认的学科——认知文体学,为分析文学的不同方面提供了充足的理论,从叙事学和故事世界层面,到复杂的人物刻画揭示出的虚构人物经历、态度和个性表现背后的结构,等等。这些分析方法有可能将复杂的主观体验转化为可管理的信息片段。因此,这对于揭示现实生活中癫痫发作的经历有很大的潜力。在某种程度上,在文学叙事中识别的癫痫发作的语言特征可以用来帮助理解现实中的情况。因此,该研究呼吁关注文学、语言分析、虚构人物、癫痫和发病叙事等的融合可能具有的潜力,因为对这些领域融合的性质的推断可以丰富我们对癫痫发作经历的理解,并使我们意识到围绕诊断过程的各个方面的风险领域。

4.3 近十年认知文体学领域的主要著作和论文

提到认知文体学领域的主要著作,首先要提的是《认知诗学:目标、收获和差距》(*Cognitive Poetics: Goals, Gains and Gaps*)(Brône & Vandaele, 2009)。我们认为,这本书是继上一个十年里出版的《认知文体学:文本分析中的语言和认知》(*Cognitive Stylistics: Language and Cognition in Text Analysis*)(Semino & Culpeper, 2002)和《认知诗学实践》(*Cognitive Poetics in Practice*)(Gavins & Steen, 2003)之后的又一部认知文体学领域必读书目。之所以说它是必读书目是因为它和之前的两部著作一样都是全面、系统地探讨认知文体学研究的主要问题,以教科书的方式教授读者认知文体学的主要理论、适用的分析对象以及分析方法和思路。该书的两位作者(Geert Brône 和 Jeroen Vandaele)在介绍中说,该书旨在和之前的认知诗学著作(如 Semino & Culpeper, 2002;Gavins & Steen, 2003;Veivo et al., 2005;Toolan & Weber, 2005:107-115;Dancygier, 2006:5-15, Pandit & Hogan, 2006:1-13)一起描绘出认知诗学这一学科的重要目标、收获和差距的总体图景。该书选取的论文展示出认知诗学关注的主要问题及典型分析方法。认知诗学是研究

第 4 章　认知文体学的新发展

文学作品的诗学和认知语言学的结合；该书的两位作者采取了与《认知诗学实践》相似的做法，即从诗学关注的主题入手安排各章，主要讨论的主题有：世界建构、人物刻画、叙事视角、间离话语（distancing discourse）（包括反讽）、幽默、感情、诗学意象等，主要采取认知语言学的概念和方法来分析这些问题。从认知语言学领域中选取的理论主要是体验认知、释解和概念化、视角心理空间、相似性（iconicity）、隐喻投射、概念融合、构式语法、认知中的图形/背景理论等。每章除了应用认知诗学理论和方法分析某个特定的文学主题之外，还增加了一个互动环节，即列出有关该理论的读者反应短文，以及该章论文作者对该短文中读者观点的反驳。各章论文的作者都是其负责的认知诗学研究专题领域的专家，他们会在互动板块中强调其研究方法的主要优势和可能的缺点。这本书通过邀请认知诗学主要研究对象的专家们进行分章理论探讨、论文展示和与读者对话探讨该理论的优缺点，的确达到了其书名设定的目标，非常全面、深刻地展示出到 2009 年为止认知诗学领域的研究成果和进一步发展的空间。

吉本思和惠特利（Gibbons & Whiteley，2018）合著的《当代文体学：语言、认知和阐释》（*Contemporary Stylistics: Language, Cognition, Interpretation*），也是一部全面介绍当代文体学理论和方法的著作，旨在回答文学作品产生意义和让读者产生情感反应的原因。该书除了介绍和总结两章外共有 6 章：第 2 章"文学作为语言"，梳理了语言各个层面的特征；第 3 章"文学作为语篇"，梳理了情态、视角、及物性等概念；第 4 章"文本作为认知"，包括 4 节，介绍了 4 种主要的认知文体学理论和方法，包括图形/背景（figure and ground），认知指示词（cognitive deixis），图示（schemas）、脚本（scripts）和原型（prototypes），认知语法（cognitive grammar）。第 5 章题为"阅读作为心理空间"，主要分析读者阅读的认知体验，包括概念隐喻和概念整合、文本世界，及否定和空缺（lacuna）。第 6 章"阅读作为体验"，包括分析多模态文本和理解情感这两个部分。第 7 章"阅读作为数据"，包括语料库文体学和读者调查（investigating readers）这两种获取数据的方法。除了对认知诗学的发展进行梳理之外，该书以大量 21 世纪头 20 年出版的作品为分析语料，并且对读者真实反应进行调查，以读者反应的真实语料为文体效果进行文体分析。整本书的安排既帮助读者认识认知诗学/文体学的主要理论，特别是对当代文学作品进行文体分析的方法和着眼点，并且带领读者一起思考该领域进一步发展的空间。这可以说是继《认知文体学》《认知诗学》《认知诗学实践》《认知诗学：目标、收获和差距》《当代文体学》之后又一部认知文体学必读书目。我们也看到，这部论文集的视野虽然主要是认知文体学，但也给予传统文体学的各语言层面分析、功能文体学的及物性、意识形态和情态分析、语料库文体学等文体学方法一定重视，所以比较全面地展示出几种主要的文体学流派在文体分析中的侧重点和分析思路，以及各种方法之间的差别和可以互补之处。就认知文体学研究而言，该书不仅应用和发展了其主要理论和方法，并且主要以读者真实反应为文体分析的出发点，以当代新的作品为研究语料。

麦金泰尔（McIntyre，2011：354）在总结2010年的文体研究时特别提到帕尔默（Palmer，2010）的著作《小说中的社会思想》（*Social Minds in the Novel*）。帕尔默使用"社会心理"一词，指的是那些通过外在主义视角展现出来的心理方面，也就是说，"那些外在的、积极的、公开的、社会的、行为的、明显的、具体的和参与的方面"（Palmer，2010：39）。正如帕尔默所指出的，了解至少一部分他人想法的能力对于进行连贯的对话至关重要。帕尔默在他的书中关注的是人物的思想；他在他所说的内部思维（intramental thought）（私人/个人思维）和人际思维（intermental thought）（共享/群体思维）之间进行了区分。他的观点是，人际思维对于虚构叙事的发展是非常重要的，社会心理这个概念之所以能够存在是因为我们很多的思想是可见的（2010：4）。帕尔默通过对小说《米德尔马契》（*Middlemarch*）、《小多莉特》（*Little Dorrit*）、《劝导》（*Persuasion*）和《永恒的爱》（*Enduring Love*）的分析，以及从其他文本中选取的一些例子，令人信服地证明了自己的观点。该书展示出认知文体学分析不仅可以分析作品中某个人物、叙述者或作者本人的思维风格，而且可以分析作品中表现出的社会思想，即某个群体的思维共性。

麦金泰尔（McIntyre，2013a：335）在总结2012年的文体研究时指出，认知文体学的很多研究都没有应用实证方法检验，因此桑福德和埃莫特（Sanford & Emmott，2012）合著的《心、脑和叙事》（*Mind, Brain*

第 4 章 认知文体学的新发展

and Narrative)对认知文体学和更广意义上的认知语言学都作出非常重要的贡献。这本书就研究方法而言是跨学科的，融合了语言学、心理学和神经科学的研究，并对读者如何体验虚构和非虚构的世界提出了重要的见解。该书的核心观点是心理处理（mental processing）支配读者对叙事的理解。他们认为，读者阅读时的心理处理主要包括以下三个成分：（1）基本情景映射理论，（2）修辞聚焦原则和（3）体验性。第一个成分解释了读者如何对阅读的语篇作出解释；第二个成分解释了文体如何控制读者的注意力；第三个成分解释读者情感如何被作家操纵。麦金泰尔（McIntyre, 2013b: 335）认为，该书对文体学研究提出无数精彩的见解，比如为通过代词来实现视角转换提供心理学证据，以及提出镜像神经元系统（mirror-neuron system）来解释读者认同特定状态和行为的方式。因此，《心、脑和叙事》是一部重要著作，任何对文本分析感兴趣的人都应该阅读。麦金泰尔（McIntyre, 2013a: 335）认为，2012 年出版的另一部重要的认知文体学著作是斯克拉（Sklar, 2013）的《小说中的同情艺术》（The Art of Sympathy in Fiction）。例如，斯克拉提出，老师可以让学生参与到讨论中，讨论他们如何回应现实生活中的人，并引导他们讨论阅读作品时感受到的对虚构角色的同情。这和桑福德和埃莫特（Sanford & Emmott, 2012）的研究在方法上有相似之处，都体现出认知文体学的实证研究趋势，但是这本书没有应用心理学或神经学的方法为读者的阅读感受提供实证支持，而是把认知文体学方法用于课堂教学，一方面可以激发学生对于小说人物的同情，另一方面可以通过学生的反应验证认知文体学相关理论。

《认知文学研究》（Cognitive Literary Studies）（Jaén & Simon, 2012）是一部非常有用的论文集，探讨的是读者对虚构世界的认知过程，而就其对身体体验理论的关注来说，该书与桑福德和埃莫特（Sanford & Emmott, 2012）有共同之处。区分它与其他认知诗学论文集的是该书中真正的跨学科研究视角，其中的论文作者来自多个领域，包括语言学、文学研究和心理学等。该书分为四个部分，分别是"认知科学与文学理论的对话""文学的神经学方法""语言、文学与思维过程"以及"文学与人类发展"。麦金泰尔（McIntyre, 2013a: 336）认为，这本书特别有趣的地方在于，它在很大程度上证明了从这个主题的共生方法中可以获得互惠互利，即把文学研究对认知文体学这个学科的贡献看成和认知科学一样。这对于一门似乎常常敬畏认知理论的学科来说令人耳目一新，因为它往往不加批判地借用其理论。在该书的后记中，奥特利等（Oatley et al., 2012: 235-249）探讨了文学与心理学的关系，以及这两个学科可以怎样最大限度地为彼此服务。

卡罗尔等（Carroll et al., 2012）的《图解简·奥斯丁》（*Graphing Jane Austen*）也反映了认知文体学研究的实证取向。她提出要"跨越科学与文学学术之间的鸿沟"这一目标（Carrol et al., 2012: 1），做法和范·佩尔等人（van Peer et al., 2012）的实证研究是一致的。该书是一个大型研究项目的报告，其中受访者被要求回答有关19世纪和20世纪初的英国小说中人物的问题。受访者被要求按照自己情绪反应的程度对角色划分等级，并表明他们是否希望该角色能够成功实现他/她的目标。然后，作者统计了问卷数据，以此为基础分析文学研究中长期存在的问题，例如，文学意义是否可以客观地确定。在这个特定问题上，作者发现角色被赋予的特征与读者对他们的情绪反应之间存在相关性，这表明作者对读者的情绪反应有很大的控制力。

《小说中的同情艺术》《心、脑和叙事》《认知文学研究》《图解简·奥斯丁》这四部著作都展示出认知文体学中实证研究的发展趋势，包括应用语料库工具和方法、读者访谈以及认知心理学和神经学来了解读者的真实反应。

雅各布斯（Jacobs, 2015: 1-22）的论文《神经认知诗学：研究文学接受的神经和认知—情感基础的方法和模型》（"Neurocognitive Poetics: Methods and Models for Investigating the Neuronal and Cognitive-Affective Bases of Literature Reception"）则更加明确地把认知诗学中应用神经科学的研究命名为"神经认知诗学"（neurocognitive poetics）。该文提出，包括古典修辞学、美学和诗学理论、形式主义和结构主义在内的研究传统，以及最近（神经）认知诗学的观点，已经研究了文学接受的结构和功能。尽管在《诗学》等专业期刊上出现大量的诗学研究成果，但人们对大脑处理和创造文学文本的机制仍然知之甚少。不过，文学作品这样的刺激材料或许比非文学体裁更适合展示我们的大脑对内心或外部世界理解的复杂性，因为大脑用一种清晰的、可以管理的方式统一加

第 4 章　认知文体学的新发展

工思想、语言、音乐和图像，经常还伴有游戏、娱乐和情感。该论文讨论了文学阅读触发的神经元和认知—情感基础的方法和模型，以及相关的诗学、文本处理、情感或神经美学研究的结果。

出版于 2012 年的另一部重要的认知文体学论文集是丹西吉耶等人（Dancygier et al., 2012）的《话语的文本选择》（*Textual Choices in Discourse*）。该论文集的第一章是一个有趣的视觉诗歌研究，探讨了认知语言学是怎样帮助我们理解这个体裁的。范德拉诺特（Vandelanotte, 2012：63-85）的研究关注的是另一种体裁，研究对象是约翰·班维尔（John Banville）的小说，尤其是研究了"距离"（distance）这个概念。其他论文则是很多的概念隐喻研究，如塞米诺（Semino, 2012：111-136）研究了跨体裁的隐喻融合、古尔斯卡（Górska, 2012：137-156）研究了新颖的概念隐喻：人生是音乐（Life Is Music.）、莫德（Moder, 2012：157-184）分析了语篇语境和认知隐喻之间的联系。该论文集体现出认知文体学领域在继续研究概念隐喻这个核心理论，在研究对象上则拓展到多种体裁、多种模态的特征。

与之类似，坎宁（Canning, 2012）的《文艺复兴时期的风格》（*Style in the Renaissance*）展示出认知文体学对历史文学（historical literary study）这一体裁进行研究的价值。坎宁分析了各种各样的早期文本，包括乔治·赫伯特（George Herbert）的诗歌《耶稣会》（*JESU*），莎士比亚的《麦克白》和托马斯·米德尔顿、威廉·罗利的剧作《变革》（*The Changeling*），都是为了对宗教和政治意识形态的语言表现提出新的见解。坎宁用一系列认知文体学的理论和分析方法，其中最突出的是概念整合理论，来展示为了理解文本的含义和方式，阅读过程与命题内容一样重要。在这方面，她展示出认知文体学在让文学研究和历史研究焕发活力方面的巨大潜力。

鲁文·楚尔（Tsur, 2012a）的研究在对象上更加广泛，从文学体裁拓展到多个学科中的例子。《用耳朵和舌尖来演奏》（*Playing by Ear and the Tip of the Tongue*）是鲁文·楚尔（Tsur, 2012a）对认知诗学的最新贡献。该书探讨了楚尔的诗歌语言悖论：语言是由语音范畴集群实现的一系列语义范畴，但诗歌语言设法传达的经验通常是预先范畴化和非概念性的。楚尔在解释这个悖论的过程中，汲取了多个学科的各种各样的例子：语言学、文学、音乐和艺术，其中许多例子都是音频文件，可以通过文件中提供的网址访问。麦金泰尔（McIntyre, 2013a: 337）点评说，这是一个令人喜悦的创新，很期待看到更广泛的采用。

哈里森等人（Harrison et al., 2014）的论文集《文学中的认知语法》（*Cognitive Grammar in Literature*）在引领认知文体学研究中认知语法的应用方面起到重要作用。蒙特罗（Montoro, 2015: 359）说，该书是要重新界定文体学与认知方法之间的关系。其中收录的论文主要应用兰盖克（Langacker, 2008）的认知语法来分析文学作品。纳托尔（Nuttall, 2014: 83-100）认为，认知语法提供的对语言的精细分析方法可以补充以往认知文体学应用文本世界理论等对文学作品的研究；她用"释解"这个认知语法原则来分析玛格丽特·阿特伍德的《使女的故事》。

焦瓦内利和哈里森（Giovanelli & Harrison, 2018）的著作把认知语法系统地用于文体分析。第 1 章介绍了文体学和认知语法的核心概念，第 2 章介绍概念语义学如何可以为文体学研究服务。该部分首先介绍的是意象图式，它是认知语法的一个核心概念，表示的是我们如何释解我们与周围的人和事物之间的关系。第 2 章说明人们怎样将较大的知识区域存储在框架（frame 或 domain）中，并可通过转喻和暗喻访问同一认知框架或另一认知框架的其他部分。第 3 章介绍的认知原则是"识解"，探讨了认知语法中"识解"这个概念的三个维度，即具体性、焦点和视角（Giovanelli & Harrison, 2018: 34），以及作者和说话者对事件的释解方式如何在从句和更长的文本中形成有主题意义的模式。具体性指的是释解者与释解的事物之间的距离，可以在文学创作中被操控从而创造特殊效果，如鬼故事体裁中恐怖的升级（Giovanelli & Harrison, 2018: 37）。基于认知语法中最大辖域（maximal scope）与直接辖域（immediate scope）的区别，焦点部分说明动词的词汇选择和递进形式可以突显一个物体、一个人物或一个动作的特定部分，引导读者的注意力走向。视角是释解者和读者的观察位置，通常由指示动词实现，经常被用来"突出某些意识形态观点"（Giovanelli & Harrison, 2018: 50）。在这一章的最后，所有这些概念都被整合到一起，来解读一个作为释解者的人物的思维风格，也就是艾玛·多诺霍（Emma Donoghue）2010 年的小说《房间》（*Room*）中的五岁叙述者杰克（Jack）。第 4 章至第 7 章主要讨论了认知语法的两个关键概念,即意象图式和识解,考察了从动词、名词、从句到语篇的语法层次与文体分析的接面。第 4 章以认知语法中动词和名词的图式解释为基础,探讨了在特定语境中释解它们的方式以及由此产生的文体效果。该书接着介绍了名词的参照点,从一个参照点出发,通过一系列的目标引导读者的注意力,直到最后挑出或者澄清一个目标的文本过程;这种过程在儿童书籍阅读中经常出现,而且可以用来创造悬疑和恐怖的效果。第 5 章上升到从句层面。从句是通过连接一个动词和一个名词,或多个动词和名词而形成的。从句模仿真实事件,激活读者关于事件的认知背景,但是这种模仿在文学中可能是虚构的(Giovanelli & Harrison,2018:82),如通过颠倒参与者的角色来实现。第 6 章探讨了名词、动词和从句是如何植入情境(grounding)的,这在认知语法中意味着指定名词和动词的实例。植入情景使得事物或过程类型的某个特定实例被突显(Giovanelli & Harrison,2018:108)。时态表现的是人物或叙述者所叙述的事件在时间轴上的植入和释解,而情态类型,即行动或道义情态、认知情态、意愿型情态和动态情态(Giovanelli & Harrison,2018:120)及它们的"梯度"如果被持续使用可以揭示人物的态度、性格甚至作品的主题。第 7 章将分析的语言对象上升到语篇层面。在口语交际中,意义不仅是由语言线索产生的,而且是由物理语境和听者的语境知识或图式产生的。书面语篇也是如此。人物所共有的语境知识,以及现实世界中作者和读者共有的知识背景,"都可以通过文体线索加以操纵,以达到特定的文学效果,或一种特殊的阅读体验"(Giovanelli & Harrison,2018:136)。总体来说,该书的特点是将认知语法系统地应用到文体学分析中,从词汇到小句,最后到语篇层次,并且提供大量的例证分析。因此,这确实是一个实用的指导手册,具有较大教学价值。同样重要的是,它不仅分析了相对传统的文学文本,也分析了新出现的体裁,如多模态文本和实验型文本,肯定了认知语法乃至认知语言学在文体学研究中的巨大潜力。

很有趣的是,对于认知文体学与多模态研究的结合,学者们有不同的界定。有的说是认知文体学与多模态研究的结合,有的说是多模态文体学与认知语言学甚至更广义的认知科学的结合。比如,吉本思(Gibbons,2012a:420–434)在介绍中说该书是把多模态研究和认知诗学这两个学科结合起来,而诺加德(Nørgaard, 2014: 471–484)在《劳特里奇文体学手册》(*The Routledge Handbook of Stylistics*)中提出,多模态文体学的新分支似乎特别沿着两条线发展:一条是认知方法,专注于多模态文学的认知影响(如 Gibbons, 2012a, 2012b),另一条是社会符号学方法,致力于为所有参与意义表达的符号模态建立语法模式,即他本人在该手册中负责撰写的一章所应用的方法。我们看到吉本思(Gibbons, 2012a, 2012b)将她自己的研究界定为认知诗学和多模态研究的结合,而诺加德将其描述为多模态文体学与认知语言学或其他认知科学分支的结合。在我们看来,因为文体学领域的多重跨学科结合,学者们对有些跨学科研究(如 Gibbons, 2012b)的定位出现不一致是非常自然的。我们认为,就对某种跨学科研究的定位而言,可以借鉴作者本人对其研究的界定。当然,诺加德上述做出的界定也是合理的,也可以反映出另一种文体学流派的发展趋势。如吉本思(Gibbons, 2012a, 2012b)既可以表现出认知文体学研究的文本延展到多种模态共存的作品,也可以反映出多模态文体学研究领域中对读者认知效果的关注。因为本书的主体章节既包含认知文体学,也包含多模态文体学,所以我们主要采取作者本人对于其研究方法的界定,在其中一种主要文体学方法部分,即本章认知文体学部分中探讨,而不在另一个文体学领域,即多模态文体学中赘述。

　　认知文体学的概念隐喻分析与多模态话语分析的结合是认知文体学与多模态话语分析的一个主要接面。国内的重要外语类杂志《外语研究》曾在 2013 年第 5 期开设专刊,总结文体学学科中出现的这一跨学科结合热点——多模态隐喻研究,选取了四篇代表性论文,分别是赵秀凤(2013: 1–8)的《多模态隐喻构建的整合模型》,江桂英、王容花(2013: 9–16)的《英语演讲中言语—手势多模态隐喻的融合研究》,蓝纯、蔡颖(2013: 17–23)的《电视广告中多模态隐喻的认知语言学研究》和梁晓晖(2013: 24–31)的《多模态隐喻在英语写作教学中的应用》。该专刊编辑评论说,之所以选取上述四篇论文作为这个研究领域的代表,并按照上述顺序安排,是因为:赵秀凤的论文"在理论上对多模态隐喻的界定、模态分类和构建机制进行了修订和完善,提出了一个多空间互动和层级整合模型,并以一则涉华政治漫画为例,揭示了多模

第 4 章　认知文体学的新发展

态隐喻概念意义、情感效果、审美或评价意义的动态生成过程"；江桂英和王容花（2013）的论文"基于对英语演讲语料的细致观察，概括描述了言语、手势单模态隐喻和言语—手势多模态隐喻使用情况，并探讨了言语—手势多模态隐喻在语义及框架层面的融合"；蓝纯的论文"在对 21 条海飞丝洗发水电视广告中的多模态隐喻进行精细分析的基础上，阐述了两大多模态隐喻系统之间的关系及动态多模态隐喻的特征"；梁晓晖的论文"对多模态隐喻在英语写作教学中的应用进行了系统探讨"，"拓展了多模态隐喻的研究范畴，属于多模态隐喻的应用研究，值得在教学中推广"。这些论文不仅对多模态隐喻的重要概念进行探讨，而且将该理论分别用于对漫画、演讲和广告等多种文体的分析，并且还将其拓展到英语教学中。赵秀凤（2011：1–10）结合福塞维尔和尤瑞尔斯·阿帕瑞斯（Forceville & Urios-Aparisi, 2009）编的《多模态隐喻研究》（*Multimodal Metaphor*）一书中的研究成果，简要评述多模态隐喻研究的缘起和发展、研究焦点、贡献、挑战和前景等，并提出，多模态隐喻研究把概念隐喻研究推向了一个新阶段，在拓宽研究领域的同时，推动了概念隐喻理论体系的发展和完善。

　　吉本思（Gibbons, 2012a：420–434）的论文《多模态文学和实验性》（"Multimodal Literature and Experimentation"），收录在布雷、吉本思和麦克海尔（Bray, Gibbons & McHale, 2012）编著的《劳特里奇实验文学指南》（*Routledge Companion to Experimental Literature*）一书中，是对探索文学的文体特征，特别是多模态特征的探讨。在对探索文学的多模态特征分析的基础之上，吉本思（Gibbons, 2012b）的著作《多模态、认知和实验文学》（*Multimodality, Cognition, and Experimental Literature*）是认知文体学跨学科结合研究的一个重要著作。该著作基于作者的博士论文，得到国际认知文体学界的专家——麦金泰尔、加文等的指导和帮助，非常全面地反映出近十年认知文体学的发展趋势：（1）分析对象从文字模态拓展到包含文字模态和视觉模态的探索文学这一新的体裁。（2）认知文体学和多模态研究结合。如吉本思（Gibbons, 2012b：4）在该书介绍部分所说，该书响应多模态小说这一较新的体裁的呼唤，应用稳步发展的跨学科方法对其中文字模态与其他模态，特别是与视觉模态的互动进行研究。她接着说，该研究涉及的主要学科是两个，一个是多模态研究，另一个是认知诗学（本书作者注：即广义的认知文体学）。有评论认为该书中的多学科结合比该作者说的更加复杂，借鉴了认知语言学、认知心理学、神经科学、符号学、视觉感知（visual perception）、视觉通信（visual communication）、多模态分析等多个学科的理论，为多模态文学对读者产生的文体效果提供了一套精细的分析工具。

吉本思在多模态话语分析和认知文体学结合的方向上探索，2013年发表论文《当代实验文学中的多模态隐喻》（"Multimodal Metaphors in Contemporary Experimental Literature"）(Gibbons, 2013: 180-198)。该文提出，多模态隐喻研究一直忽视了创造性艺术的一个重要领域：文学。该文探讨了当代实验文学中的四个多模态隐喻。该文在安妮·卡森（Carson, 2009）的风琴状折叠诗歌——《盒子里的诗》（*Poem In a box*）中发现"情感是物体"这一隐喻。在这首诗中，诗人与哥哥的死亡做斗争。史蒂夫·托马舒拉（Steve Tomasula）和斯蒂芬·法雷尔（Stephen Farrell）的风琴状折叠小说 *TOC* 和马克·丹尼尔斯基（Mark Z. Danielewski）的小说《只有革命》（*Only revolution*）探索了时间主题，又让读者在阅读中转动书页。该论文探讨了这两部小说，揭示出"时间是圆周运动的隐喻"。该文还分析了沃伦·埃利斯（Warren Ellis）和艺术家马特·布鲁克合作创作的漫画小说 *SVK*。读者被要求用手电筒照出书中用紫外光固化油墨印出的人物思想，该文从这种试验文学形式中揭示出知识是光的隐喻。看完该文全文，我们发现多模态隐喻是通过语言和视觉模式的互动，以及读者—用户对文本的施为性参与而产生的。此外，在早期的多模态隐喻理论中，源域和目的域需要来自不同模态，这一点在该文中被质疑。多模态文学的创造性特征表明隐喻在语义和形式上具有更强的统一性。

吉本思（Gibbons, 2016: 15-29）的论文《多模态、认知诗学和体裁：读格雷迪·亨德里克斯的〈恐怖家居〉》（"Multimodality, Cognitive Poetics, and Genre: Reading Grady Hendrix's novel *Horrorstör*"），仍然把多模态研究和认知诗学结合，并用于分析美国当代著名作家格雷迪·亨德里克斯（Grady Hendrix）出版于 2014 年的关于宜家家具店闹鬼的小说《恐怖家居》（*Horrorstör*）。该论文认为，恐怖性主要通过小说的文学主题和语言风格来表现,通过小说的多模态设计特征来表明。吉本思认为,为了解释读者阅读该恐怖小说时的体验和作出的"狡诈的社会评论",对体裁的思考和分析至关重要。随后,该文提出了一种多模态文学体裁的认知文体分析方法。在这样做的时候,该研究将小说作为文学的手工艺品呈现:作为小说,同时也是商品。

哈特(Hart,2019)的论文集应用了认知文体学的多种分析方法,包括隐喻和指示等,分析的体裁也是多样的,包括小说、诗歌、健康论坛、假日留言簿、祈祷词、政治歌曲和新闻故事等。该论文集的每一章都用认知语言学的理论和方法来阐释当读者遇到属于不同文学和政治类型的文本时生成文本意义的过程。该书对于文本中各种认知现象的运作,如对隐喻、视角和指示等提出了新的见解,也阐明了文本中更难以捉摸的、附带的一些现象,如文本的氛围、气氛、权力、意识形态和说服力。就该书中论文应用的认知文体分析方法而言,在已有研究的基础上进一步发展,利用实验和民族志的方法阐释读者对文本的接受和抵制。

4.4 近十年认知文体学领域重要学术团体和专家

近十年认知文体学得以快速的发展,在很大程度上要归功于以下几位专家的大量研究成果及其对于学界的影响。

兰卡斯特大学塞米诺教授对认知文体学的发展作出了重要贡献。凡是对认知文体学感兴趣的人应该都读过塞米诺和卡尔佩伯教授合作编著的《认知文体学:文本分析中的语言和认知》(*Cognitive Stylistics: Language and Cognition in Text Analysis*)这本论文集。该论文集是第一部旨在系统探讨认知文体学这个学科的理念、理论和方法的著作。该论文集展示出认知文体学用来分析语言选择与认知结构和认知过程关系的理论和方法,可以说是认知文体学入门必读书目。在该论文集中塞米诺撰写的章节名称为《叙事小说中思维风格的一种认知文体学方法》("A Cognitive Stylistic Approach to Mind Style in Narrative Fiction")。在该章中,塞米诺(Semino,2002:95-122)提出认知文体学的方法可以解释文本中世界观的构建,特别可以解释叙事小说中的"思维风格"。她在该章中应用图式理论、认知隐喻理论和融合理论分析了文学作品中人物的思维风格。

从塞米诺这些年来发表的文体学论著来看，她主要关注的是认知文体学，特别关注的是认知隐喻、文本世界和思维风格，近几年尤为关注认知隐喻。早在1997年她就出版了专著《诗歌和其他文本中的语言与世界建构》（*Language and World Creation in Poems and Other Texts*）（Semino，1997）。2008年出版专著《语篇中的隐喻》（*Metaphor in Discourse*），2013年与戴格南（Deignan）和利特尔莫尔（Littlemore）合著《比喻性语言、体裁和语域》（*Figurative Language, Genre and Register*）。她还在2017年出版的论文集《隐喻》（*Metaphor*）中发表论文《癌症卡片：关于癌症经历的在线互动中的隐喻、亲密和幽默》（"The Cancer Card: Metaphor, Intimacy and Humor in Online Interactions about the Experience of Cancer"）（Semino & Demjén，2007b：181-199）。同年出版《劳特里奇隐喻与语言指南》（*The Routledge Handbook of Metaphor and Language*）（Semino & Demjén，2017a）。2019年与戴格南（A. Deignan）和保罗（S. A. paul）合作发表论文《三种体裁中的气候科学隐喻：研究文章、教育文本和中学生谈话》（"Metaphors of Climate Science in Three Genres: Research Articles, Educational Texts, and Secondary School Student Talk"）（Deignan et al., 2019：379-403）；与亨德里克斯（R. K. Hendricks）、德米延（Z. Demjén）和博格迪特斯基（L. Boroditsky）合作发表论文《隐喻的情感暗示：隐喻框架对癌症心态的影响》（"Emotional Implications of Metaphor: Consequences of Metaphor Framing for Mindset about Cancer"）（Hendricks et al., 2019：267-279）。从这些论著可以看出，塞米诺在认知文体学领域做了大量研究，并且在近几年深入研究了概念隐喻、思维风格等理论，用大量论著对认知文体学进行理论解释和实例分析，向读者展示出认知文体学的主要分析方法，及其对文学和各种非文学文体包括研究文章、教育文本、中学生谈话、医患谈话等进行分析的价值和魅力。但是，我们也看到，塞米诺近几年也借鉴语料库进行认知文体学研究。2004年她与肖特合作出版了《语料库文体学：一个英语写作语料库中的言语、写作和思想表现》（*Corpus Stylistics: Speech, Writing and Thought Presentation in a Corpus of*

第 4 章 认知文体学的新发展

English Writing)。2015 年与戴曼(Demmen)等人合作撰写论文《计算机辅助研究癌症患者、家庭护理人员和卫生专业人员对癌症和死亡使用暴力隐喻的情况》("A Computer-Assisted Study of the Use of Violence Metaphors for Cancer and End of Life by Patients, Family Carers and Health Professionals")(Demmen et al., 2015: 205–231)。2018 年合著《隐喻、癌症和死亡:一个基于语料库的研究》(*Metaphor, Cancer and the End of Life: A Corpus-based Study*)。这些论著非常清楚地表明塞米诺教授认为语料库工具和方法可以成为为认知文体学对概念隐喻、思维风格等进行研究提供量化数据和支撑的工具。

上述提到的《认知文体学:文本分析中的语言和认知》一书是认知文体学的奠基作品之一;该书的另一位作者是和塞米诺教授同在兰卡斯特大学任教的卡尔佩伯教授。在该论文集中,卡尔佩伯教授撰写的一章名为"人物塑造的一种认知文体学方法"(A Cognitive Stylistic Approach to Characterisation),用认知文体学方法分析文本中的人物形象塑造。他提出,人物形象的建构是文本信息和读者头脑中背景知识互动的结果。这是他在认知文体学领域主要研究的内容。在卡尔佩伯教授的学校网页(https://www.lancaster.ac.uk/linguistics/about-us/people/jonathan-culpeper)上,他介绍说,在文体学领域,他早期的兴趣是认知文体学,把语言学和认知心理学结合起来。他与塞米诺教授合著的《认知文体学:文本分析中的语言和认知》就是试图对认知文体学这个领域做一个具体的界定。他在认知文体学领域主要关注的是语言与人物塑造,代表作是《语言和人物塑造:戏剧和其他文本中的人物》(*Language and Characterisation: People in Plays and Other Texts*)(2001)。近年来,随着语料库语言学的兴起,卡尔佩伯教授也开始应用语料库文体学的研究方法,和大卫·胡佛、奥哈洛兰两位教授合著了《数码的文学研究:诗歌、散文、戏剧的语料库方法》(*Digital Literary Studies: Corpus Approaches to Poetry, Prose, and Drama*)(Hoover, Culpeper & O'Halloran, 2014)。其中读者特别感兴趣的是卡尔佩伯教授对关键词与人物塑造之间关系的分析。

从上述梳理可以看出,卡尔佩伯教授兴趣广泛,除了认知诗学外,对语用学、莎士比亚研究等多个领域都有热情,因此,他在认知文体学领域撰写的论著虽然很有影响，但是数量并不多。与他不同的是，玛格丽特·弗里曼教授多年来主要坚持在认知文体学这个领域耕耘。1995年，她的第一篇认知文体学研究论文问世，题目是《隐喻生成意义：狄金森的概念宇宙》（"Metaphor Making Meaning: Dickinson's Conceptual Universe"）（Freeman, 1995a: 643–666）。从这篇论文开始，我们看到弗里曼教授在认知诗学，特别是在认知隐喻、象似性、概念合成、作者的思维方式以及读者释解作者思维方式的认知过程等研究领域笔耕不辍。1997年发表《接地空间：艾米莉·狄金森诗歌中的神性自我暗示》（"Grounded Spaces: Deictic-Self Anaphors in the Poetry of Emily Dickinson"）（Freeman, 1997: 7–28）；1998年发表《狄金森隐喻的一种认知方法》（"A Cognitive Approach to Dickinson's Metaphors"）（Freeman, 1998: 258–272）；2000年，在论文集《十字路口的隐喻和转喻》（*Metaphor and Metonymy at the Crossroads*）（Barcelona, 2000）中发表《诗歌和隐喻的范围：走向认知诗学理论》（"Poetry and the Scope of Metaphor: Toward a Theory of Cognitive Poetics"）（2000: 253–283）；1999年与弗卢德尼克合作发表《隐喻及之后：导论，隐喻和转喻作为概念映射》（"Metaphor and Beyond: An Introduction; Metaphor and Metonymy as Conceptual Mappings"）（Fludernik et al., 1999: 383–396）；2000年发表《诗歌和隐喻的范围：文学的认知理论》（"Poetry and the Scope of Metaphor: Toward a Cognitive Theory of Literature"）（Freeman, 2000: 253–283）；2002年发表《文学分析中的认知投射》（"Cognitive Mapping in Literary Analysis"）（Freeman, 2002a: 466–483）；在认知文体学重要论文集《认知文体学》中发表论文《单词中的身体》（"The Body in the Word"）（Semino & Culpeper, 2002: 23–48）；同年发表论文《短暂的停留，爆炸的力量：对艾米莉·狄金森和罗伯特·弗罗斯特诗学的认知语言学研究》（"Momentary Stays, Exploding Forces: A Cognitive Linguistic Approach to the Poetics of Emily Dickinson and Robert Frost"）（Freeman, 2002b: 73–90）；2005年发表《诗歌作为复杂的融合：西尔维娅·普拉斯诗歌〈申请人〉中隐喻的概念映射》（"The Poem as Complex Blend: Conceptual Mappings of Metaphor in Sylvia Plath's *The Applicant*"）（Freeman, 2005a: 25–44）；

第 4 章 认知文体学的新发展

《诗歌作为动力：认知诗学作为一种科学和文学范式的动态性》("Poetry as Power: The Dynamics of Cognitive Poetics as a Scientific and Literary Paradigm")(Freeman, 2005b: 31-57)；2006 年发表《文学研究与语言学之间的墙壁倒塌：认知诗学》("The Fall of the Wall Between Literary Studies and Linguistics: Cognitive Poetics")(Freeman, 2006a: 403)；《融合：一个响应》("Blending: A Response")(Freeman, 2006b: 107-117)；在论文《诗歌文本中从隐喻到象似》("From Metaphor to Iconicity in a Poetic Text")(Freeman, 2006c: 127-135)中追溯了认知诗学领域从传统的隐喻理论到从认知角度看隐喻再到诗歌象似性研究的发展过程，并以对狄金森一首诗歌的分析来阐释这一发展历程。2008 年发表《阅读读者读诗：从概念到认知的整合》("Reading Readers Reading a Poem: from Conceptual to Cognitive Integration")(Freeman, 2008a: 102-128)；《隐喻与象似性：一种分析文本的认知方法》("Metaphor and Iconicity: A Cognitive Approach to Analysing Texts")(Freeman, 2008b: 353-370)。

2009 年是弗里曼教授在认知诗学研究领域非常高产的一年。她在全面深入概括认知语言学研究范式的指南——《牛津认知语言学指南》(*The Oxford Handbook of Cognitive Linguistics*)(Geeraerts & Hubert, 2009)中发表《文学研究的认知语言学方法：最新认知诗学研究》("Cognitive Linguistic Approaches to Literary Studies: State of the Art in Cognitive Poetics")(Freeman, 2009c: 1175-1202)；在认知诗学重要著作——《认知诗学：目标、收获和差距》(*Cognitive Poetics: Goals, Gains & Gaps*)中发表论文《思想：诗歌象似性创作中的感觉、形式和意义》("Minding: Feeling, Form, and Meaning in the Creation of Poetic Iconicity")(Freeman, 2009b: 169-196)；论文《鲁文·楚尔，走向认知诗学理论》("Reuven Tsur, Toward a Theory of Cognitive Poetics")(Freeman, 2009a: 450-457)追溯了楚尔最早在 1980 年提出的认知诗学这一概念，在 1992 年出版的《走向认知诗学理论》(*Toward a Theory of Cognitive Poetics*)一书中梳理了认知诗学在此后近 20 年间的发展历程。

弗里曼教授在 2011 年发表的论文《人类经验的美学：诗歌表达中的心智、隐喻和象似符号》("The Aesthetics of Human Experience:

Minding, Metaphor, and Icon in Poetic Expression"）(Freeman, 2011a）非常重要，因为该文和我们上述提到的认知诗学中认知科学和诗学互惠发展的理念是一致的。该文认为，认知科学需要将对艺术的美学研究纳入其方法论，以充分理解人类认知过程的本质，因为艺术反映了人们对人类经验的洞见，而这些洞见是自然科学方法论所无法企及的。这些洞见不同于通过科学探索得出的见解，因为它们不是来自理性的概念逻辑，而是来自想象的范畴直觉。该文通过将心智（minding）、隐喻和象似符号（icon）的概念引入想象的结构，展示出马修·阿诺德（Matthew Arnold）的诗歌《多佛海滩》（*Dover Beach*）中的诗歌语言如何解释读者直觉地参与到有意识体验的现实中的方式。这样的参与之所以发生，是因为读者对所经历的世界的感觉印象会改变人类的思维，从而导致情感反应。目前认知科学的研究越来越多地表明这种改变会发生，而对艺术的美学研究提供了一种方法，让我们知道我们的思维在经历这样的改变时是什么样子的。这个研究非常清楚地展示出认知诗学的一大进步，即认知科学与文学研究的结合不只是前者为后者提供分析理论和框架，而且对于文学作品中认知特征的研究也会补充、丰富或者修正认知科学的研究结果。弗里曼教授同年还在弗卢德尼克教授编著的论文集《超越认知隐喻理论：文学隐喻的视角》（*Beyond Cognitive Metaphor Theory: Perspectives on Literary Metaphor*）中发表了论文《诗歌象似性中隐喻的角色》（"The Role of Metaphor in Poetic Iconicity"）(Fludernik, 2009b: 158–175）。

2014年，弗里曼教授在由国际著名出版社——劳特里奇出版社推出的《劳特里奇文体学手册》（*The Routledge Handbook of Stylistics*）中负责"认知诗学"（Cognitive poetics）这一章的撰写，这也足以看出弗里曼教授在认知诗学研究领域的重要地位。同年，弗里曼（Freeman, 2014b: 83–101）教授仍然以阿诺德的诗歌为例，探讨了诗歌艺术中认知的复杂性问题（"Complexities of Cognition in Poetic Art: Matthew Arnold's 'The Last Word'"）。弗里曼在该文摘要中提出，马修·阿诺德的诗歌《最后一句话》（*The Last Word*）中涉及的认知复杂性造成了文学批评中的分歧。通过应用几种认知理论对这首诗进行分析，该文发现一种阅读方式可以揭示出这首诗潜在的连贯性。接着，该文讨论了这种解读如何反映阿诺德本人在回应社会上批评他的对手时的意图和动机。该文希望以此呈现文学的认知分析方法和传统文学专业知识如何互补，从而有助于我们理解人类心智的复杂性：感觉、情绪和概念推理的一体化构成我们彼此之间以及和世界之间体验和相互作用的方式。弗里曼 2015 年发表论文《诗歌中作者的存在：一些认知的重新评价》（"Authorial Presence in Poetry: Some Cognitive Reappraisals"）（Freeman，2015a：201-231），回顾了关于读者推导作者身份的认知过程研究成果；同年发表论文《试着跟艾米丽·狄金森一起思考》（"Trying to Think with Emily Dickinson"）（Freeman，2015b：201-231）。两篇论文关注的都是读者释解作者身份和认知方式的过程。

2017 年弗里曼教授的论文仍然关注认知隐喻，但是从论文题目《隐喻的多模态性：一个诗学艺术的视角》（"Multimodalities of Metaphor: A Perspective from the Poetic Arts"）（Freeman，2017：61-92）来看，弗里曼教授的认知隐喻研究中出现了新的关键词，那就是多模态。该文探索了概念隐喻在各种体裁中的运作，得出结论：隐喻不仅可能是双向性的，还解释了艺术使我们能够象似性地通过我们的体验认知与世界相联系的机制，不是作为西方古典意义上的客观观察者，而是作为世界的参与共享者。

从弗里曼教授这十年多在认知诗学/文体学领域发表的论著可以看出，她对认知诗学领域的认知隐喻、象似性、概念整合和读者在阅读过程中如何推断作者的思维方式等问题进行了深入思考，主要用艾米丽·狄金森、马修·阿诺德的诗歌为例对这些问题进行探讨。除了研究如何应用认知语言学的理论分析文学作品中的思维方式之外，弗里曼教授还特别关注文学作品中的语言特征和思维方式如何反过来丰富甚至修正认知语言学理论，近年来也借用新兴的多模态方法研究认知隐喻，体现出认知文体研究的跨学科特性。

上文提到鲁文·楚尔教授在 1992 年出版了认知诗学的奠基作《走向认知诗学》（*Towards a Theory of Cognitive Poetics*），最早使用了"认知诗学"这个术语。在 2002 年出版的《认知文体学》论文集中负责撰写"认知诗学的方方面面"（Aspects of Cognitive Poetics）（Tsur，2002：279-318），介绍了认知诗学产生的背景是：文学评论多是印象主义的，可以分析文学效果，但无法与作品的结构关联起来。认知诗学可以提供认知假设，系统性地把诗歌的具体效果和文学作品中出现的有规律性的东西关联起来。楚尔教授在 20 世纪的最后十年，以及 21 世纪的头十年里出版很多论著，对认知诗学的继续发展作出很大贡献。近十年来，他在认知诗学领域的研究成果表明，他仍然站在认知诗学的前沿，在继续开拓新的研究空间。他在 2012 年出版的著作《诗歌节奏：结构与表现：认知诗学的实证研究》（ Poetic Rhythm: Structure and Performance: An Empirical Study in Cognitive Poetics ）（ Tsur, 2012b），代表着认知诗学的一大发展方向——实证研究。他在这部著作中以多位诗歌朗诵者的朗诵录音为研究语料，分析韵律与诗歌的美学感受之间的关系。他研究了催眠诗可能对朗诵风格的影响，探索表明各种感情或情绪的声音质量，以及声乐表演可能暗示微妙的解释的方式。2012 年，楚尔教授出版了《用耳朵和舌尖演奏：诗歌中的前范畴信息》（ Playing by Ear and the Tip of the Tongue: Precategorial Information in Poetry ）（ Tsur, 2012a），探讨的是诗歌语言设法传达的经验通常是预先范畴化和非概念性的。这部著作研究的语料也是录音文件，和上面那部一样用实证的方式研究真实表演者或受试者的录音语料，展示出认知诗学未来的一个发展趋势——实证研究。

　　斯托克韦尔应该是任何对认知诗学/文体学研究有些了解的学者都非常熟悉的名字。斯托克韦尔教授在 2002 年出版了认知文体学/诗学领域重要的著作《认知诗学》（ Cognitive Poetics ），对认知语言学与文学的接面进行探讨，用教科书的方式对每一个理论进行简介、举例分析，继而提出供思考的问题，并对该理论可能适用的语篇类型提出建议。想要对认知诗学的主要理论和分析方法有总体了解的学者们会觉得读完此书受益匪浅。此外，该著作中的每个部分都以文学理论为出发点，针对每种文学理论提出相应的认知诗学理论，在文学理论所分析的文学效果和认知语言学揭示的认知结构之间搭建起桥梁。这本书在认知诗学领域产生了广泛影响，在 2006 年被翻译成日语，2011 年被翻译成阿拉伯语。自那之后，斯托克韦尔教授主要在认知文体学领域钻研，比如，在 2006 年的论文集《认知和文学阐释实践》（ Cognition and Literary Interpretation in Practice ）中发表了论文《认知诗学和文体学》（ "On Cognitive Poetics and Stylistics" ）（ Stockwell, 2006: 267–282 ）；在 2007

第 4 章 认知文体学的新发展

年发表了《认识诗学和文学理论》("Cognitive Poetics and Literary Theory")(Stockwell, 2007: 135–152);同年和朗布鲁(Lambrou)教授编著了非常有影响力的《当代文体学》(*Contemporary Stylistics*)。该论文集是对语言和文学结合研究现状的全面呈现。该论文集由国际著名的文体学研究者撰稿,共计 20 章,提供了展示形成现代文体学的一系列方法和实践的橱窗:从认知诗学到语料库语言学,从叙事中的思维风格探索和口语话语到抒情诗中的视角运作,从单词的含义到文学世界中的意义和情感,等等。每一章都由文体学界的一位重要人物介绍并将其与语境相联系。该书代表了当前最优秀的文体学实践,包括这个学科的传统、根源和分析中的严格要求。这部论文集对于学习和研究文体学的学生和研究人员是非常宝贵的参考资料。虽然该论文集命名为《当代文体学》,但是我们从 20 篇论文的题目就可以看出,其中认知诗学/文体学分析占了绝大多数。该书分为三个大部分,分别是"散文文体学""诗歌文体学"和"戏剧文体学"。散文文体学部分有 10 篇论文,其中有 8 篇属于认知诗学/认知文体学研究的范式,包括:(1)索蒂罗娃(Sotirova, 2007)的《伍尔夫在小说中的意识实验》("Woolf's Experiments with Consciousness in Fiction");(2)格雷戈里乌(Gregoriou, 2007)的《真实犯罪的文体学研究:连环杀人犯的思维投射》("The Stylistics of True Crime: Mapping the Minds of Serial Killers");(3)艾丽斯·贝尔(Bell, 2007)的《"你想要听吗?"探索 Michael Joyce 的超小说〈下午,一个故事〉中的可能世界》("'Do you want to hear about it?' Exploring Possible Worlds in Michael Joyce's Hyperfiction, *Afternoon, A Story*");(4)布雷(Bray, 2007)的《自由间接话语的效果:重新审视移情》("The Effects of Free Indirect Discourse: Empathy Revisited");(5)蒙特罗(Montoro, 2007)的《卡布奇诺小说的文体学:社会认知视角》("The Stylistics of Cappuccino Fiction: A Socio-Cognitive Perspective");(6)帕尔默(Parmer, 2007)的《归因理论:狄更斯与品钦的行为与情感》("Attribution Theory: Action and Emotion in Dickens and Pynchon");(7)沃尔什(Walsh, 2007)的《图式诗学与跨界小说》("Schema Poetics and Crossover Fiction");(8)麦金泰尔和戴克斯(McIntyre & Deixis, 2007)的《指示、认知与视角建构》("Cognition and the Construction of Viewpoint"）。还有两篇，其中一篇是马尔贝格（Mahlberg, 2007a）的《狄更斯的〈远大前程〉之一个语料库文体学视角》（"A Corpus Stylistic Perspective on Dickens' *Great Expectations*"），另一篇是佩姬（Page, 2007）的《BJ单身日记和女性主义叙事学》（"Bridget Jones's Diary and Feminist Narratology"）。从这一部分的论文题目可以看出，编者斯托克韦尔教授认为，最能够体现当代文体学特色的是认知文体学，其次是较新的跨学科研究，包括文体学与语料库语言学的结合、文体学与叙事学的结合等。诗歌部分也一样，5篇论文中有4篇认知诗学/文体学研究，研究的对象包括文本世界、隐喻投射、作者的认知特征分析等。其中非常有特色的是欧内斯汀·莱希（Lahey, 2007）的《大隐喻地图和加拿大诗歌的风景》（"Megametaphorical Mappings and the Landscapes of Canadian Poetry"）。这篇论文通过分析多位诗人的多首加拿大诗歌中的隐喻投射分析来解读诗人们的认知特征，进而将其推广到整个加拿大民族的认知特征。

近十年里，斯托克韦尔教授除了研究实验小说（experimental fiction），包括科幻小说的语言特征、叙事的现实性、教学文体学之外，主要研究的仍然是认知诗学/文体学，这从他发表的大量论著可以看出。2008年他发表《认知诗学地图》（"Cartographies of Cognitive Poetics"）(Stockwell, 2008a)；和卡特（Carter）合作发表《文体学：回顾和展望》（"Stylistics: Retrospect and Prospect"）(Stockwell & Carter, 2008: 291-302)；在伯恩和旺达勒（Borne & Vandaele）编著的论文集《认知诗学：目标、收获和差距》中发表论文《叙事分析的认知方法》（"Situating Cognitive Approaches to Narrative Analysis"）(Borne & Vandaele, 2008b:119-123)。2009年发表论文《文学共鸣的认知诗学》（"The Cognitive Poetics of Literary Resonance"）(Stockwell, 2009b: 25-44)，出版专著《文感：阅读的认知美学》（*Texture: A Cognitive Aesthetics of Reading*）(Stockwell, 2009a)。该书对文本的经验性进行了认知诗学分析，也就是"在文本和阅读中显而易见的共同认知机制运作的结果"。如斯托克韦尔在第1章中指出的那样，"细致的文体分析构成了这本书的主要方法"（9），借鉴认知诗学原则（如经验主义、类化、连续性、涉身性和生态观）和利用认知模型（如文本世界、原型理论、投影和认知语法）。第 2 章利用认知心理学的注意力理论，勾画出"共鸣的一般模型"（54），来解释文学阅读可能产生的"长时间反应"和"意义光环"效应（19）。第 3 章将对阅读强度的讨论转移到阅读的物理和更高层次的概念体验上，把所有的身体和虚拟的感觉视为具有认知的涉身性，从而阐释了如何用他的方法来解释读者的移情和同情反应。第 4 章"声音与思维"关注的是读者在体验小说文学作品及其中的人物时必须动用的"认知机制"。该章认为，读者在与小说中人物建立关系时启用的是和现实中人物产生关联时同样的认知机制，如人物刻画、视角和指示性定位（characterization, point of view and deictic positioning）。第 5 章把一个心智塑形的心理学模型做修改，纳入文本世界等概念，对读者如何认同小说中的人物（或为什么他们抗拒这种认同）作出认知描述。在最后一章"文感与意义"中，斯托克韦尔教授系统性地应用认知语法原理（即识解、意象图式和射体界标）来解释"文学感受中的衔接与连贯"（如对叙事节奏和行为链进行分析）。

斯托克韦尔教授于 2010 年在霍根教授编著的《剑桥语言科学百科全书》（*Cambridge Encyclopedia of the Language Sciences*）中撰写"认知诗学"（Cognitive Poetics）部分（Stockwell, 2010a: 169–171），2011 年发表《叙事中的思维变化》（"Changing Minds in Narrative"）（Stockwell, 2011a: 299–391）。

2012 年，加文和斯托克韦尔教授（Garvins & Stockwell, 2012: 33–50）合作发表《关于心脏，究竟在哪里痛，痛的频率是多少》（"About the Heart, Where It Hurt Exactly, and How Often"）。在该文的摘要中，两位作者写道，近年来，随着文学文化研究和史学的发展，文学学术中的认知转向范围越来越广。不幸的是，这有时伴随着对文本性和文感（texture）的相对忽视。因此，在这篇文章中，两位作者再次主张文体学在文学研究中的中心地位，以及反复要求将文本性作为认知诗学探索的一个组成部分，论证了文本世界理论的价值（Gavins, 2007; Werth, 1999），在探讨读者阅读西蒙·阿米蒂奇（Simon Armitage）的一首富有情感的诗歌时的反应的过程中，要求将上述整体性作为这种方法的固有特征。

2013 年，斯托克韦尔教授（Stockwell, 2013: 263–277）发表论文

《定位的读者》("The Positioned Reader");和哈里森在《认知语言学指南》(*The Companion to Cognitive Linguistics*)中负责撰写"认知诗学"部分(Harrison & Stockwell, 2014: 218-233)。2014年,在论文集《创造思维中的语言》(*Language in the Creative Mind*)中发表论文《创造性阅读,〈致西莉亚〉中的世界和风格》("Creative Reading, World and Style in Ben Jonson's 'To Celia'")(Stockwell, 2014a)。在他与哈里森、纳托尔等编著的论文集《文学中的认知语法》中发表《战争,世界和认知语法》("War, Worlds and Cognitive Grammar"),和惠特利主编了剑桥大学出版社出版的《文体学指南》(*The Cambridge handbook of stylistics*)(Stockwell, 2014b)。

2015年,斯托克韦尔在劳特里奇出版社出版的《劳特里奇语言和创造性指南》中负责编写"认知文体学"部分(Stockwell, 2015: 218-230),和马尔贝格合作发表论文《语料库文体学分析大卫·科波菲尔德中的心智塑形》("Mind-Modelling with Corpus Stylistics in David Copperfield")(Stockwell & Mahlberg, 2015:129-147)。2016年和马尔贝格等学者合作在《语料库》杂志上发表《用CLiC分析狄更斯——索引应用新法,以整合语料库文体学和认知诗学》("CLiC Dickens—Novel Uses of Concordances for the Integration of Corpus Stylistics and Cognitive Poetics")(Stockwell & Mahlberg, 2016: 433-463)。2016年,斯托克韦尔在论文集《世界建构:思维中的语篇》(*World Building: Discourse in the Mind*)(Gavins & Lahey, 2016)中发表论文《作者意图的织构》("The Texture of Authorial Intention"),在论文集《学习环境中文学的科学方法》(*Scientific Approaches to Literature in Learning Environments*)(Burke, Fialho & Zyngier, 2016: 253-270)中和马尔贝格撰写了《Point and CLiC: 用语料库工具教授文学》("Point and CLiC: Teaching Literature with Corpus Stylistic Tools")一章。该章认为,与更通用的语料库工具不同,CLiC支持搜索,帮助解决文学文本的特定研究问题。两位作者提出,他们研究的问题是,什么样的语料库练习可以被设计来帮助学生理解语料库方法为文学文本提供的各种机会。该论文主要以查尔斯·狄更斯的《雾都孤儿》为例进行案例分析。斯托克韦尔同年还在索蒂罗娃编著的《布卢姆斯伯里文体学指南》中负责

第 4 章　认知文体学的新发展

撰写"文感"一章,"文感"也成为目前文体学的主要研究领域中的一个。

从斯托克韦尔教授在近十年的论著可以看出,他在认知诗学/文体学界占有非常重要的位置。他在各大重要的文体学指南中负责撰写认知诗学/文体学章节,表明他的研究在这个领域的重要影响。他主要关注的是探讨认知诗学的根本问题,即文本的语言结构如何使得读者在阅读中产生某种体验。在应用认知诗学的各种典型理论对文学文本进行分析时反复强调对文本文体特征的分析应该在认知诗学研究中占中心地位,这对于坚持和维护认知诗学的初衷,使得其不会偏离预定的轨道尤其重要。除了深入探讨各种认知诗学理论和方法之外,斯托克韦尔还在近几年应用认知语法理论分析文学作品,这也为近两年认知语法理论在文体分析中的系统应用打下了基础。不仅如此,我们也看到,斯托克韦尔教授也在呼吁语料库方法在文体分析中的重要性。

乔安娜·加文教授也是认知文体学研究领域不得不了解的人物。她在 2003 年和杰拉德·斯蒂恩(Gerard Steen)合著了堪称认知诗学领域必读书目之一的《认知诗学实践》(*Cognitive Poetics in Practice*),给读者提供了非常系统的认知诗学主要理论介绍和作品分析展示。2007 年,她又出版了认知诗学研究中的一个重要理论介绍著作《文本世界理论介绍》(*Text World Theory: An Introduction*)。加文在致谢中写道,该书的思想来自于她读到的保罗·沃斯教授关于扩展比喻的论文。她说后者的研究改变了她认识世界的方式。这本书对文本世界的探讨也可能改变很多读者的思维方式,让读者反思阅读过程中大脑所发现的各种世界构建和作品中人物、场景之间发生的关联。

加文教授指导的博士生中有一些在近十年来成为认知文体学界的知名学者。贝尔在她的指导下完成了博士论文《超文本小说中的可能世界》(*The Possible Worlds of Hypertext Fiction*)(Bell, 2010)。贝尔教授在可能世界理论方面发表了很多论著,其中一篇论文被收入《当代文体学》(Lambrou & Stockwell, 2007)论文集,并且最近和里安(Bell & Ryan, 2019)合作编著了论文集《可能世界与当代叙事学》(*Possible Worlds Theory and Contemporary Narratology*)。顾名思义,这是把认知文体学的可能世界理论和叙事学理论结合的跨学科研究。吉本思也是加文教授指导的高徒，完成了博士论文《走向多模态认知诗学：三个文学案例研究》(*Towards a Multimodal Cognitive Poetics: Three Literary Case Studies*)(Gibbons, 2008b)。我们在梳理认知文体学与多模态符号学结合时看到，吉本思是把认知文体学与多模态符号学研究结合领域的重要人物。加文教授还指导惠特利(Whiteley, 2010)完成博士论文——《文本世界理论和文学语篇的情感体验》(*Text World Theory and the Emotional Experience of Literary Discourse*)。这三位博士中的后两位——吉本思和惠特利在2018年合作出版了《当代文体学：语言、认知和阐释》(*Contemporary Stylistics: Language, Cognition, Interpretation*)一书。这本书对当代文体学的主要流派：功能文体学、认知文体学和语料库文体学的研究方法做了梳理，并用多部较新的文学作品进行实例分析，展示各种方法的分析思路，从而让认知文体学领域的学者们可以学习借鉴上述各种文体学理论对当代文学作品的分析方法。

在最近十年里，加文教授2010年在麦金泰尔和巴斯编著的《语言与文体》(*Language and Style*)中发表论文《被确定性平息：〈小胡子〉中偏执思维的平静瓦解》("Appeased by the Certitude: the Quiet Disintegration of the Paranoid Mind in *The Mustache*")(Gavins, 2010)；2012年与斯托克韦尔合作发表《关于心脏，究竟在哪里痛，痛的频率是多少》("About the Heart, Where It Hurt Exactly, and How Often")(Gavins & Stockwell, 2012)；2014年发表《隐喻研究回顾和展望：Gerard Steen访谈录》("Metaphor Studies in Retrospect and Prospect: An Interview with Gerard Steen")(Gavins, 2014b)；在《剑桥文体学指南》中发表论文《陌生化》("Defamiliarisation")(Gavins, 2014a)。2015年，她与辛普森合作发表《雷吉娜v约翰·特里：一个所谓种族主义事件的话语建构》("Regina v John Terry: The Discursive Construction of An Alleged Racist Event")(Gavins & Simpson, 2015: 712–732)；在索蒂罗娃(Sotirova, 2015)编写的《布鲁姆斯伯里文体学指南》(*The Bloomsbury Companion to Stylistics*)中撰写"文本世界理论"一章；与莱希(Gavins & Lahey, 2016)合编了《世界建构：思维中的语篇》(*World Building: Discourse in the Mind*)一书。其中她本人撰写的论文题目为《杰克布·波利的"捉迷藏"中的文体互动和凋亡

诗学》("Stylistic Interanimation and Apophatic Poetics in Jacob Polley's 'Hide and Seek'")。从加文教授近十年的论著来看,她主要研究的领域是认知诗学/文体学,其中主要关注的是认知隐喻、世界建构等。相比于她在上一个十年出版的《认知诗学实践》和《文本世界理论介绍》来说,加文教授在这个十年的论著影响要小一些。不过,她在这个十年培养的上述几位博士生却在认知诗学领域,包括文本世界理论、可能世界理论及认知诗学与多模态符号学的结合方面作出了深入探讨,展示出认知诗学/文体学最新的研究动态,成为这个领域的重要学者。

埃莫特博士虽然在认知诗学领域论著不多,但是她的研究和上述文体学家的关注点不同,因而也对认知文体学研究作出了自己的贡献。她在《认知文体学》(Semino & Culpeper, 2002:153-181)中以虚构文本和非虚构性的医疗生活故事为语料,展示出认知语言学对于后现代社会文学中"分裂自我"现象的解释力。在从1998年到2016年的18年中,她担任国际诗学与语言学协会(PALA)刊物——《语言与文学》杂志的助理编辑。在迈克尔·伯克(Michael Burke)主编的《劳特里奇文体学指南》(2014)中,她和其他学者合作编写《文体学中的图示理论》("Schema Theory in Stylistics")。图式是表示一般知识的认知结构,不包含特定实体、事件的信息,但是却有它们的一般形式。读者使用图式来理解事件和描写,在理解中加入文本中缺省的背景信息来对文本进行理解。通常文本中不会对各种细节面面俱到,因此读者的图式可以弥补文本中的这种信息缺省。埃莫特主要研究了图式在阅读中对读者理解所起的作用。在到2012年为止的10年间,埃莫特博士担任STACS(Stylistics, Text Analysis and Cognitive Science)(文体学、文本分析和认知科学)项目的负责人:以跨学科的视角研究阅读的本质。这个项目是与格拉斯哥大学心理学系的桑福德教授合作进行的。该项目的一个成果是著作《心智、大脑和叙事》(*Mind, Brain and Narrative*)(Sanford & Emmott, 2012),讨论了该项目的实证工作和其他一些重要主题,包括情境映射理论和推论、反事实和比喻语言、前景化和注意力、具身体验、视角、情感和说服。埃莫特博士近些年的研究成果主要以论文集或文体学指南中的部分内容出现。从这些成果中,我们可以看出除了几篇研究文体学传统问题，如代词所表现的叙述者的参与度，或由叙事作品中无先行词的代词探讨阅读时的世界建构，她的主要研究兴趣和 STACS 项目的特点一样，注重在认知文体学研究中应用心理学、神经学理论和方法进行实证研究，如在论文集《故事与思维：文学叙事的认知方法》(*Stories and Minds: Cognitive Approaches to Literary Narrative*)（Bernaerts, de Geest et al., 2013）中发表论文《读者注意力的修辞控制：叙事中前景和背景的心理学和文体学视角》("Rhetorical Control of Readers' Attention: Psychological and Stylistic Perspectives on Foreground and Background in Narrative")（Emmott et al., 2013: 39-57）；在索蒂罗娃（Sotirova, 2015）编著的《布鲁姆斯伯里文体学指南》中发表了论文《陌生化与前景化：神经疾病自传中对状态和感知改变经历的再现》("Defamiliarisation and Foregrounding: Representing Experiences of Change of State and Perception in Neurological Illness Autobiographies")。埃莫特还着重探讨了图式理论，以及文本对读者注意力进行操作的方式，如她在《劳特里奇文体学指南》中和其他学者合编《文体学中的图式理论》("Schema Theory in Stylistics")（Emmott et al., 2014: 268–283）；在索林（Sorlin, 2019）编著的论文集《当代小说中文体对读者的操纵》(*Stylistic Manipulation of the Reader in Contemporary Fiction*)中，埃莫特发表了论文《阿加莎·克里斯蒂侦探小说中的操纵：在创造和解决犯罪谜题时的修辞控制和认知误导》("Manipulation in Agatha Christie's Detective Stories: Rhetorical Control and Cognitive Misdirection in Creating and Solving Crime Puzzles")（Emmott, 2019: 195–214）。

4.5 对近十年认知文体学理论发展的分析和评价

加文（Gavins, 2009: 369–370）作为认知文体学研究重地——《语言与文学》杂志的书评栏目主编对认知文体学的发展做出如下总结：在对这一研究领域的产出做了 6 年的密切追踪后，我很高兴地看到这个新领域变得越来越包罗万象，越来越具有实证性。这种倡导可及性和先

第 4 章　认知文体学的新发展

进性的基本态度使得2008年涌现出多种多样、令人兴奋的认知取向的出版物，如雅诺什·拉斯洛（László, 2008）的叙事心理学探讨，吉本思（Gibbons, 2008a, 2008b）对多模态小说的研究，希拉里·丹纳伯格（Dannenberg, 2008）研究叙事中的时间和空间，麦金泰尔（McIntyre, 2008）对戏剧文本中多模态的分析，卡罗尔·马利（Marley, 2008）对征婚广告（dating advertisements）中文本世界的分析，以及霍根（Hogan, 2008）对印度电影的有趣分析。由勃兰特（Brandt）和托德·奥克利（Todd Oakley）主编的新杂志《认知符号学》（*Cognitive Semiotics*）致力于发表语言和话语的认知方法研究，在2008年出版了第二期和第三期。其中的亮点是包括了从融合理论的角度分析艾米丽·迪金森诗歌的批评式阅读（Freeman, 2008b），用融合理论分析魔法仪式（magical rituals）（Sørensen, 2008: 36–64），以及对认知与爵士乐的分析（Vuust & Roepstorff, 2008: 134–158）。

近十年的认知文体学研究延续了加文在2009年总结的发展趋势，不论是应用的认知文体学理论和方法，还是用认知文体学理论和方法分析的文本题材，都越来越包罗万象，在实证研究方面也在继续尝试和发展。

4.6　结语

我们通过上文对认知文体学研究的全面且系统的梳理，发现认知文体学领域近十年发展的主要特点是分析方法上除了应用其主要理论，如概念隐喻、心理空间和概念整合、世界理论等等之外，还继续从认知科学借鉴新的理论，包括心理学、神经语言学等；除了理论研究还增加了实证研究，从以作者的阅读反应为分析基础扩大或者完全转变为以大量真实读者的阅读反应为研究语料；研究对象快速增加，从早期的文学作品分析扩展到对各种体裁语篇的分析，证明了认知文体学对于文学、非文学各种体裁的适用性；不仅在文字文本中扩大分析范围，而且把分析对象模态从早期的语言模态扩展到图片、声音等多种模态；在作者本人比较感性的分析基础上增加了客观依据，应用语料库统计工具和方法来支持、补充认知文体分析，使得文体分析更加有据可循，分析结果更加具有说服力。认知文体学的这些发展趋势展示出该领域蓬勃的发展势头和学界持续不断探索语篇与认知关系的热情。当然，如诺加德（Nørgaard，2018）等学者指出，认知文体学在上述各个领域的探索还有继续进步的空间，比如，在认知文体学与多模态语言学、语料库分析方法的结合方面取得的成果还比较少，而且结合还不够完善，采取实证研究的论著数量也相对较少，仍然有继续发展的空间。但是，该领域在这十年间所取得的丰硕成果和快速进步足以让我们相信它在下一个十年还会继续有所收获。让我们拭目以待。

第 5 章
多模态文体学的新发展

5.1 引言

多模态文体学是一个把文体分析范围扩大到语言之外的模态和媒介的崭新的文体学分支（Nørgaard et al., 2010: 30）。虽然多模态文体学的历史比较短，但是它却迅速成为一个有影响力的流派。在《语言与文学》杂志近十年的文体学年度研究工作总结里，多模态文体学成为和认知文体学、语料库文体学并列的一个重要模块。

5.2 多模态文体学的重要理论发展

多模态文体学在从诞生之时至今的近十年间主要在以下三个方面取得理论发展：分析对象从图文模态拓展到多种模态、多模态文体分析框架的建构、多模态文体学的跨学科应用。

5.2.1 分析对象从图文模态拓展到多种模态

模态（modality）是指交流的渠道和媒介，包括语言、技术、图像、颜色、音乐等符号系统（朱永生，2007）。克瑞斯（Kress，2001）指出，所有模态都具有表达意义的潜势。但是多模态刚开始时主要是研究图片和文字模态之间的互动，特别是图片意义如何辅助或者证实文字表达的信息（如张德禄、穆志刚，2012：3）。

张旭红（2010：85-90）对卡明斯（E. E. Cummings）的视觉诗的分析针对的也是两种模态的互动，即言语模态和诗歌形式构成的视觉模态。该文分别探讨两种模态的意义，以概念功能、人际功能和语篇功能这三大元功能来分析言语模态的意义，以克瑞斯和范·勒文（Kress & van Leeuwen, 1996：1）提出的视觉语法来分析视觉模态。克瑞斯和范·勒文（Kress & van Leeuwen, 1996：1）认为，"正如语言的语法决定词如何组成小句、句子和语篇，视觉语法将描写所描绘的人物、地点和事物如何组成具有不同复杂程度的视觉'陈述'"。他们对照韩礼德的三大元语言功能，分别从再现意义、互动意义、构图意义三个层面来分析视觉符号的意义建构。该文对视觉诗中文字模态和视觉模态两种模态的整合分析证明，"可视模态与文字说明是关联的，由于可视模态本身的意义飘忽不定，必须借助文字说明才能确定意义"，"对多模态符号系统的意义构建的研究可以使话语意义的解读更加全面、准确，进而发现人类如何综合使用多种模态达到社会交际的目的。多模态共同携手使得诗歌除了有韵律美、意象美、言辞美外，还赋予了它视觉欣赏的效果"（张旭红，2010：89）。易兴霞（2015：50-53）以韩礼德的系统功能语法和克瑞斯和范·勒文（Kress & van Leeuwen, 2006）的视觉语法为理论基础，对2013年2月6日央视《新闻联播》节目播出的"光屁股小男孩抢镜李克强"的新闻进行了多模态的语篇分析。该语料的个案分析不仅从理论上验证了视觉语法在分析动态多模态语篇的可操作性与可行性，拓宽了多模态话语分析的研究领域，还为观众欣赏该类新闻提供了新的视角。

近几年来，多模态文体学理论上的一个主要发展就是被探讨的模态越来越广泛。

皮亚扎（Piazza, 2011）编著的论文集将戏剧文体学分析的对象延伸到电影和电视话语，这就需要考虑该体裁的多模态方面。这本书包含大量语言分析为主和实用主义的研究，包括皮亚扎（Piazza, 2011：85-104）分析的恐怖电影中语用偏离，罗西（Rossi, 2011：21-46）分析意大利喜剧中的对话和阿尔瓦雷斯·佩雷尔（Alvarez-Pereyre, 2011：

47-68）分析电影作为语言分析对象时所涉及的理论和实际问题。理查森（Richardson，2010：378-395）的研究围绕着戏剧对话中的多模态特征，回顾了流行戏剧（影视）对话研究中的一系列方法论问题。首先，它讨论了一些直到最近还阻碍此类研究的因素，表明不存在难以解决的困难。其次，该文比较了最近两项以电影中对话为中心的研究，一项来自文体学本身，另一项来自电影研究，尽管这两项研究主要关注互动的口语，但它们都识别并分析电影制作的多模态特征。最后，该文得出结论说，在一定条件下，从方法论的角度分析影视作品的多元性是有价值的。中国学者在多模态文体学的此类应用方面也做了很多研究。荣榕（2015：15-24）认为，作为声、光、色等多种模态的集合体，电影的解读一直是艺术批评领域关注重点；然而，传统意义上的电影赏析多见直觉印象式评述，缺乏必要的文本证据。基于电影多模态语篇分析现状，该文从文体学视角，结合电影形式学分析框架以及视觉语法框架，提出"系统化分类—形式化分析"的多模态文体学研究模式，并将其应用于电影《喜福会》中两个场景的阐释。研究发现，电影音频和视频中的多模态元素以一种互动关联的方式，引导观众将其对女儿的同理心和同情感转移至母亲。

国内有两篇硕士论文应用多模态文体学理论和分析方法分析新闻、电影等体裁的文体特点。刘雪莹（2019）的硕士论文以漫威电影宇宙的英雄主题系列大电影为研究对象，以多模态文体学为研究视角，以功能语言学的系统功能语法为理论基础，对比截至2018年6月上映的17部漫威独立电影中的片尾"彩蛋"，分析编剧是如何选择模态从而对该类影视作品中片尾"彩蛋"进行设计的，以及各种模态又是如何进行意义建构而产生了前景化特征的文体效果。该研究首先通过深入分析电影"彩蛋"中不同模态功能的实现，丰富了电影语篇分析的研究维度，突破了传统的电影研究分析对象单一的局限；其次，通过结合系统功能学派的视觉语法分析框架和声音模态在电影中的分析理论，拓宽了多模态文体学分析的领域；最后，提高了人们对电影"彩蛋"多模态语篇的识读能力，并且为电影"彩蛋"赏析提供了一个更全面的视角，进而帮助观众更科学地解读电影"彩蛋"中多模态协作在揭示"彩蛋"所体现的前景化效果的意义，提升了观众对电影"彩蛋"的欣赏水平。姚海燕（2018）以中外知名媒体新闻报道为分析对象，主要研究其中有目的的图像插入，分析其中图像功能的凸显，以及对文本意义的补充，探讨如何实现两者的功能互补，着重考察了视觉图像对文体特征的贡献与补充，包括意义如何在不同的图片、图像、选材、颜色、排版、组合等中转化和改变，从而实现其修辞意义的凸显。该文认为，在众多符号学资源当中，视觉模态的应用，以及信息渠道和意识形态，无一不彰显了不同文化、经济、政治及地域特色等的影响。与纯粹的文本模式相比较，视觉图像更加灵活，它刺激思维的想象与发展。该文运用图像语法的原理，对图像意义进行解释和分析，尤其运用克瑞斯和范·勒文的图像语法原理，对图像意义的产生做了较为深刻、细致的阐释。该文通过对各种新闻媒体中特例图片的分析，探讨视觉模态对文体修辞的贡献意义，特别彰显图片和文字意义如何协同实现平行、加强、矛盾（表面）、渲染和扩展等修辞效果，从而揭示语篇的文体意义。

如莫里尼（Morini, 2013: 283-297）提出多模态文体学研究主要关注的是文本文字如何被视觉模态，如电影、舞台剧、电视剧所补充。该文创新性地分析了现代流行摇滚乐这一音乐模态，把多模态文体学和其他文体学以及音乐学的技巧结合起来分析该模态中意义表达的复杂方式。安德鲁斯（Andrews, 2018）指出，就对文学作品的可能世界研究而言，目前的多模态研究对诗歌和戏剧关注得很少，而他的著作就是以诗歌为研究对象，探讨诗学和多模态研究的接面。这是把多模态文体学理论和方法延伸到以前不够关注的诗歌体裁的研究。

诺加德（Nørgaard, 2010b: 115-126）的论文《多模态性和文学文本：理解 Safran Foer 的小说〈特响，特近〉》（"Multimodality and the Literary Text: Making Sense of Safran Foer's *Extremely Loud and Incredibly Close*"），探讨了其中的印刷版式、布局和图片带来的独特文体效应，进一步指出印刷版文学作品中不仅图像、印刷版式、色彩、布局等参与文学作品意义的建构，封面、纸张等物质媒介也是多模态文体分析的对象（Nørgaard et al., 2010: 30）。张旭红（2010: 85-90）把多模态文体学的分析方法用于分析卡明斯（E. E. Cummings）的可视诗 "Me up at does"，对其进行模态分解、单模态意义构建、多模态意义整合的尝试性研究，主要研究：（1）可视模态的再现、互动意义、构图意义；

(2）文字模态的概念、人际、语篇功能；（3）多模态意义的整合。该研究验证了以下观点：（1）多模态话语分析理论是系统的、全面的解读视觉诗歌的最佳途径；（2）多模态话语分析的意义在于它可以将语言和其他相关的意义资源整合起来，从而使话语意义的解读更加全面、更加准确。

5.2.2　多模态文体分析框架的建构

多模态除了关注越来越多样的模态之外，也从主要探讨两种模态发展到对小说中各种模态之间互动的研究。学者们还尝试建立涵盖各种模态的多模态文体分析框架。

诺加德（Nørgaard, 2018）尝试建立一个类似于功能文体学和认知文体学等学科的全面分析多种模态的理论框架。这标志着多模态文体学理论和应用的一大进步。它正在从对图片等非文字模态的分析走向对多种模态之间互动的探讨。在国内，张德禄、穆志刚（2012：1-6）以漫画为语料，尝试建立分析图片和文字互动的多模态分析框架；雷茜、张德禄（2015：20-26）对上述框架进行补充，尝试建立包括多种模态的多模态文体分析框架。雷茜（2018：36-41）针对多模态文体学中的功能主义分支进行探讨，首先对现有的多模态功能文体综合理论框架进行梳理和分析，然后对多模态文体的定义、多模态语篇的界定、多模态语法的建构以及语境对意义和模态选择的制约机制等理论问题展开讨论，为深入探索多模态文体研究的理论范式和发展一个系统的多模态文体学理论提供参考，也为多模态文体理论和方法的进一步推广奠定了一定的理论基础。

5.2.3　多模态文体学的跨学科应用

多模态文体学除了被用于分析上述文本中多模态特征及其协同效果之外，还和其他文体学流派，以及翻译、教学等其他学科进行跨学科结合。比如，上文在介绍认知文体学的跨学科发展时提到过，徐德荣、姜泽珣（2018：97-103）从多维视角探讨翻译中风格再造的实现，提出从语音、语相、语用和语篇等层面进行风格再造的"多位一体"原则，并借助语音文体学、多模态文体学、语用文体学和认知文体学等文体学分支的最新发展探讨了儿童文学翻译风格再造的可行性和有效性。该研究不仅把多模态文体学与认知文体学等其他文体学理论和方法结合，而且将其用于评价翻译风格，是对文体学理论进行跨学科结合探讨及应用的例子。贺赛波（2015：84-88）也把多模态文体学用于翻译研究，提出多模态文体研究可以克服现有的译本研究主要围绕语言符号展开，很少关注图像等非语言符号的意义表现形式这一局限性。该文从这一视角出发，结合译本特点，首先尝试提出译本图像的分析方法，即图像模态意义、图文模态间互动和图像模态外语境这三个层面的分析；然后以女性成长小说《大地的女儿》林宜生中译本为例，从这三个方面讨论图像对译本特定主题的加强作用。

贝德纳雷克和客浦（Bednarek & Caple, 2017）把多模态文体学与语料库工具进行跨学科结合，在多模态文体分析时应用语料库工具，研究新闻如何通过文字和视觉图像传递信息。诺加德 2011 年尝试把多模态文体学应用于教学，发表了论文《教授多模态文体学》（"Teaching Multimodal Stylistics"），收录于杰弗里斯和麦金泰尔（Jeffries & McIntyre, 2011）编著的论文集《教授文体学》（*Teaching Stylistics*）中。吉本思（Gibbons, 2012b）利用文本世界理论解释小说《特响，特近》如何利用多模态让读者和叙事者感同身受人物的精神创伤，利用概念隐喻理论和概念整合理论分析小说《平地歌剧》如何将虚构世界和真实世界整合、产生新的主题意义，开创多模态理论与认知诗学结合的新领域。雷茜（2017：57-68）把多模态文体学与认知文体学结合，研究格林海姆·洛雷的拼贴小说《女性世界》。该小说以第一人称诺玛的视角展开，塑造了两个性格鲜明的兄妹罗伊和诺玛，两人最终被证实是一个有两性着装嗜好的男青年罗伊。该文采用多模态认知文体学的视角，以卡尔佩珀戏剧人物认知模式为原型，建构了一个多模态文学作品人物认知模型，在此模型的基础上讨论多模态隐喻如何通过图像、印刷版式、色彩和布局在两人命名、外貌描写、言语和思想表达方面与语言隐喻相辅相成、建构意义，帮助读者完成图式质疑和重构，最终达到对诺玛和罗伊两个人物的正确理解。

5.3 近十年多模态文体学领域的主要著作和论文

麦金泰尔（McIntyre, 2011: 357）提出，当语料库文体学应用新技术分析文本时，多模态文体学这一文体流派的发展为常常本身就采用这些新技术的文本的分析提供了新方法。佩姬（Page, 2010）的《叙事和多模态研究的新视角》(*New Perspectives on Narrative and Multimodality*)，是劳特里奇多模态研究系列丛书的第一部。这部论文集产生于2007年在伯明翰市立大学举办的"叙事和多模态研讨会"，其中包含15章，探讨的都是多模态叙事。佩姬提出，虽然在多模态研究中有一个特别的危险，那就是由于我们还没有完全开发出处理多模态文本的工具，而失去了文体学的严谨性。但是，在这一点上，该书的许多章节提供了相当大的保证。蒙特罗（Montoro, 2009: 49-53）的论文《思维风格的一种多模态分析》("A Multimodal Approach to Mind Style")；萨尔韦（Salway, 2010）《基于电脑的叙事和多模态分析》("The Computer-Based Analysis of Narrative and Multimodality")等。该论文集探讨的话题广泛，对文体学研究者来说特别有吸引力的是吉本思（Gibbons, 2009: 113-128）和图兰（Toolan, 2009: 141-155）的文章。诺加德（Nørgaard, 2010b: 433-448）的研究可能会被称为符号学文体学，借鉴了韩礼德的语言观来探索与字体、布局、视觉图像和书籍封面相关的文体效果。该章论证出所有文本在一定程度上都是多模态的，多模态文体分析并不局限于新媒体文本这一事实。与其相似的是，伦（Lwin, 2010）阐释了口头故事中的多模态特征。

以下这些研究都证明了多模态文体分析可以达到的严谨性。其中有蒙特罗（Montoro, 2011: 69-84）作的精彩分析，展示出在伊恩·麦克尤恩作品《永恒的爱》(*Enduring Love*)之电影版本中思维风格是如何通过视觉和副语言手段展示出来的。特别令人感兴趣的是蒙特罗如何描绘主人公的思维风格从传统到非传统转变的过程（这是大多数思维风格分析所没有的），以及她如何表明对文体特征的多模态分析可以帮助我们理解电影叙事的运作。图兰（Toolan, 2011: 161-184）研究了视觉线索如何帮助解决小说《火线》（*The Wire*）里美国警方办案中遇到的难题，而鲍斯菲尔德和麦金泰尔（Bousfield & McIntyre, 2011: 105-123）把实用主义和多模态分析结合起来揭示了马丁·斯科塞斯（Martin Scorsese）的《好家伙》（*Goodfellas*）中一个场景的恐惧情绪来源。

诺加德（Nørgaard, 2018）的新作名为《小说的多模态文体学：超越文字》（*Multimodal Stylistics of the Novel: More than Words*），是近年来多模态文体学研究领域的重要著作，也是奥哈洛兰主编的多模态研究系列《劳特里奇多模态研究》（*Routledge Studies in Multimodality*）中的一部。从该书的目录安排我们就可以看出其中所涉及的模态不再只是之前研究比较多的文字和图片的互动，而是几乎涵盖了各种视觉模态。该书除了第1章介绍，第9章总结之外，共有7章主体章节。第2章首先介绍了几个主要的文体学流派，接着介绍了社会符号学多模态理论，继而梳理了当代多模态文体学的发展，并对该领域的方法进行思考。该部分指出，到目前为止的多模态研究更强调非语言模态，而对语言模态往往只做敷衍性的研究。该作者说自己的研究也会有类似的倾向，但是他认为多模态文体学是文体学的一个分支，本质上仍然是文体研究，所以不应该偏离语言分析的重心，因此虽然他的分析也会倾向于语言之外的其他模态，但是这不是说明在多模态文体分析中语言模态不如其他模态重要，而只是为了给读者展现出对非语言模态的分析方法。在他看来，多模态文体学作为文体学的一个分支仍然处于初级阶段。他通过梳理三个主要的文体学杂志：《文体》（*Style*）、《文学语义学杂志》（*Journal of Literary Semantics*）和《语言与文学》（*Language and Literature*）发现，多模态文体分析虽然数量不多，但是在增加。除了这些杂志之外，在近几年出版的文体学选集（如 McIntyre & Busse, 2010; Burke, 2014）和多模态研究选集（如 Page, 2009）中也可以看出多模态文体研究这一发展趋势。该作者总结了主要的多模态文体分析论文，如麦金泰尔（McIntyre, 2008: 309-334）分析的是戏剧；皮亚扎（Piazza, 2010: 173-195）和图兰（Toolan, 2014: 455-470）研究的是电影；吉本思（Gibbons, 2010b: 285-311）和诺加德（Nørgaard, 2014: 471-484）的研究对象是

第 5 章　多模态文体学的新发展

广义上的文学；莫里尼（Morini, 2013：283-297）研究音乐；特里马尔科（Trimarco, 2014：500）分析的则是超文本小说（hypertext fiction），还有几位学者合作研究了漫画（Forceville et al., 2014：485-499）。在梳理这些多模态分析论文之后，该作者指出，这些研究因为受论文和著作章节的篇幅局限，只探讨了多模态文体学的某个或一些方面，而没有为多模态分析建立一个全面成熟的框架。还有一些学者把多模态分析作为更大的文体研究中的一个方面。一个此类的例子是蒙特罗（Montoro, 2012）分析小妞文学（chick lit）的文体研究著作，在该著作中，一些章节是用认知文体学、语料库文体学和女性文体学方法分析的，还有一章分析了这类体裁作品的封面，采用了多模态的方法。这种多模态的分析方法使得蒙特罗能够展示出有多少小妞文学作品的封面通过选择版面、颜色、图像来构建一种特别的视觉话语（visual discourse），以及这些选择如何与她通过语言分析所阐释出的小妞文学相关的典型价值观相对应。与这些多模态研究不同的是，诺加德（Nørgaard, 2018）不仅探讨多种模态的意义，而且尝试建立一个多模态文体分析的理论框架。不仅如此，之前的多模态文体研究主要关注的是明显存在多种模态的小说，而诺加德（Nørgaard, 2018）不仅探讨这类小说，而且尝试把多模态文体分析方法应用到较为传统的，通常不被认为是多模态的小说体裁。

诺加德（Nørgaard, 2018）在第 3 章至第 8 章中分别探讨了 6 种模态，并作为各章的题目。按照各章的顺序，这些模态分别是：第 3 章措辞（wording），第 4 章版面设计（typography），第 5 章布局（layout），第 6 章照片、绘画和其他图像元素（photographs, drawings and other graphic elements），第 7 章封面设计（book-cover design），和第 8 章小说的物态和物理形式（the materiality and physical form of the novel）。这本书全面地展现出多模态文体学可以分析的不只是图片模态和文字模态的互动，而是可以包含多种模态；多模态文体学的分析对象不仅可以是典型的多模态文学，而且可以是传统小说体裁。

荣榕（2015：15-24）通过梳理国内外多模态文体学研究状况发现，21 世纪以来，多模态文体学研究成为文体学最新发展方向之一。西方文体学研究者开始致力于文体学研究法对多模态文本的应用（如

McIntyre，2008：309-334；Nørgaard，2010a，2010b，2010c，2011a，2011b 等）。近期，国内学者也开始关注多模态文体学的研究（雷茜、张德禄，2014：1-4，44），但仍停留在理论述评阶段，还未用于实证研究。该文从多模态文体学切入，结合电影分析框架与系统功能视觉语法理论，提出"系统化分类—形式化分析"的多模态文体学研究模式，并以电影《喜福会》中两个场景为例进行解读，挖掘模态间微妙的互动关系，以期全新阐释作品的内涵。该文梳理了电影作品研究的历史并发现：近年来，电影文本的转录一直是电影多模态研究领域的重要内容，但上述研究依然将文字和图像视为对等关系，在意义的解读方面无法把握二者之间的动态联系。对此，麦金泰尔（McIntyre，2008：326）认为电影多模态文体学分析应以文字的语言学阐释为主、画面解读为辅，因此，研究对象不应是滚动的画面，而是一份包括对白和图像信息描述的"音频—视频转录表"（audio visual transcript）。在分析方法上，麦金泰尔（McIntyre，2008：312）则要求保持文字和图像在研究方法上的一致，即文体学的核心思想俄国形式主义。该文发现，电影形式主义研究的集大成者当属波德维尔和汤普森（Bordwell & Thompson，2001）。在《电影艺术》一书中，他们从场面调度（misen scène）、拍摄方式（cinematography）、视频剪辑（editing）和声音效果（sound effect）四个板块切入，系统地对电影进行了解构。虽然这是对电影艺术非常全面的研究，但是在荣榕（2015：15-24）看来，以上框架尤为关注模态的选择和整合，缺乏对模态间性的阐释。因此，该文将克瑞斯和范·勒文（Kress & van Leeuwen，2006）的视觉语法理论纳入电影的文体学多模态研究框架。以系统功能语言学为基础的视觉语法理论认为，形式与意义之间有着必然的联系，形式以不同的方式组合，实现某种特定的功能（意义）。该作者认为（荣榕，2015：17）与传统意义上的电影研究或者多模态分析相比，此方法突显了模态在意义建构中所具有的多维和互动两个特性，以及多模态研究的跨学科视角，为作品解读开辟了新的观察维度；相对电影评论而言，文体学分析法和系统功能语言学的功能整体观，为直觉印象式的批评提供了客观详尽的文本支撑。从该文对电影《喜福会》的分析我们看到，该文所采用的电影文本转录的方式使研究对象明确和清晰，按照镜头划分的图像描述解

第 5 章　多模态文体学的新发展

决了电影文本的动态性，更加准确地阐释模态之间的相互关系以及所产生的效果，赋予了作品以往所忽略的、更为微妙的人物关系和主题意义。

在国内，张德禄、穆志刚（2012：3）在功能文体学理论基础上建构了一个多模态功能文体学分析框架。该框架认为多模态语篇是一个意义单位，是发话者根据情景语境和交际目的进行意义选择的产物，在多模态语篇中所选择的意义可以由图像体现，也可以由文字体现。文体分析的任务就是要在图像语法和词汇语法的基础上，寻找模态各自的突出特征，并研究图像意义和文字意义间的逻辑语义关系和表现关系。最后与情景语境相联系，确认语篇的前景化文体特征，并探讨其对表现语篇主题意义的作用。由于以上框架主要针对漫画类多模态语篇，所以涉及的模态只有文字和图像。

雷茜、张德禄（2015：21）对上述多模态分析框架进行了补充，"考虑多模态封面的综合性特征，在文字模态和图像模态的基础上增加了印刷版式、布局和色彩模态，又鉴于小说主题和文体对封面意义和文体的制约关系，基于以上理论框架提出了一个分析封面多模态文体特征的研究路径"。该文通过选取英国当代作家格林海姆·洛雷的拼贴小说《女性世界》的两个版本——2005 年英国大西洋出版社首次出版的版本和 2008 年美国 Counterpoint 出版社再版的版本，应用上述多模态文体分析框架进行对比分析，主要分析"封面内部模态意义实现、封面内部模态协同以及封面意义及文体与小说内容和文体的关联，研究发现 2005 版封面能够体现小说的多模态使用特征，但意义表达停留在小说表层。2008 版封面不仅更好地协调了文字、印刷版式、图像、布局和色彩等多种模态，而且意义深入到小说的社会主题，能更好地履行封面的宣传功能和指向功能"（雷茜、张德禄，2015：25）。

贺赛波（2015：84-88）尝试用多模态文体学分析方法研究文学作品译本中图像和文字的互动及其含义。该文从多模态文体学视角出发，结合译本特点，首先尝试提出译本图像的分析方法，即图像模态意义、图文模态间互动和图像模态外语境这三个层面的分析；然后以女性成长小说《大地的女儿》林宜生中译本为例，从这三个方面讨论图像对译本特定主题的加强作用。

贝德纳雷克和客浦（Bednarek & Caple, 2017）把多模态文体学进行跨学科结合，具体地说，即在多模态文体分析时应用语料库工具，研究新闻如何通过文字和视觉图像传递信息。两位作者（Bednarek & Caple, 2014: 151）将这种融合命名为"语料库辅助的多模态话语分析"（Corpus-Assisted Multimodal Discourse Analysis）（CAMDA）。在贝德纳雷克和客浦（Bednarek & Caple, 2017）的著作中，两位作者详细解释了其理论和方法，并且指出该方法也可以被用于不具有新闻价值的文本。他们意识到尽管语料库方法已经应用地非常普遍，但是很少用于分析多模态。为了阐释清楚 CAMDA 的不同做法，作者们呈现出分析文本和符号内部及之间的拓扑结构。由此一来，这个方法和巴特曼等人（Bateman et al., 2017）的做法相似，都是试图描述清楚多模态文本各种符号模态研究的方法论问题。在该书介绍部分，他们简介了该书主体部分应用的语料库工具（包括关键词、词语索引，ProtAnt——一种新的软件工具，凭借关键词来辨识出一个语料库中的原型文本），以及多模态分析的重要概念，主要以克瑞斯和范·勒文（Kress & van Leeuwen, 2006）的理论为基础。他们以大量新闻文本为语料，对之前新闻文本中没有得到足够重视的视觉模态给予详细分析。在解释了新闻的 11 种价值之后，他们列出能够表现这些新闻价值的语言和视觉手段。他们的三个分析案例分别分析的是新闻中的自行车骑行者、脸书网上的新闻和网络上高度共享的新闻故事。就分析方法而言，该研究把语料库、语篇分析和多模态方法融合在一起，提供了一个分析新闻价值的有力框架，并且可能有更广泛的适用性。

5.4　近十年多模态文体学领域重要学术团体和专家

从上一个部分的论著分析中，我们看出南丹麦大学的诺加德教授在多模态文体学研究领域坚持不懈地耕耘。通过梳理她的论文，我们发现她在 2010 年之前主要从事多模态语篇研究，如 2009 年的论文《文学作品中版面设计的符号学研究：一种多模态方法》（"The Semiotics of Typography in Literary Texts: A Multimodal Approach"）(Nørgaard, 2009: 141-160）就是用多模态符号学理论和方法分析文学作品中排版设计（typography）的符号学意义。从2010年，诺加德开始探索多模态符号学与文体学的接面，这些从她在2010年发表的论文题目就可以看出，如《多模态文体学：文体学和符号学的美满结合》（"Multimodal Stylistics: The Happy Marriage of Stylistics and Semiotics"）(Nørgaard, 2010c: 255）和《多模态：拓展文体学的工具箱》（"Multimodality: Extending the Stylistic Toolkit"）(Nørgaard, 2010b: 433-448）。2011年，她尝试把多模态文体学应用于教学，发表了论文《教授多模态文体学》（"Teaching Multimodal Stylistics"），收录于杰弗里斯和麦金泰尔编著的论文集《教授文体学》中。2014年在伯克教授主编的重要文体学读本《劳特里奇文体学手册》中，她负责撰写"多模态与文体学"（Multimodality and Stylistics）(Nørgaard, 2014: 471-484）一章。诺加德持续地在多模态文体学领域研究近十年，在2018年出版了专著《小说的多模态文体学：超越文字》。这是在她近十年的多模态研究基础上作出的总结，不仅涉及文字之外的多种模态，并且试图建立一个多模态文体学分析框架。更重要的是，她在这本书中总结了多模态文体学的不足及未来的发展趋势，强调多模态文体学本质上是文体学，所以应该坚持文体学的初衷，即对语言文字特征的分析，在以语言特征分析为主的情况下探讨文字模态与其他模态的互动及其意义，而不能为了分析多模态而忽视了文字模态。这为多模态文体学研究指明了方向。我们应该在探讨各种模态的意义时，坚持文字模态为主的原则并分析其他模态与文字模态的关系。

本书三位作者之一的张德禄教授是国内多模态话语分析、多模态在教学中的应用以及多模态文体学研究领域的重要专家。张德禄、贾晓庆、雷茜（2015: 258）提出，"与多模态话语分析研究相比，多模态文体学研究尚不够成熟，目前研究主要集中在利用韩礼德的社会符号学理论进行的多模态功能文体学分析和利用认知语言学理论进行的多模态认知文体研究两个方面"。该书通过梳理这两个方面的多模态研究发现，近十年来从认知的角度出发研究多模态文体学的主要有"吉本思（Gibbons, 2010b: 2012）从认知的视角研究多模态叙述体裁、多模态小说的意义建构策略和读者对多模态文学语篇的解读过程"（张德禄等，

2015：259）。该书的作者发现，"多模态功能文体学是多模态文体学研究的主流，其理论基础是韩礼德（Halliday，1978：138）的'语言是社会符号'的社会符号学理论和他早在20世纪70年代建立起来的功能文体学理论"（张德禄等，2015：259）。"'前景化'是多模态功能文体学的基本概念。在多模态功能文体学中，无论是语言特征还是其他视觉特征（如图像、字体、布局或颜色等），只要与作者创造的情景语境相关，与讲话者交际的目的相关，就能成为语篇中的前景化特征"（张德禄等，2015：260）。张德禄、穆志刚（2012：3）指出，如果语言模态是常规，那么图像模态就可能是前景化的；诺加德（Nørgaard，2010b）认为Foer的小说《特响，特近》中的排版、布局和图片无论与普通文字相比还是与传统小说创作的风格相比，都是凸显成分，并构成前景化特征。

5.5 对近十年多模态文体学理论发展的分析和评价

多模态文体学从被正式提出至今还不到10年，相比于多模态符号学和话语分析所激起的研究热情来说，在文体学界得到的关注比较小。不论是在国外，还是在国内，对多模态文体学的研究模式比较相似，主要是拓展该理论研究的模态类型，以及尝试建立分析某两种或多种模态的理论框架。此外，多模态文体学流派也表现出与功能文体学、认知文体学相同的跨学科趋势，被用于翻译、教学等领域，也与认知文体学等其他文体学流派、语料库工具等进行结合，以期对文本中多种模态整合，而不是文字单一模态表现出的意义作出阐释。

正如雷茜、张德禄（2016：283）指出，多模态文体学尚处于萌芽阶段，研究中存在很多问题。第一，各种模态语法体系不成熟，对语言学理论和术语的借用方便了语法的建立，但模态间的本质差异给模态语法发展造成困惑。第二，建立一个包含各种模态语法的多模态功能文体分析框架是个乌托邦式的理想，极少有人能够精通各种模态研究领域，自然很难既全面又深入。第三，对印刷版式、布局和图像等非语言模态的文体分析往往忽略了语言模态，从而模糊了文体学分析语言特征的本质，并且往往更多地关注非语言模态，而没有能够分析语言模态和非语言模态之间协同合作所表达出的内涵。第四，多模态功能文体研究尚未解决语境如何制约模态选择并最终建构语篇意义的问题。此外，与认知文体学一样，多模态认知文体研究也缺少实证研究支撑，因而说服力不足。

麦金泰尔（McIntyre，2012b：408）指出，多模态文体分析的难点在于，多模态文本的意义构成要素范围广，要求文体学工作者熟悉多个领域的知识。因此，像范·勒文（van Leeuwen，2011）的《颜色的语言》（*The Language of Colour*）这样专门探讨某种非语言模态的书对多模态文体学爱好者有相当大的好处。标题中"语言"一词的使用强调了范·勒文将颜色视为一种可以从社会符号学角度解释的交际系统，可能引发大量的讨论。该书从多个角度全面阐述了颜色的潜在意义，涵盖了颜色的含义、颜色系统和颜色名称，以及规范的论述和文本性，可以帮助文体学爱好者掌握颜色模态的分析方法。

5.6 结语

总的来说，多模态文体学从起步开始就一直在发展，但是却不像功能文体学和认知文体学形成了比较清楚的理论体系。但是，我们通过搜索、分析相关研究成果也发现，多模态文体学在发展，数量也在逐渐增加；更为可喜的是，多模态文体学的核心人物诺加德在2018年出版了专著——《小说的多模态文体学：超越文字》，对她在这近十年中的多模态研究作出总结，不仅涉及了文字之外的多种模态，而且试图建立一个多模态文体学分析框架。她在这本书中总结了多模态文体学的不足及未来的发展趋势，强调多模态文体学本质上是文体学，所以应该坚持体现文体学研究语言文字特征的本质特点、在以语言特征分析为主的情况下探讨文字模态与其他模态的互动及其意义，不能为了分析多模态而忽视了文字模态。多模态文体学领域的这第一部专著完整地展示出近10年多模态文体学研究采取的主要理论和方法，从而让有兴趣的学者明白接下来的努力方向,并且注意在接下来的多模态文体研究中在坚持文字模态重要性的基础上分析各种模态之间互动产生的新内涵。希望文体学界能有更多学者关注多模态文体学,使得该理论和方法在文体分析中发挥更大的作用,在典型多模态文本和非典型多模态文本分析中充分展示出它的巨大魅力。

第 6 章
语料库文体学的新发展

6.1 引言

20世纪80年代以来,随着计算机科学和网络技术的迅猛发展,国外越来越多的文体学研究者把语料库语言学的工具和方法与文学作品分析结合起来(Toolan, 1990; Tabata, 2002; Semino & Short, 2004; Stubbs, 2005: 5–24; Starcke, 2006: 87–104; Wynne, 2006: 223–226; Fischer-Starcke, 2009: 492–523; Mahlberg, 2007a: 19–31; Mahlberg, 2009: 47–63, 2013)。

陈婵(2014: 151–159)把语料库文体学研究分为两类,一类是理论探讨和综述性评论;另一类是借助语料库语言学方法和工具来分析具体的文学作品,并对国外的此类分析做了梳理,如伯罗斯(Burrows, 1987)通过对比简·奥斯汀系列小说中的人物对话和叙述中情态动词的使用频率,揭示了小说所表现出的意义和价值观;斯塔克(Starcke, 2006: 87–104)、费舍尔·斯塔克(Fischer-Starcke, 2009: 492–523)应用语料库分析工具分别检索、提取简·奥斯汀的小说《劝导》和《傲慢与偏见》中的关键词和高频词簇,发现研究高频词簇及其同现是提取文本的文学意义的有效方式;塔巴塔(Tabata, 2002)和马尔贝格(Mahlberg, 2007a: 19–31)的研究对象都是由狄更斯的23部作品组成的语料库,前者发现狄更斯的早期作品更倾向于正式文体,而晚期作品更倾向于口语体,后者通过分析高频词簇发现和身体部位相关的词簇往往是推动关键故事情节发展的线索;哈代(Hardy, 2007)利用社科分析软件 SPSS 和语篇分析软件 TEX-TANT 检索、分析弗兰纳里·奥康纳作品中的词汇搭配，发现单词 eye 构成的搭配出现频率很高，反映出作者对人体内部或精神方面的意义很关注。除了陈婵（2014：151-159）提到的上述对文学作品的语料库文体学分析，图兰（Toolan，1990）也应用语料库分析软件统计、对比威廉·福克纳的小说（主要是《去吧，摩西》）各部分中代词、指示词等词类的出现频率，并分析其可能表现的主题意义。

国内的语料库文体学研究主要是上述第二类范式，即应用语料库语言学方法和工具分析英语文学作品（杨建玫，2002：56-59；张仁霞、戴桂玉，2010：34-38；郑文韬、郑飞，2012：97-100），但是这类语料库文体分析不仅数量很少，而且题目大多含有"语料库检索分析"这几个字，说明这些研究主要借助语料库检索软件按照词汇出现频率高低列出主题词表的功能来分析作品。任艳、陈建生、丁峻（2013：16-20）和陈婵（2014：151-159）分别以英国哥特式小说和爱丽丝·门罗的小说为研究对象，应用语料库检索软件检索 3~6 词词簇，并选取数量较少的高频词簇对作品的主题意义作出分析。

雷茜、张德禄（2016：278-286）认为，根据研究目的不同，语料库文体学的主要研究领域包括作家风格研究和作品主题语言表现形式研究。从上述论著梳理来看，目前国内外的语料库文体分析主要有两种做法：一种做法是先确定要统计的词汇类型，如情态动词、代词、指示词等，用语料库分析软件进行频率统计，通过与参照语料库相比挑选出频率相差较多的语言特征，并分析该作品的语言风格，或者结合作品主题对其进行分析、解释。另一种做法是不确定分析哪种语言特征，而是先用语料库检索软件提取主题词和不同长度词簇，接着观察、分析高频词簇，然后分析作品的语言风格，或者这些语言特征可能表现的主题意义。

第6章　语料库文体学的新发展

6.2　语料库文体学的重要理论发展

近十年间，语料库文体学不仅在数量上有了快速增长，而且在理论上也取得了较大发展，主要表现为：（1）语料库文体学工具增加、分析的体裁类型和语言特征也在不断增加；（2）系统介绍语料库文体学的论著出现，探讨了语料库文体学从建立语料库到分析语料的整个流程；（3）语料库文体学的跨学科结合。

6.2.1　检索分析多种体裁中的多种语言特征

语料库文体学在2010年得到较快发展。如麦金泰尔（McIntyre, 2011a：355）所说，在2010年，文体学领域中语料库文体学非常突出，出现了大量高水平论著，如斯塔克（Fischer-Stracke, 2010）的著作《文学分析中的语料库语言学》(*Corpus Linguistics in Literary Analysis*)。

莱格（Lugea, 2017：340–360）提到，尽管越来越多的论著应用语料库做文体研究（如 Lugea, 2016a, 2016b；Ringrow, 2016），以下这些论著对语料库的应用更加充分。以马尔贝格（Mahlberg, 2013）用狄更斯的小说人物所做的语料库文体研究为基础，鲁阿诺（Ruano）借用 WordSmith 工具来分析14部狄更斯小说组成的语料中言语报道动词的使用，认为这些言语报道动词有助于塑造狄更斯笔下的独特人物形象（Ruano, 2016）。2015年《语言与文学》杂志第二期还发表了用语料库工具分析《查特莱夫人的情人》中的视角的论文，以及探讨朱利安·巴恩斯（Julian Barnes）小说的一个意大利译本中的文体差异等应用语料库做文体研究的论文。

史密斯（Smith, 2020：79）把语料库文体分析方法用于以BBC广播4台的荒岛唱片（DID）为代表的传记性广播谈话节目，研究了这个专业语域中对话性和民主性这两个密切相关的概念。为了在节目中探讨这些概念，该文首先对"关键"词性标注（POS）进行了数据驱动的文体分析，即分析区分荒岛唱片语料库和一个对话语料库的统计意义显著的语法类别。然后，该文在四个抽样周期追踪这些语法特征，看看发生了什么变化,以及它们在多大程度上证明了对话性和民主性。这个过程是为嘉宾和主持人分别完成的,因为他们在节目的参与框架中都有各自不同的角色。研究结果表明,随着时间的推移,嘉宾和主持人之间的谈话清楚地趋向规范性和差异减少。对话性的特征通常是,但不一定总是民主化的证据,反之亦然。该文将这些发现与该剧不断变化的背景环境联系起来。伊伯里(Ilbury,2019:245-264)发现,有学者对社交媒体应用语料库文体学进行分析,通过分析正字变异作为言语代理的潜力,对区域和社会变异进行宏观定量研究。然而,在何种程度上文体变异可能影响这些分析仍然在很大程度上未探索。该论文探讨了作者如何在文体上使用不同的拼写来表现人物和其性格特征,通过提取 10 名英国同性恋男子在一段时间的 15 804 条推文构成的语料库,来研究其中的非洲裔美国方言英语(AAVE)特征。该文认为,非洲裔美国方言英语的风格化标志着一个非常具体的人物形象的发展——"时髦的女王"——这依赖于对黑人女性"凶猛"和"时髦"的基本想象。该文强调了微观分析的价值,以补充对社会媒体中语言变体的定量分析。

科尼格(Koplenig,2015:1-34)应用语料库文体方法分析包括六种不同语言(其中有两种英语变体)的谷歌 Ngram 语料库,进行了大规模时间序列分析。该文证明了齐夫-曼德尔布罗法(Zipf-mandelbrot)的参数的历时变化(以及齐夫法则的参数,都是用极大似然估计方法估算的),可以用于量化和视觉化语言变化的重要方面(如谷歌 Ngram 语料库所示)。分析还揭示了重要的跨语言差异。该文认为,齐夫-曼德尔布罗法参数可以用作历时性语言变化的第一个指标,但是更全面的分析应该利用各种不同的词汇、句法和文体措施,以充分理解真正驱动这些变化的因素。

6.2.2 系统介绍语料库文体学的论著

斯塔克(Fischer-Starcke,2010)的著作——《文学分析中的语料库语言学》(*Corpus Linguistics in Literary Analysis*)应用语料库文体学方法分析简·奥斯汀的小说,展示出奥斯丁作品语料库的一个全景,并且

第 6 章　语料库文体学的新发展

具体分析了其中的"诺桑觉寺"（Northanger Abbey）。斯塔克展示出，语料库方法对于验证文学评论分析以及直觉的分析所无法发现的文学修辞和效果都具有很大的潜力。她主要应用三种分析技巧：关键词分析、熟语单位（N 元模型和 N 构造程式）和分布分析。她在对这每一类特征的分析中都会说明此类分析如何对奥斯汀的文体技巧作出新的阐释，尽管她建立的语料库还有进一步研究的空间（对于这个超过 4 百万单词的数据库的分析，即使是使用语料库工具，仍然需要作出一些选择）。该书对于奥斯汀的研究和语料库文体学分析方法的发展都作出了贡献。麦金泰尔（McIntyre, 2011b: 355）指出，该书作为关于语料库文体学的几本著作之一，毫无疑问地加入了其他几本界定这个新兴学科的著作之列，包括塞米诺和肖特（Semino & Short, 2004）的《语料库文体学：一个英语写作语料库中的言语、写作和思想呈现》（Corpus Stylistics: Speech, Writing and Thought Presentation in a Corpus of English Writing）和阿道夫（Adolphs, 2006）的《电子文本分析介绍：语言和文学研究的实用指南》（Introducing Electronic Text Analysis: A Practical Guide for Language and Literary Studies）。

洛和米洛伊科维奇（Louw & Milojkovic, 2016）对语料库在文学作品中的作用给与更大重视，主要表现在他们合著的著作《语料库文体学作为语境语义韵理论和潜台词》（Corpus Stylistics as Contextual Prosodic Theory and Subtext）。他们强调：语料库数量、经验性和传递数据的力度，证伪了语料库应用之前所提出的概念，对语料库在文体分析中的作用给予极大的肯定。

对于语料库文体学研究者来说，《劳特里奇语料库语言学手册》（The Routledge Handbook of Corpus Linguistics）（O'Keefe & McCarthy, 2010）是一本必读书目。这本书长达 680 页，包含了建设和分析语言语料的大量宝贵且实用的建议。该书的第一部分包含两章，讨论了语料库语言学的历史发展和演变（McCarthy & O'Keefe, 2010; Bonelli, 2010: 42-56）。第二部分主要介绍怎样建设语料库以及其中需要考虑的一些重要问题（Reppen, 2010: 59-65），怎样建设口语语料库（Adolphs & Knight, 2010: 66-80），怎样建设书面语料库（Nelson, 2010: 81-93）和怎样建设专业语料库（Koester, 2010: 94-107）。第三部分是语料库分析，这部分对于刚开始学习语料库分析的学生来说尤其有吸引力。比如，斯科特（Scott，2010：164–179）撰写的一章，展示了语料库软件能做些什么；霍斯顿（Hunston，2010：152–166）解释了怎样使用语料库来研究语言模式；特里布尔（Tribble，2010：167–183）的一章则介绍了怎么使用检索功能。该书的其余部分包括使用语料库做语言研究、使用语料库进行语言教学、设计以语料库为基础的教学材料以及使用语料库来研究文学和翻译。使用语料库来研究文学属于语料库文体学的范畴，其中包括：对于平行和对比语料库的讨论（Kenning，2010：487–500）；对翻译的讨论（Kübler & Aston，2010：505–515），以语料库为基础对威廉·布莱克（William Blake）的诗集《天真和经验之歌》（*Songs of Innocence and Experience*）和电影大片对话的分析（McIntyre & Walker，2010：516–530）；对文学中言语表现的语料库语言学研究（Amador-Moreno，2010：531–544）。麦金泰尔和阿奇尔（McIntyre & Archer，2010：167–182）用网络基础的语料库工具 Wmatrix 来探讨语义标注的可能性，从而揭示阿兰·本奈特（Alan Bennett）的剧作《住货车的女士》（*The Lady in the Van*）中的思维风格（McIntyre，2011：356）。

6.2.3 语料库文体学的跨学科结合

麦金泰尔（McIntyre，2015：59-68）提出建构一个综合的语料库文体学，即与其他文体学方法和分析框架相结合的语料库文体学方法。他认为这种结合的原因有两点，一是对于充分分析文本的文体效果来说是必要的，二是把语料库分析方法和其他文体学工具结合起来才能把语料库文体学与语料库语言学区分开来。该论文以马克·哈登（Mark Haddon）的小说《深夜小狗神秘事件》（*The Curious Incident of the Dog in the Night-Time*）和 HBO 电视网的系列片《枯木》（*Deadwood*）为例说明对文体效果的充分分析有赖于语料库分析方法和其他文体学分析方法的结合。麦金泰尔（McIntyre，2015：61）认为，语料库文体学和认知文体学的关注点有以下差异：认知文体学的主要目的尽管是建立读者阅读过程的理论和模型，可以外推到所有读者，但是这些理论和模型能够解释个体读者对文本的反应，在这方面认知文体学主要关注的是个人。语

第6章　语料库文体学的新发展

料库文体学主要通过大量的语料研究语言运用中的模式，虽然这有时能为具体文本的个人阐释提供证据，但是它本身并不是关注个别读者的阅读实践。相反，它关注的是对超越分析样本之外的语言行为的总结。麦金泰尔（McIntyre，2015：62）总结说，语料库文体学在很长一段时间内不愿意与包括认知文体学在内的文体学流派合作，不过这种状况近几年有所改善［如斯托克韦尔和马尔贝格（Stockwell & Mahlberg，2015:129-147）］。该文认为如果语料库文体学不从其他文体学流派借鉴理论和方法的话，它只是简单的语言计数练习模式，没有办法解释这些模式的意义。

莱格（Lugea，2017：353）认为，尽管很多文体学家都同意语言研究中的实证方法和数据驱动的理论，但是对于完全拒绝其他范式犹豫不决，如马尔贝格等人（Mahlberg et al.，2016：433-463）和巴斯（Busse，2011：121）论证了语料库分析方法和认知方法的互补，杰弗里斯（Jeffries，2000）为广义文体学研究中的兼收并蓄方法辩护。

正如《布鲁姆斯伯里文体学指南》（以下简称《指南》）的序言中所指出的，"现代文体学，即使接受了认知理论中更有趣的方面［……］，在理论和实践上仍将重点放在文本的结构和语言的艺术性上"。对于洛和米洛伊科维奇（Louw & Milojkovic，2016）来说，文本的艺术性只能通过语料库或经验主义与可观察到的数据相联系来衡量。该《指南》的第一部分汇集了洛以前在文体学领域做的研究成果，这些作品推动了语境语义韵理论（Contextual Prosodic Theory，CPT），并描述了语义韵和去词汇化概念［这个现象最初由约翰·辛克莱（John Sinclair）观察到］，和再词汇化和次语境。在《指南》的第一部分，洛展示出，语料库文体分析可以揭示出在几首诗歌中词汇的字面意义渐渐被去词汇化，而具有了与字母本身不同的意义，继而被再词汇化，恢复它们在诗歌开始时表现出的字面意义。这些解释都是基于单词的搭配模式的语料库文体分析。在该《指南》接下来的章节中，两位作者在弗斯、韩礼德和辛克莱对语义韵和搭配的研究基础上继续发展了这两个概念。搭配和语义韵律分析在洛和米洛伊科维奇（Louw & Milojkovic，2016）撰写的部分后面的章节中被运用到反讽、幽默、协商和机构性话语（institutional discourse）中。

在该《指南》第2章中，米洛伊科维奇把上一章阐述的CPT理论应用于俄语和塞尔维亚语文本，表现出这个理论可以应用于对其他语言的文本分析。首先，米洛伊科维奇用亚历山大·普希金（Alexander Pushki）的诗歌来审视和检验CPT理论主要分析的14种重要语言现象在这些非英语语言中的适用性，在后面的章节中用一些创造性和实证性的手段来推进CPT理论。例如，她将人工文学翻译与语料库生成的翻译进行比较，让有创意的作家们完成一项任务，即在上述两类翻译作品中识别出有"灵感"的时刻，并在文体学课堂上使用CPT理论。不管我们是否同意该书两位作者的这种尝试，他们对利用数据和科学方法所作出的贡献是值得称赞的。

洛和米洛伊科维奇（Louw & Milojkovic, 2016: 82）认识到语料库文体学是约翰·辛克莱创造的副产品，"辛克莱作为一位伟大的语言学家，他的工作激发出一个论文集，金吉尔（Zyngier, 2016: 13）揭示出这一事实，即读者对于辛克莱作为一个文体学家和语言与文学教育专家所作的贡献知之甚少"。因此，金吉尔（Zyngier, 2016）把编著的论文集题目定为《语言、语篇和文体：约翰·辛克莱作品选集》（*Language, Discourse, Style: Selected Works of John McH. Sinclair*），分为三部分，其中语料库只扮演了一个配角的角色。第一部分"教育、语言教学和文体学"包含4章，展示出辛克莱关于非常实际的教学问题的论著，诸如语言发展和意识、教学中语料库的价值等。第二部分名为"语言学文体学"，包括5章，讲述了辛克莱精彩的文本分析，其分析对象主要是诗歌。第三部分名为"文体和语篇"，探索了语篇层面的文学文本，探讨了世界理论在文体分析中的应用。辛克莱在文体研究方面的智慧闪耀在他对于文本的关注中、对于更广泛的语言系统的关注中以及在现实课堂上对他这些理念的应用中。这种在课堂上采用语料库的方法随着语料库和教学方法的发展而继续发展着。

马尔贝格和斯托克韦尔（Mahlberg & Stockwell, 2016: 253）也为将应用语料库文体学作为文学教学起点的做法提供了有力支持，介绍了他们新开发的语料库文体学工具CliC，并探讨了该工具在文学教学中的用法。马尔贝格等人（Mahlberg et al., 2016: 433-463）的另一篇文章也介绍了这个语料库工具，描述如何使用CLiC来给引号内外的文

第 6 章 语料库文体学的新发展

本自动加标。他们用狄更斯的小说作为案例,展示出 CliC 区分言语和非言语这些叙事框架的能力,以及辨识言语之间不同长度中止的能力(Mahlberg et al., 2016: 450)。索引和聚类与认知诗学的"心智塑形"(mind-modelling)概念相结合,揭示了直接言语的内容以及它出现的认知框架如何有助于文本的人物刻画。这 15 个研究项目展示了语料库和认知方法是如何协同工作的,提供了关于小说语言的假设主导的发现。

从上述论著梳理我们看出,语料库文体学可以搜索分析文本中的关键词、搭配、索引,从而分析出文本的语言特征,可以分析勾画出作品中的语义韵。语料库文体学还被用于统计一篇论文或一部著作的语言特点,从而判断该论著中是否有不一致的文体现象,即剽窃他人论著的可能(AlSallal et al., 2019: 700–712)。此外,和功能文体学、认知文体学、多模态文体学一样,语料库文体学也有进一步跨学科融合的趋势,还可以和认知文体学等其他文体学流派结合,用语料库工具搜索数据来分析文本相关的认知方式。语料库文体学也被用于文学教学等其他领域。

周娟、王澜(2013: 53–58)探讨了平行语料库在翻译教学中的应用。《浙江大学学报》2019 年第 5 期开设了题为"语料库与跨学科研究"的主题栏目。虽然从题目看,该主题栏目探讨的是语料库在其他学科中的应用,但是其收录的三篇论文都与语料库对语言特征的分析有关,并且把语料库文体分析与其他学科进一步结合。胡开宝、杨枫(2019)在分析基于语料库的文学研究的缘起的基础上,着重探讨了基于语料库的文学研究的主要研究领域,认为该领域研究主要包括基于语料库的作品、作家、文学史和文学理论等;基于语料库的文学研究的问世不仅促进了文学研究方法的重要变革,而且在很大程度上拓展并深化了文学研究。张庆彬、王振华(2019)采用语料库方法、以评价系统为理论框架,探索了一套具有可操作性的外交表态词翻译规范和原则,指出外交表态词与外交语境属于附生关系,而非传统意义上的嵌生关系。外交表态词的翻译应遵循评价类型等效和外交立场等效的双重"评价等效"原则。宋庆伟(2019)对葛浩文翻译的莫言作品进行语料库考察,探讨了如何构建中国特色的文学翻译话语,强调应着力打造"融通中外""和而不同"的中国话语,进而有效传播中国的思想与文化。这些论文探讨了语料库对语言等文本特征的分析在文学研究、外交话语构建与翻译以及文学翻译研究等领域中的应用,在一定程度上推动基于语料库的跨学科研究。

莫娜·贝克(Baker,1993:233-250)第一个倡导把语料库应用于探究翻译现象,并展开基于语料库的翻译研究。之后,许多学者利用语料库研究翻译文本的特点,用翻译语料库研究语言之间的异同。国内也有一些学者把借助语料库的语言特征研究方法用于翻译研究。李敏杰、朱薇(2012:177-180)基于《红楼梦》汉英平行语料库,借助语料库统计分析软件,统计霍克斯(David Hawkes)译本和中国翻译家杨宪益及夫人戴乃迭译本的形符数、类符数、类符/形符比、平均词长、高频词、平均句长等语言特征,发现两者的不同特点。比如,就句长而言,英汉语言分属不同的语系,英语重形合,因而长句在英语中很常见;而汉语重意合,强调句子间的内在逻辑关联,句子一般不长。在该文选取的一个例子中,原文为三个句子。霍译本使用大量连接词,使之成为一个长句,虽然句子逻辑严密,但失去了原文的轻松活泼,风格上略显滞重。相比之下,杨译本使用四个句子来翻译,句子较短、简洁明快,受汉语语言表达习惯的影响更明显。该文统计分析发现,总体上,两个译本均倾向于使用日常的、通俗易懂的词汇,以便西方读者阅读。较之杨译本,霍译本显化特征更明显,这有利于西方读者的理解和接受。杨译本更强调译作的文学性,因而用词范围更加宽泛,表达方式更加丰富、生动,而霍译本的用词相对狭窄,但更接近英语本族使用者的语言。李德超、唐芳(2015:88-96)基于自建英语旅游文本类比语料库,比较英语旅游翻译文本与英语旅游原生文本在类符型符比、词汇密度、平均句长、平均词长、高频词等参数上的区别,发现:英语旅游翻译文本较之英语旅游原生文本具有以下特点:(1)符合"简化"趋势,主要表现为标准化类符型符比较低,动词变化程度较低,原形形容词使用重复率较高,高频原形副词使用较频繁;(2)符合"显化"趋势,主要依据为代词密度偏低;(3)时态的运用更为丰富,主要体现在完成时和将来时所占的比重更高;(4)文体更为正式、客观,主要表征为动词名词化较多、被动语态的使用更为频繁和极低的缩略式使用频率。胡显耀(2020:273-282)通过两个百万词的英语可比语料库:翻译英语语料库(COTE)和原创英语语料库(FLOB),采用96个词汇、短语、句法和语篇特征,通过多特征统计分析找到了一组翻译英语变体的语言特征，为"翻译共性"提供了新证据，并初步探讨了这些变体或共性特征的动因。黄立波（2011：100–106）应用双语平行语料库，以《骆驼祥子》两个英译本为例，从人称代词主语转换和叙事视角转换两方面比较译出与译入文本的翻译文体特征。研究发现，汉英小说翻译中，无论译出或译入，人称代词主语在数量和频次上均表现出增加趋势，在转换类型上均表现出明显的语际显化。但从译出和译入的类比关系上看，相对于译出文本，译入文本的显化程度更高一些；叙事视角方面，译出文本倾向于保留原文中的客观视角，译入文本则多采用主观视角，根本原因在于英汉语在转述语方面的差异。刘泽权等人（2011：60–64）基于已建成的《红楼梦》中英文平行语料库，应用语料库检索软件将《红楼梦》的四个英译本在词汇和句子层面的基本特征进行数据统计和初步的量化分析，比较和探讨四个英译本在风格上的异同。通过多层面考察，发现四个译本作为译语和叙事文体的特征非常明显，但每个译本都彰显出独特的风格，如乔利（Bencroft Joly）的译本多使用复杂的长句，邦斯尔神父（Reverend Bramwell Seaton Bonsall）译本较易阅读，杨宪益译对原文尊崇最大但阅读难度较大，而霍克斯译本明显趋向英语的叙事方式与篇章手段。

6.3 近十年语料库文体学领域的主要著作和论文

麦金泰尔（McIntyre，2012a：402–415）在综述 2011 年文体学研究的情况时指出，基于语料库的文体分析在 2011 年继续迅猛发展，包括奥哈洛兰（O'Halloran，2011：172–179）在分析阅读群体语篇时把定性编码和语料库工具结合起来，以及麦金泰尔和沃克（McIntyre & Walker，2011：101–130）对早期现代英语中话语形式的分析。然而，在这一研究领域前沿的是何玉芳（Ho，2011）的《语料库文体学原则和实践》(*Corpus Stylistics in Principles and Practice*)。人们对于语料库方法常见的抱怨就是他们往往缺少对于真正理解文体效果来说必要的定性分析。何玉芳的这部著作不是这样。该书对约翰·福尔斯（John Fowles）的经典小说《武术师》(*The Magus*)的原作和修正版本作出精彩的分析。他巧妙地把复杂的语料库语言学技术与认知文体学对小说中视角的分析结合起来，阐释出福尔斯所做的文体修改产生的效果。何玉芳做到了许多文学评论家没能做到的，即她能够准确地展示出小说《武术师》的哪些部分做了什么修改，以及它们对读者的潜在影响。虽然她尽力指出，她并不是在暗示一个版本在本质上比另一个更好，但是她基于语料库的/定性的分析让她能够解释为什么有些读者可能更喜欢一个版本而不是另一个。此外，这本书对语料库文体学的历史和技术提供了非常有用的介绍，这对于想要接触这个领域的任何人都是非常宝贵的。该书作为一个整体，是一个指标，它展示出当语料库方法被应用到最佳状态时可以取得什么结果。

马尔贝格（Mahlberg，2013）的著作《语料库文体学和狄更斯的小说》（*Corpus Stylistics and Dickens's Fiction*）说明语料库工具如何能为讨论得很多的文本提供新的视角。马尔贝格特别关注狄更斯小说中的遣词造句，分析词簇（clusters，即重复的单词序列），如"他的手放在口袋里""好像他已经"等。马尔贝格认为，这些词簇是虚构世界的"文本构建材料"，也把人物特定的方面外化。她的研究结果是通过比较狄更斯的作品和更广泛的 19 世纪小说这个参考语料库获得的。除了对狄更斯作品的文体特征和主题意义研究作出重大贡献外，马尔贝格的研究之所以重要还有几个原因。它对目前的语料库文体学方法作了总结，其中包括对该领域现有研究的一个有用的梳理。不仅如此，该书还把语料库文体学与认知文体学联系起来。因此，这本书不仅是语料库文体学领域的重要著作，对狄更斯的小说特别是其中的词簇做了细致分析，而且还展示出语料库文体学与认知文体学等其他学科结合的发展趋势。通过把语料库文体学和认知文体学结合，她的分析表明，词簇可以作为文本世界理论中人物塑造和世界建构成分的文本触发（textual triggers）。麦金泰尔（McIntyre，2012b：339）评论说，这是我对这本书特别欣赏的一点，因为认识到语料库方法和认知方法不是相互隔离发展的非常重要。他还发出一句非常有趣的感慨，即现在认知文体学家有责任去把语料库分析整合到他们自己的研究中！我们之所以认为这句感慨有趣，是因为在我们这本书中，认知文体学和语料库文体学是我们选取的四个主要文体学流派中的两个，那么认知文体学对于文本世界、概念隐喻等的分析与语

第 6 章　语料库文体学的新发展

料库工具的结合究竟是算认知文体学流派的跨学科还是算语料库文体学的跨学科？在我们看来，这两种说法都是合理的，而且在实践中没有影响。如果非要给这种跨学科分析一个名称的话，那么我们认为可以按两个组成学科在分析中所占的比例来定。还以上述麦金泰尔（McIntyre, 2012b: 339）所提的结合为例，如果一个文体分析主要采用的是认知文体学方法，而以语料库工具作为辅助工具的话，可以将其视作认知文体学与语料库语言学的结合。如果在一个分析中主要分析的是词簇等语料库文体学的典型分析对象，而在较小的篇幅中将其延伸到认知文体学的文本世界等理论，那么这种分析可以视为语料库文体学与认知语言学或更广泛的认知科学的结合。

埃格伯特（Egbert, 2012: 167-198）研究的也是 19 世纪的小说，目的是使语料库文体学技巧扩大为多维分析。他的研究目的是为了找出 19 世纪作家的作品中突出的特征。在这方面，他的研究为马尔贝格（Mahlberg, 2012d: 77-95）对狄更斯的独特见解提供了更广阔的背景。

胡佛等人（Hoover et al, 2014）合著的《数字文学研究：诗歌、散文和戏剧语料库研究》（*Digital Literary Studies: Corpus Approaches to Poetry, Prose, and Drama*）比较全面地展示了语料库文体学方法及其应用。该书的主要目的是介绍一系列分析数码化文本的语言框架和语料库方法；也就是说，文本虽然不是天生的数码格式，但后来被转换成这种格式。该书分为三个部分，三位作者每位负责撰写一个部分，其中卡尔佩珀负责戏剧的语料库文体学研究，胡佛负责散文的语料库文体研究，奥哈洛兰负责诗歌的语料库文体分析。

巴拉斯（Balossi, 2014）的《文学语言和人物刻画的语料库语言学方法：弗吉尼亚·沃尔夫的〈海浪〉》（*A Corpus Linguistic Approach to Literary Language and Characterization: Virginia Woolf's The Waves*）也是这一领域比较重要的一部著作。该书用语料库语言学方法分析经典文学作品，即弗吉尼亚·沃尔夫的小说《海浪》。这种对于经典作家作品的研究面临着一个难题，即是否能够发掘出新意，而该作者在分析小说中语言与人物刻画的关系时既把质的分析结合以量的分析，用语料库分析工具提取出与每位叙述者相关的词簇和语义范畴进行分析，而且又融入了社会心理学对于语言应用与人类的性格特点之间关系的观点，从而使得该语料库文体分析更加全面和具有深度。该研究对《海浪》里的独白中词性和语义场使用的对比分析证实了六个主人公在语言风格和思维风格上的明显差异，不仅使这部意识流作品人物形象不鲜明的文学批评不攻自破，而且对意识流语篇人物塑造和语篇连贯研究颇有启发。

图兰（Toolan，2009：141–155）利用语料库方法研究叙事作品语篇推进的文体特征，发现高频词、关键词和关键句等语言特征引发的词汇语义重复是叙事推进和读者预测的重要手段，对叙事文体的认知研究有重要参考价值。

2019年麦金泰尔和沃克教授合作出版了专著《语料库文体学：理论与实践》（*Corpus Stylistics: Theory and Practice*）（McIntyre & Walker，2019）。该书的两位作者在摘要中介绍说，虽然近年来在文体学研究中对语料库的工具和方法应用越来越多，但是到目前为止还没有哪本书详细地介绍语料库文体学的理论基础和方法论实践。该书旨在为快速发展的语料库文体学领域设定议程，重点介绍如何使用现成的语料库软件，如AntConc、Wmatrix和杨百翰大学（Brigham Young University, BYU）语料库接口，一步一步地解释使用语料库方法和工具进行文体分析的理论和实践。该书用八个原始案例研究展示了如何使用语料库工具来分析各种类型的文本，包括从当代到历史的文本。作者解释了如何为语料库文体分析设计合适的研究问题、如何建设语料库和加标语料、如何理解统计数据、如何分析语料库数据。此外，该书还就如何管理从定量结果到定性分析的转变提供了实用的建议，并探讨了如何利用文体学的理论、模型和框架来加强语料库分析中的定性阶段。

6.4 近十年语料库文体学领域重要学术团体和专家

尽管麦金泰尔也发表过普通文体学、认知文体学研究的论文，但是近十年他的论著主要集中在语料库文体学研究领域。2004年他与肖特、

第 6 章　语料库文体学的新发展

塞米诺等学者（Short et al., 2003）合作发表《应用语料库研究英式英语口语中语言和思想表达方式的研究》（"A Corpus-Based Investigation into Speech and Thought Presentation in Spoken British English"）；2010 年他与沃克（McIntyre & Walker, 2010）合作发表《语料库如何能被用于诗歌和戏剧的语言探讨？》（"How Can Corpora Be Used to Explore the Language of Poetry and Drama?"），同年他与阿奇尔（McIntyre & Archer, 2010: 167–182）合作发表《思维风格的语料库方法研究》（"A Corpus-Based Approach to Mind Style"）；2011 年他与马尔贝格（Mahlberg & McIntyre, 2011）合作发表论文《语料库文体学的一个案例》（"A Case for Corpus Stylistics"），与沃克（McIntyre & Walker, 2011）发表了《早期现代英语写作的话语呈现：一个基于语料库的初步研究》（"Discourse Presentation in Early Modern English writing: A Preliminary Corpus-based Investigation"）；2012 年他发表了《轰动一时的电影对话的典型特征：语料库文体分析》（"Prototypical Characteristics of Blockbuster Movie Dialogue: A Corpus Stylistic Analysis"）（McIntyre, 2012a）；在伯克等人编写的《教学文体学：语言、文学和英语教学》（*Pedagogical Stylistics: Current Trends in Language, Literature and ELT*）等中负责"语料库文体学教学"这一章，将该章命名为"语料库文体学在课堂"（Corpus Stylistics in the Classroom）。2013 年他发表《〈大卫·皮斯的 1974〉中的语言和文体：一个语料库指导的分析》（"Language and Style in *David Peace's 1974*: A corpus Informed Analysis"）（McIntyre, 2013a: 133–146）；2015 年他发表《建立综合的语料库文体学》（"Towards An Integrated Corpus Stylistics"）（McIntyre, 2015: 59–68）；2018 年，他和蒙特罗（Montoro & McIntyre, 2018: 369–388）合作发表《从属关系是严肃小说和通俗小说复杂性的一个潜在标志：一种用于检验文学批评主张的语料库文体方法》（"Subordination as a Potential Marker of Complexity in Serious and Popular Fiction: A Corpus Stylistic Approach to the Testing of Literary Critical Claims"）；他和布莱斯（Price & McIntyre, 2018）在第九届"融合性应用语料库研究"（Inter-Varietal Applied Corpus Studies, IVACS）会议上发表了《"直谈钱"语料库辅助发薪日贷款网站的批评性话语分析》（"'Straight Talking Money' A

Corpus Assisted Critical Discourse Analysis of Payday Loans Websites"）；2019年，他和沃克（McIntyre & Walker, 2019）合作出版了专著《语料库文体学：理论与实践》（*Corpus Stylistics: Theory and Practice*），该书旨在为快速发展的语料库文体学领域设定议程，重点介绍如何使用现成的语料库软件，如 AntConc、Wmatrix 和杨百翰大学（Brigham Young University, BYU）语料库接口，一步一步地解释使用语料库方法和工具进行文体分析的理论和实践。

除了上述论著之外，麦金泰尔在2017年第九届国际语料库语言学大会的主旨发言《语料库文体学》，主要解释了"什么是语料库文体学"。讲座首先解释了"文体学 + 语料库 = 语料库文体学？"这一问题，在麦金泰尔看来并非如此，他认为语料库文体学是主观引导的客观语料库调查。麦金泰尔认为，语料库对文体学研究至少可以起到型式描写、规范与偏离研究、假设验证、与文学批评相互参照等作用。他以海明威的小说为例，通过自建语料库，用 Wmatrix 进行词性标注，以 BNC 想象类文本为参照语料库做了对数似然率检验，结果发现了与以往文学评论家对海明威的语言描绘不同的特征。麦金泰尔与沃克合作研究历时新闻话语的特点，通过建设语料库、自己人工加标其中的直接/间接言语和思想表达，发现这些文体特征的历时性变化，并对其作出阐释。麦金泰尔还在该讲座中提到语料库文体学的认知转向，用语料库方法研究思维风格。

2018年10月在福州大学举办的第七届国际文体学研讨会上，麦金泰尔教授做的主旨发言也与语料库文体学相关，以一个文学作品为例，从直觉发现的偏离语言特征入手，通过用语料库对其使用频率进行查找，发现该偏离语言特征确实存在；通过分析语料库中该语言特征存在的语境对其意义进行阐释，并将其带入文学作品，进而对文学作品的意义进行分析。从上述梳理的麦金泰尔对于语料库文体学的研究，我们可以发现麦金泰尔对于语料库文体学的探讨既有个案分析也有理论探讨，分析对象既有文学作品也有新闻文体、英语口语等非文学文体，既有对语料库文体学本身的合理性和适用性的探讨，也有对语料库文体学的认知转向、与其他学科融合的跨学科发展的思考。他这10多年对于语料库文体学的研究成果体现在大量的相关研究论文中，并在2019

第 6 章 语料库文体学的新发展

年升华为对语料库文体学的理论和实践作出全面系统探讨的著作。麦金泰尔教授担任 SSCI 文体学期刊《语言与文学》主编已有 9 年，在国际文体学会议、国际语料库语言学会议上做的语料库文体学主旨发言和发表的相关论著对文体学界有很大影响，展示出语料库文体学对于文本阐释的魅力和发展前景，引领着一批学者对这个领域作出进一步探索。

马尔贝格教授对语料库文体学的发展也作出了非常大的贡献。我们通过观察并分析她这些年的论著发现，她在 2007 年之前主要关注的领域是语料库语言学，而 2007 年开始把注意力集中到语料库语言学与文本分析的接面上，这从论文的题目就可以看出。2004 年她发表论文《证据：语料库设计和词典的单词》("The Evidence: Corpus Design and the Words in A Dictionary")（Mahlberg，2004），2005 年，她发表了《英语概括名词：一种语料库理论方法》("English General Nouns: A Corpus Theoretical Approach")（Mahlberg，2005）。2006 年，她主要发表了《词汇衔接：语料库语言学理论及其在英语语言教学中的应用》("Lexical Cohesion: Corpus Linguistic Theory and Its Application in ELT")（Mahlberg，2006）。从 2007 年开始，马尔贝格教授把语料库语言学理论和方法应用于语篇分析，并在一些论文标题中明确地使用"语料库文体学"这个标签。2007 年她与霍伊（Hoey）等合著《文本、语篇和语料库：理论和分析》(*Text, Discourse and Corpora: Theory and Analysis*)（Hoey et al.，2007），探讨语料库如何用于文本、语篇分析；同年她发表的其他几篇论文都是语料库文体学分析，如《狄更斯的〈远大前程〉之一个语料库文体学视角》("A Corpus Stylistic Perspective on Dickens' *Great Expectations*")（Mahlberg，2007a）、《语料库文体学：打通语言学和文学研究》("Corpus Stylistics: Bridging the Gap between Linguistic and Literary Studies")（Mahlberg，2007b：219–246）、《狄更斯作品中词簇、关键词簇和局部文本功能》("Clusters, Key Clusters and Local Textual Functions in Dickens")（Mahlberg，2007c）和《评 M. Mori 的〈研究狄更斯文体：一个对于搭配的分析〉》("Review of M. Hori.'s *Investigating Dickens' Style: A Collocational Analysis*")（Mahlberg，2007d）。2009 年，她发表《语料库文体学与匹克威克的水壶》("Corpus

Stylistics and the Pickwickian Watering-Pot"）（Mahlberg, 2009）；2010 年，她发表了《语料库语言学和 19 世纪小说研究》（"Corpus Linguistics and the Study of Nineteenth-Century Fiction"）（Mahlberg, 2010a）、《散文小说的语料库方法：〈傲慢与偏见〉中的礼貌和肢体语言》（"Corpus Approaches to Prose Fiction: Civility and Body Language in *Pride and Prejudice*"）（Mahlberg, 2010）。2011 年，她和麦金泰尔合作发表《一个语料库文体学案例：Ian Fleming 的〈大战皇家赌场〉》（"A Case for Corpus Stylistics: Ian Fleming's *Casino Royale*"）（Mahlberg, 2011）。2012 年，她发表《狄更斯、引语中断与语料库》（"Dickens, the Suspended Quotation and the Corpus"）（Mahlberg, 2012c）、《语料库文体学、狄更斯、文本驱动和小说世界》（"Corpus Stylistics, Dickens, Text-Drivenness and the Fictional World"）（Mahlberg, 2012b）、《文学文本的语料库分析》（"Corpus Analysis of Literary Texts"）（Mahlberg, 2012a）和《小说语料库文体分析——或语料库文体学的小说》（"The Corpus Stylistic Analysis of Fiction—or the Fiction of Corpus Stylistics"）（Mahlberg, 2012d）。2013 年，她出版专著《语料库文体学和狄更斯的小说》（*Corpus Stylistics and Dickens's Fiction*）（Mahlberg, 2013）。2014 年，她在颇具影响力的《劳特里奇文体学指南》一书中负责"语料库文体学"（Corpus Stylistics）这一章的编写（Mahlberg, 2014）。2015 年，她和斯托克韦尔（Stockwell & Mahlberg, 2015）合作发表《应用语料库文体学对〈大卫·科波菲尔〉心智建模》（"Mind-Modelling with Corpus Stylistics in David Copperfield"）。2015 年，她在又一部重要的文体学选集《布卢姆斯伯里文体学指南》（*The Bloomsbury Companion to Stylistics*）中负责撰写"语料库文体学"（Corpus Stylistics）一章（Mahlberg, 2015）。2016 年，她和多人合作发表《用 CLiC 研究狄更斯：对语境中关键词的新用法来实现小说语料库文体学与认知诗学的整合》（"CLiC Dickens: Novel Uses of Concordances for the Integration of Corpus Stylistics and Cognitive Poetics"）（Mahlberg, Joode, Smith, Stockwell & O'Donnell, 2016）。2019 年，她在论文集《反思语言、文本与语境：文体学的跨学科研究》（*Rethinking Language, Text and Context: Interdisciplinary Research in Stylistics*）中和威甘德（Mahlberg & Wiegand, 2019）合作发

第 6 章 语料库文体学的新发展

表《语料库文学、规范和比较:〈远大前程〉中的言语研究》("Corpus Stylistics, Norms and Comparisons: Studying Speech in *Great Expectations*")。

从上述我们按照时间顺序梳理的论著可以看出,从 2007 年至今,马尔贝格教授主要以狄更斯的小说为语料探讨语料库文体学与文学作品的接面,包括对词语搭配、词簇、词语索引等的分析及这些语言特征对于人物塑造和主题表达的意义;同时也有对语料库文体学的理论探讨,比如,在两本重要的文体学指南中负责撰写"语料库文体学"一章,既有对其重要概念和理论的解释,也有案例展示。总的来说,在从 2007 年至今的 10 多年中,马尔贝格教授在这个领域多年的研究和实践对语料库文体学的发展作出了很大贡献,用其丰富的案例分析展示了语料库工具和方法可以给文体分析提供强有力的数据支持,甚至可以帮助发现肉眼难以发现的文体特征。当然,我们从上述列出的部分论著中也看出,马尔贝格教授除了探讨语料库文体学外,也关注认知文体学研究,并且在 2016 年的论文中尝试把语料库文体学和认知文体学结合起来研究语境中关键词(concordances)。2019 年,她在有关文体学跨学科研究的论文集中发表文章。这些表明,语料库文体学作为一个文体学流派和其他流派可以结合、互相补充,以全面分析文本的文体特征和主题意义。此外,在 2014 年发表的《阅读狄更斯的人物:用心理语言学方法研究文本中认知现实模式》("Reading Dickens's Characters: Employing Psycholinguistic Methods to Investigate the Cognitive Reality of Patterns in Texts")(Mahlberg et al., 2014)一文中,马尔贝格把语料库文体学方法与眼动追踪技术结合起来。这种把眼动追踪实验用于语料库文体研究的还有对于诗歌中跨行连续(enjambment)的分析。

胡佛(Hoover, 2007)采用词语聚类分析法对比亨利·詹姆斯前后期作品,确认两个时期作品在词汇使用风格上的差异,研究还发现了一类风格中立的作品,证明了语料库工具可以给传统风格统计学以有力的数据支撑。胡佛(Hoover, 2010: 67-81)建立了专门的书信体小说语料库,以高频词为变量研究语料库中不同书信体小说叙事者语言风格的差异和同一部小说中不同通信者或叙事者语言风格的差异,证明语料库方法能挖掘文体学家观察不到的某些文体差异。胡佛等人(Hoover et al.,

2014）合著的《数字文学研究：诗歌、散文和戏剧语料库研究》(*Digital Literary Studies: Corpus Approaches to Poetry, Prose, and Drama*）比较全面地展示了语料库文体学的方法及其应用。

6.5 对近十年语料库文体学理论发展的分析和评价

从上述的梳理和分析我们可以看到，语料库文体学在过去的十年间取得了很大进展，不仅可以分析多种语言、多种体裁的文本，而且可以分析关键词频率、搭配、索引、语义韵等多种语言特征。语料库文体学在理论上也有很大进步，出现多部探索建构语料库文体学理论框架和介绍一个语料库文体分析完整流程的论著。此外，语料库文体学也和认知文体学、心理学、文学教学、翻译等学科进行跨学科结合。这些都展示出语料库文体学发展呈现出欣欣向荣的景象，成为文体学领域非常有影响力的一个流派。

但是，我们也发现，这些数量众多的语料库文体分析往往表现出一个共性，就是都关注语言特征在频率即数量上的突出，即功能文体学所说的失衡（deflection），而很少关注对语言规则的偏离，即功能文体学所说的失协（incongruity）（Halliday，1973；张德禄，2005）。对于失协语言特征的关注也是 2018 年 10 月麦金泰尔教授在福州大学举办的文体学国际会议主旨发言中重点呼吁和展示的。麦金泰尔教授在该主旨发言中以实例说明，对一个作品的语料库文体学分析可以始于作者直觉观察到的失协语言特征，然后通过在参照语料库中搜索，发现这些失协语言特征确实存在，接着通过分析这些语言特征出现的语境来阐释它们的意义，最后把这些语言特征的意义带入该作品，从而阐释出作品中通过这些失协语言特征表现出的深层内涵。

雷茜、张德禄（2016）指出了语料库文体学自身的一些局限性：第一，语料库方法围绕有限的文体特征展开研究，也无法穷尽支撑某个文体特征的所有语言资源。第二，语料库方法提供的统计数据，如不针对具体问题，不与理论阐释挂钩，就会陷入对文本的无知观察。第三，文体学家与语料库语言学家缺乏合作,语料库方法本身的技术性仍然是其在文体研究中推广和应用的障碍。

我们认为上述局限性中的第二条和第三条是目前一些语料库文体学研究中存在的问题。在采取语料库文体方法分析文本时应该先通过阅读观察文本用直觉发现其中的一些突出特征,然后再以语料库工具和方法统计相关数据,这样作出的语料库文体分析目的性会更加明确,也会使得研究过程更加有的放矢、合理有效。另外,因为文体学研究者们大多是文学和语言学出身,所以对于语料库工具的应用和开发并不擅长,因此为了作出具有创新意义的语料库文体发现,文体学家需要与语料库语言学家积极合作。

6.6 结语

利奇(Leech, 2008)在著作《文学中的语言》(*Language in Literature*)开头部分把文体学描绘成一个交叉学科(interdiscipline)。也就是说,这门学科需要借鉴大量其他学科来获得发展,并且存在于这些学科的交叉点上。这是一个准确的描述,正因如此,文体学研究往往和相当不同的领域中的研究共同出现。

麦金泰尔(McIntyre, 2011: 347-364)在 2010 年文体学年鉴中特别提到:"当年在《剑桥语言学教材》(*Cambridge Textbooks in Linguistics*)系列又增加了一部著作,题目非常简单,叫作《文体学》(*Stylistics*)(Jeffries & McIntyre, 2010)。我作为作者之一,希望能在某种程度上说服语言学权威人士,文体学现在有能力像主流语言学研究所要求的那样严谨、客观和可证伪。"根据这 10 年间文体学的发展情况,我们非常认同麦金泰尔的上述观点。我们充分地看到各个文体学流派通过不断相互借鉴,并且向其他学科借鉴理论方法来丰富壮大其分析框架,通过借鉴语料库语言学的方法不断使语料分析客观、详实、严谨,通过不断扩大分析对象的体裁和模态来检验、补充和修正其理论和方法,并且通过采用一个既定的或者经过作者修正的理论框架挖掘出各种体裁和模态中的文体模式,来对后者作出具有新意的阐释。文体学在过去 10 年间的发展充分展示出其开放性和生命力以及对于分析和阐释的严谨性、客观性和可证伪性的坚持和追求。

麦金泰尔（McIntyre，2013：343）总结说："这些领域的研究不可避免地与其他学科产生交集，如果在2012年的文体学回顾中出现了一个共同的主题，那可能就是跨学科（crossdisciplinarity）和多学科（interdisciplinarity），这些趋势在我综述的研究中特别突出。"杂志《德克萨斯文学和语言研究》（Texas Studies in Literature and Language）2012年开设的专刊非常清楚地证实了这一跨学科融合的趋势，这期专刊的题目为《语言学和文学研究：计算与融合》。该期专刊中的所有文章都表明计算方法可以给文学文本的分析提供补充。

麦金泰尔（McIntyre，2012a：408）认为，在文学分析中，文体学和叙事学是最有益的协同作用学科。马尔戈林（Margolin，2011）从语言学、哲学和文学理论等不同的角度考察了叙述者的概念。同样在叙述的话题上，库普和斯图灵（Koppe & Stuhring，2011）认为，并不是所有的小说叙事都可以与作者区分开来的叙述者。麦金泰尔（McIntyre，2012a）指出，近年来文体学和社会语言学之间的距离也逐渐减少，尤其是自库普兰（Coupland，2007）的《文体：语言变体与身份》出版以来更是如此。这使得人们对这两者的结合产生兴趣，如克里斯娜和戴维（Crystal & Davy，1969）的研究。例如，德芙雅尼（Devyani，2011）研究了英式亚裔英语（British Asian English）的风格保留和社会变化。语篇研究也是一个与文体学有相当重叠的领域，2011年在这方面的大量研究涵盖了文体学家感兴趣的问题。麦金泰尔（McIntyre，2012c：409）在回顾了2011年的文体学研究后总结说，文体学、话语分析、认知科学、多模态等学科之间不稳定的边界意味着把一个研究界定为文体学不仅取决于其本身的特点，而且同样取决于其预期的读者。他认为，尽管如此，严谨、可复制性和客观性（或者，至少是努力达到这些品质）是他在今年的综述中标记为文体研究所有作品的特征。麦金泰尔对文体学的这种跨学科做法甚至用了这样的修饰语，即文体学的界限仍然是令人满意的模糊。他认为对于当年文体学不断通过跨学科结合而发展的趋势给予最好参考的是威尔斯（Wales，2011）的经典著作——《文体学词典》（Dictionary of Stylistics）的第三版。的确，对于这个不断通过跨学科结合

第 6 章　语料库文体学的新发展

而发展的学科,《文体学词典》中的词条变化是最能够给予清楚明确导航的参考书了。

蒙特罗（Montoro, 2015:355）提出,只要能对文体进行彻底、全面、严谨的研究,文体学家就会毫不掩饰地利用任何能够对它提供最佳解释的分析框架或理论原则。文体学对各种影响的开放接受,解释了其本质上的跨学科性质,也正因为它的这种跨学科本质,产生了丰硕和多样化的研究。2014 年文体学领域在这方面的研究当然没有让人失望,因为它见证了从研究新的文本类型或体裁（如文学游戏）到出版基于语料库和多模态方法的研究的论著。

索蒂罗瓦主编的《布卢姆斯伯里文体学指南》中列出的目前主要文体学理论和研究方法有 15 个,分别是结构主义与文体学、生成语法与文体学、功能文体学、语用学与文体学、语篇文体学、认知文体学、女性文体学、语料库文体学、批评文体学、历史文体学、实验文体学、教学文体学、文体学与翻译、文体学与文学理论和社会语言学与文体学。这多种多样以语言学理论为基础的、借助各种分析工具的、可以实现不同分析目的的文体学流派可能会在文体研究中被结合起来,以便给予文本的语言特征和心理效果一个全面深入的阐释。

当然,在这 10 年里,在上述几个主要文体学流派中不只有各种跨学科融合,特别是和语料库工具、多模态符号学、叙事学的融合,也有对文体学中的核心概念的继续探讨,如陌生化、前景化等。蒙特罗（Montoro, 2015:358）认为,这反映出"文体学的学术灵活性和不自满的特点"。《文学语义学》杂志在 2014 年还开设了一期关于"人称"和"视角"的专刊,而对这两个问题的研究历来是丰富多样的。这也说明文体学的创新性一方面体现为分析语料和理论方法的范围不断扩大,另一方面体现为对其基本概念的继续且更深一步的研究。

申丹（2014:303-308）在评介斯托克韦尔和惠特利编著的《剑桥文体学指南》时评论:"彼得·斯托克韦尔在结语中不仅强调文体学已经成为一个独立学科,而且认为以前也不应该把文体学视为语言学与文学之间的交叉学科……他进而提出,既然文学研究借鉴历史、社会学、经济学等多学科,文学研究才是跨学科的。"与第一作者斯托克韦尔不同,惠特利在结语中表示同意现在把文体学视为独立学科,但她指出文体学家依然非常关注语言学、心理学、认知科学、教育学等领域的新发展，注意加以借鉴，而且"最引人入胜和最富挑战性"的文体学研究依然是跨学科的。笔者更赞同第二作者的立场。

第三部分
文体学研究方法的发展

文体学是利用语言学理论研究文学语篇意义阐释和评价的科学，它与其他文学研究的不同主要体现在方法上。维尔斯（Wales, 1989: 373）明确指出，方法的科学化是现代文体学摆脱主观、走向客观的重要特征。经过一百多年的发展，现代文体学已经成为一门成熟的学科，从最初的依赖直觉到现在的科学化，文体学研究方法经历了巨大变化。在开始阶段，文体研究主要采用定性的实证方法，对文本语言特征进行描述和分析，得出数据，解释其文体效应。伯克和埃弗斯（Burke & Evers, 2014: 35）也认为"早期文体学的实证性并不是通过观察数据提出假设，然后采用量化或实验方法检验假设而体现出来的，而是通过采用语言学理论开展文本语音层、字形层、句法层和语义层的语言特征分析，并对文本的意义进行更加深入的判断和评价而体现出来的"。然而，伴随着科技发展，统计方法和实验方法应用于文体研究，改变了文体学实证性的内涵，同时大大增加了文体研究的科学性和精确性，使其成为真正意义上定量和定性相结合的实证科学。尤其是进入21世纪后，文体研究不仅在传统方法上更加深入，而且新兴方法层出不穷，因此有必要全面回顾文体学研究方法的发展。本部分将在简单介绍文体学方法论和文体学基本研究方法的基础上，重点探讨21世纪的主流文体研究方法和近十年文体学研究方法的新发展。最后，本部分将对文体学研究方法的发展作出展望。

第 7 章
21 世纪文体学的主要研究方法

7.1 引言

经历了百年的发展历程,现代文体学已经成为一个成熟的社会科学分支。从开始的依赖直觉到后来逐步运用定量、统计、实验等方法,文体学研究方法在方法论层面呈现出科学化趋势。本章将对现代文体学的研究方法进行系统的描述和介绍。现代文体学从诞生之时就秉持实证主义哲学立场,将定性和定量方法有机统一,也将演绎和归纳巧妙融合。进入 21 世纪,文体学的实证主义哲学立场和定性、定量相结合的方法论没有改变,它采用语言学方法研究文学作品语言特征的性质也没有改变。但是,随着科学技术的发展,文体学研究方法呈现出多样化和科学化趋势。因此,本章首先简单介绍文体学的方法论以及传统的文体研究方法,然后详细介绍 21 世纪主流的统计方法、语料库方法和心理实验方法。

7.2 文体研究的方法论

作为社会科学的一个分支,现代文体学的方法论有社会科学的特征。下面主要介绍文体学的理论取向、基本假定和逻辑策略。

7.2.1 理论取向

对社会科学而言，理论取向是指研究中采用的哲学原理是实证主义还是阐释主义。现代文体学从诞生之日起就是实证主义的，不论是巴利的口语文体研究，还是斯皮泽的文学作品文体研究，都秉承实证主义的哲学立场，这也是现代文体学与传统文体学和修辞学的根本区别。现代文体学的实证主义主要表现在以下两个方面：第一，文体学秉持基础主义本体论。文体分析者将文本看作一个等待发现和解释的真实存在的外部世界。第二，文体分析者与文本之间的关系是客观的，文体分析的过程和结果不受分析者主观价值的影响。统计文体学家和语料库文体学家对文本语言特征的量化和实验文体学家对文本展开的实验都是实证方法在文体研究中的具体表现。尽管如此，文体研究也离不开阐释，因为量化结果和实验结果需要大量推理和阐释才能上升到理论高度。同时，有不少文体学流派，如功能文体学、话语分析文体学和批评文体学，更多关注的是文本与各种社会因素的互动；感受文体学将读者这一主观实体作为自己的研究对象，使主观性成为影响文体研究的重要因素。也就是说，文体学家对作品的分析离不开结合语境的阐释，也不可能脱离读者这一主观因素的影响。所以，文体学的理论取向是实证主义和阐释主义的有机统一。

7.2.2 方法论基本假定

方法论基本假定是理论取向的进一步延伸和具体化。实证主义的方法论基本假定包括客观性、简化性、普遍性等；阐释主义的方法论基本假定包括局内人视角、情境性、整体性等。受实证主义理论取向的影响，定量方法广泛应用于文体分析中。在统计方法、语料库方法和实验方法的应用中，研究者假定整个研究过程是价值中立的、客观的。同时，文体研究还假定语篇的文体特征可以被简化为一系列可观察的变量，并使用数据来表示这些变量的特征，以达到客观说明语篇语言使用情况的目的。此外，文体研究还要求文体分析的样本具有代表性。样本不仅需要典型，还必须达到一定量的标准，才能保证文体分析的普遍适用性。但是，文体研究仅有量化数据是不够的，研究者还需要从局内人视角出发解释数据，并探讨语言使用特征的文体效应。由于需要联系具体语境阐释文体效应，文体学质疑价值中立的可能性，并假定个人价值对意义的影响无处不在。因为语言特征的量化结果需要采用整体的视角进行解释，所以文体研究中没有纯粹的客观分析，文体分析的目标只能是文体分析者达成一种文本语篇使用特征的共识。综上所述，受二元对立价值取向和方法论基本假定的影响，文体研究是定量和定性方法的有机结合。

7.2.3 逻辑策略和研究路径

方法论还涉及一系列逻辑策略和研究路径，文体研究中常用的两种基本的逻辑策略是归纳和演绎。首先，归纳是理论建构时通常采用的逻辑策略，文体学理论建构的基本步骤是：首先，观察和阅读文本；其次，对突出的语言特征进行分析、比较和分类；三是，归纳概括语言特征的文体效应；四是，对概括得来的语言使用特征进一步检验。从本质上看，文体学理论建构遵循"自下而上"的研究路径，采用定性为主的研究方法。然而，文体学的理论检验通常采用演绎的逻辑策略。以统计文体学和语料库文体学为例，文体分析者对某个语言特征的观察通常以某个理论作为研究的出发点。依据这一理论，提出有关语言使用特征的假设。凭借测量技术使研究假设具体化，通过统计分析数据，最终验证或颠覆提出的假设，并以此为依据确认或者质疑理论的正确性。从本质上讲，文体学理论检验采取"自上而下"的研究路径，更加依赖量化方法的使用。文体研究的本质特征决定了归纳和演绎巧妙结合才是文体学的正确逻辑策略。归纳策略适用于理论建构，演绎策略适用于理论检验。文体研究是一个理论建构和理论检验缺一不可的整体化过程，所以文体研究需要将归纳策略和演绎策略紧密结合。

综上所述，文体学秉持实证主义和阐释主义二元统一的哲学立场，是定量方法和定性方法的有机结合，也是归纳策略和演绎策略的巧妙融合。

7.3 文体学的基本研究方法

在具体文体研究中，文体学家不仅需要方法论指导，还需要具体的操作工具。这些操作工具包括语言学理论方法、具体的操作方法和严谨的推理方法。

7.3.1 语言学理论方法

因为现代文体学是利用语言学理论对文本语言特色进行研究的科学，语言学理论是指导文体分析的具体操作方法。也就是说，语篇语言特征的研究不能依靠盲目观察，而是需要建立在一定的语言学理论之上。然而，当代语言学理论视角众多、内容丰富，到底什么样的语言学理论可以很好地指导文体分析呢？这就要求文体分析工作者具有良好的语言学理论功底，需要知道自己掌握的语言学理论能够如何为自己的文本分析服务。例如，结构主义语言学理论能够为语言结构提供全面细致的描述；转换生成语法的深层结构和表层结构理论提供了句法分析的新视角；系统功能语法的及物性系统、语气情态系统和主位系统是从语法入手分析语篇意义建构特征的有效工具；语用学的言语行为理论、合作原则和关联理论能帮助分析者了解语言使用中的具体特征；语料库语言学具有观察较大篇幅文本的语言使用情况的特色；认知语言学的图式理论、概念隐喻理论、概念整合理论等是揭示读者文体认知的有效工具。因此，对文体分析工作者来说，熟练掌握不同的语言学理论和了解其具体功能至关重要。只有在做到以上两点的基础上，才能根据研究目的选择适合的语言学理论，并确保文体分析的恰当性和有效性。

7.3.2 操作方法

只有语言学理论方法是不够的，文体分析还需要具体的操作方法。观察法、直觉印象法、描述法、调查法、比较法、统计法和实验法是具体的文体研究操作方法。

第7章　21世纪文体学的主要研究方法

1. 观察法

　　观察法是最基础的文体研究操作方法。观察法的价值取向是实证主义，方法论基本假定是主体和客体相互分离，主体对客体的客观观察是可行的。所以，文体学家可以通过观察文本了解其语言的使用特征。文体分析中的观察法的基本步骤如下：首先确定要研究的语言模式并选定观察文本；然后观察文本中具体语言模式的使用情况，并做好记录；最后反思和阐释观察结果。在文体分析中，观察法是发现语言使用特征的重要渠道，也是形成语言使用模式假设，进一步检验假设的先决条件。实际上，任何文体研究都离不开对文本的观察。例如，对福尔的多模态小说《特响，特近》文体特征的研究就必须始于对小说中不同模态使用情况的观察。研究者首先需要观察小说中使用了哪些语言以外的模态，哪种模态使用较为突出，每个模态在实现何种意义时突出，并进行详细的记录，然后根据观察结果提出假设，为使用语料库方法确定突出特征和使用实验方法验证读者对前景化特征的理解打好基础。

2. 直觉印象法

　　直觉印象法是传统的文体研究方法。直觉印象法从分析者的直觉出发，确定文本中语言突出特征的特殊意义。但是，有一点必须澄清，分析者对语言特征的选择和阐释都不是盲目的，而是建立在坚实的语言学理论和语言经验之上。因此，直觉印象法对研究者的语言敏感度要求很高。但是，如果能够很好地感受语言使用的突出特征及其效应，直觉印象法也能反过来进一步加强研究者的语言直觉或审美直觉。文体学家图尔（O'Toole，1988：12）就认为文体分析的过程是一个"螺旋式进程"，文体特征的直觉判断和分析是一个不断向上发展的"穿梭运动"（shuttling process）。每次循环都不是简单的重复，而是螺旋式上升的过程，会深化研究者对文本理解。也就是说，分析者对语言的直觉感受有助于文本分析的正确性，文体分析的过程又反过来促进分析者的直觉潜能。直觉印象法有一定的主观性，但是这种方法的有效性不容置疑，因为建立在扎实的语言学理论和严谨的逻辑推理基础上的直觉印象大多数情况下是正确的。所以，直觉印象法也是文体研究的常用方法。

3. 描述法

描述法是文体分析的重要方法。在文体分析中，文本的语言使用特征首先需要被客观地描述出来，然后才能确定哪些是文体特征和探讨这些文体特征的文体效应。描述法也是汉语文体研究的主要方法，即通过分析比喻、象征等形象化的语言，着意刻画和描述风格的美感特点，化虚为实，使读者对风格所包含的丰富的审美内蕴产生鲜明生动的具象感，"从中获得强烈的审美愉悦和美感享受"（吴礼权，1998：126）。在西方文体学中，描述必须建立在一定的语言学理论模式之上。而且，可以采用一种语言模式对所有的突出特征进行描述，也可以根据相关的语言特征选择不同的语言模式进行综合描述。例如，为了描述《继承者》中的语言特征，韩礼德（Halliday，1981：325-360）使用了系统功能语言学的及物性理论。他首先对三个选段中的物质过程、心理过程、关系过程、言语过程、行为过程和存在过程进行准确的标注和量化统计，然后识别出突出的及物性过程及其构成成分，为下文联系语境阐述文体效果作好了铺垫。这里需要注意的是描述只能确定哪些特征是突出特征，分析者还需要联系语境解释这些突出语言特征的文体效应，以达到检验语言学理论模式或进一步阐释文学作品主题意义的目的。描述虽然不是文体分析的最终目的，但其在文体分析中至关重要。因为没有语言特征的描述，就不能确定语言的突出特征，也无法讨论语言特征的文体效果及其对语篇意义建构的贡献。

4. 调查法

调查法也是文体研究的重要方法。调查法的理论取向是实证主义，方法论基本假定是承认主体对客体观察和研究的客观可行性。调查法分为客观调查法和主观调查法。客观调查法是研究者通过录音、录像、笔记等手段对真实语料进行记录的一种方法。调查得来的数据是随后采用语言学理论模式开展分析的基础。近年来，应用到文体研究的自然阅读法（NSR）就是在不干涉小组自然阅读的情况下，客观记录读者各种阅读反应的研究方法，属于标准的客观调查法。主观调查法包含了一个研究者把主观印象客观化的过程，例如，问卷调查法。问卷调查法使用的

第7章 21世纪文体学的主要研究方法

问卷是研究者根据主观假设预先设计好的，因此，参与者提供的反馈是相对真实和客观的。调查法在文体认知研究中比较常见，文体学家卡特（Carter, 2010: 41）明确指出读者对文体的感受研究可以采用问卷调查法。

5. 比较法

比较法也是文体分析的基本方法。比较是将客观事物中的个别部分或某些特性加以比较，以确定事物之间相同点和不同点的研究方法。广义的比较法包含比较和对比两个方面。其中，比较倾向于相同点的寻找，对比则是通过对照寻找事物的不同点。在文体研究中，文本某一语言特征的突出通常是与其他文本对比的结果。韩礼德（Halliday, 1981: 336）指出文体学从本质上讲是比较性的，这里的比较取广义，实质上是对比的意思。首先，文体学家在确定语言使用的常规和偏离时，把一种语言现象的一贯性和连续性转化为频率，将其与文章中其他语言特征出现的频率加以比较，就能够断定这篇文章在文体上突出的地方，这是利用文章内部语言使用频率对比的方法。还有，因为偏离是以常规为基础的，语料库文体学的基本研究方法是将文本中的特定语言特征与参照库中这一语言特征的使用情况进行比较。例如，文体学家把某个作家作品中的某个或者某些语言变量的使用情况与同时代的标准语料库中对应语言变量的使用情况比较以确定这个作家的语言风格；也可以把某个作家的文学作品中的某个或者某些语言变量的使用情况与同时代其他作家作品中对应语言变量的使用情况比较来确定作家的语言使用风格。其次，同一作家不同时期的作品风格可以进行历时比较，同一文本不同语言版本的文体特征也可以进行跨语言比较。

6. 统计法

统计法是文本语言特征量化的必要工具。"文体是或然选择"的理论前提为统计法的应用提供了依据，使文体学家可以根据文本中出现的语言模式的描写和推理确定不同文本之间的关系，并断定文本的归属。文体学研究中常用的统计方法包括描述性统计（descriptive statistics）

和推理性统计（inferential statistics）。描述性统计把数据表达为某些具有代表性的统计量（如频率、平均值、标准差等），为确定突出特征提供参考。目前描述统计观察最多的语言特征（文体区分因子）包括平均词长、词性、词类/词型比率、词汇丰富程度、词汇频率、平均句长等。文体学研究使用的推理统计方法主要是假设检验，即假设观察文本与参照文本之间文体不同。统计学的基本规则是，文本差异达到 0.05 水平或 0.01 水平，才可以说数据之间具备的差异是显著的或是极其显著的。只有两个文本之间存在显著或者极其显著的差异，文体学家才能得出结论参与对比的两个文本不是来自于同一种群（population），而是来自于具有差异的两个不同种群，也就是说这两个文本是具有文体差异的。这是区分两个文本的统计学依据，也是统计文体学用来确定某一文本是否属于某一作者的重要依据。这里的统计方法不仅包括 20 世纪 60 年代流行的统计文体学中涉及的数理统计方法，还包括语料库文体学和文体实验中采用的统计方法，如语料库文体学中的高频词和关键词统计，以及文体实验结果的量化统计。伴随着科学技术的发展，统计法在文体学中的重要性有增无减，并将在语料库文体学和实验文体研究中发挥更加重要的作用。

7. 实验法

实验法是在严格控制影响实验结果的无关变量的情况下，观测与实验条件相伴随现象的变化，从而确定条件与现象间因果关系的一种研究方法。对变量的操纵和对因果关系的揭示是实验的基本含义。研究者需要在理论假设的指导下，操纵自变量，控制无关变量，观测因变量，以揭示变量间的因果关系。尽管文体学从建立之初就强调其实证性，但传统文体学的实证性主要表现在语言学理论方法的使用和文本语言特征的量化描述方面，主要原因是传统文体学的研究对象是文本特征的描述和文体效果的阐述，不需要揭示变量间的关系。但是，伴随着文体学研究对象从文本转向读者，读者对文体特征的理解过程成为现代文体学的研究对象。例如，真实读者对文本的反应就可以通过提出自变量与因变量间关系的假设，在严格控制相关变量的情况下，操纵自变量，开展真实

第7章 21世纪文体学的主要研究方法

读者的文体阅读实验。通过收集实验过程中自变量和因变量的数据，确定两者之间的关系，对文体特征的读者理解作出解释。鉴于文本阅读既是心理过程，又是大脑神经活动，目前的文体实验主要采用心理实验方法和认知神经实验方法。阅读心理实验，如眼动实验，主要关注阅读速度、阅读路径、大脑记忆等变量与阅读效果之间的关系；认知神经实验，如 ERP 实验，则是通过观察反映大脑神经活动的脑电波来研究文本的阅读过程，尤其是前景化特征的加工过程。实验方法是自然科学研究方法与人文科学研究方法结合的产物。伴随着科学技术的发展和学科融合趋势的推进，实验法在未来的文体研究中将会有更加广阔的前景。

7.3.3 推理方法

在文体分析中，仅有语言学方法和操作方法是不够的，因为文体分析者对语料的处理和对文体效应的解释还需要凭借严格的逻辑推理。下面介绍文体研究中常用的几种逻辑推理方法：演绎推理（deductive inference）、归纳推理（inductive inference）、类比推理（analogical inference）、比较推理（comparative inference）和经验推理（empirical inference）。

1. 演绎推理和归纳推理

演绎和归纳是两种基本的逻辑推理方法。演绎是一种从一般到具体、从共性到个性、从理论到经验的推理过程。演绎推理是先有假设、后有检验的逻辑推理方法。在文体研究中，演绎推理首先需要建立有关语言使用的假设，然后根据需要选定语料，在经过系统化分析之后对已有的假设进行检验。而归纳是一种从具体到一般、从个性到共性、从经验到理论的推理过程。归纳推理要从具体的语料出发，通过概括得出结论的推理方法。文体分析中归纳需要研究者对具体的文本进行观察、描述和分析，对语言使用规则进行总结，进而上升到语言使用理论的高度。这里值得注意的是，归纳无法穷尽所有的语言现象，因此得出的结论只是对一些具体语言现象的概括，如果要上升到理论高度，必须经过再次检验,所以,归纳推理需要与演绎推理有机结合。就两者的关系而言,刘润清(1999:23)认为归纳推理是演绎推理的前期过程;张德禄(2007:14)也明确指出文体分析者应该从不同的角度出发认识归纳和演绎之间的关系,在文体分析中归纳推理和演绎推理需要有机结合。从对语料处理的角度看,应该首先使用归纳推理法对语料进行剖析,分析语言使用特征,总结概括语言使用规律;从理论建构的角度讲,应该首先提出语言使用规律的假设,然后通过演绎推理对假设进行验证,并最终确认或者推翻假设,达到建构理论的目的。

2. 类比推理

类比推理是根据两个(或两类)相关对象某些属性的相同或相似推出它们在另外属性上相同或相似的一种推理方法(王海传等,2008:174)。类比推理是从个别到个别的推理,所以,其结论是或然的。类比推理的可靠性来源于两个事物之间的可比性和相似性。两个事物共性越多,类比结论的可靠性就越高,反之亦然。张德禄(2007:14)指出,文体学研究中常见的一种类比推理就是利用他人的言论来支持自己的观点。值得注意的是,这里的被引人如果是本领域的权威人物,而且他的话是经过验证的,类比推理的前提就是没有问题的,类比推理的结论自然合理;但是,如果被引人不是本领域的权威人物,或者他的话只是个人的假设,并没有得到验证,类比推理的前提就是不可信的,结论自然站不住脚。

3. 比较推理

比较推理是把两个或两个以上对象放在一定的条件下加以对照,从而确定其异同点或优劣度的一种逻辑推理方法(迟维东,2005:170)。比较推理的前提是两个事物要有可比性。具体地说就是比较要选择同一标准,要在事物的同一个关系或同一个方面进行比较。比较推理在文体研究中至关重要,因为文体学分析本身就是建立在把文本语言特征和常规的语言特征比较基础之上的。没有常规语言,就不存在语言的突出特征,也就没有文体的概念。同样道理,语料库文体学只是利用技术力量扩大了文本的观察数量，从本质上仍然是比较推理。利用语料库方法研究文本的特定语言的使用特征，必须首先选择参照库，并把文本库和参照库中这一语言特征以比较，寻找两者之间的差异，最终确立文本库的文体特征。

4. 经验推理

经验推理在文体研究中也很常见。因为一种语言的使用在具体场合是否合适并不需要依靠推理和理论来判断，而是依靠母语讲话人的直觉来判断。其次，由于经验判断的产生是建立在分析者已经具备的语言知识、分析者自身的语言敏感性和文体常识基础之上的，所以分析者凭借直觉和经验对文体进行的判断本身也是一种创造性推理。而且，经验判断不是一个随意进行的过程，一定是在综合了比较、模拟、类推、归纳、概括等各种逻辑思维活动的基础上，经过个人思维的高度活跃而完成，只不过我们不自觉而已（迟维东，2005：150）。也有人质疑经验推理的正确性，但是，在文体学研究中如果经验推理的结果和多数分析者一致，这种经验推理就是正确的和可靠的。

总而言之，语言学理论方法、操作方法和推理方法是文体分析的必要操作工具。因此，任何与文体相关的研究都离不开以上三类方法的灵活运用，而方法选择的关键是研究目的和研究自身的需要。

7.4　21世纪文体学的主要研究方法

进入21世纪，文体学的实证性主要体现在统计方法的更新和实验方法的应用两个方面。本部分首先介绍这一时期文体分析常用的统计方法和语料库方法，然后讨论心理实验方法在文体研究中的应用。

7.4.1　**统计方法**

随着计算机的出现，统计方法开始应用于较大文本语言特征的统计测量。早在20世纪60年代统计方法在文体研究中的应用就催生了统计文体学（statistical stylistics, stylostatistics, stylometry or stylometrics）。但是，随着计算机技术的发展和语言学理论的发展，以大篇幅文学作品文体特征量化研究为特征的语料库文体学兴起。这里介绍统计文体学和语料库文体学中常用的统计方法。

1. 理论基础

统计方法的应用有两个不同的历史渊源。首先，兴起于20世纪60年代的统计文体学起源于索绪尔语言学理论和巴利（Bally, 1909）对表达性语言特征的研究。数学家奥古斯都·德·摩根（Augustus de Morgan）是统计文体学的发轫者，他建议使用平均字长的量化统计来识别作者风格。具体做法是首先统计未知的或者有疑问的文本中具体的语言模式，然后将这些模式的量化结果与已知作者文本中使用模式的量化情况进行对比，寻找模式之间的相似性和差异性，以提供支持或反驳作者身份的证据。其次，兴起于20世纪末的语料库文体学理论来源可以追溯到从20世纪20年代俄罗斯形式主义学派对诗学语言研究的兴趣和雅柯布逊对文学语言研究的重视。斯皮泽（Spizter, 1948）将文体学的目标定位于对文学文本中选择与效果的研究，为文学作品语言特征量化研究奠定了基础。最后，韩礼德（Halliday, 1978）对语言是社会符号的著名论断肯定了语言特征量化的理据。但是，不论是统计文体学还是语料库文体学，它们进行语言特征量化研究的理论基础都是"文体是一种或然选择"。温特（Winter, 1969: 3）认为，作家的风格就是对语言模式的复现选择，这些选择包括：对某一语言成分的彻底排斥，对某一可选语言成分的强制性排斥，在不排斥其他变体使用的同时对某一变体不同程度的使用，等等。这种基于或然选择概念的统计研究也解释了文体特征的灵活性。总之，"文体是一种或然选择"的理论是统计方法使用的前提，是现代文体学通过对比文本语言使用情况与常规语言使用情况确定语篇文体特征的重要依据。

2. 主要研究领域

统计文体学的主要研究领域是个人文本语言风格研究和有争议或匿名作者的作品甄别。统计文体学家更多关注的是确定文体描述的变量，统计文体学称之为文体区分因子（style discriminator）。上文提到，英国数学家奥古斯丁·德·摩根使用平均词长作为一个文体分析因子（Zhuravleva，2012：136）。除此之外，法克斯（Fucks，1952）以音节为区分因子；福利瑞（Fleary，1874）、英格拉姆（Ingram，1874）和弗尼瓦尔（Furnival，1887）利用词汇的重复和音步的变化作为区分因子。萨默斯（Somers，1966）使用词性作为区分因子；尤尔（Yule，1938）选择平均句长、平均词长、词类/词型比率等作为文体区分因子；辛普森（Simpson，1949）使用衡量多样性的指数 D 作为文体区分因子；尤尔（Yule，1944）利用衡量词汇丰富程度的特征 K 作为文体区分因子；赫登（Herdan，1966：20）提出了一系列比率作为区分因子，包括词频同一性和多样性比率、特殊词汇和总词汇比率、词的特殊使用和词总使用量的比率、特殊词汇和词的总使用量之间的比率。罗斯（Ross，1973：85）用词汇搭配作为区分因子。随着计算机技术的发展，词性标记和自动解析技术使句法特征也可以成为文体区分因子（Baayen et al.，1996；Stamatatos et al.，2001）。胡佛（Hoover，2001：421）把高频词的频率和高频词序列的频率作为一个聚类进行多元分析，并证明了因子聚类分析在区分不同作者作品和归类同一作者作品方面的有效性和精确性。胡佛（Hoover，2007）以词语聚类为文体区分因子对比亨利·詹姆斯（Henry James）前后期作品，确认了两个时期作品在词汇使用风格上的差异；胡佛（Hoover，2010）以高频词作为文体区分因子研究语料库中不同书信体小说叙事者语言风格的差异和同一部小说中不同通信者或叙事者语言风格的差异。除了在作家作品甄别中得到应用外，统计文体学在法医鉴定中也有应用，能为作者归属寻找法律证据（Smith，1989）。此外，统计文体学在挖掘真实供词、发现剽窃甚至判定计算机病毒制造者等方面都有作用。

3. 主要统计方法

文体学中常用的统计方法有描述性统计（descriptive statistics）和推理性统计（inferential statistics）。

描述性统计是运用制表、分类、图形以及计算概括性数据的方式描述数据特征的各项活动。文体研究中通常用来探索或描述数据基本特征的方法是单变量描述性统计。单变量描述性统计可以提供大量数据对样品测量进行简单的总结。统计学中三种常用的单变量是：分布（distribution），集中趋势（central tendency）和离散趋势（dispersion）。其中，分布是变量在给定文本中出现的次数和频率的统计；集中趋势反映一种观测数据向中心值靠拢的趋势，观测的参数包括均值（mean）、中值（medium）和众数（mode）；离散趋势是观测一组数据误差大小的重要参数，观测的变量包括范围（range）、标准差（standard deviation）和方差（variance）。在目前的文体研究中，文体学家对语言模式的描述性统计大多数属于分布统计。语言模式在语篇中的分布情况通常以表格的形式呈现。为了更加直观清晰地呈现数据，也可以使用图形呈现观测变量的分布情况。例如，语篇中某些词语的分布和频率可以使用绝对数字或百分比来显示，也可以使用图形显示，通常用于描述性统计的图形包括条形图、线型图和散点图。

描述性统计还包括两个变量之间关系的描述。在统计学中，变量之间的关系（或线性关联）通常通过相关性来度量。相关性用来确定描述出的两个或两个以上变量间是否存在关系。常用的相关性统计方法是皮尔逊相关系数（Pearson Correlation Coefficient）。皮尔逊相关系数是统计学中测量两个变量间关系的常用方法，其输出范围为 –1 到 +1。0 代表无相关性，正数为正相关，负数为负相关。皮尔逊相关系数可以使用 SPSS 软件计算。相关性分析的关键是分析者需要了解如何正确解读正相关和负相关的意义。皮尔逊相关系数中的正相关意味着文本中的一个变量突出，另一个变量也突出。相关性是一种可以用数学方法测量的两个变量之间的一种相关关系，但是两个变量相关并不意味着一个变量导致了另一个变量，它们之间并不一定是因果关系，其他因素也可能影响变量。除了皮尔逊相关系数，还有许多其他描述两个变量间关系的方法，如因素分析（factor analysis）和回归分析（regression analysis）等。

第7章　21世纪文体学的主要研究方法

因素分析法是利用统计指数体系分析现象总变动中各个因素影响程度的一种统计分析方法，使用因素分析可以把一组反映事物性质、状态、特点等的变量简化为少数几个能反映事物内在联系、固有的、决定事物本质特征的因素。此外，回归分析也是常见的描述性统计方法，它是确定两个或两个以上变量间相互依赖关系的一种统计分析方法。回归分析不仅可以研究两个或多个变量间的相关性，还可以分析相关方向和相关强度，也可以通过建立数学模型预测研究者感兴趣的变量。

描述性统计旨在展示变量出现的频率和变量间的相关性，如果研究人员想要知道所获得的观察结果是否可以复制或推广，就必须使用推理统计方法。文体学研究通常的做法是通过推理统计确定某一文本是否与参照文本间存在显著差异，常见的推理统计模型包括 t 检验（t-test）和方差分析（analysis of variance）。检验和方差分析都采用假设检验的思路检验两个样本之间差异的显著性。其基本原理是先对总体的特征作出虚无假设，也就是两个样本之间不存在差异，然后通过抽样和对样本中的变量关系进行比较和统计，对假设的成立与否作出推断。利用统计学的术语，如果两个文本分析得出的数据之间具备了显著性差异，虚无假设（null hypothesis）就可被推翻，对立假设（alternative hypothesis）得到支持，也就是说某一文本和参照文本间有本质差异，即它们的文体风格不同。显著性差异是一种有量度的或然性评价，我们说两个文本词汇集群分析数据在 0.05 水平上具备显著性差异，这是说两组数据具备显著性差异的可能性为 95%。两个数据所代表的样本还有 5% 的可能性是没有差异的。这 5% 的无差异是由于随机误差造成的，并不影响两个样本之间的总体差异。统计学的基本规则是，实验结果达到 0.05 水平或 0.01 水平，才可以说数据之间具备的差异显著或是极其显著。在文体分析中，当数据之间具有了显著性差异，就说明参与比对的两个文本不是来自于同一种群，而是来自于具有差异的两个不同种群，这也就是统计文体学用来确定某一文本是否属于某一作者的重要依据。统计科学的发展为文体学家提供了技术的支持，目前市场上广泛使用的统计软件如 Excel、SPSS、SAS、Statistica、Minitab、MATLAB 均可进行显著性差异分析，其中 SPSS 和 SAS 的统计技术比较简单，适宜文体学家使用。

最后，我们必须指出，由于文体研究是定性方法和定量方法的有机结合，因此单独讨论量化统计方法仅仅是文体研究方法连续体的一个极端（Fialho & Zyngier, 2014: 336），我们应该意识到在具体的文体研究中这些量化方法都是为定性研究服务的。

4. 统计方法对文体学的贡献

统计方法对文体学的贡献首先是方法论上的创新。长期以来对文学作品的研究依靠直觉印象和主观判断，统计方法采用一种客观的、定量的研究方法进行文学作品语言特征的研究，增加了文学研究的科学性和精确性。其次，统计文体学家为了区分不同作家的作品，大胆尝试各种不同的区分因子，无论是词汇、语音、句法，还是聚类分析都为文体研究带来新的启发，使文体学家能够从不同的角度深入理解造成文体差别的因素。最后，统计方法在文体研究中的应用属于自然科学与人文社会科学的巧妙结合，为两大学科的融合发展作出了贡献。

5. 统计方法的局限性

首先，统计文体学家没有更好地解决统计推理和逻辑推理、形式变量和隐性变量的关系问题。虽然量化得到的严谨数据和建立在形式变量基础上的统计推理能够保证研究过程的科学性和客观性，但是确立语言形式与意义表达之间的关系更多依赖隐性变量和使用逻辑推理，隐性变量不能直接观察和度量，它只能依靠分析者的主观判断和推理来运作。因此，统计文体学需要寻找以形式变量为基础的统计推理和以隐性变量为基础的逻辑推理之间合理的逻辑关联。其次，把统计学方法应用到文体学研究中需要文体学家、数学家和计算机工作者的合作，因为统计学家能娴熟的使用统计方法，但对文体学理论了解不够；文体学家以语言研究和文学批评为主，对统计学知识一知半解，两者如果不能很好合作就会妨碍统计方法的深入应用。

7.4.2 语料库方法

语料库语言学和文体学研究的结合催生了一个新的文体学分支——语料库文体学（corpus stylistics），文体学家普遍认为语料库文体学事实上是一种以语料库语言学为基础的文体研究新方法（Martin, 2005: 1; Hoover, 2010: 67）。这一方法在 21 世纪初的文体研究中非常流行，下面我们将详细介绍语料库方法。

1. 理论基础

语料库文体学是以语料库语言学为基础的文体研究新方法，语料库语言学在文体学中的应用是两个学科间的相通性决定的。首先，对语言形式和意义关系的认可和关注是两个学科共同的理论前提。其次，语料库语言学和文体学的研究对象都是语言使用特征，语料库语言学对语言形式描写和分析，文体学对偏离常规的语言特征描写和阐释。最后，语料库语言学和文体学都使用比较推理的研究方法。语料库语言学对比样本库和参照库的语言特征，文体学的偏离以常规为参照，确定作家语言风格需要把作家作品与同时代标准语料库比较。最后，与统计文体学一样，语料库文体学的理论基础仍然是"文体是一种或然选择"。由于文本是作者在一定情境与文化语境制约下作出的个人选择，可以通过量化统计来判定文本的语言使用特征和个人语言风格。

2. 研究现状

根据研究目的的不同，语料库文体学的主要研究领域包括语料库方法研究、作家风格研究和作品主题语言表现形式研究。

语料库方法研究主要是文体变量的探索。因为统计方法和操作是语料库语言学家的工作，文体学家重点关注文本语言变量的确定和统计数据与文体效果之间的阐释，而目前的研究重点是前者。高频词和关键词（Fischer-Starcke, 2009; Mahlberg & Smith, 2010; Toolan, 2009）是文体学家最先观察的语言特征。费希尔–斯塔克（Fischer-Starcke, 2009）主要阐述了关键词的识别，提出通过观察语义范畴和语义域识别文本关键词的方法。图兰（Toolan, 2009）强调高频关键词的语篇建构功能，他发现排在最前面的关键词和句子与故事更相关，对语篇的连贯性也贡献更大。除了关键词，文体学家还关注到了语料库语言学研究中的"语义韵"（semantic prosody）（Louw, 2004; Partington, 2003, 2004; Aldophs & Carter, 2002）。其次，词语聚类也是文体学家观察的重要语言特征。马尔贝格（Mahlberg, 2007a, 2007b）在研究狄更斯的小说时选用 his hands in his pockets 和 as if he would have 词语聚类作为变量。除此之外，哈代和杜瑞恩（Hardy & Durian, 2000）将句法补语作为变量，塞米诺和肖特（Semino & Short, 2004）以不同叙述体裁中出现的言语、书写和思想表达方式作为变量。

作家风格研究以风格识别和风格历时变化为主，是文体统计学与语料库语言学结合的产物。使用的变量包括高频词、关键词、语义韵、词汇聚类等，主要的推理方法是比较推理，通过比较检索和统计得来的作品语言特征与参照库的语言特征确立作家或作品风格，通过对比作家不同时期作品的语言特征确立其风格的变化。塔巴特（Tabata, 2002）采用词类分布对应法比较了狄更斯 23 部作品的词类频率，发现狄更斯连载小说较多使用语境依赖词、情感词和动词，札记偏重使用信息词、描述词和名词，研究还发现狄更斯的创作风格在 19 世纪 30 年代到 40 年代经历了一个从选词华丽到直白、从句法复杂到简单的历时变化，在大约 1850 年左右最终确立。胡佛（Hoover, 2007）采用词语聚类分析法对比亨利·詹姆斯前后期作品，确认两个时期作品在词汇使用风格上的差异，研究还发现了一类风格中立的作品，以上研究均证明语料库方法的使用使传统风格统计学成为一个充满前景的研究领域。胡佛（Hoover, 2010）建立了专门的书信体小说语料库，以高频词为变量研究语料库中不同书信体小说叙事者语言风格的差异和同一部小说中不同通信者或叙事者语言风格的差异，证明语料库方法能挖掘文体学家观察不到的某些文体差异。何（Ho, 2011）利用语料库方法比较约翰·佛勒斯小说《占星家》（*Magus*）两个版本在视点、词汇语义模式和隐喻性语言等文体特征上的差异，印证改版后的作品与原作风格的变化，不仅证明了语料库方法在文体风格对比研究中的价值，也提供了一种研究语篇间关系的新视角。

第 7 章　21 世纪文体学的主要研究方法

对作品主题语言表现形式的研究以具体文学作品为出发点，使用语料库检索软件对文学作品相关词汇、语法模式进行检索和描述，与参照库语言规范对照，探讨其在作品主题实现、人物塑造和叙事风格理解中的作用。斯塔布斯（Stubbs, 2005）以 Brown、LOB、Frown 和 FLOB 等语料库中的"散文类"语篇以及 BNC 语料库中约 100 万字的书面语为参照库，使用词频表、词汇分布等检索手段对约瑟夫·康拉德《黑暗的心》中的语言进行了检索和描述，发现小说中不确定性实词、虚词、某些抽象名词、带有否定前缀的形容词和名词、还有某些类型的短语和搭配的反复使用对表达小说主人公马洛心理上对现实的不确定性有特殊意义。马尔贝格和史密斯（Mahlberg & Smith, 2010）通过观察简·奥斯汀《傲慢与偏见》中肢体语言的语料库统计结果讨论关键词 civility 与小说主题之间的联系。马尔贝格（Mahlberg, 2007a）以狄更斯 22 部其他作品为参照，对比研究《远大前程》中频繁出现的五词聚类及其局域语篇建构功能（local textual functions），发现 as if 语境中描写人物外貌（appearance）、观看（looking at）、言语（speech）、肢体动作（body language）和非言语声音（nonverbal sounds）的五词聚类的频繁使用对刻画主人公匹普主观臆断的性格特征和反映小说"看到的不一定是真相"的主题有积极作用。以上研究有力证明语料库方法揭示语言形式与作品主题间关系的有效性。巴拉斯（Balossi, 2014）对弗吉尼亚·伍尔夫《海浪》人物独白中词性和语义场使用的对比分析证实了六个主人公在语言风格和思维风格上的明显差异，不仅使这部意识流作品人物形象不鲜明的文学批评不攻自破，而且对意识流语篇人物塑造和语篇连贯研究颇有启发。图兰（Toolan, 2009）利用语料库方法研究叙事作品语篇推进的文体特征，发现高频词、关键词和关键句等语言特征引发的词汇语义重复是叙事推进和读者预测的重要手段，对叙事文体的认知研究有重要参考价值。

3. 语料库方法的研究步骤

利用语料库研究文学作品，选择变量、选择语料库、标注语料、统计和分析数据、数据阐释是五个关键步骤。

一是选择变量。利用语料库方法研究文体，目前常用的变量包括高频词、关键词、词语聚类、搭配、语义韵、关键语义域、局部语篇功能、句法特征、言语思想表征等。因为高频词、关键词和词语搭配和词语聚类可以使用 WordSmith（Scott，2012）和 AntConc（Anthony，2011）等常用语料库软件轻松完成，因此文体学家使用较多；语义韵和关键语义域也可以采用 Wmatrix（Rayson，2008）完成，因此有部分文体学家使用。然而，有的变量就没有成熟的软件，如句法特征和语言思想表征，需要文体学家手动标注。文体研究者需要根据自己的研究问题和研究目的，选择合适可行的变量。

二是选择语料库。语料库文体研究是建立在对目标库和参照库比较基础之上的，因此选择目标库和参照库都很重要。目标库的选择可以是一个作家的所有作品、一类作品、一个作品，甚至一个作品中的选段，根据文体研究的需要而定；但从语料库的代表性考虑，一个作家的作品研究选择要全面，不能以偏概全。参照库的选择必须要在量上比目标库大且全面。因为参照库是用来代表语言使用的常规或典型的，只有通过和参照库常规语言的对比才能证明目标库中该语言使用在频率和用法上的偏离。从语言代表性方面考虑，可以选用《英语国家语料库》（British National Corpus，BNC）和当代美国英语语料库（Corpus of Contemporary American English，COCA）。最后，参照库和目标库的可比性也是一个重要的因素，目标库中出现的语言和参照库中的语言必须在时间、地域和语域等方面高度一致，这样才能保证比较的有效性。如费希尔－斯塔克（Fischer-Starcke，2009，2010）分析简·奥斯丁小说《诺桑觉寺》（*Northanger Abbey*）的关键词时，同时选用了两个参照库，一个是简·奥斯丁的其他6部小说，另外一个是与简·奥斯丁同时代的其他作家的作品组成的一个大型语料库。

第三是标注语料。语料库标注是给原始库中语言特征符码的过程。语料库标注是实现原始语料机读化的关键步骤，也是目前语料库语言学研究领域一个重要的课题。计算机技术的发展使语料库自动标注成为可能，但不是所有的语言特征都可以自动标注，复杂的语言现象需要人工标注，需要建立符码体系并手工完成所有标注。塞米诺和肖特（Semino & Short，2004）在研究言语、思想和书写表征时就使用了人工标注的方

第7章　21世纪文体学的主要研究方法

法。因为没有现成的言语、思想和书写标注工具，标注又需要考虑语境和进行语用推理，所以必须采用人工标注。虽然标注本身非常繁琐，但是标注过程对研究的"反拨"作用体现了人工标注的重要意义。塞米诺和肖特（Semino & Short，2004）在人工标注过程中发现了语言、思想和书写表征不同的层级，观察到了部分表征的次类，做到了在语料库标注过程中对理论的修订。

四是统计和分析数据。语料库对文本的分析和统计使用软件机读的方式进行，目前文体研究中最常用的分析和统计软件是 WordSmith（Scott，1999，2004，2006）。WordSmith 的三个常用检索功能是词频列表功能（wordList）、语境共现检索功能（concord）和关键词检索功能（keywords）。词频列表功能主要用来创建语料库中词汇使用频率列表，确定哪些词汇或词块（clusters）是最常用的，哪些是相对比较少用的。通过词频列表可以观察语料库中的词汇类型、确定语料库中的常见词块和比较不同文本中特定词汇的使用频率。语境共现检索功能是 WordSmith 另外一种常用的功能，主要作用是查询和统计某个或某些词汇或短语在指定文本中的词语搭配情况，为随后的比较提供依据。关键词检索功能旨在寻找使用频率显著高于或显著低于参照库中对应词频率的词汇。通过把目标库中的词频与参照库中对应词的词频进行比较，能够为确定作家写作风格提供数理依据。伴随着计算机语言学的发展，其他的统计分析软件层出不穷，国外使用的检索软件包括：加拿大多伦多大学开发的语料库索引软件包 TACT（Text Analysis Computing Tools）、牛津大学开发的索引软件 OCP（Oxford Concordance Program）和由瓦特（R. J. C. Watt）开发的 Concordance 等。此外，WebCorp 在线语料库也可以提供基于网络的词条检索。

五是数据阐释。利用语料库方法进行文体研究的目的是理论检验和对文学评论家的文体阐释进行回应，所以语料库选择、变量选择、语料库标注、数据的收集和统计只是完成了第一步，接下来必须对数据与文体特征之间的关系进行阐释。和语料库分析之前的假设一样，这种阐释需要分析者的严密推理和论证，属于定性研究。因为语料库数据是在取样和依靠假设确定变量关系的基础上机读得来的，所以不能代表文本文体的所有特征。马尔贝格（Mahlberg，2007：19）指出，语料库提供给我们的只是所有文体特征中的一部分。尽管在语料库工具的帮助下，语言形式和语言意义之间的关系变得清晰可见，但是代表语言形式的数据和意义间并不是简单的一一对应关系，所以需要严密的逻辑推理和阐释。奥哈洛伦（O'Halloran，2007：227）在利用语料库研究詹姆斯·乔伊斯（J. Joyce）的短篇小说《伊芙琳》（*Eveline*）中女主人公下意识的内心自我交流时，在语料库统计数据的基础上进行了大量主观推理和阐释，并证明定量分析和主观阐释之间是相互补充、相互印证的。

4. 语料库方法对文体学的贡献

首先，语料库方法对文体研究的贡献主要是方法论的革新。文体学本身就是一种实证研究，但文体学研究长期以来依靠直觉印象和主观判断的传统束缚了文体学的发展，语料库方法提供了一个利用自然科学的定量方法寻找文本中的语言规则的框架，打破了传统定性研究的藩篱，给文体学打上了定量研究的烙印，大大增加了文体研究的科学性和客观性。其次，语料库方法能够正确处理定量研究方法和定性研究方法的关系。作为一种定量研究方法，语料库方法并不否认对文本的定性研究，也不否认对文本的主观阐释，而是要利用定量方法为定性研究提供相对客观的依据，并对其进行检验和回应。普遍认为，建立在直觉印象和逻辑推理基础上的定性研究与使用语料库进行的量化分析是相互补充、相辅相成的，并共同为文本阐释服务（Biber，2011：15；Hoover，2010：67）。第三，语料库方法建立在科学方法之上，对大量语料的分析归纳出语言使用的规则，对现有的文体学理论进行检验，对文体学家的直觉印象式推理和阐释进行检验。同时，对理论的检验往往带来新的发现，并进一步修正和完善文体学理论。

5. 语料库方法的局限性

尽管，语料库方法对文体学的发展作出了重要贡献，但是语料库方法对文学文本展开的定量研究也遭到很多文体学和文学评论家的攻击。范·皮尔（van Peer，1989：302）认为，对电子文本的编码、标注、计算等冲淡了对文本内在篇章性的关注；把一个文本的文体特征进行数字化的做法无法克服的问题是：为了分析，忽略意义组成的其他必要成分。其次，语料库标注也饱受质疑。首先是有无必要标注，辛克莱（Sinclair, 2004）认为，标注不仅没有必要，而且还有误导作用，标注本身是有问题的，我们应该相信文本本身。好在越来越多语料库文体学家已经注意到了自动标注不能涵盖所有文本的语用含义，更加关注人工标注。然而，标注本身，无论是自动标注还是人工标注，都有各自的缺陷。自动标注的准确性高，但是受技术的局限，自动标注的对象只能是词汇特征、语法特征和语义特征；人工标注的对象可以是假设中出现的任何语言特征，主要是涉及功能、社会和语境因素的语言特征的标注。但人工标注难度大、工作量也大，准确度需要多次检验，仍然存在很多有争议的地方。最后，语料库方法本身的技术性也成为其在文体研究中推广和应用的障碍。正如马丁（Martin, 2005: 4）提出的，大多数出身人文学科的文体学家的计算机技术和统计技术欠缺，对语料库方法的使用望而生畏。即使他们愿意投入时间和精力学习，对文本编码、符码体系、文本处理过程和文本分析软件的熟悉和学习也不是一蹴而就的事，更何况可用的电子语料库的获取和质量也难以保证。

7.4.3　心理实验方法

　　除了统计方法和语料库方法外，心理实验方法也是 21 世纪新兴的文体学实证研究方法。

1. 理论基础

　　心理实验方法是心理学理论和文体学理论结合的产物。文体学一直以来以文学分析的实证方法而闻名。但是，在长期的文体研究中，文体学家往往更注重文本分析，而不是读者研究（Hall, 2009: 331; Allington & Swann, 2009）。即使涉及读者研究，"读者"也是一个理论上的概念，类似于读者反应批评中的理想读者（Culler, 2002; Iser, 1978; Fish, 1980）。近年来，有一部分文体学家开始关注读者如何在文学文本中找到意义，以及文体分析的假设和框架是否能够在真实读者那里找到充分的证据，因此心理实验方法在20世纪末和21世纪初随之兴起。心理实验的前提是不再将读者看成一个理论上的概念，而是肯定和观察真实读者的阅读感受。心理学家旨在通过文体实验揭示阅读过程中的各种心理活动，并对文体学理论进行检验。因此，心理语言学的语言理解过程、信息加工过程、信息记忆过程、信息提取过程等理论构成文体学心理实验方法的理论基础。对文体学家来说，心理实验方法的应用不仅促进了我们对阅读背后的认知过程和社会过程的理解，而且以不同的方式帮助文体学家在"读者反应"（van Peer，2001：336）中避免对文本进行纸上谈兵式的分析。

2. 文体研究中的心理实验类型

因为阅读是一种心理活动，所以文体学家可以通过观察读者的阅读行为了解文本信息的加工过程。文体研究中的心理实验更多地关注读者在阅读过程中的刺激反应。由于心理实验法是实验法的一种，因此，也是在严格控制影响实验结果无关因素的情况下，观测与这些实验条件相伴随现象的变化，从而确定条件与现象间因果关系的一种研究方法。文体研究中的心理实验方法包括自然实验法和实验室实验法两种。

自然实验法是指在日常生活情况下，适当地控制某些条件，变更某些条件，结合经常性业务进行心理研究的一种方法。在文体实验中，实验者可以选择语言教学环境，适当地控制某些条件，例如，选择阅读材料、确定观察对象、制定评价标准。然后，在课堂教学中指导学生阅读文本，对相应语言特征的阅读过程进行观察或调查。自然实验法是在教学环境中进行的，因此它具有实验法和观察法的优点，既主动地创造条件，又在比较自然的状态下进行。因为与教学紧密结合，所获得的结果更符合实际。这种方法在教育领域被普遍地采用，形成了一种"心理—教育实验"方法。但是，由于自然实验设计粗糙，无关变量控制度较差，因此结论的准确性往往遭到质疑。

实验室实验法是人为严格控制外界条件的一种心理研究的方法。实验室实验是在有实验设备的实验室进行的，实验者往往通过一系列严格的实验设计引起被试某种心理活动，从而收集数据，并加以分析。目前常用的实验室文体实验包括文本变化识别方法（text change detection test)和眼动法(eye-tracking test)。采用文本变化识别法,实验者首先需要提出自变量与因变量之间关系的假设。然后,确定某个语言特征为自变量,并确定自变量的变化形式,还需要严格控制无关变量。通常的做法是通过严格控制读者语言水平、文化背景等相关因素的方法控制读者个人因素对阅读过程的影响,通过增加过滤文本(fillers)的形式控制读者语言结构预测对实验结果的干扰。阅读的过程一般在电脑上进行,通过程序设计引导被试在电脑上完成原始文本和变化后文本的阅读,并在电脑上回答问题或者汇报观察结果。最后,电脑能够准确记录和收集阅读数据,为分析作好铺垫。借助实验设备和计算机辅助,对阅读时间、阅读速度和变化识别结果的记录和统计都比自然阅读方法准确很多。

与文本变化识别方法相比,眼动实验是更加严格的实验室实验法。眼动实验的原理是视线追踪技术,主要是基于眼睛视频分析(video oculographic analysis)的"非侵入式"技术,用摄像机将眼睛运动录下来再通过图像分析判断视线落点的一种研究方法。视线追踪技术中广泛运用的方法叫作"瞳孔—角膜反射方法"(pupil center cornea reflection technique),通过观察阅读者进入瞳孔的光线在角膜外表面上反射产生的普尔钦斑(Purkinje image)的移动情况来推断读者的阅读行为。由于摄像机的位置固定、屏幕(光源)的位置固定、眼球中心位置不变(假设眼球为球状,且头部不动),普尔钦斑的绝对位置并不随眼球的转动而变化(其实,头部的小幅度运动也能通过角膜反射计算出来)。但其相对于瞳孔和眼球的位置则是不断变化的,比如,当你盯着摄像头时,普尔钦斑就在你的瞳孔之间;而当你抬起头时,普尔钦斑就在你的瞳孔下方。这样一来,只要实时定位眼睛图像上的瞳孔和普尔钦斑的位置,计算出角膜反射向量,便能利用几何模型,估算到用户的视线方向。再基于前期定标过程(即让用户注视电脑屏幕上特定的点)中所建立的用户眼睛特征与电脑屏幕呈现内容之间的关系,仪器就能判断出用户究竟在看屏幕上的什么内容。利用眼动追踪实验进行文体研究也需要选定某一语言特征为自变量,建立自变量与因变量之间的假设,通过控制被试个人因素的方式控制无关变量,然后给被试带上眼动仪,要求被试在电脑上完成预先设计好的阅读,通过统计视线活动范围、视线跳跃、视线停留时间等判断阅读过程中读者对特定语言现象的处理过程。由于严格控制了无关变量，而且实验采用"非侵入式"技术，能在对被试不造成身体伤害的情况下科学准确地观察阅读行为。因此，眼动实验是文体心理实验的首选方法。

3. 研究现状

目前已经应用到文体学研究中的心理实验方法主要是阅读行为实验，包括文本变化检测法（text change detection method）、阅读时间实验（reading time experiments）、眼球追踪和延续实验（eye-tracking and continuation tests）。

早期文体研究中涉及的实验设计比较简单。理查兹（Richards，1929）的阅读实验是要求学生对给定诗歌作出书面回应，以证实读者的反应是高度变化的和特殊的。范·皮尔（van Peer，1986）的实验是给6位读者阅读不同诗人的6首诗，要求学生标出他们认为最引人注目的诗句，然后将学生的标注结果与他自己对诗歌前景化特征等级的评定结果进行比较。基于学生标注与他本人标注的一致性，他最终得出结论：前景化是文学文本的一种可观察的特征，从而支持了许多文体学家的观点。以上实验虽然有假设，也有相对完整的实验过程，但是设计粗糙，也没有使用太多心理学的方法。

迈阿尔和库依恩（Miall & Kuiken，1994）利用阅读时间衡量读者对前景化特征的关注和加工情况，并试图验证读者个体差异（读者专业程度和阅读经历等）对前景化特征识别和加工的影响。根据读者的文学经验，他们将读者分成四组，展开四次相同的实验。实验的具体操作是：将三个选定的短小故事切分成以词组和句子为单位的片段。实验者和两名研究者一起对三个故事语音层、语法层和语义层的特征进行分析，然后请读者在电脑屏幕上阅读故事两次。第一次阅读中，故事以单个片段的形式出现，读者读完一个片段后点击鼠标开始阅读下一个片段，电脑记录读者的阅读时间；第二次阅读中，每一个片段和前后两个片段一同出现，本次要求读者对片段的引人注目程度进行1~5级的等级评定。实验结束后，对研究者的分析和实验者的标注进行比较。对比结果显示：读者和研究者在前景化特征的分析和判断上高度一致。在第一次阅读中，前景化特征多的部分阅读时间明显长于其他部分；在第二次阅读

第7章 21世纪文体学的主要研究方法

中,读者对前景化部分的判定等级明显更高,读者更容易被前景化特征多的故事部分打动。最终,他们得出结论:前景化特征的识别和前景化特征对读者阅读的影响与读者的专业程度和阅读经历无关,且前景化特征能更多引发读者关注,并需要更多加工时间。

格拉斯哥大学著名的认知文体学家凯瑟琳·埃莫特(Catherine Emmott)和心理学家安东尼·桑福德(Anthony J. Sanford)合作主持的文体实验项目"Stylistics, Text Analysis and Cognitive Science"是利用心理实验方法研究文体的典范。这一合作项目的研究重点是揭示文体特征与阅读注意力的关系。他们利用文本变化检测法识别和检验那些可以刺激高层次注意力和控制读者对文本中关键信息识别的技巧和方法。埃莫特等人(Emmott et al., 2006)的观测对象是文本中的句片(sentence fragment)和微型段落(mini-paragraph)。他们选择了36篇短文,每一篇都以三种形式出现,三种形式的不同之处在于故事中重要的、被改变的元素的不同位置:有的在句子中、有的在句片中、有的在微型段落中。他们将这108篇短文分成三个文档,保证每个文档中包含这36篇短文,但是句子、碎句、微型段落三种不同形式各占三分之一。然后在每个文档中再加入112篇其他短文,以避免读者对观测结构的预设影响阅读过程。24名大学生被分成三组,每组8人。每组读者通过电脑阅读一个文档,也就是保证每位读者能够阅读到这36篇短文。实验过程中,阅读速度由读者自行控制,读者阅读完一篇短文后,经过短暂的停留开始二次阅读,二次阅读的短文可能会有重要元素在不同位置的变化。二次阅读过程中,读者对观察到的文本变化进行即时汇报。实验结束后,统计两次的阅读时间和读者的观测文本变化汇报。实验结果显示:读者经常能检测到句片中的信息变化,但微型段落的变化识别并不理想,对出现在其他部位的变化的识别更加困难。因此,他们得出结论:"就像我们通常在文体分析中所假设的那样,读者对句片这样的简短语言特征有更仔细、更深入的加工和处理。"(Emmott et al., 2006:23)

金吉尔等人(Zyngicr et al., 2007)通过观测读者的阅读时间,研究前景化与文本复杂性间的关系。他们的假设是:包含更多前景化特征的文本更复杂,也可以"延长读者的体验",因此读者二次阅读后对其评价会更高(Zyngier et al., 2007:660)。金吉尔等人让来自巴西、埃及和荷兰三种文化背景的三组读者两次阅读了三个被研究人员评价为复杂性不同的文本，要求参与者回答关于文本反应的三个基本问题并对文本的特征（无聊的、复杂的、深刻的、强烈的、强大的、丰富的、愚蠢的、引人注目的、无聊的、琐碎的、不重要的、弱小的）进行评价。研究结果发现，读者对这三篇文章的复杂性看法与研究人员一致，两者均认为弗吉尼亚·伍尔夫的《达洛维夫人》（Mrs. Dalloway）选段是最复杂的、李·斯坦福德的《当爱情来临时》（When Love Awakes）选段是最不复杂的，简·奥斯丁的《傲慢与偏见》（Pride and Prejudice）居中（Zyngier et al., 2007：669）。然而，与研究人员的预测相反，来自巴西和埃及两组读者的结果显示，第一遍和第二遍阅读的任何一篇文章都没有明显的差异。只有荷兰小组的阅读结果印证假设"读者会对不同层次上提供更复杂模式的文本评价更高，尤其是在第二次阅读时"（Zyngier et al., 2007：673）。金吉尔等人认为，导致这种差异的主要原因是阅读文化的不同。佩普洛和卡特认为，金吉尔等人的文体实验有以下两个主要贡献：一是利用有力的实验数据说明，对文本复杂性和前景化关系的理解需要真正读者的体验。虽然真正的读者普遍具有对前景化的意识，但是对前景化鉴赏不是所有读者都有的能力（Peplow & Carter, 2014：446）。其次，金吉尔等研究人员利用阅读文化差异来解释结果是潜在的、富有成效的方法，大大促进对真实读者的文体研究。

除了开展阅读实验，文体学家还使用眼动追踪实验研究具体语言特征的阅读反应。眼动技术具有即时测量的特点，有助于采集个体进行认知活动时的实时信息加工过程，为了解视觉信息加工的过程提供了独特的窗口。眼动技术在19世纪70年代出现后，就备受关注。经过一个多世纪的发展，眼动技术已从最初的观察记录、机械记录，演变到现在的光学记录和电磁记录等。20世纪70年代以后，伴随着计算机技术的进步，眼动技术在数据记录精确性和数据处理方式上都取得了长足的发展。技术的发展也带动了基础研究的兴旺，眼动技术被应用到阅读心理、视觉搜索、场景知觉、认知发展等众多心理学研究领域。埃莫特（Emmott, 2006）利用眼动实验观察读者对叙述文本中人称指代的阅读反应，实验发现无先行指示的人称代词 they 比无先行指示的单数人称代词容易识别和加工。霍文等人（Hoven et al., 2016）使用眼动实验研

第7章 21世纪文体学的主要研究方法

究读者对前景化语言特征的加工和处理,以确认阅读过程中是否存在俄罗斯形式主义文体学家所谓的延迟(retardation)。研究发现,读者遇到前景化语言特征时阅读速度的确减慢,而且回读现象也明显增多。但是,读者对前景化特征的敏感度因人而异,有些读者在阅读到前景化特征时,阅读速度并不放慢。另一个发现是阅读速度的减慢与高度复杂(high perplexity)语言特征的出现有关。学生不仅在前景化语言特征的加工中减慢速度,在遇到高度不解的语言特征时也减慢阅读速度。因此,他们认为个体差异在文学文本的处理加工中扮演重要角色,并主张对文学阅读的研究要更多关注读者和文本之间的相互作用。

除此之外,心理实验研究也涉及体裁、文学性判断、情感研究、语音感知等多个领域。哈诺尔(Hanauer, 1998)利用实验的方法比较读者对诗歌阅读和百科全书阅读的不同反应,研究发现:诗歌阅读需要更多的表面信息提取,百科全书阅读速度明显比诗歌快,诗歌理解比百科全书困难。卡米纳蒂等人(Carminati et al., 2006)利用心理实验的方法发现网络读者对诗歌的阅读受诗歌体裁和韵律的影响,但是韵律格式并不是一个重要的影响因素。迈阿尔和库依恩(Miall & Kuiken, 1998)利用实验的方法研究文学性,结果表明读者对形式特征的反应是文学阅读的重要部分,以此作为对费什感受文体学的否定。实验方法也用来研究叙述文本中由于前景化和叙述视角的变化所引起的读者阅读反应(Millis, 1995; Miall & Kuiken, 1994, 2001)以及研究读者对语音的感知,包括有语境语音的感知和无语境语音的感知(Miall, 2001)。

4. 心理实验对文体学的贡献

从方法论上讲,实验方法把文体学的实证研究大大推进了一步,并成为人文科学与自然科学结合发展的大胆尝试。利用心理实验方法进行文体的认知研究使文体分析与心理实验相结合,构成了一种新的跨学科途径,不仅能从新的角度检验文体学关于前景化的基本假定,而且通过对语言的研究丰富了"对信息加工深度"的心理研究(申丹,2009b:5)。其次,利用实验方法进行文体研究把文体研究的对象从文本转向了读者对文本的认知和阅读过程,使文体学的研究范围扩展到了认知领域。最后,实验方法从读者对文体的认知和文体认知能力发展的角度研究文体，而且文体实验的对象往往是学生，所以研究结果能够为教学文体学提供理论依据。

5. 心理实验方法的局限性

尽管实验方法研究文体成果喜人，但是仍然存在以下局限性：首先，实验方法的跨学科性成为其发展的障碍。文体学家往往缺少心理学和认知科学的基础，而心理学家和神经认知科学家又不太擅长利用文体特征为信息加工研究寻找新的突破口。所以，文体学家需要和心理学家深入合作才能成功利用心理学和神经科学的技术检验文体学关于前景化的基本假定。其次，利用实验方法研究文体受到心理学和认知科学的局限，只有新的心理学研究成果和认知科学的新技术才能为文体认知带来新的契机。再则，对心理学方法的应用只是局限在文体特征的个别方面，如词汇特征中的长词、句法特征中的分裂句等，并没有涉及更多的文体特征，所以仍然需要进行大量的探索实验。最后，实验方法的实验室外部效度的缺乏性是传统文体学家攻击的对象，更有不少学者质疑实验的有效性和读者对复杂文本的阐释（Sternberg，2003）。因为实验方法通常只能在实验室或教室里完成，而且选择的研究对象有限，所以，实验结果能否在实际阅读中仍然保持有效值得深入研究。

7.5　结语

对文体学而言，21世纪是一个方法多样化的时代。语言学理论的发展和语言学研究方法的更新，大大推动了文体学研究方法的发展。文体学保持了定性和定量相结合的实证主义哲学立场，沿用演绎、归纳、比较等推理方法；采用观察法、直觉印象法、描写法、调查法、比较法等具体操作方法；同时，由于科学技术的发展，文体学研究在统计方法和实验方法的应用上取得了突破性进展，文体学的科学化趋势更加明显。本章在回顾文体学方法论和系统描述传统文体研究方法的基础上，重点介绍了统计方法、语料库方法和心理实验方法在文体学中的应用情况，勾勒出了21世纪文体学研究的主流方法。

第 8 章
近十年文体研究方法的新进展

8.1 引言

近十年,在传统文体研究方法和 21 世纪初新兴的统计方法、语料库方法和心理实验方法不断深化的同时,多模态方法、认知神经方法和自然阅读法在文体研究中崭露头角,为新时期的文体研究注入了新的活力。本章将从理论基础、主要研究方法、研究现状、对义体学的贡献和研究中仍然存在的问题等方面详细介绍多模态方法、认知神经实验方法和自然阅读法。最后,本章还会对文体学研究方法的未来发展趋势进行展望。

8.2 多模态方法

多模态文体学是伴随着多媒体技术的推广和文体学研究范围向非文学语篇的扩展出现的文体学分支,重点研究语言模态和非语言模态(如图像、字体、布局、色彩、声音、手势等)在语篇意义建构中的作用。南丹麦大学的诺加德教授首次提出多模态文体学这一概念,她认为多模态文体学是一个把文体分析范围扩大到语言之外的模态和媒介的崭新的文体学分支(Nørgaard et al., 2010a: 30),是文体学理论和符号学理论联姻的产物(Nørgaard, 2011b: 255)。

8.2.1 理论基础

目前的多模态文体学主要有多模态功能文体学和多模态认知文体学两个研究方向。多模态功能文体学的理论基础是韩礼德（Halliday，1978：108）"语言是一种社会符号"的著名论断。既然语言只是传达意义的一种社会符号，那么其他社会符号系统也应该有各自的"词汇语法系统"，并与语言协同表达意义。此外，系统功能语言学理论构成了多模态功能文体学模态语法建构和文体分析的理论框架。多模态认知文体学的理论基础是认知语言学。虽然认知文体学也借用心理学、神经科学等广义上认知科学的方法，但认知语言学的图形—背景理论、意象图式、概念隐喻、概念整合理论、文本世界理论等是多模态认知文体学的主要理论基础。既然图像、字体、布局、色彩等非语言模态参与意义的建构，它们在意义建构中的作用必然决定了其在意义解读和认知中的地位。所以，出现在静态多模态语篇中的图像、字体、布局和色彩等视觉符号和出现在动态多模态语篇中的听觉符号、手势符号等也就成为理解读者认知的重要特征，也构成语篇的前景化特征。

8.2.2 主要研究方法

多模态文体学沿用实证主义的价值取向，因此，具体的研究方法是定性和定量方法的结合。下面从操作方法和逻辑推理方法两个方面介绍多模态文体研究中的常用方法。

多模态文体研究中常用的操作方法有观察法、直觉印象法、描述法等。观察法是人类认识周围事物的基本方法。观察法认为主体和客体是相互分离的，主体可以通过对客体的客观观察而认识客体。在多模态文体分析中，文体学家首先需要观察语篇中使用的模态有哪些，每种模态有哪些明显的特征，并形成语篇模态使用的基础"知识"，然后在一定模态语法理论的指导下进行分析。直觉印象法在多模态文体分析中也非常重要，因为文体学家需要从观察到的模态种类和模态使用特征出发，凭借个人经验确定其在语篇意义建构中的特殊意义。但是，正如上文所

第8章　近十年文体研究方法的新进展

述，分析者对模态使用规律的判断不是盲目的，而是依靠自身语言知识、模态使用经验，并结合了一定的逻辑推理的。因此，文体学家对多模态语篇模态使用特征的观察和文体特征的确定需要依靠直觉印象。此外，描述法也是多模态文体分析的基本方法。因为分析者需要对文本的模态和模态使用特征进行观察，然后把这些模态使用特征客观地描述出来，为文体特征的确定做铺垫。在具体的多模态文体分析中，描述必须建立在一定的理论模式之上。此外，分析者需要尽可能采用统一的理论框架对不同模态的突出特征进行描述，因为只有这样才能为文体特征的确定和模态意义的整合做好铺垫。例如，多模态语篇语言突出特征的描述使用韩礼德的功能语言学理论，图像模态突出特征的描述使用基于韩礼德功能语法基础上建构的图像语法。由于语言和图像模态的语法基础都是系统功能语言学理论框架，因此，联系情景语境确定两种模态的前景化特征和整合意义就相对容易。

除了以上定性研究方法，多模态文体研究也开始使用统计方法和实验方法。多模态文体研究中的统计方法主要用于统计模态特征的出现频率，为确定这些模态特征是否构成失衡突出特征提供依据。鲍德里（Baldry，2007：173）创建的多模态语料库检索工具 MCA（Multimodal Corpus Authoring System）是最早的多模态语料库工具，为各种体裁多模态语篇模态突出特征的分析提供了参考。奥哈洛伦（O'Halloran）等人研发的 Semiomix 多模态语篇分析软件能实现多模态语篇特征和意义发展的动态分析，为动态多模态文体学的理论建构和应用提供有力的保障。多模态实验方法的应用主要体现在多模态语篇的读者认知研究方面。此类研究主要采用自然心理实验方法和调查法，也就是通过请被试阅读多模态文本并回答问题的方式或者对被试进行问卷调查的方式了解读者对多模态前景化特征的理解过程。

多模态文体研究中常用的逻辑推理方法包括演绎推理、归纳推理、类比推理和经验推理。演绎和归纳是两种主要的逻辑推理方法。演绎是一种从一般到个别、从共性到个性、从抽象到具体、从宏观到微观、从理论到经验的推理过程。而归纳是一种从个别到一般、从个性到共性、从具体到抽象、从经验到理论的推理过程。在文体分析中，归纳推理和演绎推理必须结合使用，并从不同的角度出发认识两者的先后关系（张德禄，2007：14）。从对语言材料处理的角度看，应该首先使用归纳推理的方式对语言材料进行剖析，找到语言使用规律；但从理论建构的角度讲，首先应该提出有关语言使用规律的假设，然后通过演绎推理验证假设。在具体的多模态文体研究中，通常需要在观察多模态语篇的基础上，归纳模态使用特征并提出假设，然后再回到具体语料中，通过系统分析对假设进行检验。类比推理是根据两个（或两类）相关对象某些属性的相同或相似推出它们在另外属性上也相同或相似的推理方法（王海传等，2008：174）。例如，模态语法体系建构中颜色的"区别性特征"理论就是从语言学的"区别性特征"推理而来。经验推理也是文体学研究中常用的推理方法。因为文体学本身就是一种经验科学，运用多模态文体学的理论框架分析语篇中出现的多模态突出特征就是利用个人经验进行推理，同时，把这些突出特征与语篇的整体意义结合也要依靠经验推理。

8.2.3 研究现状

根据研究侧重点不同，目前的多模态文体研究有社会符号学、功能和认知三个具体研究视角。

社会符号学视角的多模态文体研究源于韩礼德（Haliday，1978：108）"语言是一种社会符号"的论断。此类研究以系统功能语法为原型，探讨图像、字体、布局等非语言模态的语法建构及其意义产生的符号学原理。克瑞斯和范·勒文（Kress & van Leeuwen，1996/2006）建构了"视觉语法"；范·勒文（van Leeuwen，2005，2006）提出了一个完整的字体特征系统；诺加德（Nørgaard，2009）研究了字体模态意义产生的符号学原理；克瑞斯和范·勒文（Kress & van Leeuwen，2002）和范·勒文（van Leeuwen，2011）研究了颜色模态的使用特征和规律。模态之间关系的研究始于对图文关系的研究。巴尔特（Barthes，1977：39）认为媒体图像的意义是多重的，也是飘忽不定的，需要文字对其过于弥漫的意义潜势加以控制；克瑞斯和范·勒文（Kress & van Leeuwen，1996）则认为图像本身有其独立的组织和结构，图像与文字

第8章 近十年文体研究方法的新进展

之间的关系是关联性的而绝非依赖性的;罗伊斯(Royce,1998,2002)提出了"模态间互补性"的概念,他指出"在复杂的多模态语篇中,视觉模态和文字模态是互补关系,视觉成分和文字成分的组合能够产生出比单一模态大的语篇意义"。张德禄(2009a)把出现在多模态话语中的模态关系归纳为逻辑语义关系和表现关系。逻辑语义关系包括详述、扩展和提升;表现关系包括互补关系和非互补关系,互补又包括强化和非强化,非互补包括交叠、内包和语境交互。诺加德(Nørgaard,2009)研究了多模态小说中字体、布局、图像、纸张和封面产生意义的原理及其在文体分析中的应用。社会符号学视角的研究为多模态语篇的文体分析提供了重要依据。

功能视角的多模态文体研究以功能文体学理论为基础,探索多模态文体分析理论模型的建构和应用。张德禄和穆志刚(2012)提出了一个多模态功能文体分析理论框架,并通过一则儿童漫画的多模态文体分析检验了框架的有效性;雷茜(2018)探讨了多模态功能文体学的研究方法及其理论建构中的几个重要问题;张德禄(2018)探索了汉英语篇文体特征的对比理论和实践,为汉英多模态语篇文体对比研究提供了理论依据。多模态功能文体学的应用研究伴随着理论研究展开。基于系统功能语法理论,奥图尔(O'Toole,1994)从三个纯理功能的角度研究艺术品的视觉意义;奥哈洛伦(O'Halloran,1999,2003,2004)研究了数学语篇的多模态文体特征;王红阳(2007)对卡明斯的视觉诗"la"进行了多模态功能分析;杨信彰(2010)分析了多模态词典语篇中的文本和图像关系;希帕拉(Hiippala,2015)研究了旅游手册语类的多模态文体特征;翟后铭(2016)分析了卡明斯诗歌"in-Just"的多模态文体特征;最后,张德禄(2009a,2009b,2010a,2010b)在多模态话语分析框架的指导下研究了课堂话语中的多模态协同和配合。

认知视角的多模态文体研究重点关注非语言模态在多模态语篇(小说、电影、广告等)解读中的作用。在拉考夫和约翰逊(Lakoff & Johnson,1980)对隐喻思维性和概念性的著名论断的基础上,福塞维尔(Forceville)把隐喻研究扩展到了多模态领域,系统研究了图像隐喻和多模态隐喻在广告语篇解读中的作用(Forceville,1996,2000,2007)。戈登(Gordon,1997:6)明确指出"图形—背景关系出现在所有的感官模态中",把文体学对前景化文体特征的研究扩展到语言模态之外。福塞维尔(Forceville,2002)对比分析了麦克尤恩(McEwan)《来自陌生人的安慰》(*The Comfort of Strangers*)这部小说及其电影版本的多模态文体特征。柯里尔(Curries,2004)研究了电影图像的多模态认知。在福塞维尔和乌里奥斯-阿帕斯(Forceville & Urios-Apasi,2009)合编的论文集《多模态隐喻》(*Multimodal Metaphor*)一书中,研究者将广告、漫画、手势语、音乐、电影等作为研究对象,从不同的角度分析了多模态隐喻带来的文体效应。赵秀凤和苏会艳(2010)以概念转喻和隐喻为切入点对一则多模态广告语篇的意义建构进行了探讨。黄东花(2013)以中央电视台学术讲座类节目《百家讲坛》为例,研究了电视学术讲坛类多模态语篇的多模态隐喻现象和多模态编码的整体意义建构。尽管认知视角的多模态文体研究关注较多的是广告、漫画、电影讲坛等体裁,但也有少量关于多模态文学语篇文体的认知研究。吉本斯(Gibbons,2011)在认知诗学的框架内研究了多模态文学语篇:利用文本世界理论研究小说《特响,特近》中语言如何构建一个假设的文本世界;利用指示认知理论研究小说《平地歌剧》如何使读者产生阅读中的双重位置;并用概念整合理论和概念隐喻理论研究这部小说如何将虚构世界和真实感受进行整合,产生新的主题意义。雷茜(2017)研究了图式理论在多模态小说人物塑造和主题解读中的作用。

8.2.4　多模态方法对文体学的贡献

多模态文体学对现代文体学的发展作出了重要贡献。首先,多模态文体学的出现大大扩展了文体学的研究范围。传统文体学的主要研究对象是文学语篇,多模态文体学关注较多的是广告、漫画、电影中多重社会符号在语篇意义建构中的作用。因此,多模态文体学对非文学语篇文体研究的重视纠正了文体学研究范围局限于文学语篇的偏见,扩大了文体学的研究范围。同时,多模态文体学的出现也改变了文体的定义。在传统文体学中,"文体"被定义为语言的使用特征;在多模态文体学中,"文体"是模态的使用特征。最重要的是,多模态文体学不仅关注语言

第8章 近十年文体研究方法的新进展

模态和非语言模态在语篇意义建构中的作用,还将模态间的协同关系特征作为多模态语篇文体分析的重要参数,为文体分析提供了新的视角。最后,多模态文体学理论在英汉语篇文体特征对比研究中的应用是文体研究的一个重要突破点,对跨文化交际和外语教学有重要的启发作用。

8.2.5 多模态方法存在的问题

多模态文体学研究仍处在发展阶段,所以在理论建构和实践应用中还存在很多问题。

首先,多模态功能文体学的理论基础薄弱。不同模态符号的语法系统不够完善,基本的模态语法(如图像、字体、布局、色彩等)还很不完整,而且不同符号系统的语法体系中重叠和模糊现象严重。此外,模态间协同关系的研究也不够深入,既缺乏对逻辑语义关系的类别研究,又缺乏对详述、延伸和提升内部关系的细致研究。第二,认知研究方法陈旧。认知文体研究者多采用主观印象法和阐释法探讨多模态语篇的认知过程(Gibbons,2011)。现代心理学和认知科学的新方法,如眼动追踪法、事件相关电位法(event-related potential)等都还没有应用到多模态语篇的文体研究中。第三,声音模态在多模态文体学理论框架中的缺失。声音作为三种主要模态之一,是多模态文体分析中不可忽视的一个部分,奥哈洛伦(O'Halloran,2004)也曾提出一个电影图像和音乐的分析模式,但都没有被完整地放置在多模态文体理论框架中。多模态文体研究也仅局限于文字和图像组合的语篇文体研究,对"图像和声音"或"图像、文字加声音"的多模态语篇的文体研究非常少见。第四,动态多模态文体研究少。现有的多模态功能文体分析理论和应用局限于图文结合的静态多模态语篇(张德禄、穆志刚,2012;王红阳,2007;雷茜,2015),动态多模态语篇文体的研究仅限于初步理论探讨(张德禄等,2015;容榕,2015)。第五,多模态话语分析理论和多模态文体学理论缺乏区分。多模态话语分析理论有近20年的研究历史,也形成了较完整的理论,这些话语分析的理论可以成为多模态功能文体学研究的基础,但是,多模态话语分析和多模态文体研究是两个不同的概念和研究领域，有必要加以区分。尽管两者都借助语言学理论，但研究对象和目的不同，话语分析的对象是语篇的篇章性、语篇的连贯和衔接机制，并最终为语篇的理解服务；而多模态文体学研究的对象是语篇中的模态和模态协同关系，目的是寻找多模态语篇的前景化模态特征，并解释这些多模态特征在语篇整体意义建构中的作用。

8.3　认知神经实验方法

认知神经实验方法是新兴的心理学研究方法。心理学是研究心理现象、心理规律及其应用的科学，但因为心理的不可见性，很多心理学研究是基于对行为的控制性观察和测量来间接探究心理活动的发生过程和规律的。但是，"行为反推心理"研究范式的缺陷是显而易见的。众所周知，心理是神经系统，是大脑的产物，如果能从神经发生的角度研究心理的产生及其运作机制，就能顺理成章，也符合因果关系的规则。虽然心理学家很早就意识到了这个问题，但是限于活体脑研究的复杂性和困难性，长期以来利用神经科学技术对人类心理的探索只能停留在对脑创伤病人大脑和动物大脑的研究上。20 世纪 70 年代和 80 年代，随着无创性研究技术手段的出现，从"神经到心理"的研究范式才被广泛应用，认知神经科学随之诞生。

8.3.1　**理论基础**

认知神经方法的理论基础是认知语言学理论和脑神经科学理论。认知文体学是 20 世纪末才出现的重要文体学分支之一，其研究目的是揭示读者的阅读心理和阅读过程的认知机制。认知语言学理论，如图式理论、概念隐喻理论、概念整合理论、文本世界理论等都被广泛应用于文体特征的认知机制研究，构成认知文体学的主体理论。但是，以上认知文体研究的范式还没有脱离基于理论的推理和阐释。既然阅读本身是一种心理活动，需要大脑神经的参与，那么对阅读活动的研究就不能仅关注阅读行为本身，也不能仅依靠主观推理，反而可以从神经刺激反应的角度进行观测。伴随着脑神经科学的发展，观测脑神经元活动的技术成为可能，文体学家可以通过观测脑神经元刺激的反应方式了解读者在阅读过程中的大脑活动，以及读者对文体特征的反应情况。因此，脑神经科学理论是认知神经方法的重要理论基础。

8.3.2 主要研究方法

认知神经科学通常采用的无创性技术主要包括：肤电反应（galvanic skin response, GSR）、事件相关电位（event-related potential, ERP）、功能性磁共振成像（functional magnetic resonance imaging, fMRI）、正电子发射扫描（position emission tomography, PET）、脑磁图（magnetoencephalography, MEG）和近红外光谱技术（near infra-red spectroscopy, NIRs）等。从原理上讲，以上认知神经实验方法都可以在文体认知研究中应用，但目前得到应用的是肤电反应实验和功能性磁共振成像实验。

肤电反应，亦称"皮电属性"，属于情绪生理指标，能够反应机体受到刺激时皮肤电传导的变化。其原理是，当机体受外界刺激或情绪状态发生改变时，其植物神经系统的活动就会引起皮肤内血管的舒张和收缩以及汗腺分泌等变化，从而导致皮肤电阻发生改变。这一现象最早是由费利（Fere）发现的，他将两个电极接到个体的前臂上，并把它同弱电源和一个电流计串联，当用光或声音刺激时，电流计就发生偏转。因为能够测量皮肤电的绝对水平及其变化，而且比较可靠。费利的方法是近代绝大部分肤电实验都采用的方法。苏联心理学家米亚西舍夫（Myassichev）在1939年开展了"人的皮肤电反射特点的心理学意义"的研究。他指出，无关刺激引起的反应不如有关刺激引起的反应表现明显；并认为根据皮肤电反应不可能知道心理过程的内容，只有当考虑到与此有关联的心理内容时，才可能加以心理学的说明。他的结论是外界刺激与心理活动关系的重要依据。皮肤电反应实验在医学领域应用广泛，主要用于临床疾病治疗，也用于障碍矫正和航空训练。因为皮肤电反应是情绪指标，可以用来研究读者在文学作品阅读过程中的情绪反应,尤其是接受了语言特征刺激后的情绪变化,因此适合文学作品阅读情感研究。

功能性磁共振成像是近年新兴的神经科学研究方法,是一种无须任何辅助药剂的无创性技术,其原理是记录下脑内控制视觉区域的血流状态,并且建立起影片和血流状态间的关联。fMRI 技术可以了解脑区的激活状态,由于激活程度越高的脑区需要更多血液中的氧气为该区域的神经元活动提供能量,所以通过探测某区域磁场中的氧合血红蛋白与脱氧血红蛋白的比值,就能得知该区域的活动水平。它是利用磁场与射频脉冲使人体组织内进动的氢核(即 H+)发生章动产生射频信号,经计算机处理而成像的。功能性磁共振成像技术不是传统意义上的核磁,对人体没有辐射和伤害,而且实验结果能直观科学地反映大脑神经的活动情况,因此在出现短短 30 年的时间就在医学领域得到广泛应用。但是在功能性磁共振成像实验中,除了要进行大脑结构成像扫描,还要进行功能成像扫描,也就是说被试需要在 fMRI 扫描仪中完成一些实验任务,研究者往往关注的是被试在这些实验任务中的脑区活动。例如,在文体研究中,研究者需要对被试处理拟观察语言特征时的脑区活动进行持续记录,需要时间较长。在狭小和噪声较大的扫描仪内开展持续性语言加工实验往往会引起被试不适,因此,操作性不强。

事件相关电位法是利用记录读者思维过程中大脑皮层电波活动的方法了解大脑和心理活动的一种神经实验方法。人类对脑电的研究有很长的历史。早在 1875 年,卡顿(Caton,1842—1926)使用一个检流计把两个电极放到一个受试者的头皮上,以电信号的形式记录了大脑的活动。随后,他的博士生丹尼列夫斯基(Danilevsky,1852—1939)通过电刺激研究了动物自发的脑电活动规律。1929 年,德国医生伯格(Berger,1873—1941)使用西门子双线圈检流计(达到每秒 130uV 的敏感度)和单通道双极额枕引线的方法在相纸上记载了持续 1~3 分钟的记录,首次作出了人类脑电的报告。但因为脑电信号很弱、信号分辨率很低,所以在 1930 年左右,德国人滕尼斯(Toennies,1902—1970)研究出第一套脑电位报告的生物放大器。大约在 1934 年,戴维斯(Davis)描记出了一个非常好的脑电节律,促进了对睡眠和癫痫脑电活动的研究。但以上这些研究均是记录人脑在基线状态的电活动,只能称之为自发脑电图（electroencephalograph，EEG），因为它们无法揭示与特定心理活动的相关电位变化。直到 20 世纪 70 年代，一些研究者才开始记录某种刺激后大脑特定部位的电位变化情况，其基本原理是用大脑受到某种刺激后的电位减去基线电位 EEG，即诱发电位（evoked potential，EP）。后来，随着研究设备精确性的提高和实验设计的完善，研究者进一步提高了施加刺激（事件）与电位变化之间的关联精确度，并把这种与某种事件引发的心理活动高度关联的电位称为事件相关电位。1971年，认知神经科学的先驱史蒂夫·希尔亚德（Steve Hillyard）发表了第一篇采用 ERP 技术开展心理学研究的论文，开创了 ERP 研究心理活动的新时代。

8.3.3 研究现状

心理实验在文体认知研究中的应用主要体现在文体学家对文学研究与认知神经科学研究合作可能性的理论探讨上，采用认知神经实验方法开展文体认知实践的研究并不多。

伯克和特奥思安科（Burke & Troscianko, 2013）撰文介绍了 2013 年发表于《文学语义学》(Journal of Literary Semantics) 专刊中的四篇论文，从不同角度阐述了文学研究与认知科学相得益彰的辩证关系。首先，认知科学中的心理学、神经科学、认知语言学和心理哲学具有丰富文学研究的潜力，这些研究方法可以对文学文本的理解过程研究作出实质性贡献。同时，文学阅读和文体研究也对认知科学研究有帮助，如对文学作品情感的研究有助于检验和揭示大脑活动的规律。在开篇的文章中，霍根（Hogan）展示了乔伊斯（Joyce）的《尤利西斯》(Ulysses) 是如何唤起读者的平行认知加工的，以及这种平行加工在帮助读者阅读的同时，是如何帮助认知神经科学家了解这种加工过程本身的。通过对比独白的线性加工过程和意识流的平行加工过程，霍根提出乔伊斯小说中蕴含着激活平行认知加工的系统语篇信息。在第二篇论文中，波尔维宁（Polvinen）认为，传统上用于研究沉浸感的空间隐喻导致了一种无益的假设，即沉浸感的想象形式和反映理性的想象形式之间存在一种二分法。通过对埃格斯（Eggers）《一个惊人天才的伤心之作》(Heartbreaking Work of Staggering Genius)的分析，尤其是其元小说特征的分析，波尔维宁得出结论：联合注意力，作为一种并行处理的形式，是文学反应的一种特征，可以帮助我们完善想象认知的科学模型。在第三篇论文中，特奥思安科提出在阅读文学作品时，对想象的科学解释可以从阅读文学作品时引导想象的案例中受益，特别是文学文本阅读可能比有关想象的问卷能更好挖掘重要的、非图像化的想象。在第四篇论文中，伯克首先回答了阅读是否总是一种自下而上的认知过程这一问题，然后探讨了文学文体的研究是否有利于揭示大脑和思维的运作过程。他认为，文学文体特征，尤其是以修辞手法为代表的前景化特征，是存在于大脑中的，而不是存在于文本中的。他的结论奠定了文体特征认知神经研究的基础，也是有关修辞活动更广泛的跨学科研究的基础。最后，认知神经学家罗尔（Roel）批判性地评价了以上四篇论文中提出的观点。他认为这四篇文章提出的理论提议对认知科学很有启发，尤其是那些拥有认知神经数据的科学家，要把这些丰富的数据看作一种资产而不是障碍。最后，他也肯定了术语的丰富和精确背后两个学科相互促进的机会。此外，伯克（Burke, 2014）的认知文体学专著《文学阅读、认知和情感：揭开大脑的奥秘》(Literary Reading, Cognition and Emotion: An Exploration of the Oceanic Mind)提供了将文学阅读和认知科学结合的研究方法，那就是揭示文学文本中语义、句法、语音等文体特征细读过程中读者的各种大脑活动。伯克关注文学作品的情感阅读，并认为读者情感阅读的认知过程受已有记忆（尤其是孩提时代的记忆）的影响。

  目前，已经应用到文学作品文体研究的认知神经实验方法有皮肤感应实验和磁共振成像实验。哈通等人（Hartung et al., 2016）采用皮肤感应实验研究了读者对人称代词的加工。通过测量被试阅读文学故事中第一和第三人称代词时的皮肤电刺激活动发现，第三人称代词有助于从观察者的角度构建心理模型，第一人称代词的故事侵入性明显高于第三人称。这一研究结果表明了视角在语言处理中的重要作用。许春婷等人（Hsu et al., 2015）使用功能磁共振成像实验研究词汇引发阅读情感投入的潜力。研究者邀请24个德语本族语读者对《哈利·波特》(Harry

Potter）系列丛书中的 120 段文字进行了阅读，并利用磁共振成像的方式记录被试的阅读过程和他们对相关问题的回答情况。研究结果表明，情感词（词汇）评分与篇章评分之间存在显著的相关性。此外，情感词汇评分与情绪相关区域的活动、情境模型的建立、多模态语义整合和心理理论均相关。因此，实验支持了短文本的情感潜能可以通过词汇和词汇间情感变量预测的假设。

但是，目前有关认知神经实验的讨论多、实践少。正如霍根（Hogan，2014：528）所言，将文学作品的文体、情感和认知神经科学相结合是充满前景的文学研究领域，但是目前利用认知神经研究文学阅读还处在襁褓时代，与文体研究相关的方法主要是皮肤电位方法和磁共振成像法。因为语境因素难以控制，ERP 神经技术在文体研究中尚未使用，但是有望在不久的将来成为文学研究的重要方法。

8.3.4 认知神经实验方法对文体学的贡献

首先，认知神经科学方法在文体研究中的应用能够推进文体研究的实证性。早期文体研究的实证性仅仅体现在语言学方法的应用上。尽管后来量化统计方法和语料库方法的应用改变了这种实证性的形式，但仍然不能与自然科学的实证性对等。心理实验和神经实验方法在文体研究中的应用，让文体学家也走上了提出假设、严格控制变量、在真实读者中开展阅读实验、观察前景化语言特征和文体效应之间的关系并检验假设的实验道路，实现了文体研究真正意义上的实证性。其次，对认知科学而言，科学家认识到文学阅读这一特殊大脑活动对揭示大脑和心智奥秘的重要性。文体特征的研究，尤其是文学作品中前景化语言特征的加工研究，可以为大脑认知研究提供重要的突破口。正如伯克和特奥思安科（Burke & Troscianko，2013）在文中指出的，文学阅读和文体研究有可能在许多方面对认知科学家有价值，如对文学作品情感的研究有助于检验和揭示大脑活动的规律。最后，认知神经方法在文学研究中的应用在自然科学和人文社会科学间架起了一座桥梁，促进了两个学科的合作。文学工作者长期以来对自然科学的方法采取拒绝的态度，认为自然科学方法无法解读文学审美现象。文体研究的对象也是文学语篇，但是文体研究注重语言学方法的应用，对认知语言学理论和认知科学理论和方法的应用更是走在了前列，为第三文化（Snow, 1959）的发展作出了新的尝试。

8.3.5　认知神经实验方法存在的问题

尽管认知神经科学和文体研究合作意义重大，也已有文体学家和心理认知科学家的成功合作对前景化特征的加工机制开展了实证研究（Miall & Kuiken, 1994, 2001; Emmott, Sanford & Morrow, 2006），但是，认知神经文体研究也面临着以下问题。

首先，文体研究工作者和认知神经科学家在认识论上存在本质差异，导致两者缺乏合作。由于文体研究属于人文学科，而认知神经科学属于自然学科，两个学科的科研工作者长期以来思考问题的方式和解决问题的思路是完全不同的。文学研究者往往质疑在美学现象研究中引进科学方法的有效性，同时他们也缺乏实证研究的经历，对采用相对严格的科学方法持抗拒心理。另一方面，心理实验工作者已经适应了实验模式的训练，也不愿意采用其他方法为认知问题寻求有效答案，于是就构成了两个学科在方法论上的交流障碍，这也成为文学认知神经研究面临的巨大挑战。其次，除了两个学科的研究工作者在认识论上的障碍外，认知神经实验的实施也存在技术障碍。从事文体研究的大多数是人文工作者，既没有技术优势，也没有充足的资金。即使他们愿意采用认知神经技术开展文体实验，也较难克服技术问题和资金问题。皮肤感应技术相对容易掌握，但是磁共振成像技术和EPR技术掌握难度大，设备昂贵，在文学研究和文体研究中很难展开。最后，实验对某个或某些具体语言形式的关注是以语篇研究为代价的，而且实验通常只能在实验室或教室完成，研究对象有限，实验效度容易遭受质疑。

8.4 自然阅读法

基于对实验研究方法有效性的质疑，自然阅读法（NSR）成为真实读者研究的一种有效替代方法。

8.4.1 自然阅读法简介

自然阅读法采用人种志研究方法（ethnographic approach），即研究者深入特定群体的文化之中，"从内部"提供有关这一文化群体某种行为习惯报告的一种研究方法。人种志方法也叫田野调查法，其实质是客观调查法。客观调查法要求研究者在现场把真实的语料通过录音、录像、笔记等手段记录下来，为随后的分析作铺垫。由于人种志研究方法以研究特定群体的社会文化属性而闻名，自然阅读法适合研究影响阅读的社会文化因素。目前，文学阅读中常用的自然阅读法提倡从读者提供的数据中"原原本本地"获取最原始的数据，研究"习惯性阅读过程"中产生的文学解读（Swann & Allington，2009：248）。自然阅读法不像心理实验和神经实验一样搜索特定的现象，或者创建对参与者来说不寻常的研究情境，而是在不影响阅读正常进行的情况下客观记录阅读行为。自然阅读法的核心是研究者深入阅读小组内部、观察阅读行为，并做好记录。与所有的客观调查一样，自然阅读法需要研究者首先对阅读行为提出问题和作出假设，然后利用观察得来的数据验证自己提出的假设。到目前为止，大部分研究都将读书俱乐部作为"自然阅读"的场所（Swann & Allington，2009；Benwell，2009；Peplow，2011），研究人员通常会观察、记录和转录小组的阅读活动，然后基于记录的数据回答预先提出的问题。

8.4.2 研究现状

英国开展的两个阅读小组研究项目是自然阅读法研究文学阅读的典型代表。第一个是阅读小组的话语研究项目（The Discourse of Reading

Groups）。该项目针对现代英国读书小组展开调查研究（Allington & Swan，2009；Swan & Allington，2009），全面考察了16个面对面阅读小组（如监狱、私人住宅、工作场所）和两个在线小组中使用的话语。项目的目标是双重的，既要"对阅读小组这种当代文化现象进行理解"（Swan & Allington，2009：247），又旨在提供一种不同于实验方法的文学研究新方法。更重要的是，斯旺和阿林顿（Swan & Allington，2009）使用定性软件包Atlas-ti对小组活动的话语主题进行分析和编纂。阅读小组话语研究的主要内容集中在阅读群体话语的基本社会性方面，斯旺和阿林顿的结论是读者的"解释活动取决于他们所阅读的语境的各个方面，并且与社会和人际关系密切相关"（Swan & Allington，2009：250）。在阅读小组这一群体语境中，文本的解释是"协同发展的，而不是单个演讲者的属性"（Swan & Allington，2009：262），讨论行为"构成了一种人际关系管理的互动资源"（Swan & Allington，2009：262）。因此，在读书会上的谈话不一定仅仅是谈论一本书，而是更广泛的社交活动。遗憾的是，这些发现与文体分析并没有特别紧密的联系。

第二个阅读小组研究项目是本维尔（Benwell，2009）的发展侨民项目（Developing Diasporas）。本维尔也关注自然主义数据，但她的研究对象是侨民这样一特殊群体。她的研究数据主要是多个阅读小组对利维（Levy）小说《小岛》（Small Island）的讨论。本维尔（Benwell，2009）关注的是读者在阅读中所展现出的对世界的独特理解方式，以及这种方式与群体中其他成员理解方式之间的互动与协商。《小岛》作为一部关注移民人口的小说，引发了读者对种族和民族认同问题的不同反应。本维尔认为，当读者对小说作出解释时，他们的谈话涉及"常识性的反种族主义"，而这种"常识上的反种族主义"是通过一个"他者化"的过程来实现的，"他者化"是一个公然的种族主义群体的构建，与演讲者的价值观形成了含蓄的对比（Benwell，2009：309）。

其次，佩普洛（Peplow，2011）对读书小组的修辞互动感兴趣，专注于研究特定的话语特征和说话模式。通过详细的文本分析，他发现在一个讨论组中有三个话语特征尤为突出：话轮开头的"哦"，X然而Y结构（如"我以为我讨厌它，然而我爱它"），以及调用同类结构（如读者将书中人物的经验和自己的个人经验相联系）。佩普洛将阅读小组视为一个典型的实践社区,他认为这些反复出现的话语特征和讲话模式构成了阅读小组的共同语言,在创建和培养群体认同方面发挥了重要作用。

最后,菲亚略(Fialho, 2007)在一定程度上尝试了混合方法。为了研究前景化特征在文学专业和工程专业学生陌生化加工过程中的作用,她采用内省的方法对阅读数据进行定性分析,采用实验的方法寻找定量数据,但她的研究在实验方法的运用上可能存在误差(Replow & Carter, 2014)。惠特莉(Whiteley, 2011a)较好地实现了文本特性和读者反应间的平衡。她邀请了三个朋友阅读了石黑一雄的小说《长日将尽》(The Remains of the Day)。在研究过程中,惠特莉既考虑了读者如何在群体背景下谈论这部小说,又特别关注他们如何认同小说中的人物。与自然阅读不同,惠特莉的阅读有严格的实验设计,她选择了读者(而不是之前的阅读小组)和文本,并确定了谈话的主题。正是这些限制使她能够看到文本中特定的元素,从而对文体分析作出直接贡献。佩普洛和卡特(Replow & Carter, 2014: 452)明确指出未来研究可以将阅读活动限定到某一个具体话题。例如,可以观察现有图书俱乐部的读者如何处理有前景化特征的文本和/或读者如何在谈论文本时采用角色的视角等。

8.4.3　自然阅读法对文体学的贡献及其局限性

自然阅读法也属于实证研究方法,它把阅读看作一种社会活动来观察,在一定程度上弥补了认知科学局限在实验室的弊端,为文体研究另辟蹊径。然而,自然阅读也有自身的缺陷。首先,在阅读小组活动中,读者并不一定关注文体学通常感兴趣的文本分析,而研究人员又无法以他们喜欢的方式控制小组活动。如果读者不关注语言或偏离议题,实验结果对文体研究的价值就非常有限。这是自然阅读小组研究的致命问题;其次,在人种志研究方法中,观察可以是公开的或隐蔽的。后者意味着研究者要对观察群体进行渗透,还要对某些可能伤害群体成员的情感信息进行公开。因此,难免遭到伦理道德的批评。最后,如果缺少系统的解释或理论建构,在自然阅读小组中收集的大量描述性数据就会失去意义。

8.5 文体学研究方法发展趋势展望

进入 21 世纪，文体学研究定量与定性相结合的实证主义哲学立场没有改变，语料库方法、统计方法、多模态方法、心理实验方法、认知神经实验方法和自然阅读法等为文体学注入了新的活力，为文体学的定性阐释提供了科学依据，也大大强化了文体学的实证性。最后，基于本部分的方法回顾，我们对文体学研究方法的发展趋势作出如下展望。

首先，统计方法将更好地辅助量化研究。尽管文体学是以定性研究为主的实证研究，但是量化研究是文体学研究科学化的重要源泉，也是文体学实证性的重要表现。虽然统计方法在文体研究中已经得到了应用，但是目前文体分析中最常见的统计方法是单变量描述统计中的变量分布特征统计，即对语言特征在某一文本中的出现次数和使用频率的统计。大量适合文体研究的统计方法并没有得到应用，例如，涉及两个变量间关系的相关性分析应用极其有限，多变量统计分析、因素分析和回归分析等统计方法还没有在文体研究中得到恰当的应用。因此，统计方法的应用还有很大的空间，是未来文体研究方法的一个发展趋势。

第二，语料库方法的深入发展。尽管语料库方法在 21 世纪得到了广泛应用，但是目前的语料库软件标注和处理的功能有限。对词汇特征标注和分析的技术相对完善，但是针对句法、语篇及语义进行标注和分析的工具有限，很多文体特征的研究需要手动标注。因此，依托语料库语言学理论的发展，语料库方法将在标注软件的功能上进一步完善，统计方法上日趋缜密，语料描述和分析也会更加注重多变量融合。同时，也将更加重视语料库统计数据与语篇意义建构和评价之间的关系，建立起描写、阐释和评价相结合的文体分析框架。另外，随着科学技术的发展，将建立起不同体裁的超大型语料库、常规搜索库等功能更强大、使用更便利的语料库群，并以这些库为参照和标准阐释某些具体语篇、某些作家作品的文体特色。

第三，多模态方法的完善和发展。多模态方法将会成为一种综合性、超学科性的文体分析方法。首先，模态语法将会更加完善和精确，为不同模态的词汇语法分析提供优质语法工具；其次，模态关系研究会继续深入，文体分析中也会更加重视模态间关系这一参数。再者，多模

第8章 近十年文体研究方法的新进展

态语篇的界定和范畴化会更加明晰,多模态文学语篇和多模态非文学语篇自身的类型也会更加明确。多模态文体研究对象也将从静态语篇扩展到更多的动态语篇,从广告语篇扩展到新闻语篇、网络新媒体语篇和融媒体语篇等。最后,语境对多模态语篇的制约机制将成为研究的重点,多模态文体学功能与认知结合的研究模式将成为未来主要的发展方向之一。

第四,实验方法的推广应用。尽管心理实验方法和认知神经实验方法已经在文体研究中得到了应用,但是不论是阅读行为实验,还是眼动实验、皮肤电实验和功能核磁成像实验都受设备和技术制约,应用非常有限。ERP技术更是处于理论的探讨阶段,还没有在文体研究中得到应用。现有文献对实验方法在文体学中应用的理论探讨多,实践应用少。自然阅读方法虽然操作简单,但也仅仅是在英国的阅读小组中使用,在其他国家还没有得到推广。伴随着科学技术的发展和研究者对真实读者的关注,文体学家也会正确认识科学实验对文体研究的意义,而文学实验和自然阅读自身也会进一步精确化、自然化、易于操作,这些都会促使文体实验得出更加精确可靠的实验结果。因此,在未来的文体研究中,实验方法的推广和应用将是文体研究的热点之一。

第五,语际对比方法的发展。考虑到可比性的问题,文体的对比研究通常在同一语言内部进行。文体学家可以对比某个作家不同时期的创作风格,也可以对比不同作家的创作风格,但基本都是在同一个语言内进行。例如,狄更斯前期作品和后期作品的文体特征对比研究、狄更斯与同时代另一位英语作家的作品文体特征对比研究等。尽管语言对比研究已经相当成熟,并且对翻译研究很有启发意义。但是,不同语言文学作品的文体对比研究有一定难度,既需要掌握两种语言的结构,又需要一个解释性很强的语言学理论作为框架。雷茜、张德禄(2015)对格林海姆·洛雷多模态拼贴小说《女性世界》两版封面的多模态文体对比研究属于同一语言内部的文体对比研究,而张德禄(2018)对英汉漫画的多模态文体对比研究采用了汉英语际文体对比的研究方法。随着语言对比理论的发展,语际文体对比研究方法将会超越传统的语言内部文体对比研究,成为未来文体研究的发展趋势之一。

第六,文体研究方法的融合。在多学科融合发展的大环境下,文体研究方法也有融合发展的趋势。首先,传统的文体研究方法旨在解决文本分析问题,心理和认知实验方法以读者的阅读体验为研究对象,从本质上讲,两者是互补关系。因此,在现代文体学更加关注读者与文本互动的背景下,传统文体研究方法将会同科学实验方法寻求更多的合作。其次,多模态文学作品的文体特征也可以使用语料库方法分析,多模态语料库方法会随之出现;多模态语料库方法分析得到的前景化特征也可以使用实验方法验证,多模态实验文体学也会得到空前的发展;心理认知实验本身也可以和自然阅读相结合,取长补短,更好地研究文学阅读和语言特征的处理加工。最后,我国外语界的文体工作者和汉语文体工作者也会在方法上相互交流,汲取西方文体研究新方法的精髓,为中国文体学的发展作出贡献。

8.6 结语

多模态方法、认知神经方法和自然阅读法是近十年出现的文体研究新方法,是文体学研究方法在研究范围、研究对象和研究手段方面的创新。本章对以上三种文体研究新方法的理论基础、主要研究方法、研究现状、对文体学的贡献和研究中仍然存在的问题等进行了详细介绍。最后,本章还对文体学研究方法的未来发展趋势进行展望,认为统计方法将会更好地辅助量化研究、语料库方法会继续深入、多模态方法会趋向完善、实验方法将更加注重推广和应用、语际对比方法将会超越传统的文体对比。此外,以上方法在具体文体研究中也会走向融合。

第四部分
文体学研究的主要实践

要讨论现代文体学研究实践中的问题，首先需要清楚现代文体学的发展历程，所以，第9章首先从西方文体学、中国文体学，西方文体学与中国文体学的关系和融合上探讨现代文体学的发展理论。接着探讨文体学研究中存在的问题及解决方案。总的来讲，现代文体学研究实践中的问题可以归纳为四个方面：（1）文体学的寄生问题，具有被动性、间断性和非核心性等缺陷。建议借鉴各个模式的优势，综合它们的特点，构建一个文体学的综合研究思路，最后构建一个比较稳定的现代文体学研究模式。（2）研究范围的不确定性，包括研究对象的不确定性，解决方案是：把文体学和文学研究融为一体，或者把文体学作为文学研究的一个分支。如果文体学的研究对象不仅是文学，还包括任何非文学语篇，那么文体学就应该发展为一个独立的学科，建构比较统一稳定的研究框架。还包括研究目标的不一致性，解决方案是：探讨文体学共性的研究目标是什么，发展一个基本的模式，然后再在探讨不同体裁、语域的语篇时对模式进行一定的修订，发展一个个次级文体研究模式。三是研究文体的理论模式的不同，解决方案是：探讨不同理论模式的特点。（3）西方文体学与中国文体学的交融问题。西方文体学研究者引介西方文体学到中国是完全必要的，但西方文体学研究者，由于两个原因并不把西方的理论应用于中国汉语语篇文体的研究：第一，他们基本都是外语教师；第二，他们的汉语文体学的理论基础不够，需要大量补课，即使作了尝试，也经常选择放弃。解决方案是：通过与对方的接触和对话进行，在实践中使对方认识到，对方的理论或研究领域对自己的主要研究领域的有益方面。（4）文体学实践范围的不确定性。存在的主要问题是文学研究者都把文体学看作文学的辅助学科。解决方案是：把它视为包括理论和应用的四个分支的理论体系，即文学文体学、语体文体学、理论文体学、应用文体学，它们各自还有它们的次范畴和不同的方面。

第10章探讨文体学不同理论和流派间的相互联系形成的实践活动，这种实践过程产生的效果以及对效果的评价等；文体学理论的应用实践以及相关的项目和活动等；对这些项目和实践的评价等。本章具体探讨了修辞学与文体学的互动关系；传统文体学与形式文体学的互动；形式文体学与功能文体学的互动；功能文体学与话语文体学的互动；话语文体学和功能文体学与认知文体学的互动以及文体学与叙事学的互动等等。还对不同文体学流派互动的效果进行了介绍并作出了评价。提出了文体学理论研究领域扩展发展起来的新的文体学理论或流派,包括批评文体学、语用文体学、语料库文体学和多模态文体学,并且研究了文体学的应用实践领域,探讨了教学文体学、翻译文体学、媒体文体学等领域。

第 9 章
文体学理论和应用实践所面临的挑战及应对措施

9.1　引言

　　文体学研究在西方可上溯到古希腊、罗马的修辞学研究；在中国可追溯到先秦时期，战国诸子用散文进行论辩（吴承学，2013），相似于古希腊时期的口头论辩。后来，中国文体学基本都是按照修辞学的传统发展，一直延续至今。在中国南朝时期，随着刘勰（xié）《文心雕龙》（成书于公元 501 年—502 年）的出版，达到了高峰。在西方，早在公元 100 年就出现了德米特里厄斯的《论文体》这样集中探讨文体问题的论著（申丹，2000）。

　　但直到 20 世纪前后，对文体的研究才具有了科学化、系统化的倾向。在此之前，文体学研究一般停留在主观印象式的评论上。而且文体学本身也没有自己独立的地位，而是依附于对修辞学、文学、语法学等学科的研究。20 世纪初以后，文体分析方法摆脱了传统印象直觉式分析的局限，逐渐深入和系统化、科学化。文体学研究本身也逐渐成为一门具有一定独立地位的交叉学科。

9.1.1 西方文体学的发展

西方20世纪以来的文体学研究可大致分为以下几个主要阶段：（1）初创阶段；（2）现代文体学的兴盛阶段；（3）话语文体学兴起阶段；（4）社会历史/文化文体学蓬勃发展阶段；（5）认知文体学兴盛阶段。

1. 初创阶段

西方现代文体学的出现主要应归功于两个人：巴依（C. Bally，1865—1947）和德国文体学家斯皮泽（L. Spitzer，1887—1960）。前者从研究口语的文体出发，把文体学作为语言学的一个分支建立起来，通过语言学的方法使文体分析更为科学化和系统化。他认为文体学的任务主要是探讨人类表达各种情感的语言手段和它们之间的相互关系。据此，他建立起了现代"普通文体学"。后者则详细分析具体语言现象所产生的文体效果，提出了适用于分析长篇小说的"语文圈"（philological circle）的研究方法：寻找作品中高频率出现的偏离常规的语言特征，然后根据作者的心理活动对其做出的解释，然后再回到作品的语言现象分析中，对这些相关因素进行证实或修正（Spitzer，1948）。在1950年以前，文体学的势力还相对弱小，但在1958年，于美国印第安纳大学召开了一个国际会议——"文体学研讨会"（Sebeok，1960），雅柯布森（Jakobson，1960b）也参加了会议，标志着文体学研究的全面展开并将进入兴盛时期。

2. 现代文体学的兴盛期

这个阶段为20世纪60年代至70年代。在这个阶段，文体学理论由于采用了语言学的科学研究方法，它更多地寄生在语言学理论上，新的语言学理论的产生和发展往往会催生新的文体学流派。这样，随着西方科学主义和结构主义的盛行，首先，"形式文体学"迅速发展起来。形式文体学所依附的语言理论是索绪尔结构主义语言学、布龙菲尔德描写结构主义语言学和乔姆斯基转换生成语法等形式主义语言学。形式文体学通常是在语言形式上寻找偏离常规的语言特征，把它们视为

第9章 文体学理论和应用实践所面临的挑战及应对措施

"前景化"特征,然后解释它们的文体价值和意义。接着,采用韩礼德(Halliday,1971)的系统功能语言学理论进行文体分析的"功能文体学"发展起来。功能文体学更加注重文体的意义价值,把通过语境促动的突出特征视为"前景化"特征,如韩礼德对威廉·戈尔丁的小说《继承者》的体现概念意义的及物性的文体分析(Halliday,1971)。在其后发展起来的还有话语文体学采用话语分析模式以及语用学和语篇语言学来进行分析的文体学派,文学文体学——用文体学的方法分析文学作品的文体学,以及社会历史/文化文体学——揭示语篇的意识形态、权力关系为目的的文体研究派别。后两者是根据其研究对象为基本定义的文体学流派。

3. 话语文体学的兴起

这个阶段为20世纪80年代。话语文体学的发展与语言学研究的"话语转向"密切相关。话语分析、会话分析、语用学、衔接和连贯研究都把语篇作为分析的对象,分析对象不再是句子及以下的单位。而文体特征的产生也是在语篇层面上,因此话语文体学应运而生。话语文体学可以研究文学作品,如戏剧、小说、诗歌中的对话、独白等,所以,它自然就和文学文体学交叉。由于话语不再局限于句子的分析,所以,它不仅运用语言学的研究方法,如以辛克莱和库尔特哈德(Sinclair & Coulthard,1975)为代表的"伯明翰话语分析法",而且采用了人类学的分析方法,如会话分析中的话轮转换等、社会学中的"脸面"(face)与礼貌(politeness)(Goffman,1981;Brown & Levinson,1987)以及语用学中的合作原则和准则(Grice,1975)。话语文体学家较为重视语言学描写的精确性和系统性,强调文本与社会、历史语境的联系,把注意力转到文体特征与阶级、权力、意识形态的关系上去(申丹,2000)。

4. 社会历史/文化文体学的兴起

这个阶段为20世纪90年代。虽然,这个阶段功能文体学和话语文体学的发展仍然十分强劲,但受到法兰克福学派、马克思结构主义尤其是福柯思潮的影响,文体学研究不再把语言只看作表达思想的被动的载体,而是看作意识形态和权力关系的产物,强调了语言和意识形态的辩证关系。文体分析就成为了解通过语言建构出来的各种"现实"的强有力的方法和工具。从这个角度看，以福勒（Fowler, 1989）的研究为首的批评语言学（critical linguistics）和以费科拉夫（Fairclough, 1989, 1995）研究为代表的批评话语分析也属于这个流派的主要分支。这个文体学分支的特点是：通过对话语的分析来揭示语言内隐含的意识形态、霸权、权力关系、性别歧视等问题，文体分析使用的方法是语言学的方法，特别是系统功能语言学的方法。

5. 认知文体学的兴起

这个阶段是从 20 世纪末延续至今。随着认知语言学的发展，认知文体学也随之发展起来。认知文体学最早出现于 1996 年韦伯（Weber, 1996）所编著的《文体学读本：从罗曼·雅柯布逊至今》一书中。从名称的简单组合看，它是"将当代认知语言学的若干理论应用于传统的文体学研究"（胡壮麟，2012）。但真正比较系统地介绍认知文体学理论的是塞米诺和库尔佩珀（Semino & Culpeper, 2002）合编的论文集《认知文体学：语篇分析中的语言与认知》。此后，辛普森（Simpson, 2004）出版了《文体学：学生用参考书》一书，特别是博克（Burke, 2006）专门介绍了认知文体学，认为"认知文体学试图描写和解释读者在与（文学）语言接触时的思维情况，这类语篇既可以是劝诱性的，也可以是修辞性的"。认知文体学家的分析框架有不同来源，从认知语言学方面接受了认知隐喻、认知寓言、认知语法、思维空间、图形与背景和原型理论；从文本和叙事分析理论接受了情节逆转、文本世界理论框架等；从人工智能方面接受了图式理论分析；等等（胡壮麟，2012）。认知文体学特别关注读者和阅读，关注的中心是认知和情感在描写、界定和说明阅读程序中的作用。

9.1.2 中国现代文体学的发展

由于中国特殊的历史环境，中国文体学研究发展出两支不同的研究队伍。一支是从事汉语文体学和修辞学研究的学者；另一支是从事外语

第9章　文体学理论和应用实践所面临的挑战及应对措施

教学的研究队伍。从前者来看，中国文体学自古有之，已经发展了比较完备的理论体系，中国文体学成熟也比较早，例如，《文心雕龙》在文体学理论上已经相当精深并成体系，此后的文体学可谓久盛不衰。但在近代，由于西学东渐，文体学研究领域被西方文体学占领，中国传统文体学日益式微，甚至成为被人淡忘的知识（吴承学，2010）。但同时，也出现了一批很有影响的学术著作。例如，在20世纪30年代就涌现了一大批修辞学专著。特别是陈望道的《修辞学发凡》（陈望道，1932）的出版，标志着我国修辞学史上第一个科学而系统的现代修辞学体系的建立。该书强调修辞方式要和主题与语境相适应，以取得实际修辞效果为目标，认为，"任何修辞方式，本身并无美丑好坏之分，'用得切当就是美，用得不切当就是丑。'特别提出了修辞可以利用语言文字的一切可能性的观点"（徐有志，2000b）。

现代中国文体学的代表人物是吴承学教授。他提倡建立中国自己的文体学理论，认为中国文体学的兴盛标志着古代文学学术界的两个回归：一个是对中国本土文学理论传统的回归，一个是对古代文学本体的回归。实际上二者都是对文学研究的回归，主要是回归到中国文化与文学的原始语境与内在脉络，同时又不能也不可能排除现代意识（吴承学，2010）。也就是说，既不能完全复古，也不能完全西化，而是根据中国文学的语境以及内在脉络，发展有中国特色的文体学理论。另外，中国文体学研究回归文学本体，并不是说要局限于文学学科内，而是要吸纳其他学科的知识进行跨学科研究，因中国传统文体学研究向现代文体学的转变要涉及多种因素，如语言、文学、社会、政治、体制的种种巨变以及中西文化的冲突等因素。

第二支文体学研究队伍是由外语教师，特别是英语教师组成的研究队伍。这支队伍十分庞大，但他们通常更易于接受西方的学术思想和理论体系来从事外语语篇文体的研究，而对于中国自己发展的文体学理论知之甚少。所以，这支队伍的特点是西方理论意识比较强，同时应用性比较强，因此，他们的首要任务是引介和译介。他们把西方比较先进的理论和实践介绍到国内，或者把原著翻译成汉语，介绍到国内来。在改革开放初期和之后的一段时间内，他们为我国学术界的发展作出了巨大的贡献。例如，王佐良先生（1963；1978）在20世纪60年代到70年代发表的几篇论文和出版的几部著作全面阐述了英语的口语聊天、正式讲演和书面语中便函和布告等文体以及它们在不同作家和作品中的文体风格,还阐述了英语文体的总体特征。

另外,把文体学应用于外语教学和翻译中也成为这支队伍的一个突出特点。首先,《高等学校英语专业〈英语文体学〉教学大纲》于1985年制订出来,促使文体学研究队伍不断扩大、在外语专业开设了文体学课程,同时,也出现了一大批以研究英语语篇的文体特色以及如何把文体学应用于研究外语教学的论文,包括英语文体和文体学的定义、性质、类别、发展、流派、争议等内容,如胡文仲(1984)的《现代文体学的沿革、流派和争论》、钱佼汝(1988)的《英语文体学的范围、性质与方法》、郭鸿(1988)的《评"英语文体学的范围、性质与方法"》等。与此同时,也有很多学者把西方的文体学理论与中国的具体实践相结合,在一定程度上发展了文体学理论和应用。如慈继伟(1985)的《小说对文学文体学的挑战》、胡壮麟(1985)的《语音模式的全应效果》、黄震华(1985)的《突出与理解》等。

到了20世纪90年代,对于文体学理论和应用的研究逐步深入,不再是译介性的,而是独立的研究,在一定程度上发展了文体学理论,包括功能文体学(张德禄,1998,2005)、叙述学研究(申丹,1998;申丹、王亚丽,2010)、西方文体学研究(刘世生,1998)等。

9.1.3 西方文体学在中国文体学研究中的作用

中国传统的文体研究注重文体的分类,即体裁的类别研究,而一般不区分形式和内容,这构成了中国传统文体学的基本格局。而西方文体学的一个突出特点是区分形式和内容。从形式主义文体学的角度看,形式和内容泾渭分明,但重点是研究形式;从功能主义文体学的角度看,形式和内容密切相关,形式是由内容促动的,所以,研究的重点是内容。同时,在汉语中,"文体"基本和"语体"相同,主要指"文类",即文学作品的类别,或称"体裁"。这样,汉语的"文体"和英语的"文体"是不对应的,在英语中,与汉语文体比较接近的术语是 genre(体裁),如小说、诗歌、戏剧等。中西文体概念含义的不同也来源于两种不同的

第9章 文体学理论和应用实践所面临的挑战及应对措施

理论基础。西方文体学的理论基础是语言学理论,重点在语言的形式以及形式和意义的关系,而中国文体学的理论基础是目录学,对用于不同目的的文章的分类和分类理论研究。中西文体学所关注的核心问题也不同。中国文体学主要关心的是不同类型的文体所体现的意义,或意识形态、思想、主题等,而西方文体学所重点关注的是什么可以使文学作品成为文学作品,即其文学性,即它的美学效应或在读者心目中产生的效应。

从具体的语篇文体分析的方法来说,在西方文体学中,由于对形式、意义、语境、语音有不同层次的分析,所以,尽管有各种不同的文体学理论和流派,但是它们都能够根据不同的层次对语篇作不同方式和角度的分析,从而得出适合其研究目的的结果。但汉语语篇的文体学研究不区分形式和内容,因此,文体学研究的方法和角度不明确,对分析对象的选择也没有明确的标准,任意性比较强。所以,尽管不同的文体学、修辞学研究专家都提出了自己的研究思路,但仍然没有形成明确的文体学分析理论和研究框架。例如,童庆炳(1994)就把体裁、语体、风格作为文体的三个呈现层面:他提出在体裁层要以开发的方式对待它;在语体层,应把抒情、叙述、对话三种规范语体作为文学的基本语体;在风格层,着重强调作家的创作个性、作品的有机整体性、引发读者持久的审美效应。所以,建立中国文体学的基本思路应该是:把中国传统文体思想与西方现代文体学相结合,即将西方文体学理论、叙事学理论与中国传统的文献目录学相结合发展文体学的体裁理论,从探索体裁的内在核心要素的特点出发,来探讨语篇的文体特色,如诗歌以隐喻结构为核心、小说则以叙事情节为核心,包括叙事情节的时空和视角,而剧本则主要从对话和动作为核心。第二个结合点是把作者的个体性与审美的多元化相结合,通过对两者的张力的解释分析文体产生的效果。

9.2 文体学发展中的问题

虽然认知文体学发展自2010年以来比较迅猛,但与20世纪80年代至90年代相比,文体学在学术界的地位无论在理论上,还是实践上都逊色了很多。其主要原因有以下几点:

1）文体学理论具有很强的寄生性。也就是说，文体学理论的产生是随着新的语言学理论的产生而产生的，同时，也是随着语言学理论的发展而发展的，当没有新的语言学理论产生和发展时，文体学理论就会处于停滞状态。这10来年的文体学的发展状况也证明了这一点。

2）文体学概念本身就是一个比较模糊的概念。刘世生（1998：9-10）总结了文体学的31种定义。当传统意义上的文体学研究没有多少创新时，其他和文体学研究接近的学科研究就发展起来，如从20世纪90年代开始，批评话语分析理论如火如荼地发展起来，但这个学派的主要研究者并没有承认他们的研究是文体学研究。这些相邻学科的发展，使文体学研究本身相形见绌。

3）在中国，文体学的兴盛是通过引入西方文体学理论发展起来的，而从事西方文体学研究的学者基本局限于外语界，特别是英语界的老师。首先，他们没有中国文体学研究的背景知识和理论，所以，他们很难直接把学来的文体学理论知识直接用于探讨中国文本的文体特征或发展中国文体学理论。二是，他们所从事的主要工作是外语教学，所以他们的首要研究对象是外语语篇的文体，以及西方文体学理论问题。三是，由于外语研究者与汉学界研究者背景不同，所以他们难以形成对话。中国文体学研究者认为外语研究者没有中国文体学研究的功底，生搬硬套西方的理论，削足适履；而外国文体学研究者则认为中国文体学研究者不知道西方先进的文体学理论，没有一定的文体学理论框架作为指导，而只是描述具体的语言现象，研究不够先进。而真正的两者交融应该是优势互补的，大家都以开放的心态，把西方科学的文体学理论与中国的文体学理论相结合，汲取各自有效的部分，应用于中国文体学研究中，提高中国文体学研究的水平。

4）文体学实践范围的不确定性

文体学本身就是一个实践性强的学科，致力于发现语篇，特别是文学语篇的特色，包括其美学特点、意识形态、权力关系、独特观点等。同时，它在现代很大一部分寄生于语言学理论，所以，它也是语言学的一个应用和交叉学科。然而，实际上，由于文体学的应用和实践并没有发展出一套比较完整的实践模式，所以，很多有关文体学的研究都是用其他学科的理论进行的，如通过文学批评研究美学效果，通过批评话语

第 9 章　文体学理论和应用实践所面临的挑战及应对措施

分析研究意识形态和权力关系，通过体裁分析理论、语篇分析理论、会话分析理论来研究语篇的特点，等等。这些研究都在本学科内取得了显著效果，但都不是以文体学理论的形式进行的研究。

文体学的研究对象似乎可以包罗万象，但它自己所独有的研究领域却不大，而且也不稳固。也就是说，文体学本身研究的对象，大部分可以通过其他学科知识或理论来研究。例如，文体学的主要研究对象是文学作品，而文学本身主要通过文学批评来探讨，文体学在文学研究中的地位，经过了半个多世纪的历程，仍然没有多大的变化：文体学研究仍然没有成为文学研究的主流，甚至只是其中的一个分支或流派。这通常是因为做文学研究的学者习惯于应用文学的研究理论，不屑于用语言分析的方法来探讨文学的美学效应，所以，他们一般抵制应用语言分析的方法。

9.3　文体学理论的寄生性

文体学与语言科学的密切关联就决定了文体学的寄生性本质。下面首先回顾文体学寄生发展的模式和特点，然后重点关注由于寄生性引起的研究分散性和研究范围不确定性，并提出具体解决方案。

9.3.1　寄生发展的模式

从某种意义上讲，现代文体学是随着现代语言学的发展而发展和兴盛的。从严格意义上讲，文体学是一个应用学科。它的核心目标是发现语篇在美学效应、独特特点、承载意识形态、表现权位关系等方面的特征。而使用的理论工具和方法则可以是语言学的，也可以是其他理论的，如政治学、伦理学、美学等。但语言学作为对语言本体的研究，形成了文体学研究理论工具的核心部分。所以，申丹（2000）也认为，文体学是运用现代语言学理论和方法来研究文体的学科，在某种意义上，它与语言学之间的关系是一种极为密切的寄生关系，新的语言学理论的产生和发展往往会催生新的文体学派。首先，形式文体学是随着形式语言学理论的发展而发展起来的文体学理论，它采用索绪尔结构主义语言学、布龙菲尔德描写语言学、乔姆斯基转换生成语法等形式主义语言学理论来对文本进行分析。在形式文体学中，形式与文体的关系成为研究的主要对象，也就是说，形式和文体具有相互对应的关系。形式的变化可以引起文体的变化。但在不同的形式主义理论中，形式也有不同的意义。似乎和索绪尔的形式主义比较接近的文体概念是把形式看作诗性形式（poetic form）、象征及形式上的相似性。他们认为"真理"不是在自然世界中，而是在人的想象中、梦想中。正如卡巴斯基（Kiparsky, 1981）所说，"起码有些诗性形式的常规模式依赖于语言结构本身，语言结构的精髓、诗歌的原材料，被带入诗歌中。就与诗歌相关的语言模式的本质来说，所涉及的结构主要是那些普遍性模式，而不是某个语言所独有的。这样，语法和诗歌的对应性起码可解释诗性形式的普遍性"。

布拉格学派的文体学似乎与布龙菲尔德结构主义语言学更加接近。他们把文体与"前景化"联系起来，把形式上突出的特征视为文体特征，一般表现为数量上的突出，同时，也可以表现为数量上的稀疏，如"陌生化""非熟悉化"等，强调的是独特特征的凸显作用。布拉格学派的代表人物让·穆卡罗夫斯基（Jan Mukařovsky）认为文学语言和日常语言是不同的。文学语言通常具有偏离语言常规的特点，成为"有标记的"。无论数量上突出，还是形式上的独特，都是表现为形式上的独特性导致了文体的变化。什克洛夫斯基（Shklovsky）相信诗性语言具有消解自动化的能力，让我们从日常昏昏欲睡的状态中惊醒过来。我们在文学语篇中运用的各种修辞格（形式格或意义格）在意义层面得到前景化，句法能够帮助我们获得这种效果。除了陌生化以外，什克洛夫斯基还认为，诗歌话语具有使读者感到陌生或疏远的效果。如果文学作品中有些熟悉的东西，读者最好是把它看作具有新鲜感的东西。例如，水仙花是大家熟悉的花，但当你读华兹华斯的诗歌时，就应该把它看作不同的花，思考花的奇异和深奥之处，如它代表的人类形象和行为，揭示这种花的内在本质。

还有一种形式主义的文体学模式代表是弗拉基米尔·普洛普（Vladimir Propp）对民间故事的研究。普洛普的形式不是纯粹的语法形

第9章 文体学理论和应用实践所面临的挑战及应对措施

式,而是故事结构形式,所以,这个形式是隐喻性的,或者说是意义的。他用形式语言学的语法模式来模拟性地探讨民间故事的结构,称为"民间故事形态学"(the morphology of the folktale)。他把他研究的100篇神话故事切分为更小的成分,直到最小,然后探讨它们在塑造人物方面的功能。研究发现神话故事表现出很强的相似性和重现性。有时,有些微观结构成分虽然不同,但它们的功能是相同的。他总结出了31个这样的功能。

第三个学派代表是乔姆斯基的转换生成语法理论与形式文体学的关系。转换生成语法不仅聚焦形式特征,而且还区分表层结构和深层结构,从而把表层的形式结构与深层的意义和心理特征联系起来。根据生成语法的观点,生成语法所生成的是形式完好的语法结构,不会生成形式不完好的语法结构。从文体学的角度讲,有些语法结构实际上是介于形式完好和形式不完好的结构之间的,例如,语法结构上有些小错的结构,如双否定等于肯定的表达方式"He don't know nothing.";语法结构上似乎完好,但意义不能接受的结构,如"The houses are asleep.";还有比喻性的表达结构,如"He has a stone heart.",这里面包括虽然结构上似乎不是十分完好,但在一定的语境中是可以接受的结构。在这里,在合乎语法的基础上,增加了"可接受性",即处于形式完好与形式不完好两个极端之间的语法形式。而文体效应主要产生于这些处于形式完好与形式不完好两个极端之间的语法形式。还有一种情况也属于文体学的研究范围:复杂度。有些语法结构,虽然完全符合语法,但十分复杂,同一语法结构会在句子中不断地重复,例如,对于福克纳的一段比较复杂的段落可以说,这段话用了很多的关系从句,并省略了关系代词和动词to be;使用了由and连接的复合句;使用了比较结构。因此这段话的文体特征可以描述为:"复杂、十分个体化、难理解,而且还是典型的福克纳文体(Faulknerian style)"。从这里可以发现,生成文体学派不仅把研究的重点放在形式结构上,而且还对其文体得出结构性比较强的结论(Ohmann,1964)。

"功能文体学"指采用系统功能语言学理论进行分析的文体学派。系统功能语言学是自20世纪60年代开始,由英国语言学家韩礼德在其导师弗斯创立的伦敦学派的基础上,发展起来的从社会文化角度出发,以系统性和功能性为特点的语言学理论。系统功能语言学为文体学的发展作出了十分突出的贡献。这首先要归功于韩礼德本人。1969年,他在意大利召开的"文学文体研讨会"上宣读了一篇影响很大的论文《语言功能与文学文体》("The Linguistic Function and Literary Style")(Halliday, 1971)。他用系统功能语言学的功能语法理论对威廉·戈尔丁的小说《继承者》中的及物性进行了研究,发现了语法模式和意义模式之间的密切关系。该文提出"语言的功能理论"是进行文体研究的好工具。所谓"语言的功能理论",用韩礼德的话说,就是"从语言在我们的生活中起某种作用,服务于几种普遍的需要这一角度出发来解释语言结构和语言现象"。其实,韩礼德的功能文体学与布拉格学派的形式结构文体学具有十分密切的关系,都探讨语言模式对文体形成的作用。但有一比较大的不同:根据布拉格学派的理论,只要在语篇中,出现特殊性、违反常规的、高频率出现的语言现象,就可以看作是前景化的特征,就能产生文体效应。但韩礼德则认为,突出的语言形式特征必须是"被促动的"才能认为是"前景化"的,具有文体效应。所以,他把文体特性的产生放在语言的功能上,而不是语言的形式上。正是由于系统功能语言学理论的发展,所以,形成了20世纪80年代功能文体学理论的兴盛和发展。

"话语文体学"是采用话语分析模式以及语用学和语篇语言学来进行分析的文体学派。随着系统功能语言学派以及其他功能语言学派强调语篇分析在语言学研究中的核心作用,把语篇而不是句子作为语言学研究的基本单位渐渐占据主流地位,话语分析成为语言学研究的主流。与其关系密切的理论,如语用学、会话分析、批评话语分析也随之发展起来。这些理论实际上都促使文体学研究向语篇分析方向"转向"。系统功能语言学理论实际上也是一种话语分析理论,但这些理论与系统功能语言学理论的一个突出差异就是这些理论基本上都不再研究,或者很少研究语篇的语法结构,而是把研究的重点聚焦在语篇结构模式及其成分的研究上。

在这些理论中,会话分析从人类学的角度出发,重点研究对话中的话轮转换,交际者之间通过什么方式来获得话语权、放弃话语权、争夺话语权,有哪些机制和规律在起作用。例如,图兰(Toolan, 1990:

第9章 文体学理论和应用实践所面临的挑战及应对措施

273）运用会话分析的一些概念对福克纳的小说《去吧，摩西》中的人物对话进行了分析（Toolan，1990：273）。当然，他在分析中还借鉴了其他理论的话语分析模式，特别是以格赖斯（P. Grice）的会话合作原则为基础的模式。在这里存在的问题是：专门采用这些理论进行的文学文体的分析被看作文体学研究，但是，通过同样的方法进行的会话分析或话语分析则不被看作文体学研究。这里，需要厘清两者是否有区别，是否可以把普通的会话分析研究看作文体学研究。如果是后者，则文体学研究的范围会得到大幅度的扩展。

语用学是从哲学中发展出来的一个语言学分支，重点是探讨语言和语言使用者之间的关系。用语用学的理论和方法研究语篇的文体被称为语用文体学。自语用文体学诞生以来，它已经引起越来越多的语用学和文学批评家的关注，国内外相关研究人员也纷纷撰文探讨语用文体学的理论建构、学科定位以及研究方法等问题。毛延生（2011）以《语用文体学研究前沿展望——第十二届国际语用学研讨会"语用学与文体学界面研究"专题评介》为题报道了2011年6月3日至8日在英国曼彻斯特大学召开的第十二届国际语用学大会专设的"语用学与文学文体学界面研究"专题的研究情况。该专题研究针对语用文体学研究进行了理论分析与实践探索，在一定程度上丰富和发展了语用文体学研究的学科定位，并为该领域研究的深化与具化指明方向。本报道选择了8篇论文进行介绍。这些论文分别运用语用学的关联理论、新格赖斯语用学理论、互文性理论、会话含义理论、面子理论等理论研究了文学作品的文体特征，推动了语用文体学的发展。很显然，所谓"语用文体学"就是把语用学理论应用到文体学研究中，探讨语篇的文体特征。语用学是文体学的研究工具。

最后一个文体学"寄生"的理论是认知语言学。认知语言学主要探讨人类表达意义的产生过程：它不是直接地表现客观现实，而是客观现实在人的大脑中的概念化产生，即意义就是概念化。认知文体学是把认知语言学、认知科学、认知心理学等学科与文体学结合产生的新学科。塞米诺和卡尔佩珀（Semino & Culpeper，2002）将认知文体学定义为跨语言学、文学研究和认知科学的新的文体学派。斯托克韦尔（Stockwell，2002）则把认知诗学定义为思考文学的一种新的方式，将认知语言学与心理学运用于文学语篇的研究。伯克（Burke，2006）则认为，"认知文体学试图描写和解释读者在与（文学）语言接触时的思维情况，这类语篇既可以是劝诱性的，也可以是修辞性的"。

认知语言学的研究范围一般局限于意义层面，对词汇语法的研究不足，因此，在对语篇的文体进行具体研究中，认知文体学还要借用功能文体学的语法分析方法。但认知文体学的理论基础是认知语言学及广义上的认知科学，而认知语言学本身又是以认知心理学为理论基础的。那么，认知文体学就要以认知心理学和广义上的认知科学对人的认知规律的研究为基础，根据对语篇的词汇语法分析发现的语言特征来分析作者、人物或读者的认知方式。人类的认知规律，包括基本范畴、原型、意象图式、命题模式、意象图式模式、隐喻模式、转喻模式等。认知文体学的主要研究目标是分析语言特征背后的作者、人物或读者以上述认知规律为基础的认知方式。与功能文体学相同，认知文体学分析也需要借用功能文体学研究中的前景化概念，探讨偏离常规的语言现象，来解释和塑造人物的个性化特征。这样，认知文体学揭示的认知规律是在人类普遍的认知规律基础上的变体。例如，概念隐喻被看作人类的一种认知规律，表示人类通常以一个简单、具体的域来认识一个复杂、抽象的域，认知文体学一般关注人物以一个不相关的域来认识另一个域的非常规概念隐喻结构。同时，鉴于两者的特殊关系，有学者用功能文体学理论模式分析文本特征，用认知心理学以及广义的认知科学来揭示认知规律，从而形成认知—功能分析方法。例如，任绍曾（2006）在分析"All the Kings' Men"时，不仅用功能文体学理论模式来分析及物性，发现文本中痉挛（twitch）一词在及物性的所有过程中都有体现，证明痉挛贯穿小说人物生活的多个方面，还将表达痉挛的语言突出特征看作"作者对人生经历进行概念化和识解的方式"（任绍曾，2006：18）。认知文体学也可以以认知语法分析为工具来探讨人物认知中前景、背景的变换，或者读者阅读时体会到的前景、背景交替变化的动态过程。认知语法也以句子为单位，关注句与句之间语义角色的变化体现的认知中的前景、背景变化。认知语法分析适合于以诗歌等篇幅短小的语篇为分析对象，通过隐喻和意象探讨语篇的文体特色。例如，斯托克韦尔（Stockwell，2002：67–70）对乔治·赫伯特（George Herbert）的诗歌

第9章 文体学理论和应用实践所面临的挑战及应对措施

"Easter Wings"中的语义角色变化的模式进行分析,解释读者在阅读过程中头脑里一系列的意象在前景和背景之间的变化及其原因。总之,认知文体学注重揭示作者或人物在人类的普遍认知规律基础之上的独特认知方式,或者是读者受人类普遍的认知规律的影响,与文本的语言及作者进行互动的认知过程。

9.3.2 寄生发展的特点

从以上研究可见,现代文体学经历了几个大的转折和发展:20世纪50年代到60年代是形式文体学的产生和发展阶段;20世纪70年代是功能文体学的发展阶段;20世纪80年代到90年代是话语语言学的发展阶段;21世纪认知文体学产生和发展。每个文体学的兴盛和发展阶段都和语言学理论的发展密切相关。形式主义和结构主义的兴盛和发展引起了不同流派的形式文体学的兴盛和发展;系统功能语言学理论的产生和发展引起了功能文体学理论的兴盛和发展;话语分析理论,以及一些以语篇为研究对象的理论,如语用学、会话分析等理论的发展引起了话语文体学理论的发展;认知语言学的兴盛和发展引起了认知文体学的兴盛和发展。文体学的这种发展模式淋漓尽致地表现出其寄生性特点。

文体学的这种寄生发展模式具有一定的优势。任何语言学以及任何其他可依附的理论发展都可以同时促进文体学理论的新发展。在它因其所依附的理论濒临消亡而初步消亡时,它还可以依附于新生的语言学流派的发展而获得新生,从而成为一种新的文体学理论。而文体学研究的本质并不会发生根本性的变化。这就是说,无论是形式文体学、功能文体学、话语文体学、认知文体学,它们的研究对象仍然是语篇所能产生的美学效应、思想观念、道德标准等。主要区别在于由于其理论模式和研究角度和发展的区别而在研究的侧重点、研究范围等方面的差别。这个特性可以在较大程度上保证文体学研究会经久不衰。

但是,这种特性也显示出文体学研究的明显缺陷,起码包括以下几个问题:被动性、间断性、非核性等。所谓被动性是说文体学的产生、发展、转向、兴盛、消亡等不能掌握在文体学研究者自己的手中。每个文体学研究都希望自己的研究领域能够得到兴盛和发展，但当它所依附的理论正在走向衰败和消亡时，它的研究领域也会面临同样的命运。当然，它可以尽快寻找新的寄主，依附另外的理论获得新生，得到新的发展。

间断性表示某种文体学理论或理论思潮在正常发展中可能会面临突然或慢慢地停止、间断。例如，在形式主义文体学兴盛和发展时期，功能文体学的迅速崛起使它黯然失色，失去了核心研究领域的地位。其主要原因是，其依附的形式主义语言学理论正在走下坡路，逐渐被功能主义语言学所超越。这种间断会造成理论上的重大损失。例如，当某个理论的研究步步深入，预计在不久的将来能够获得更大的、更重要的成果时，会因为自己所依附的语言学理论的衰败而被停止或被忽视，从而使本来可以获得成就的成果被迫停止或忽视。

所谓无核性表示文体学理论本身难以形成一个核心，并围绕这个核心进行不间断的研究。形式文体学、功能文体学、话语文体学、认知文体学等各自形成了自己的理论模式，但这些模式之间没有十分密切的关系，还没有能够整合为一个综合性、全面性的研究模式，虽然有人做了有益的尝试（如任绍曾对功能语言学与认知语言学的整合）。在这种情况下，文体学的主流研究模式总是游离性的，一会儿这个为主，一会儿又变为另一个。

9.3.3 解决方案

以上诸多理论模式，虽然都称为文体学理论模式，但各自形成独特的模式，相互之间没有借鉴、融合、整合的趋势，功能文体学和认知文体学除外。这就形成了几个特点：被动性、间断性和无核性。这些特性也可能是文体学理论作为一种应用语言学理论本身所具有的一些特性。但这并不是说，我们没有任何解决的方法。我们认为，在文体学理论建构和文体分析中增加各个研究方面的统一性，会使这种局面得到大的改变。

首先，我们有了比较统一的研究目标，即通过语篇分析发现语篇的独特特征、个体特征、美学效应、思想意识、道德标准、权力关系、深

第9章 文体学理论和应用实践所面临的挑战及应对措施

层思维模式等。这个目标一般不会发生大的变化,只是可能在新的形势下,有一定的扩展或者微调。

第二,构建一个比较统一的研究思路。各个模式都有自己的一套研究思路。形式主义文体学的研究思路是分析句子的语法结构,总结结构特点,找到违反常规的特征和语法模式,然后解释这些违反常规的模式的文体特点,基本集中在形式层次上,如复杂、具体、细致、难以理解等。而功能主义的研究思路则是社会文化语境促动从语言意义和体现意义的词汇语法模式的选择。这样,在分析语篇的词汇语法的基础上,还要分析语篇的体裁结构和意义模式,通过文化语境和情景语境来解释词汇语法突出特征和模式的文体特点。话语文体学则淡化语法分析,把重点转移到语篇结构分析上,重视语篇的体裁结构模式与文体的关系,通过分析语篇特征发现语篇的独特模式,然后探讨这些模式的文体特征,即它在创造美学效应、表达思想意识、表现权力关系方面的作用。认知文体学的研究模式是首先探讨语篇的词汇语法特征,然后看它们在读者大脑中的概念化特点,探讨它们是如何表现语篇的文体特征的。

我们现在需要考虑的是,我们是否能够借鉴各个模式的优势,综合它们的特点,构建一个文体学的综合研究思路,例如:(1)如何对形式特征进行分析,如分析语篇的语音、音系、词汇、语法等特征,看它们是否表现出独特的特征,或者显著的、独特的模式;(2)如何对语篇本体进行分析,即分析语篇的意义模式、体裁结构模式,看这些语篇独特特征形成什么样的语篇模式,是否偏离体裁结构模式的常规等;(3)如何根据语篇的交际目的和用途,文化背景和当前的语境,包括讨论的主题、题材、交际者及其关系、交际渠道等来解释这些语音音系、词汇语法和语篇体裁的独特特征和模式,确定语篇的文体特征。

第三,构建一个比较稳定的研究模式。每个文体学理论都建立了自己稳定的研究模式,各模式之间有较大的区别。例如,形式文体学主要采用"语法分析—独特特征—文体价值"的研究模式,是一种相对比较直接的模式;功能主义则采用了"音系—词汇—语法分析—突出特征—语境分析—前景化"的分析模式;而话语文体学则多采用"语篇(话语)结构分析—文化—语境分析—文体特征"的分析模式;而认知文体学则多采用"(音系—词汇—语法分析—)突出特征—概念化分析—前景化"

的分析模式。虽然我们说，它们来源于不同的理论背景，考虑的方面和研究的思路有较大区别，但如果归纳为研究模式，我们可以发现一些共同点，如都分析语篇结构、体裁结构和语篇特点；都通过某些突出特征来找到文体特征等。

这样，我们就可以综合各个模式的特点，构建一个更加综合化的研究模式。这个模式包括：（1）对语篇媒介的独特特征的分析，包括语音、声响、非语言媒介，如手势、审视、面部表情等；（2）对词汇和语法模式和独特特征的分析；（3）对语篇结构、意义模式的分析，探讨它们的独特特点；（4）概念化分析；（5）对文化背景的分析，提供语篇产生的文化背景和体裁特征；（6）对现实语境，包括所涉及的领域和题材，交际者及其之间的关系，交际渠道，等等；（7）对语篇的用途和交际目的的分析。

把这些分析的步骤联系起来，就可以建构一个文体学比较综合的分析模式，其中对（1）、（2）、（3）的分析是探讨语篇本体表现出来的突出特征；对（4）、（5）、（6）、（7）的分析是通过它们发现以上的突出特征所表现的文体特征，或称"前景化"特征。这个模式可以表示为：语音音系分析—词汇语法分析—语篇意义和体裁结构分析—语境和交际目的分析—前景化解释和评价。

这个模式只是提供一个大体的思路，一个抽象的、应该考虑的模式成分集合。不同的理论、不同的研究目的可以对这个模式进行改造、增减和完善。但综合考虑这些因素将会使文体学研究更加全面、有效，使解释和评价更加深入和精确。

9.3.4 研究范围的不确定性

文体学自从其诞生起就有研究范围不确定的问题。这种不确定性可以表现在多个方面。一是研究对象的不确定性所引起的研究范围的不确定性，如文学、非文学或者文学与非文学。二是研究目标的不确定性所引起的研究范围的不确定性。从研究对象上讲，研究的范围可以有只局限于研究文学作品的文体，也可以只局限于研究非文学作品的文体，还

第9章 文体学理论和应用实践所面临的挑战及应对措施

可以既研究文学文体,也研究非文学文体。三是由研究文体的理论模式的不同引起的研究范围的不同,包括不同的角度和不同的层次上的区别。

文体学开始时重点研究文学作品,例如,霍普和莱特(Hope & Wright, 1996)在研究语言的各个级阶的成分的文体效应时,把研究的对象聚焦为文学散文;卡特(Carter, 1982)也把研究的核心集中在文学作品上;还有温德森(Widdowson, 1975)对文体学和文学教学的研究;利奇和肖特(Leech & Short, 1981)把研究的对象集中在小说上;而利奇(Leech, 1969)则重点研究诗歌;图兰(Toolan, 1989b)则把文体学直接定义为对文学的研究。从这些作品可见,大多数文体学研究者从一开始就把文体学的研究目标局限于探讨文学作品上。直到现在,文体学的主要研究领域仍然是文体学作品。与此同时,也有的文体学研究者把研究的重点集中在非文学作品上,专门探讨非文学作品的文体特征。例如,克里斯娜和戴维(Crystal & Davy, 1969)在《调查英语文体》(*Investigating English Style*)一书中探讨了多种体裁语篇的文体,包括会话的语言、评论语言、宗教语篇的语言、报纸报道语言、法律文件语言等文体,但其中没有文学语篇的文体研究。另外的许多研究者并不区分文学和非文体学,而致力于研究任何语篇的文体特征,重点是这些语篇是否有突出的文体特性能够吸引读者的注意力。

在这里,我们需要指出的是,在把文体学的研究对象确定为文学作品的研究中,非文学语篇被认为不包括在文体学的研究范围内。而在把研究对象确定为非文学语篇的研究中,研究的对象并不局限于非文学作品,只是他们选择只研究非文学作品的文体,如克里斯娜和戴维的研究。

这个方面的不确定性使文体研究总处于零散的、星点式的状态中,难以形成中心和凝聚效应。例如,如果文体学的研究对象就是文学作品的美学效应,那么文体学的研究对象和文学的研究对象就是重合的,这样,就应该把文体学和文学研究融合为一体,把文体学作为文学的新发展,推动文学研究向一个新的高度发展,或者把文体学作为文学研究的一个分支,聚集在文学这个大旗下,成为文学研究的一个重要组成部分。如果文体学的研究对象不仅是文学,还包括任何非文学语篇,那么文体学就应该发展为一个独立的学科,明确好研究目标,建构比较统一稳定的研究框架，使文体学摆脱纯文学、寄生性学科的限制，建立起自己独立的学科形象。

从研究目标的角度看，文体的体现可以局限于文学性上，即作品的美学效应，语篇语言的独特性、个体性、变异性等。这是普通文体学的主要研究目标。而且这些特征也可以通过语言的形式特征表现出来，如形式文体学对文体特征的描述就是：复杂性、难度大、具体性、概括性等。在这类文体研究中，个体性、癖好性成为研究的目标，如文学作品的作者所表现的个体独特性；文学作品中的人物，特别是主角所表现的个体独特性。文学性的另一个突出特征是情感性和态度性，表现为对不同类型情感的深入探索，包括正向情感、态度和负向情感、态度。

同时，文体的体现也可以局限于语言的变异特征上，通常这种定义适合于非文学语篇的文体特征。如在克里斯娜和戴维的研究中，研究的语料都是非文学的。文体基本定义为语言变体，包括由不同的地域、年龄、性别、社会阶层形成的语言变体，由不同语域形成的语言变体和由不同的体裁所引起的不同语言变体。这些变体可表现为个体独特性，如个体方言引起的变体，也可表现为体裁独特性或者癖好独特性，特殊用途独特性。

在文学和非文学领域，文体学的研究目标都可以扩展到意识形态、社会和权力关系等。使文体学研究与政治学、行政学等联系起来。在这个领域，可以有两种不同的趋向：一是通过揭示意识形态、社会关系和权力关系来发现语篇的文体特性；二是直接与批评话语分析、体裁分析等联系起来形成与这些学科融合。现在，后者还不是很成功和流行。

由于研究目标的不确定性使我们感觉文体学没有固定的研究目标，是一个可有可无的学科。虽然我们都清楚，它的研究目标是十分重要的。或者这个学科根本没有稳定的研究目标，有一定的随意性等。所以，我们需要探讨文体学共性的研究目标是什么。如果能够把普通文体学的研究目标，如美学效应、个体独特性等作为文体学的研究目标，就需要用它把文学和非文学语篇文体研究统一起来，发展一个基本的模式，然后再在探讨不同体裁、语域的语篇时对模式进行一定修订，发展一个个次级文体研究模式。

语篇的文体亦可表现为语篇所体现的意识形态、社会关系、权力关

第9章　文体学理论和应用实践所面临的挑战及应对措施

系、霸权、欺压等,因为这些特征都表现为语篇的独特特征和前景化特征。现在的问题是,从事这类研究的批评话语分析理论并不把他们自己的研究作为文体学的一个分支。这样,如果要把这个领域作为文体学的研究领域,就要大张旗鼓地用文体学的基本思路和研究方式来研究这类语篇,包括文学语篇、媒体语篇、政府文献等。这类研究需要在文体学基本研究模式的基础上建立一个从事这类研究的分析模式,使它真正成为文体学研究。

从研究文体的理论模式上讲,不同的理论模式关注的语言方面不同。如上所述,形式文体学主要采用"语法分析—独特特征—文体价值"的研究模式。这个研究模式的核心问题是把研究的焦点置于语言的形式上,也就是句法模式上,所以,形式文体学的研究范围脱不开形式特征,包括音系、词汇、句法特征。其主要研究目标是发现形式上的独特特征,如重复模式、高频率出现的句法模式、很少出现的句法模式、复杂的或简单的句法模式等。而对于它们的解释也通常脱不开形式的束缚,如简单、复杂、具体、精细等。

功能主义则采用了"音系—词汇—语法分析—突出特征—语境分析—前景化"的分析模式。这个模式的特点是把研究的焦点置于语言形式的功能上,所以,它既需要研究形式特征,如音系模式、语法模式、词汇模式的突出特征,数量上突出的特征和质量上突出的特征,同时,也要看这些模式体现什么样的意义模式,包括体裁结构模式、语篇的交际模式、体现语域的场域模式、对话模式、组织模式等,还要探讨文化环境和情景语境等,用文化语境和情景语境因素来解释突出的语言形式特征。所以,这个文体学研究模式的研究范围囊括了形式、意义和语境三个层次,核心是意义特征,即形式体现意义的功能。把文体特征聚焦于语言的功能上,特别是它体现作者的交际目的所表现的文体特征上,所以,使文体概念的范围得到了扩充。

话语文体学则多采用"语篇(话语)结构分析—文化—语境分析—文体特征"的分析模式。在这个模式中,通常语篇的形式特征,包括音系特征和词汇语法特征一般不作为分析和研究的对象。研究的核心点是语篇本体的特征,也就是它的意义特征,包括语篇的某些意义独特性,如是以直白的形式发展,还是以喻化的方式发展,其体裁结构模式是什么，意义发展模式是怎样的等，特别是这些特征表现出来的独特性、个体性和凸显性等。与此同时，语篇产生的文化背景和现场语境也是研究的重要方面，用以解释话语模式所表现出来的文体特性。所以，这个模式的研究核心与功能文体学的研究核心没有什么区别，主要区别在于功能文体学突出语言形式的功能所表现出来的文体特性，而话语文体学则强调话语所表现出来的独特模式所表现的独特特征。

认知文体学则多采用"（音系—词汇—语法分析—）突出特征—概念化分析—前景化"的分析模式。如上所述，这个模式与功能文体学的研究模式具有一定相似性，主要区别是探讨文体特征产生的原因的路径不同。这个模式也研究形式特征，但它研究语法特征有两种不同的模式：功能语法模式和认知语法模式。两者的研究似乎有较大的区别。前者需要对所涉及的形式特征，包括音系和语法特征，进行具体细致的分析，发现突出的模式，然后通过文化背景和情景语境探讨形式突出特征产生的原因，使其前景化。而认知语法分析则重点是在语言形式所体现的概念化特点上，对于形式本身则不是很重视。另外认知文体学重点探讨语篇特征所表现的概念化，概念化的语境不是可以实在的物理性语境，而是在交际者头脑中产生的心理语境。这种不注重文化语境和情景语境的理论模式，把研究的核心聚焦于心智之上，所以，认知文体学的研究范围主要限定在语篇的意义模式和讲话者的心智和认知上。

综合起来看，形式文体学的主要研究范围是在形式上，显然文体学研究不能局限于这个范围。功能文体学提供了一个比较全面的研究模式，其研究范围也涉及了形式、意义和语境等多个层次，同时，该理论把产生文体的主要动因确定为语言的功能，使其更加具有普遍适宜性。话语文体学的研究范围和功能文体学相比没有增加，而是降低了对形式特征的分析的必要性，但该理论模式把研究的核心置于语篇的意义和结构上更加反映了文体的本质：文体本身是一个语篇现象，而不是语法现象，所以，应该重视对语篇的分析。但是否仍然需要对形式的分析是个有争议的问题，但本作者认为，形式特征的分析还是必要的，因为它们提供了语篇体现意义的实在的表现，是语篇存在的基础。认知文体学虽然研究范围总体上不如功能文体学宽泛，但增加了具有较强解释力的认知因素：概念化过程，会使文体学效应的解释力增强。

第9章 文体学理论和应用实践所面临的挑战及应对措施

尽管文体学理论有形式文体学、功能文体学、话语文体学和认知文体学的区别,但文体学发展到今天,已经经历了从不同的文体学模式,向综合性发展的趋势。通过以上讨论可见,从理论模式上,文体学的研究范围应该包括形式、意义、认知、语境等因素。基本思路是:首先对语篇的媒介和形式特征进行审视和分析,看是否在语音、音系、词汇、语法等方面有该频率出现的特征,过于规则化的特征,偏离常规的特征,违反规则的特征,等等。如果有,则需要把它们汇总起来,形成语篇突出特征列单。第二,要研究语篇的意义模式,包括体裁结构、交流对话模式、会话结构模式,以及偏离常规的意义特征,高频率出现的意义特征,把突出的意义模式汇总起来,看这些突出的意义与突出的形式特征之间是什么关系,这些形式特征是否是直接体现这些意义特征的。第三,要探讨语篇所处的语境,包括文化背景和情景语境。文化语境可以提供什么样的意义易于出现和交流的信息,情景语境会提供所经历的活动和交流的内容,交际者之间的关系,和交际的渠道和模态的信息。可以用这些语境特征来解释以上讨论的形式特征和意义特征是否产生了文体效应,即是否在语境中起到了相应的功能,实现了交际者的交际目的。第四,所涉及的形式突出特征如何在相关语境的促动下,在读者或者听话者头脑中形成一定的概念化模式,从而形成前景化文体特征。

如果把这个模式视为文体学在理论模式上的研究范围,那么,在实际的文体分析中,文体研究者可以根据自己的理论模式,有取有舍,或者转移侧重点,进行文体学研究,但总体上的研究范围是相对一致的。

9.4 西方文体学与中国文体学的交融问题

9.4.1 研究现状

西方文体学研究主要是由外语界研究者引入,并用于研究他们的教学对象:外语,包括英语、德语、法语、日语等语言的语篇的文体特征。

根据胡壮麟先生的统计（胡壮麟、刘世生，2000），1949年至1976年这27年间，国内共发表文体学论文28篇，主要为外语界的知名学者，发表在《外语教学与研究》等外语刊物上。1978年至2000年间共发表文体学论文378篇，同样基本都是由外语工作者发表的，而且也大部分在外语类刊物上发表的。研究涉及的语种，除了普通文体学研究（不以某个语种为研究对象）之外，研究的对象都是外语，特别是英语和俄语。由此可见，当代文体学的起始和发展都是以外语界为主力军的。

相形之下，中国文体学则由于西方文体学的发展而受到压制，根据现代文体学领军人物吴承学的研究，近代以来，中国文体学由于"西学东渐而日益式微，甚至成为被人淡忘的知识。从20世纪80年代起，在新的学术意识的推动下，文体学研究成为古代文学研究的新视角之一。近年来，文体学研究越来越受到中国文学学术界的重视，成为一个极具研究价值的前沿学术领域和备受关注的学术热点。"他还认为，"中国文体学研究的兴盛有当代文化的催化背景：新时期中国现当代文学研究中对于文体的重视与实验、西方文体学理论的译介与传播对古代文学研究的文体意识自然有影响，而更根本的原因则是出于古代文学研究的内在要求与自然趋势。"

中国文体学本来有其自己的研究模式，特别是以研究体裁为特点，创造了辉煌的发展史。但随着西方文体学的引入，中国文体学研究者开始并没有处理好引进和保持传统之间的关系。有的接受西方文体学，用西方文体学的理论研究汉语语篇的问题，完全抛弃汉语传统的文体分析方法，从而造成中国文体学的"日益式微"。有的学者则排斥西方文体学，根本不理会西方文体学的发展和在中国的传播，致力于发展传统的中国文体学研究，从而无法使中国文体学与时俱进，借用西方文体学的科学方法，使中国文体学赶超西方文体学。当然，也有的学者吸收西方文体学科学和先进的部分，来改造中国文体学的研究方式和分析方法，使中国文体学研究理论更加科学、完善和有效，但研究的目标仍然是中国汉语语篇的文体特征，如汉语修辞学的研究就吸收了很多西方文体学的研究成果，使汉语修辞学研究与时俱进，如胡范铸的《中国修辞》系列丛书。

第9章 文体学理论和应用实践所面临的挑战及应对措施

9.4.2 发展中的问题

西方文体学研究者引介西方文体学到中国是完全必要的，这正是中国进行改革开放的目标：引进西方先进的科学技术和理论，用于发展我们自己的科学技术和理论。但西方文体学研究者，由于以下两个原因并不把西方的理论应用于中国汉语语篇文体的研究。

1）他们基本都是外语教师，主业是外语教学，而不是汉语教学，所以，其研究对象应该是外语，特别是英语，而不是汉语。从事汉语研究在20世纪80年代至90年代或被认为"不务正业"，同时也难度很大。现在逐步发展到汉外结合、汉外对比，有的还专门研究汉语语篇的文体等。

2）外语教师的汉语文体学理论基础不够，需要大量补课，也需要占据大量的时间和精力，而且其研究成果难以被汉语界文体学研究者接受，成果不容易发表或者出版，因此，即使他们作了尝试，也经常选择放弃。

另外，西方文体学虽然理论先进，但外语教师的外语和外国文化水平都不如外国研究者，即他们的本族语研究者，所以，用外语写作出高层次研究成果难度也很大。达到与世界同步的水平需要作出更大的努力。

从中国文体学研究者的角度看，汉语语篇文体研究者由于语言不通，难以直接接触西方文体学理论和研究方法，需要通过引介来连接西方文体学理论，所以，他们总是晚一步接触西方文体学理论。这在一定程度上导致中国的文体学研究总是跟在西方文体学理论研究后面，亦步亦趋。

这种形势也导致有些汉语语篇文体研究者对西方文体学理论产生抵触情绪，不愿接受西方文体学的引入。这样导致西方文体学的理论难以被引入中国研究者的视野中，造成中西隔离加大，不利于兼容并蓄，用国外的理论发展中国文体学理论。

还有些中国文体学研究者崇拜西方理论，致力于吸收西方文体学理论，把西方理论看作最先进的、最好的。他们一般对西方文体学理论不加改造地直接应用于分析汉语语篇的文体上，从而出现生搬硬套的现象，使中国文体学研究难以和中国传统的文体学研究分割开来。

与此同时，与以上原因相关的是，外语界的文体学研究者与汉语界的文体学研究者虽然从实际需要上看是互补的，但他们的相互借鉴与融合却十分困难。实际原因在上面已经谈到了，他们各自都有自己的不与对方合作的原因，包括对对方研究领域的不熟悉，对方的研究领域不是自己的核心研究领域，等等。

9.4.3 解决方案及评价

以上提出的问题在很大程度上影响了中国文体学的发展，也在一定意义上限定了西方文体学在中国的应用和发展。所以，这些问题需要尽快解决。解决的方法应该主要通过与对方的接触和对话进行，在实践中使对方认识到对方的理论或研究领域对自己的主要研究领域有益的方面。例如，对于中国文体学研究者来说，要使他们认识到，西方文体学中的科学成分或科学的研究方法，可以在一定程度上解决中国文体学研究中存在的问题，或者能在一定层次和角度上回答自己的研究领域中存在的问题，从而，激发他们学习和熟悉西方文体学理论的渴望和兴趣。对于外语文体学研究者来说，虽然他们可以用西方文体学理论研究自己所教授的外语中的问题，但不能对中国文体学，以及中国文化和文学建设作出应有的贡献。应该引导外语界的文体学研究者扩大自己的研究范围，在研究外语语篇文体的同时，研究汉语语篇的文体特征。另外，还有一个可以使双方接触和碰撞的研究领域：中外文体学对比研究。当然，这本来就是中国的外语文体学研究者应该研究的领域：把汉语语篇的文体特征及其产生的原因与外语语篇的文体特征及其产生的原因在语篇建构、意义模式、体裁结构模式、语言独特特征等多个方面，以及意义、形式、媒介等多个层次上进行比较，发现它们之间共享的特征，以及不同的特征，并探讨它们相同和不同的原因，找到汉外文体各自内在的规律和特点，及其与中国文化与相关外语文化的相同点和不同点。

使双方能够对对方的理论和方法以及研究领域感兴趣，从而使双方能够在一定的条件下合作的方法，除了通过做此类研究说明两者合作的优势和益处外，还可以采用以下几种方式进行。

第9章 文体学理论和应用实践所面临的挑战及应对措施

第一，召开有关汉外文体学研究的学术会议。可以分别通过外语界学者，或中国文体学研究者召开邀请对方参加的会议，以及设计双方都可以接受的议题，让中国文体学研究者和外语文体学研究者坐在一起商谈合作事宜，论证双方合作的益处或基本模式等。例如，2017年11月18日至19日在复旦大学召开的"'当代修辞学的多元阐释'国际研讨会暨第八届望道修辞学论坛"采用高端论坛模式，邀请了18位海内外不同语言学科背景的著名学者作专题报告，其中近一半的学者研究汉语修辞学，近一半的学者为外语界的文体学、修辞学研究者，还有部分学者来自国外，研究的命题涉及语篇研究、语体分析、信息结构、语义分析、话语分析、符号分析、修辞学史、比较修辞学、多模态研究等多个领域。

第二，设计涉及中外文体学理论、方法和研究领域的课题。设计这类课题可以采用以下几种思路：(1) 要考虑到中国文体学的现代化和与时俱进，使其走在国际前沿上。设计如何引入西方文体学的理论和方法，借用其精华部分，发展中国文体学的理论与实践，使其与世界同步。(2) 要设计把西方文体学理论和中国文体学理论相结合来探讨汉语语篇文体的研究项目。(3) 用西方文体学研究外语语篇文体，用中国文体学理论研究汉语语篇文体的，然后将它们进行对比，发现它们的相同点和不同点。用这些项目来引导中国文体学研究者和外语文体学研究者都根据自己的特点做其中的一个或多个项目，从而促进中外文体学研究的融合和发展。

第三，双方各自扩大研究领域。中国文体学研究者和外语文体学研究者都在自己的研究领域基础上，适当扩展自己的研究范围，从而使外语文体学研究的研究范围向同领域的汉语文体分析发展，或者进行外语语篇与汉语语篇文体的对比研究，从而使自己的研究领域扩展到相应的汉语语篇文体或外语语篇文体的研究中。在这其中，单纯地进入对方的研究领域，以及进行汉外的对比研究都是对自己已有的研究领域的扩展。

采用这些措施的根本目的还是促进中国文体学理论、方法和实践的发展，使其与世界同步，也使外语文体学研究的水平得到同步增长。

9.5 实践范围的不确定性

文体学从本质上讲是一个实践学科,致力于探讨语篇的独特特性,及其在社会交际中的作用。例如,研究文学的文体是发现文学的美学效应、施教作用,从而发现它在人类社会中的作用;研究某个实用语篇的文体是根据这个语篇的文体特点,发现这个语篇在某个领域中具体功能,如指导安装电视机(说明书)、给亲属传递信息(家信)等。

9.5.1 主要问题

在这方面存在的主要问题是:在文体学具体用于做什么这个问题上却没有统一的观点和认识。我们大致可以说,所有从事文体学研究的学者都承认,文体学的一个主要研究领域是文学作品,研究小说、诗歌、戏剧等语言艺术语篇的文体特征,而且有的学者可能认为,文体学就是研究文学的,研究其他领域的不算文体学研究。例如,默里(Murry, 1930: 3)认为,文体是"文学的最高成就"(Style is the highest achievement of literature.)。这样,文学可以看作文体学研究的核心领域。

从语言学的角度研究文体学则一般不把文体学的研究范围局限于文学,而是包括文学在内的语篇文体。在这种情况下,把一般文体与语言变异现象联系起来,认为某类语篇在某个特殊语境中表现出来独特特征,而且这些特征突出表现语篇的特殊交际功能。从这个角度看,文体学的研究范围包括文学、具有文学特色的非文学语篇,如个人传记、传记、媒体的特写报道等,具有专业特色语篇的文体特征,如科技文体、法律文体、商务文体、教育话语、官僚话语等。这类研究一般归到语体学的研究范围,但在英语中并没有区分文体学和语体学,所以,仍然归在文体学的名下。

还有一个直接与实践联系在一起的研究领域是文体学理论的应用。这个领域的研究对象并不是文体学理论,而是运用已有的文体学理论来解决文体学理论提出的问题或完成文体学理论建构以外的任务。上面我们提到,文体学是一个实践性强的理论,它的存在不是重点探讨某个固

第9章 文体学理论和应用实践所面临的挑战及应对措施

定的学科知识,而是探讨任何学科在情景实践中表现出来的特点、特征和特色。所以,利用文体学来解决各科中的问题应该是一个很好的选择。但在实际的实践中,这种情况并不是很多。这可能是因为,研究者并不是很熟悉文体学理论,所以,无法用这个理论来解决其实践问题。也可能是因为,研究者已经有其他的理论或措施来完成自己的任务,所以,不必要采用文体学理论来解决相关问题。例如,在外语教学中,需要培养学生在外语交际实践中运用外语进行交际的能力。传统的方式是让学生记住一般的语法规则,在实践中应用。但这些规则并没有考虑每个实际语境中的特殊性,以及交际内容、交际对象和交际方式的差异性,所以,学生用这种方式很难学习好外语,其外语的实践能力或称交际能力也难以得到提升。如果运用文体学的方法,则培养学生根据语境和交际目的的特点而运用恰当语言,"以最有效的方式讲恰当的事情"(Saying the right thing in the most effective way.)(Enkvist & Spencer, 1964)。也就是说,在外语教学中,其主要任务,除了让学生掌握一定的文体学理论知识外,是培养学生的"文体感",让学生学会根据不同的语境讲适合于这个语境的话语。然而,在实际的外语教学中,很少有老师立足于培养学生的文体感,来提高学生的交际能力。这主要是因为,文体学知识和用途不够普及。

从以上研究可见,文体学的研究范围虽然不固定,不同的学者有不同的意见,但可以看到它的研究范围从文学出发到文体学理论的应用,形成一个连续体(见图9-1)。

图 9-1 文体学实践领域的范围

9.5.2 解决方案

文体学在实践领域的模糊性会在一定程度上影响文体学的普及和发

展,所以,我们需要找到一个各方都可以接受的方案来使文体学研究既在实践领域保持清晰,又可使各个不同来源和目的的研究者统一在文体学研究的大旗下。刘世生(1992)曾经把文体学的研究领域分为三个分支,分别是:文学文体学、语体文体学和理论文体学。这种区分方式既可以使各方的研究范围清晰,满足各方对文体学本体含义的认识,也可以使文体学涵盖范围广,包括不同的研究类型和研究领域。但它还有一项缺憾:没有把文体学的应用,文体学实践的核心领域包括在内,所以,我们可以把它视为包括理论和应用的四个分支的理论体系:文学文体学、语体文体学、理论文体学、应用文体学。

文学文体学,顾名思义,是把研究的核心确定为文学作品。它的研究目标应该主要为探讨文学语篇的美学价值和施教效应及其所涉及的文化背景、思维模式、意识形态和态度等。这个研究领域可以包括文学研究的所有体裁,如小说、诗歌、戏剧等,以及各自的次范畴,也可以包括文学研究所涉及的各个方面,如体裁类型研究、人物特性研究、情节发展研究、文化背景及社会环境研究,以及所涉及的语言特色研究,包括修辞格研究、修辞手段研究、设计布局研究等。这个文体学分支可以满足从事文学研究的学者从文体学的角度研究文学作品,从新的角度探索文学作品隐含的价值和意识形态等。

语体文体学原本是包括文学体裁的,因为文学的不同体裁也是不同语体的语篇类型,但根据以上我们为了满足各方的研究目标来区分文体学次范畴的基本思路,我们可以认为语体文体学是除了文学语体之外的所有语体的研究。这里的语体表示语篇所具有的变异特性,具有比较突出的独特性。这些独特性可以根据不同的因素和角度定义。例如,从语言传播媒介的角度,可以分为口语、书面语、短信、微信、电话等,还可以延伸到非语言交际媒介中,如图像、动画、行动等。可以根据语篇的用途和结构分为不同的体裁,如书信、说明书、评论、新闻报道等。而且许多体裁还有它们的次级范畴,例如,书信可以有家信、商务信函、公务信函、广告信函等。可以根据社会实践领域的不同,分为法律、科技、新闻、广告、体育报道、商业、医学等。还可以根据交际者之间不同的角色关系和场合分为正式体、非正式体、高雅体、协商体、亲密体等。

第9章　文体学理论和应用实践所面临的挑战及应对措施

理论文体学,也称为普通文体学,是专门研究文体学理论的分支。它由几个核心部分组成:一是研究的对象;二是研究者;三是研究行为本身;四是研究所依附的其他理论或因素。

从研究对象上讲,如上所述,文体学研究的是语篇的独特特性,包括语篇所表现的风格特点,说话和写作的特殊方式;语篇所表现出来的特殊格调,包括语篇所表现出来的情感、美学效果、心灵感受等,以及说话者的不同特点和话语用途的不同特点。

从研究者上讲,不同的研究者关注不同的方面,如美学效应、功能特点、体裁特征、语言变异特征等。

从研究行为上讲,文体学研究要采用一定的方法和程序进行研究。不同的文体学理论采用不同的方法,但研究的程序一般包括:(1)分析,首先对语篇根据不同的理论模式进行分析,发现语篇的突出特征或独特特征;(2)解释,通过文化背景、情景语境、交际目的等因素解释语篇的突出特征产生的原因;(3)评价,对得到的结果进行评价,看作者创作的语篇是否是高质量的,文体是否有很高的价值,等等。

从研究所涉及的理论上讲,我们前面已经谈到文体学主要是建立在语言学之外的学科上,所以,和语言学理论流派有密切的关系,已经讨论过的文体学流派有:形式文体学、功能文体学、话语文体学、认知文体学等,后来发展起来的还有语用文体学、多模态文体学等。

应用文体学涉及把文体学的理论应用到具体的实践领域中,所以,是实践性最强的领域。在语篇世界里,文体学的应用领域是没有限制的,但从已有的研究来看,其主要应用领域包括语言教学、翻译、计算机、媒体研究等。其实,文学也可以说是文体学的一个应用领域,但由于文体学的主要研究领域是文学,所以,它被认为是文体学的基本研究对象,所以,不被认为是一个应用领域。

教学是文体学应用的一个庞大领域,包括教学的各个分支,涉及大学英语教学,如马迎花(2010)的研究;英语精读课教学,如万本华(2011)的研究;写作教学,如鄢春艳(2006)的研究;不同学科的外语教学,如医学英语教学(陈松云、何静秋,2011);教学改革,如齐登红、孙丰果(2013)的研究。翻译是文体学应用的主要领域,因为在翻译中如何处理好译文中的文体风格是一个重要问题,也是一个标准。

文体学在翻译中的应用领域可以是文学作品翻译，如陈云（2013）讨论的对《名利场》的翻译；还可以是各专业语篇的翻译，如刘金龙（2012）对科技语篇的翻译等。

在计算机领域，可以用文体学理论指导计算机信息与科学技术，如孙松娜（2015）的研究，但更多是用计算科学技术对语篇文体进行分析，如孙爱珍、叶向平（2010）的计算文体学研究，以及李涛、王菊丽（2009）对语料库文体学的研究等。

媒体语篇也是文体学的一个重要应用领域，只是这类研究常常不是以文体学的名义进行的，如批评话语分析。这类研究都具有很强的批评性，如杨家海（2018）对媒体评论的批评分析。另外，政治演讲也具有相似的特点，如储常胜（2014）对政治演讲语篇的文体分析等。达斯克伊娃（L. R. Duskaeva, 2011）还专门研究了媒体文体学。

以实践为导向的文体学及其次范畴可以由图 9-2 表示。

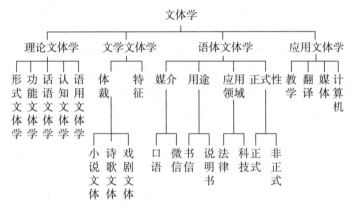

图 9-2　以研究领域为基础的文体学分支系统

9.6　结语

讨论现代文体学研究实践中的问题，首先需要清楚现代文体学的发展历程，所以，本章首先从西方文体学、中国文体学、西方文体学与中国文体学的关系和融合上探讨了现代文体学的发展理论。接着探讨了文

第9章 文体学理论和应用实践所面临的挑战及应对措施

体学研究中存在的问题及解决方案。总的来讲,现代文体学研究实践中的问题可以归纳为以下四个方面:(1)文体学的寄生问题;(2)研究范围的不确定性;(3)西方文体学与中国文体学的交融问题;(4)文体学实践范围的不确定性。

从文体学的寄生问题上讲,本章首先从语言学寄生发展的角度谈了文体学的寄生特点,即根据形式语义学,包括索绪尔结构主义、布拉格学派和转换生成学派的发展来发展文体学理论,根据功能语言学的发展发展了功能文体学,根据话语分析理论的发展来发展话语文体学,同时根据认知语言学的发展来发展认知文体学。接着,探讨了文体学的寄生特点:文体学能够借体还魂,持续发展得益于其寄生性,但也有缺陷,包括被动性、间断性和非核性。为回避文体学的寄生性的负面效应,我们建议借鉴各个模式的优势,综合它们的特点,构建一个文体学的综合研究思路,最后构建一个比较稳定的现代文体学研究模式。

从研究范围的不确定上讲,这种不确定性可以表现在多个方面。一是研究对象的不确定性所引起的研究范围的不确定性,如文学、非文学或者文学与非文学。从研究对象上讲,研究的范围可以有只局限于研究文学作品的文体,也可以只局限于研究非文学作品的文体,还可以既研究文学文体,也研究非文学文体。这个方面的不确定性使文体研究总处于零散的、星点式的状态中,难以形成中心和凝聚效应。可能的解决方案是:把文体学和文学研究融合为一体,或者把文体学作为文学研究的一个分支。如果文体学的研究对象不仅是文学,还包括任何非文学语篇,那么文体学就应该发展为一个独立的学科,建构比较统一稳定的研究框架,使文体学摆脱纯文学、寄生性学科的限制,建立起自己独立的学科形象。

二是研究目标的不确定性所引起的研究范围的不确定性。从研究目标的角度看,文体的体现可以局限于文学性,即作品的美学效应上,同时,文体的体现也可以局限于语言的变异特征上,通常这种定义适合于非文学语篇的文体特征。在文学和非文学领域,文体学的研究目标都可以扩展到意识形态、社会和权力关系等方面。由于研究目标的不确定性使我们感觉文体学没有固定的研究目标,是一个可有可无的学科。可能的解决方案是:探讨文体学共性的研究目标是什么,发展一个基本的模式，然后在探讨不同体裁、语域的语篇时，对模式进行一定修订，发展一个个次级文体研究模式。语篇的文体亦可表现为语篇所体现的意识形态、社会关系、权力关系、霸权、欺压等，这样可以把这个领域作为文体学的研究领域，要大张旗鼓地用文体学的基本思路和研究方式来研究这类语篇，在文体学基本研究模式的基础上建立一个从事这类研究的分析模式，使它真正成为文体学研究。

三是由研究文体的理论模式的不同引起的研究范围的不同，包括不同的角度和不同的层次上的区别。从研究文体的理论模式上讲，不同的理论关注语言的不同方面，采用不同的理论模式。概括起来，文体学的研究范围应该包括形式、意义、认知、语境等因素。解决的基本思路是：首先对语篇的媒介和形式特征进行审视和分析。第二，要研究语篇的意义模式以及偏离常规的意义特征，高频率出现的意义特征等。第三，要探讨语篇所处的语境，包括文化背景和情景语境。第四，研究所涉及的形式突出特征如何在相关语境的促动下，在读者或者听话者头脑中形成一定的概念化模式，从而形成前景化文体特征。

从西方文体学与中国文体学的交融上讲，西方文体学研究主要是外语界研究者的引入，并用于研究他们的教学对象，当代文体学的起始和发展都是以外语界为主力军发展的。中国文体学则由于西方文体学的发展而受到压制。近年来，文体学研究越来越受到中国文学学术界的重视。中国文体学本来有其自己的研究模式，特别是以研究体裁为特点，创造了辉煌的发展史。但随着西方文体学的引入，中国文体学研究者并没有处理好引进和保持传统之间的关系。

西方文体学研究者引介西方文体学到中国是完全必要的，但西方文体学研究者，由于以下两个原因并不把西方的理论应用于中国汉语语篇文体的研究：(1)他们基本都是外语教师；(2)他们的汉语文体学理论基础不够，需要大量补课，即使他们作了尝试，也经常选择放弃。再者，外语教师用外语写出高层次研究成果的难度也很大。从中国文体学研究者的角度看，汉语语篇文体研究者总是晚一步接触到西方文体学理论，这种形势也导致有些汉语语篇文体研究者对西方文体学理论产生抵触情绪。虽然从实际需要来看，外语界的文体学研究者与汉语界的文体学研究者是互补的，但他们的相互借鉴与融合却十分困难。

第9章 文体学理论和应用实践所面临的挑战及应对措施

解决方案是：通过与对方的接触和对话进行，在实践中使对方认识到，对方的理论或研究领域对自己的主要研究领域有益的方面。使双方能够对对方的理论和方法以及研究领域感兴趣，从而使双方能够在一定的条件下相互合作。除了通过做此类研究，说明两者合作的优势和益处之外，还可以采用以下几种方式进行：(1)召开有关汉外文体学研究的学术会议；(2)设计涉及中外文体学理论、方法和研究领域的课题；(3)双方都扩大自己的研究领域。采用这些措施的根本目的还是促进中国文体学理论、方法和实践的发展，使其与世界同步，也使外语文体学研究的水平得到同步增长。

从文体学实践范围的不确定性上讲，存在的主要问题是：文学研究者都把文体学看作文学的辅助学科。从语言学的角度，一般不把文体学的研究范围局限于文学，而是包括文学在内的各类语篇的文体。还有一个直接与实践联系在一起的研究领域是文体学理论的应用领域。这个领域的研究对象是运用已有的文体学理论来解决文体学理论的问题或完成文体学理论建构以外的任务。文体学的研究范围虽然不固定，不同的学者有不同的意见，但可以看到它的研究范围从文学出发到文体学理论的应用，形成一个连续体。解决方案是：把它视为包括理论和应用的四个分支的理论体系：文学文体学、语体文体学、理论文体学、应用文体学，它们各自还有它们的次范畴和不同的方面。

第 10 章
文体学各学派间的互动及应用实践

10.1 引言

第9章主要讨论了在文体学研究实践中存在的问题及解决方案，讨论了不同流派的文体学理论中存在的问题及解决方案。在此，我们假定每个理论都是独立的、与其他理论不同的，同时也讨论它们之间可能的合作和融合，以及相互影响。在本章，我们则专门探讨各个理论流派之间的关系，看它们是如何在文体学这个总体研究对象中相互借鉴与相互影响，并完善自己的理论模式的。在下面，我们将根据当代文体学发展的脉络，重点讨论以下内容：修辞学与文体学的互动关系；传统文体学与形式文体学的互动；形式文体学与功能文体学的互动；功能文体学与话语文体学的互动；话语文体学和功能文体学与认知文体学的互动；以及文体学与叙事学的互动；等等。

10.2 新旧理论互动

文体学理论也和其他理论一样，总是在新旧理论的互动和交替中发展的。一方面，新理论集成已有理论的精华和对自己有益的部分，另一方面，新理论也根据自己的研究角度和观点发展更加适合新时期研究任务的独特理论。所以，新旧理论的互动是一种必然现象。西方对文体的研究可上溯到古希腊、罗马的修辞学研究。公元100年之前，德米特里厄斯就发表了《论文体》一书，集中探讨了文体研究问题（申丹，2000）。

10.2.1 修辞学与文体学

西方古典修辞学主要研究如何通过劝说提高演讲的效果。现代英美修辞学则发展为三个主要流派：古典派、新修辞学派和描写修辞学派（顾曰国，1983）。古典修辞学派致力于恢复古典修辞学，用于新用途，特别是把它看作一门"组合艺术"，发展学生的语言交际能力。而新修辞学派把意义置于核心位置，研究言语交际过程中的"理解"与"误解及其补救办法"。另外，人类运用语言进行交际的主要目的是促成相互间的合作。而要取得合作，交际双方就需要在思维、情感、态度等方面达到"认同"。而描写修辞学派就是我们今天所研究的文体学，重点研究语言的功能变体、各类语体，或者局限于研究这些功能变体的一类：文学体裁。

从这个角度讲，修辞学在两千多年前就为文体学规定了研究领域及语篇的文体风格，语篇的变异性、独特性，使它成为修辞学的一个分支。但张德禄（1998/2005）还发现：修辞学致力于探讨语篇的产出过程，所以是现代写作教学和学习的主要理论工具；而文体学则致力于探讨语篇的分析过程及文体分析，重点是对产生的语篇的剖析和理解。从这个角度讲，文体学与修辞学是互补关系：修辞学聚焦语篇的产出，看它是否符合创作者的交际目的，为达到它的交际目的提供一个完美产品；而文体学聚焦于对这个产品的分析，看读者是否可以通过语篇分析发现作者的交际目的，同时评价它是否以最合适的方式表现了他的交际目的。

修辞学和文体学的另一个比较大的区别是：修辞学似乎是一个独立的学科，有自己的研究范围、研究目标和基本理论体系，但没有把语言学作为主要工具发展自己的理论；文体学则由于其寄生性可以迅速借鉴现代语言学的发展来壮大自己。因此，修辞学没有借鉴现代语言学的学科理论和研究方法来改造自己和提高自己,在现代语言学的攻势下,渐渐变成基本被遗忘的边缘学科。所以,根据修辞学研究文体,"一般不外乎主观印象式的评论,而且通常出现在修辞学研究、文学研究或语法分析之中,文体研究没有自己相对独立的地位"(申丹,2000)。

进入 21 世纪以来,修辞学对文体学的影响比较有限。文体学研究重点关注新的语言学理论的产生和发展,并借用语言学的理论和方法发展文体学,比较少的关注修辞学理论的发展,从而也很少借用修辞学的最新研究成果。但是,修辞学研究可以通过文体学来借用语言学的科学研究方法发展修辞学理论。已有修辞学研究学者开始关注文体学,以及语言学的最新研究成果来促进修辞学理论的发展。例如,复旦大学主办的"望道修辞学论坛"就在几次会议上邀请了外语界的文体学研究者到会发言,交流学术研究成果,促进文体学与修辞学的互动和融合。

10.2.2　传统文体学与形式文体学

如上所述,传统文体学基本上是修辞学的一个分支,重点探讨语言的语体风格,没有使用语言学理论作为其理论基础,因此,其基本方法是利用直感印象、推理等方法来审视语篇的文体特色,这样,传统文体学就沦落为一个可有可无的边缘学科。现代语言学的发展为文体学的发展开辟了新的天地。最先进入视野的是形式主义文体学研究,包括上一章谈到的三个文体学分支:索绪尔结构主义、布拉格学派、转换生成学派。

在这里,传统文体学主要借用形式文体学的分析方法,以数据为依据分析语篇的风格特点。但不同的研究者对于形式分析作用具有不同的见解。例如,奥曼(Ohmann,1964)探讨了福克纳的小说《熊》(*The Bear*)(1942: 255-256)的片段。

> The desk and the shelf above it on which rested the letter in which McCaslin recorded the slow outward trickle of food and supplies and equipment which returned each fall as cotton made and ginned and sold (two threads frail as truth as

impalpable as equators yet cable-strong to bind for life them who made the cotton to the land their sweat fell on), and the older ledgers clumsy and archaic in size and shape, on the yellowed pages of which were recorded in the faded hand of his father Theophilus and his uncle Amodeus during the two decades before the Civil War, the manumission in title at least of Crothers McCaslin slaves...

奥曼认为，这段话用了很多以下的句式：(1)关系从句，并省略关系代词和动词 to be；(2)由 and 连接的复合句；(3)比较结构。因此这段话的文体特征可以描述为："复杂、十分个体化、难理解，而且还是典型的福克纳文体(Faulknerian style)"(Ohmann, 1964)。在奥曼看来，语篇的文体表现为形式分析的数据特征：复杂、个体化、难理解。这些特征就是福克纳的文体特征。在这里，他没有从意义和语境方面进行解释和评价。

而转换生成学派则在此基础上更进一步，不仅要分析语言的形式特征（表层结构）特点，还要通过深层结构（隐含的意义结构）来解释，既考虑语言结构的合乎语法性，也考虑语言结构的可接受性。而且，虽然形式分析的量的区别是形式文体学的核心要素，但并不是完全根据量来衡量，而是要结合考虑语境和体裁。例如，有时候，只是一个偏离常规的例子就可以使整个语篇的文体发生大的变化，如从一种体裁转换为另一种。例如，索恩（Thorne, 1981）提供了下面的例子：雷蒙·钱德勒（Raymond Chandler）的小说《湖中女人》(The Lady in the Lake)（1952: 139–140）的片段。

An elegant handwriting like the elegant hand that wrote it. I pushed it to one side and had another drink. I began to feel a little less savage. I pushed things around on the desk. My hands felt thick and hot and awkward. I ran a finger across the corner of the desk and looked at the streak made by the wiping off of the dust. I looked at the dust on my finger and wiped that off. I looked at my watch. I looked t the wall. I looked at nothing.

> I put the liquor botte away and went over to the washbowl to rinse the glass out...
>
> I went back to the desk and read Miss Fromsett's note again. I...
>
> I sat very still and listened to the evening grow quiet outside the open windows. And very slowly I grew quiet with it.

索恩认为,这个片段的突出特点是 I 和 and 的重复出现,并且形成一个模式:一个句子中有两个小句,每个小句的主语都是 I,但第二个小句的主语不出现。这个模式一直延续到最后一个段落的最后一个句子。在这个句子中,第二个小句的 And I 都在表层结构出现了。这种现象的主要动因是事件的氛围发生了变化。在上句的最后一个小句中,主语由 I 变为 evening(evening grow quiet),从而形成一个共轭支配,与下面的小句形成排比关系:"Evening grows quiet, and I grow quiet."。这种变化使整个气氛从陌生化向和谐化转变。从这个角度看,在形式文体学阶段,传统文体学研究方法基本上让位于形式文体学方法,但传统文体学中的修辞学传统还会对形式文体学的分析和解释起到很大作用。

另外,布拉格学派的文体学理论虽然也被规划到形式文体学的范畴,但其理论模式既具有承上启下的作用,也形成了各个文体学理论分析的核心。从前者的角度讲,布拉格学派的前景化、偏离、陌生化、异化理论,与传统修辞学的修辞手段产生的效果基本相同,只是所用的术语不同而已,所以,布拉格学派的新文体学理论可以看作是为传统文体学的修辞理论提供了解释框架。从后者的角度讲,这个框架虽然把语言形式放到中心位置从而限定了它的解释力和评价作用,但它是其后出现的功能文体学、认知文体学和话语文体学的形式基石。

10.2.3 形式文体学与功能文体学

如上所述,虽然形式文体学在当下不是最流行的文体学理论,在解释和评价上也受到一定的限制,但它的理论框架本身,特别是布拉格学派的前景化理论，形成了文体学理论的基础。功能文体学是由于相关功能语言学理论的发展而兴起的文体学理论，同时，它也是对形式文体学理论的弥补。功能文体学把语言的文体特征和语言的功能联系起来，从而在一定程度上扩大了文体的解释范围。首先，功能文体学并不排斥对语篇形式特征的分析，进行语法分析即是对语言的形式特征的分析，但功能文体学是把语言的形式和功能密切联系起来的文体学理论，认为特定的语言形式是表达特定的意义和功能的。例如，及物性结构是实现经验意义的，人类的客观外界和内心世界的经验是可以通过不同的及物性结构表示的：物理行为是物质过程，思维感觉是心理过程；描述事物的属性及其之间的关系的过程称为关系过程；说话交流的过程称为话语过程；等等。从人际意义上讲，陈述句、疑问句和祈使句各用于提供信息、求取信息和发出指令和命令等；情态动词和情态副词各用于对命题或提议的真实性作出判断等。这样，在功能文体学研究中，对形式的分析本身就是对功能的分析，所以，称为功能语法。功能语法模式就表示它体现某种意义模式，所以，功能语法分析是必需的阶段，也同时预示着某种文体特征的出现。但功能文体学并没有停止在这里，因为这种分析和形式文体学区别不大，形式文体学的分析结果也可以冠以功能特征。除此之外，功能文体学还把这个语法特征与语篇产生的环境联系起来，包括文化语境、交际发生在什么文化或亚文化环境中、在这个文化中期望交流什么样的意义或意义模式从而使形式特征要体现的意义或意义模式与这个文化所期望的意义或意义模式联系起来。语言交际的环境还包括现实的正在发生的事情、和谁交际以及交际渠道和方式等，称为三个变项：话语范围、话语基调和话语方式，其中包括交际者的交际目的。情景语境和交际目的对要交流的意义和意义模式提出了更加具体的要求，因为在这里，意义或意义模式都直接在实现它的交际目的上起作用，所以，可以用它直接提供语境动因，促动这些意义或意义模式的产生。这些意义和意义模式就表现了语篇的文体特色，即把语篇的词汇语法分析中发现的数量上突出的特征——失衡（deflection）或质量上突出的特征——失协（incongruity）（Halliday，1971/1973），通过文化语境和情景语境进行解释的结果。现举一例 [1]: What was wrong with the figure?

第10章 文体学各学派间的互动及应用实践

Why was mother earth so generous? And man so greedy?
You got 25 cents a basket for tomatoes. A dollar a crate for some fruit. You had to work fast. That was the whole thing. If you had no rent to pay, it was O.K.. You were ahead, Amigo. Pay rent, however, stay in place, and you couldn't migrate after the other easy pickings. The joy of working was looking over your dreams locked to hunger.

[Raymond Banio, *The Compesinos*]

这是摘自小说的一段话。看起来像对话,有疑问句,也有陈述句。但实际上不是。一方面,它没有投射句,所以不是直接引语;另一方面,它不是现在时,而是过去时,像间接引语,但不是。这种句法形式上的偏离,不能直接把它看作表现一定的文体特色,而是要探讨作者为什么会用这种表达形式,有什么作用和功能。

如果要探索这种突出模式的功能,就需要根据语篇的情景语境和交际目的来解释它的功能。对这个片段的情景语境可以作以下描述。话语范围:描述小说故事中人物的心理活动;话语基调:故事中人物曼纽斯的独白;话语方式:书面语表述人物的心理活动。作者作这种描述的交际目的是表现故事中人物的心理活动,产生一定的情感效应和幽默效果。从这个角度看,这是一段意识流式的描写,用的是自由间接引语,它反映的不是故事中人物实际的语言交流,而是反映某个人物的心理活动,即曼纽斯的心理活动,其观点也是曼纽斯的观点。其叙述的特点是叙述者似乎正在与读者面对面地对话。由此,使叙述生动活泼、栩栩如生、易于吸引读者的注意力。

总之,形式文体学为功能文体学提供了比较坚实的形式分析基础,从这些分析中可以发现语篇中具有潜在文体意义的特征,包括量上突出的特征、超规则的特征和质上突出的特征,包括偏离出现频率的特征和偏离常规的特征等。这些特征应该是任何文体学研究的基础。而功能文体学的优势是:它不是局限于这个研究模式中,而是冲破形式的束缚,到其他层次上寻找这些突出特征出现的动因。一是从意义层次上,这些特征在体现作品的意义模式上有什么作用;在文学作品中,这些特征在表现作者的整体意义上有什么作用。二是在情景语境层面上，交际的内容和事件、交际者之间的关系和交际的媒介和体裁结构等，特别是其中交际目的是如何决定对语篇整体意义的选择的。三是在文化语境层面上，意识形态、信念、思维模式、态度和情感等因素是如何决定语篇体裁和意识形态选择的。

10.2.4 功能文体学与认知文体学

  语言学研究领域的"认知转向"促使认知文体学迅速发展起来。认知文体学的理论基础是认知语言学，包括认知科学、认知心理学等。它与功能文体学的主要区别是由通过外部的文化、语境、交际目的、意义等来探索语篇的文体特征，转向通过心理认知活动来确定语篇的文体特征。

  实际上，这个转向本身存在让人疑惑之处：主要是因为两者研究的主要对象都是意义。在系统功能语言学中是语言的最高层次：语义层，而在认知语言学中是概念化，是在人的大脑中产生的概念形象或意义模式。意义的产生虽然要经过人的大脑，但概念化过程不会是无缘无故产生的，而是在一定的外界因素的激发和促动下产生的。所以，从这个角度看，比较完整的理论框架应该包括内部和外部两个方面的因素：从外部讲，系统功能语言学的文化语境、情景语境、体裁、语域等因素促动和激发讲话者来选择特定的意义进行交流，为在社会交际中选择要表达的意义提供了动因。但这个过程是如何进行的，功能语言学没有进行阐述，而是作为想当然的一个过程来对待。从内部来讲，当语境等因素促使讲话者选择合适的语境意义时，要选择的意义就会自然地在他的脑海中形成一定的概念模式，即这就是我要表达的意义。认知语言学集中探讨这个概念化过程，而不考虑外部语境的作用。认知语言学的范畴、原型理论、意象图式、概念隐喻、概念整合、语篇世界等理论是认知语言学用以探讨概念化过程的理论。同时，认知文体分析也会借用心理学、神经科学等广义上的认知科学的方法（Semino & Culpeper, 2002: x）。例如，塞米诺和卡尔佩珀（Semino & Culpeper, 2002: 95–122）不仅

第 10 章　文体学各学派间的互动及应用实践

应用认知语言学的图式理论、概念隐喻理论和概念整合理论，还辅以其他的心理学理论来分析人物反常规的思维风格。当然，认知语言学也考虑语境因素，但这个语境不是外部的客观语境，而是在他大脑中产生的内部语境，即认知语境。

这样，从理论上讲，更加完善和完整的研究模式是将两者相结合的模式——功能认知模式：根据文化语境、情景语境、体裁、语域、交际目的等因素的激发而引起交际者进行社会交际的欲望，然后，引发讲话者在大脑中根据语境产生适合语境的意义模式，即概念化过程。接着，大脑中的概念通过选择合适的词汇、语法、音系特征等实现。但正统的功能文体学理论和认知文体学理论都没有采用这种模式，而是在它们自己的研究框架中讨论文体特征的产生。

上面谈到布拉格形式文体学为整个文体学研究奠定了坚实的基础，即分析语篇的词汇语法和意义模式，发现语篇中的突出语言特征，根据这些特征分析探讨语篇的文体特征。这种分析方式是功能文体学的基础，只是功能文体学把形式突出特征与语言的功能联系起来，探讨它们是如何被前景化的。同样，认知文体学也需要分析语篇的突出特征，不过他们是通过分析语篇的认知语法进行的。这些突出特征的文体效用是要看它们在讲话者大脑中的概念化的情况。"句子结构决定于语义结构"，而"语义存在于人的概念化过程中，语义结构即概念结构"（赵艳芳，2001：125）。这样，认知文体分析关注那些能够体现作者的认知方式或者与读者的认知方式有关联，能够解释读者的认知过程的语言特征。在认知文体学框架中，当与认知方式有关的语言特征构成一定模式，并与我们的主题阐释有关时，它就会真正得以前景化。

根据胡壮麟（2012：170）所述，"文学文体学与认知文体学的主要不同在于：前者在处理过程中主要研究语言、文体风格和语言学的其他方方面面，这个过程是'自下而上'的，后者还考虑认知的、情感的手段，是'自上而下'的过程"。然而，系统功能语言学的分析模式是典型的自上而下的模式：通过语境分析语义、通过语义分析词汇语法。只是在文体学研究中，分析者首先观察到的是文本，是语篇的形式特征，所以要根据形式特征探讨语篇的意义特征和模式，所以，采用自下而上的模式。

例如，韩礼德（Halliday, 1971）对戈尔丁（William Golding）的《继承者》（The Inheritors）一书的文体分析表明，该小说前半部分所表现出来的及物性模式表现为出乎意料的、高频率出现的不及物结构模式和非人称参与者，而这种模式正好反映了小说的主题思想：以劳克为代表的尼安德特（Neanderthal）原始人对事物的认识和理解程度：在他们的世界中似乎没有原因和效应（Halliday, 1973：121-123）。这样，这种及物性模式得到了前景化。认知文体学研究者（Gavins & Steen, 2003）也认为，认知语法与功能语法及物性分析有很多相似之处。斯托克韦尔（Stockwell, 2002：70）在强调这两种理论的相似性时指出，尽管韩礼德来自不同的语言学传统，他最近已经申明"他的方法是有认知倾向的（cognitively sympathetic）"。

但是，功能文体学的及物性分析不等同于认知文体学的语义角色分析。虽然及物性分析与语义角色分析都可以解释作者或人物的认知方式，但是它们的解释是不同的。利奇和肖特（Leech & Short, 2001：202-207）对《喧哗与骚动》中白痴班吉视角中的及物性模式的分析说明，班吉表现出原始的认识世界的方式。功能文体学常常从及物模式分析相关人物对世界的认识方式，特别是非常规的认识方式，而这些认识方式即使被贴上认知的标签也只是宽泛意义上的认知，与人类普遍的认知规律无关。认知文体学的理论基础是认知语言学及广义上的认知科学，而认知语言学本身又是以认知心理学为理论基础的。也就是，认知文体学是以认知心理学和广义上的认知科学对人的认知规律的研究为基础，从语言特征分析作者、人物或读者的认知方式。人类的认知规律"不仅包括基本范畴、原型，还包括意象图式和认知模式"（赵艳芳, 2001：67），而认知模式包括"命题模式、意象图式模式、隐喻模式、转喻模式"（赵艳芳, 2001：73）。认知文体学旨在系统地分析语言特征背后的作者、人物或读者以上述认知规律为基础的认知方式。与功能文体学等其他文体学流派一样，认知文体学分析的往往也是非常规的语言现象及其塑造的个性化的人物形象。因此，认知文体学揭示的认知规律往往是在人类普遍的认知规律基础上的变体。例如，概念隐喻作为人类的一种认知规律，指的是人类往往以一个简单、具体的域来认识一个复杂、抽象的域，认知文体学一般关注人物以一个不相关的域来认识另一个域的非常规概念隐喻结构。然而，需要注意的是：认知文体学的概念化过程是显性的，是通过认知模式进行的，而功能文体学的概念化过程则是隐性的，没有通过任何的概念框架的描述。这样，在功能文体学描述中，就需要补充认知文体学的概念化过程来描述文体产生的过程。例如，有些学者尝试把两种方法结合起来，典型的作法是把功能文体学对及物性模式的分析与认知心理学以及广义的认知科学揭示的认知规律结合起来，从而形成认知—功能分析方法。任绍曾（2006）在分析"All the Kings' Men"时从功能文体学的及物性开始，提出"在文本中痉挛（twitch）一词在及物性的所有过程中都有体现"（Love is a twitch, friendship is a twitch, virtue is a twitch, a career is a twitch.），说明"痉挛笼罩了小说人物生活的多个方面"，接着把痉挛的突出视为"作者对人生经历进行概念化（conceptualize）和识解（construe）"的方式。"整本书体现了对两个毫不相干的空间（spaces）的概念合成（conceptual integration），或者说体现了跨越两个域（domain）的映射（mapping）。其中痉挛是源域（the source domain），生活是目标域（the target domain）"（李华东，2010：66）。

综上所述，认知文体学与功能文体学关系密切，虽然它们研究的视角不同，前者从社会文化的视角，后者从心理认知的视角来研究文体，但它们都聚焦于意义之上，所以，本质上有很多相似之处。功能文体学的语法分析模式以及前景化的解释模式，对认知文体学有一定启示，同时，如果能够把两者结合起来，整合为一体，还可以形成互补关系，形成功能认知文体学模式，提高研究模式的解释力。

10.2.5　文体学与叙事学

文体学研究的主要对象是叙述文。因为文学作品是文体学研究的首要对象，而文学作品基本上都是叙述文。即使是在非文学领域，也有许多体裁是叙述文或者涉及叙述文，如新闻报道、讲话、对话等。从这个角度看，文体学和叙事学形成密切的关系是必然的。但从理论上讲，叙事学和文体学各发展了自己的理论，没有形成一体化或融合体的形式。

所以，在探讨文体学的发展时，注意叙事学对文体学的贡献或作用是十分必要的。

叙事学发源于西方，柏拉图对叙事进行的模仿（mimesis）/叙事（diegesis）的著名二分说可以被看成是这些讨论的发端，但"叙事学"一词在1969年才由托多罗夫（T. Todorov, 1971）正式提出。叙事学探讨小说的内容、小说的形式、小说的功能和读者的地位，目前还讨论叙事学范畴，如叙述视点、声音、距离等。

叙事学有多种定义，"关于叙事作品、叙述、叙述结构以及叙述性的理论"（新版《罗伯特法语词典》）；"人们有时用它来指称关于文学作品结构的科学研究"（《大拉鲁斯法语词典》）。它们都重视对文本的叙述结构的研究，着重对叙事文本作技术分析。

从这些定义和谈论中可见，叙事学的主要研究对象是叙事结构，和叙事体裁结构研究联系密切，但并不研究语言的语音、词汇和句法特征。所以，叙事学虽然可能研究叙事结构的突出特征，但并不研究体现叙事语篇的语言特征。这样，在叙事学研究中研究体现叙事的语言特征，或者在文体学研究中，通过叙事学理论探讨突出的语言特征的功能以及突出的语义模式等也是十分有益的。

申丹（2004）曾经探讨了叙事学和文体学的互补关系。如上所述，两者都可以为对方的发展作出贡献。现在，我们关心的是文体学理论与实践的发展，所以，我们的任务是探讨叙事学理论会对文体学的发展作出什么贡献。

同时，申丹（2006）还探讨了叙事学对文体学的贡献，或者文体学对叙事学的借鉴，认为西方文体学在21世纪开始以来，就开始借鉴叙事学的理论模式来发展文体学。但不同的学者借鉴叙事学的方式不同，把这种借鉴分为三个类别：温和方式、激进方式和并行方式。

所谓"温和方式"是说，文体学研究主要是借用叙事学的概念和理论模式来进行文体学分析，打破了以前固定的文体学分析模式，与叙事学模式相结合发展新的分析模式，采用叙事学的概念或模式作为文体分析的框架。例如，视角、时序及人物塑造都是叙事学的研究对象，但在文体学研究中不作为研究对象。但引入叙事学理论后，它们也成为文体学的研究对象。例如，视角（point of view）在叙事学中指叙述时所采

第10章　文体学各学派间的互动及应用实践

用的视觉或感知角度，它直接作用于所述事件，在文体学中，它指文字表达或流露出来的叙述者的立场观点、语气口吻，它间接地作用于事件。近来文体学家较为注重借鉴叙事学的视角对结构分类，将之作为文体分析的框架，将两种视角融合起来作为文体学的研究对象。"时序"在叙事学中指倒叙、预叙等安排事件的结构顺序，但在文体学中则指动词时态变化或句子内部的文字顺序。文体学研究者在探讨动词时态的文体效果时，同时借鉴了叙事学的结构顺序作为分析框架。人物塑造在叙事学中关注塑造人物的不同方式，如是直接描述人物特征，还是通过人物言行来间接反映人物特征；是采用哪一种行动来刻画人物等。而在文体学中的人物塑造则关注作者究竟采用了什么词句来描写人物。但文体学研究者采用了叙事学的人物分析模式作为语言分析的框架，既能扩展文体学的研究领域，也能强化文体学在语篇结构和语义层面的研究。

所谓"激进方式"是在两者的结合中，把叙事学完全纳入文体学研究中，用文体学来吞并叙事学。例如，保罗·辛普森（Paul Simpson）在2004年面世的《文体学》这部新作中，采用了叙事文体学这一名称来同时涵盖对语言特征和叙事结构的研究。文体学区分内容与文体，而话语与文体大相径庭，但辛普森在将话语纳入文体学之后，将各种叙事媒介均视为文体学的分析对象之一，声称"两个常用的叙事媒介是电影和小说"。他还说，"我们为何要研究文体学呢？研究文体学是为了探索语言，更具体地说，是为了探索语言使用中的创造性……也就是说，除非对语言感兴趣，否则就不要研究文体学"（Simpson, 2004: 3）。辛普森在论述叙事文体学时还提出把文体学领域划分为六个维度：（1）文本媒介，即电影、小说、芭蕾舞、音乐等；（2）社会语言学框架（通过语言表达的社会文化语境）；（3）人物塑造；（4）行动与事件，视角；（5）文本结构；（6）互文性。这"六维度模式"大大拓宽了文体学的涵盖范围。

所谓"并行方式"是说，在文体学研究中，也同时研究语篇的叙事结构，在研究叙事学时，也同时研究语篇的语言突出特征，但并不将两者结合为一体，而是区分它们。例如，图兰（Toolan, 2001）身为文体学家，却也写了简介叙事学的书，而且图兰在本书中有一章题为《叙事结构》，但并没有谈叙事学，而是仅仅涉及了社会语言学家拉波夫的口头叙事模式。他这样做就是说明他在探讨文体学时，仅需探讨属于语言学范畴的模式，而且其中的实例分析也主要分析词汇语法和会话的话轮等文体学的研究对象。再如，米克·肖特（Short，1999）在探讨一部小说时，在同一论著中既进行叙事学分析，又进行文体学分析。他先专辟一节分析作品的结构突出特征，然后再探讨语言突出特征，旨在说明作品在叙事学方面的创新和语言表达创新是如何相互作用的。

综上所述，叙事学和文体学可以相互补充、相互借鉴，也各自形成自己的独立学科，有自己不同的研究对象。但作为文体学研究者，我们主张文体学应该借鉴叙事学的思想来扩展自己的研究领域，扩展自己的研究视角和方式，提高文体分析的效率和效果。实际上，文体学必须分析语言特征是真实的，但它分析语言特征的目的不是为了知道体现语篇意义的形式特征是什么，而是为了更加深刻和细致地分析语篇的文体特征，剖析语篇深层次的含义和寓意，挖掘所隐含的意识形态、思维模式、信念、态度、情感等。从这个角度讲，叙事学和文体学也有重叠之处。借鉴叙事学的理论模式和思路对于文体学的发展是有益的。

10.3　不同文体学流派互动的效果与评价

由于文体学的寄生性特征，文体学不能自给自足，需要不断寻找自己的寄主，以适应新的形势的变化：当原寄主风光不再，不容易创新时，它需要寻找新的寄主来继续生存和发展。这个特性可以促使文体学不断地与其他语言学及文体学理论产生互动性。如上所谈到的几个互动都是这种互动性的结果：形式语言学的不断发展首先促使传统修辞学与形式文体学发展互动，从修辞学的一个分支（研究语言风格特点）或一个角度（分析者或解析者角度）派生出文体学；后来，随着功能语言学的发展，文体学则又把系统功能语言学的功能理论应用于文体学分析中，发展了功能文体学理论。当然，后来又以相似的方式发展了话语文体学和认知文体学。正是这种不断寻找寄主和与其他语言学或文体学流派互动性使得文体学常年不衰。

然而，常年的流动性也会使文体学研究本身失去自身存在的价值和基础。例如，从修辞学到形式文体学，理论发生了巨大变化，而发展到

第 10 章　文体学各学派间的互动及应用实践

功能文体学，文体学理论又发生了巨大变化，这样就使得文体学理论总是在不断自我否定中发展，使自己失去了生存的根基。

但实际上，文体学的发展不完全是这样的，它在不断寻找寄主、不断改换面目、不断更新中，也保留了原理论中文体学研究不可或缺的部分。

首先，布拉格学派的前景化理论成为文体学的基础理论，无论哪种文体学理论，似乎都涉及对语言特征的分析，探讨它们在量上的突出特征，即出现出乎意料的高频率出现的特征，或者超规则的特征；探讨它们在质上的突出，看它偏离语音、语法、语篇、意义模式的情况，确定在质上的突出特征。实际上，传统修辞学上的所谓"修辞格"基本都属于这些特征，可以把它们归纳为其中之一。

第二，功能文体学和认知文体学都重视的认知过程或概念化过程。在功能文体学中，对突出特征的前景化的解释，需要经过讲话者的理解和解释过程，即要通过解释者的概念化过程。这个过程是隐性的，因为他不仅仅是单独的思考，而是还要考虑文化语境和情景语境的制约，进行语言交流的目的的促动，关注的是外部因素的影响，从而把概念化过程隐蔽起来。认知文体学则把认知过程，即概念化过程显性化，把前景化过程通过概念化理论解释出来。但这个过程则把外部因素的激发和促动过程，如文化语境、情景语境、交际目的等，隐蔽起来。无论是显性，还是隐性，在文体学分析中，这个认知概念化过程是必不可少的。

这样，文体学就有了两个理论核心：布拉格学派的前景化理论，对语篇的语言特征，包括语音、词汇、语法和语篇的特征的数量上和质量上的分析，和对语言的突出特征从心理认知上的概念化过程。但文体学的基本特性还是互动性，不断寻找新的交互对象，找到新的寄主，促使自己的新发展。从这个角度讲，文体学的互动性促使文体学不断发展、不断创新，才有了从 20 世纪到 21 世纪文体学从修辞学到形式文体学、功能文体学、话语文体学，再到认知文体学的过程。最近，文体学也有了综合发展的趋势。

但是，文体学所固有的寄生性、间断性、不稳定性使文体学一直处于变动中，不利于文体学理论的稳定发展，所以，一直到目前，文体学研究仍然存在着许多争议，不同的分析方法，不同的分析路径，涉及不同的分析领域。这似乎是任何理论都具有的特性，但是在文体学研究中表现的更加突出，因此，在新时期，文体学理论需要发展一套比较稳定和全面的理论框架，形成文体学研究的基础。一方面，它可以在文体学的发展过程中，在不断与相关理论的互动中，以一种稳定的模式发展；另一方面，它可以适应对不同领域的语篇和用于不同的目的的语篇的文体的分析。这个模式应该具有综合性、整体性、灵活性的特点，适用于研究不同体裁、语域、目的的语篇的文体。

10.4 文体学的实践领域扩展与应用

自从20世纪末到21世纪以来，文体学的实践领域不断扩展，并且在许多不同的领域得到运用。

10.4.1 文体学实践领域的扩展

首先，文体学在不断根据语言学研究领域的不断变化和转向而不断变化。随着批评语言学的发展，以意识形态、社会权利和霸权为特点的批评话语分析迅速发展起来。在此基础上，有学者把批评话语分析的研究思路扩展到文体学，感到批评话语分析理论本身在很大程度上是文体学的研究领域，发展了批评文体学理论。随着话语分析理论和体裁理论的发展，话语分析理论和体裁分析理论被应用到文体学研究中，发展了话语文体学，与此密切联系的是：语用学的相关理论被用于探讨文体学，发展语用文体学理论。从研究的思路和方法上，新的理论也不断涌现。例如，随着语料库越来越多地用于语言学研究中，语料库文体学也在冲破层层阻力的情况下渐渐发展起来。最后，20世纪90年代，多模态话语分析理论迅速发展起来，从而，把语言学的研究领域扩展到多模态语篇的文体特征，发展了多模态文体学理论。

第10章　文体学各学派间的互动及应用实践

1. 批评文体学

简单地讲，批评文体学是融合文体学和批评话语分析而形成的新的文体学理论。文体学本身就是一个跨学科研究，涉及语言学、文学、修辞学等学科；文体学本身就是在不断吸取其他学科的营养而不断发展起来。文体学的理论工具可以用于描述文学作品的文体效应，同样，批评话语分析理论的工具也可以用于分析权力话语的语境特征。这样，文体学和批评话语分析这两种理论的工具可以结合起来，用以分析由政治家、记者、版权所有者等创作的语篇，这样，由两者结合形成的分析模式会在合适的语境中更加有效。

例如，张璐（Zhang, 2007）尝试把批评文体学建构为一个独立的文体学理论分支。她力图把语言分析、社会分析和人类学分析相结合来构建批评文体学，其研究目标是发现隐藏在文本中的意识形态。其基本方法是定量分析和定性分析相结合，对语料进行因素分析，包括以下几个主要因素：及物性、情态和转述引语对于每个因素都建立了分析模式并定义了多个语言模型，如"行为主体迁移""行为主体隐藏""行为关联"等。同时，模型分析的具体步骤和语料分析也相应作了规定。

首先，作者采用定性研究方法来探讨社会和人类学分析，并且采用选择特定突出和核心因素进行分析的方法，因为本研究涉及的社会因素特别多，而且也不是所有这些因素都同样相关。例如，对新闻媒体语料，要以某个特定话题作为基础，选择与这个话题相关的因素作为分析的对象。在社会分析中，选择的基础因素是意识形态。作者选择了三个对意识形态有重要影响的因素：种族与国家归属（ENO），地域特性和社会阶层特性。在人类学分析中，选择的基础是具有意识形态特性的生理和心理特征，然后用语料分析来验证方法的适当性和正确性。语料分析的结果不仅肯定了我们提出的方法，而且还证明了社会和人类学两方面的对比性分析还能够帮助我们深刻理解文本所蕴含的意识形态含义。

杰弗里斯（Jeffries, 2010）专门撰写了专著《批评文体学——英语的权力》(*Critical Stylistics: The Power of English*)一书来探讨批评文体学的理论和实践问题。实际上本书也是一本高水平教材，致力于为本科生提供一套可以对语篇进行批评性分析的工具，来揭示它们所隐含的意识形态。本书主要采用实践性强的批评话语分析模式来分析语篇的微观层面，以使学生发展一种如何发现语篇隐含的意识形态的感觉，即发展一种批评性文体感，可以意识到语篇内部隐含的意识形态。本书用10章的篇幅，为批评文体学建立了理论分析框架，探讨了语篇如何从语言资源中选择合适的语言来表现世界；语篇中及物性结构的名物化、语法隐喻是如何体现语篇的交际目的和意识形态的；语篇中的特征是如何形成对等或对立的；例示和数据显示语言功能的语言特征是如何表现出来的；语言优先表达某些信息的结构资源；语言中隐含意义的文体效应；语篇能够表现不存在的、假设和想象的世界的语言手段，对他人世界的表现和表达，以及时间、空间和社会关系是如何在语篇中构建的等。这个研究很好地例示了批评文体学研究的框架、程序和目标。

2. 语用文体学

语用文体学重点是讨论语用学和文学文体学之间的互动，并预测未来可能的互动性研究，关注语用学被应用于文学文本分析与阐释当中的具体方式。语用学历来强调使用中的语言以及交际过程，交际的语境和交际者，这使得语用学成为语言学当中应用于文学研究并能取得丰硕成果的一个领域。早期类似的研究使用了格莱斯会话含义以及言语行为理论作为文学文本研究的工具。

对于这个研究领域，布莱克（Black，2006）撰写了专著《语用文体学》进行了专门探讨，探讨了语用文体学的基本理论构架，包括发现可产生文体效应的潜在文体特征，文体的标示特征，即语言的突出特征：认知框架、读者、体裁、叙事结构、时间顺序、评价和时序组织框架、互文性、句法特征等；以及文学作品中的重要文体突出特征，如叙事声音、直接话语和间接话语、礼貌在文学话语中的作用、关联理论与呼应话语、意义转移性修辞格、讥讽、象征、心理叙事等的文体效应。

在国际上，语用文体学成为文体学研究的一个热点，2011年6月3—8日，在英国曼彻斯特大学召开了第十二届国际语用学大会。更值得特别关注的是大会专设一个"语用学与文学文体学界面研究"专题，针对语用文体学研究进行了理论分析与实践探索，在一定程度上丰富和发展了语用文体学研究的学科定位，并为该领域研究的深化与具化指明

第 10 章 文体学各学派间的互动及应用实践

方向（毛延生，2011）。这次大会重点探讨了语用文体学的最新研究成果，其中的八个大会发言分别探讨了语用学与文体学。第一个借助关联理论来核实读者内在的"寻求相关欲望"和复杂性兴趣如何成为情节悬置的助推器，在认同纳博科夫（Nabokov）的观点"文学文本是一类故意被用来重读的文本"的基础上，重点讨论了关联理论可以从语用学角度为"重读"提供哪些参考，集中表现为深入思考"当相关性已经存在的情况下，内在相关性的寻求如何与之相关"的问题。第二个探讨了应用新格莱斯语用学，尤其是荷恩（Horn，1989；2007）提出的"双则语用框架"（two-principled pragmatic framework）作为文学文体分析的可能性。第三个主要从文体学与批评文体学的角度考虑否定和预期在小说和报纸文本中建构人物过程中所发挥的作用，在研究切入点的选择上颇为新奇。这种微观的研究路线同时也启示我们可以尝试结合功能语言学对于微观语言结构的看法展开语用文体分析的微观研究。第四个通过选择互文性的语用特征展开微观语用文体研究。这里语用学被看作是一个更为宽泛的认知和语用现实，它刺激读者形成文本之间的互文性链接。第五个力求跳出文学文本本身，转入"表演"的动态人际视角呈现戏剧文体分析的新思路。作者认为每个剧作家都将自己的部分交际功能外包给导演与演员。因此，当许多戏剧只需通过阅读即可产生丰富的认知效果时，理想的阐释往往通过表演行为得以充分传递。第六个关注文学文本阐释中"人"的作用，以当下英国最受欢迎的阅读团体为研究对象，关注这一团体在进行文学作品阐释时的主观性建构问题。第七个着眼于文体建构中的线性悖论而展开研究，认为在全称叙事文本中存在的省略、凸显或者模糊语言表明了虚构作品为读者提供的独特语境。第八个以一种实证性研究方法比较了不同文学文本本身所蕴含的礼貌差异性，主要分为三个文本群体：女性独白、民族文学和流行文学，每个类别都表现出自身独特的语用文体特征。

3. 语料库文体学

语料库文体学是和其他文体学理论不同的文体学理论，它主要用于探讨使用语料库的方法来研究文体学，而不是以什么理论框架和角度，如功能文体学、语用文体学等。语料库文体学是近年来由于语料库语言学的发展而兴起一种研究如何运用语料、工具和方法来探讨语篇的文体的研究领域,是对文学文体学研究的一种补充。语料库文体学研究的必要性在于:通过语料库分析可以发现一些通过一般的观察和阅读无法发现的意义和结构模式。所研究的语料有文学作品,更多的是非文学作品。贝蒂娜·弗舍-斯塔克(Bettina Fischer-Starcke,2009)用语料库文体学的研究方法探讨了简·奥斯丁的《傲慢与偏见》(*Pride and Prejudice*)的关键词和常用短语。本研究的目的是通过语料分析发现以前的凭直觉无法发现的模式和文体效应,并且可以解释不用语料无法解释的文体效果。首先,他们研究关键词的分布情况。关键词可以表示语篇和语料中的关键话题和主题,因为这些词直接与语义场联系起来,表示语篇的关键意义。本研究通过词汇的"家庭关系网络"的分布证明了这一点,如女儿(daughter)、姊妹(sister)、姑姨(aunt)、关联(connections)和其他表示家庭关系词汇的大量出现,表示了本文的核心主题是家庭关系。另外,本文对常用短语的研究也有新的发现:以相同频率出现的常用短语并不表示语篇的内容或主题,而是语篇的结构特征。例如,五个常用短语中的三个包括副词 soon,不仅表示时间顺序,同时还表示事件发生的速度:事件一个个迅速发生,故事情节密集发生。

在中国,语料库文体学是在 21 世纪初才开始有人研究,例如,孙爱珍、叶向平(2010)对计算文体学模式的建构进行了探讨。计算文体学应该包括语料库文体学,以现代语言学理论为指导,以语料库语言学、计算语言学和统计学为工具,致力于实现文本形式和意义的自动计算应当是计算文体学的最大特征。本文首先探讨了计算文体学的作用,包括作家身份鉴定、文体特征的鉴别、语义计算等,然后探讨了计算文体学的构建问题,包括计算文体学的定义和基本模式建构。另外,胡春雨(2015)则通过语料库文体学理论,对英文商务合同文体特征进行了定量统计与定性分析,探索在语料库文体学视域下开展商务话语研究的有效途径。本研究对商务合同文本和学术文本基本信息进行了统计,包括语料库中的所有词次、用作词表的词次、词型、平均词长、句子总数、平均句长、平均句长标准差等因素,发现结构复杂、冗长重叠的句式,在英文商务合同中比比皆是。这类长句严谨的结构和清晰的条理,既体现了合同文本庄严的风格,也可以准确界定合同当事人的权利与义务,避免可能发生的争端，维护双方的合法利益。同时，他还统计了英文商务合同中的主题词和英文商务合同中的词丛，研究最终发现，英文商务合同除了包含大量专业性词汇、古体词、书卷词、并列词语、情态动词、程式化套语外，句子结构也较为复杂，平均句长明显超过较为正式的学术文本且有更大的变异性，是比一般正式文体更为庄重的文体。语料库文体学是语料库语言学研究方法与文体学研究相结合形成的新兴研究领域。基于语料库的研究方法已成为文学文体学的重要研究范式。本文通过对标点符号、关键词和词丛的检索，将《尤利西斯》与20世纪其他小说进行定量和定性对比，分析了乔伊斯小说的意识流技巧，为我们欣赏和理解意识流文学作品提供了一个崭新的视角。

陈建生、张珊（2018）用语料库文体学研究文学作品，对《尤利西斯》的文体特点进行了分析，研究了《尤利西斯》语料库以及对比库中的标点、关键词及4词词丛，揭示了它们在乔伊斯意识流表现中所起的作用。结果表明：乔伊斯对标点符号的使用反映了他擅长使用标点符号来展示意识的流动性，从而达到了一种特殊的文体效果；对关键词及词丛的分析，表现了乔伊斯通过切换人称和时态来反映人物不断变化的思绪和心理状态，以精彩的意识流技巧揭示了爱尔兰乃至整个西方社会现代人复杂的心理。本研究用语料库所检索出的客观数据并使用语料库文体学的方法对此文本进行了分析，不仅对乔伊斯的《尤利西斯》特点进行验证，也为以直觉为基础的传统文学批评提供了更多实证性研究及支持，还证实了语料库文体学的量化检索和分析方式在文学批评中的强大功能。

4. 多模态文体学

在西方，虽然多模态文体研究很早就有，例如，麦金泰尔（McIntyre, 2008）就提出，把对戏剧的多模态语篇分析与文体分析结合起来，探讨戏剧的表演，而不仅仅是语言。从研究中，他认为把语言、伴语言特征（paralinguistic features）和非语言特征结合起来，同时对这些成分进行分析，就可以对整体戏剧进行分析，获得比传统戏剧分析更加深刻的效果。

在中国，多模态文体学这个术语在 2012 年就被提出来了。张德禄、穆志刚（2012）还探讨并且建立了一个多模态文体学分析框架。该框架与传统的功能文体学分析框架没有大的区别，主要区别是把参与多模态语篇建构的语言以外的模态也包括进来，探讨了在一定语境中，对不同模态的选择，模态之间的关系，图像意义和文字意义的分配，如两者可以地位同等、相互补充，也可以一方依附于另一方，还可以一方对另一方进行强化，或一方包含另一方，对另一方进行详述、扩展和提升等。其中的任何意义特征都可以成为突出特征。这些突出特征如果与情景语境和交际目的相关就成为文体特征。作者还特别强调了语境一致性、意义互补性和模态独立性三个基本特征，并且通过对一个儿童幽默故事《叶子的枯萎》的多模态文体分析证实了这个分析框架的有效性。

其后，利用文体学的方法对多模态语篇进行分析的实例越来越多，如荣榕（2015）对电影场景的解读，雷茜（2017）从多模态认知文体学视角对格林海姆洛雷拼贴小说《女性世界》人物的认知研究；琼斯（Jones，2014）对食品包装声明的多模态文体研究等。

直到 2019 年才出现了一部真正意义上的多模态文体学专著，即诺加德（Nørgaard，2019）的专著《词语之外的小说：多模态文体学》（*Multimodal Stylistics of the Novel: More Than Words*）。下面重点论述这本专著的主要内容。本书首先探讨了什么是多模态文体学。诺加德（Nørgaard，2019）认为，多模态文体学是韩礼德的系统功能文体学与从社会符号角度研究多模态的理论相结合形成的一个文体学次级分支，用比较一致的术语和方法，用于探讨语言词语、书写图符、颜色、布局等因素共同建构意义以及它们之间的互动。接着，他探讨了词语、书写图符、空间布局、照片、绘图、书皮设计以及小说的物质性和物质形态是如何体现意义，如何形成突出特征，并前景化，形成文体效应的。

本书最核心的贡献是丰富现有的文体学分析工具箱，具体方法是把以前以语言为研究的核心因素的方法扩展到其他模态以及它们之间的互动上。这样，本研究就更加全面和完整，探讨所有模态在小说文体中的作用。这种多模态的分析方法可以促进对小说中意义选择和制造的识别、释解和描述。以前认为只是装饰、美观、表象华丽的多模态成分，如特形词、图像、照片、大小写、绘画等，实际上，也是为了表达作者的整体意义的，具有和语言同等重要的地位。

10.4.2 文体学理论的应用研究

从语言学的角度看，文体学本来就被视为一个应用语言学学科，用语言学的理论来研究文学以及非文学语篇的特征和功能。克里斯娜和戴维（Davy，1969：6-8）很早之前就提出，"在英语学习中，外国人遇到的额外的困难是他没有一种英语语言适合性的直感"，"他需要发展一种文体感（a sense of style），一种半直感的有关语言适合性的知识以及和本族语者十分接近的禁忌语的知识"。这种知识不是很容易得到的，在许多语言培训机构，都没有足够的培训来达到这个要求。他认为，我们需要发展文体感，就是对各种语言变体的敏感性，这实际上是我们进行外语教学，发展学生的交际能力和跨文化交际能力的主要目标。这种知识也是在翻译、媒体分析、计算机应用中应该特别注意的。所以，从文体学诞生之日起，其应用性特征就显露出来。主要应用领域包括语言教学，特别是外语教学、翻译学、媒体分析、计算语言学等。文学，虽然也属于应用领域，但通常被认为是文体学的核心研究领域，所以，不作为应用领域对待了。也有学者很早就对文体学在教学中的作用作了探讨（吴显友，2004；徐有志等，2005）。

1. 教学文体学

文体学在语言教学中得到广泛的运用，已经发展成为一个专门的学科，称为"教学文体学"（pedagogical stylistics），主要研究目标是提高语言教学的效果和水平。从文体学的角度看，通过文体分析进行阅读，特别是文学作品，不仅对外语学习者，也对母语学习者有直接的作用（Widdowson，1975）。20世纪80年代，在英国教育委员会的支持下，越来越多的英国文体学家转向研究语言与文学教学问题，研究出了一批具有实用性和可操纵性的教学研究成果，如一系列文学预备（pre-literary）阶段的语言训练活动，包括排序、填空、篇内比较、改写、创造性写作等，收到了良好的效果。这些活动不仅可以提高学生的阅读和写作技巧，而且还可以培养学生对语言的不同功能和作用的文体意识和敏感度。温德森（Widdowson，1975）认为："文体分析的价值就在于为学习者提供了一种手段，使他能够把一篇文学作品与他自己对于语言的感受联系起来，从而使他的感受更加深入一步。"文体学可普遍应用于口语、阅读、写作、翻译等课程中。

范德格瑞特（Vandergrift，1993）认为，口语教学应注意以下三点：（1）口语特点：口语具有自己明显的不同于书面语的特点，如语言各层面（语音、词法、句法等）相对于书面语具有不规范、不符合语法的现象，如语句松散、句子省略不全、词语多重复、多用填充词语（如er、mm、um、well、perhaps）等。（2）口语的运用环境（情景语境）不同。说相同话语，在不同的地方，说法不同、正式程度不同。（3）得体原则（maxim of appropriateness）。需要在恰当的地方用恰当的方式对合适的人讲恰当的话。

国内外不少的英语教师已在不同程度上将文体分析应用于各类型的阅读课教学。教师需做到：选题多样性，掌握不同体裁的语言特征和语篇结构，引导学生从语音、词汇、句法、修辞和语篇等层面着手去观察、分析、掌握其语言特征，发现突出特征，分析和解析它们的文体效应和功能。例如，胡明珠（2012）提出了在阅读课教学中通过"范文教学"发展学生的文体感，将主观感客观化，激发学习兴趣，提高对外语的鉴赏和应用能力，具体方法包括：（1）在上下文中体会语音的韵律美和意义；（2）在语境中体会和理解词语的内涵和妙用；（3）根据结构领会句子的文体特征和效果；（4）依据"话语标记"把握语义关系和语篇结构；（5）通过欣赏篇章的文体风格提高写作能力等。

主要考虑选择什么意义来构建语篇，涉及选择的意义模式是否与本族语者在相同语境下选择的语义模式一致的问题。意义模式的一致性表现为语篇文体的一致性或相似性。这种一致性或相似性就是所谓的文体意识，即文体感。有许多外语教学研究者探讨了文体感或文体意识在写作中的作用。例如，高芳（2002）提出，培养写作的文体意识，提高写作质量和水平，需要在写作教学中做好三个方面的工作：（1）具备必要的有关语言、写作和文体方面的基础知识,可通过文体选择意识、文体应用意识和文体吸收意识进行培养;(2)采用由浅入深,由表及里,由感性认识到理性认识的动态发展过程,并通过文体选择、文体吸收和文体应用三者的相互作用来获得;(3)提供大量写作实践来最终获得文体意识,文体意识的提高是和写作能力的提高密切相关的,而写作能力的提高必须通过大量实践活动来实现。正如王佐良(1980:166)所说:"有的错误不通过作文不易发觉,⋯⋯不动笔是根本无法学到的。"

翻译的过程涉及对原语语篇的准确理解和使该语篇内容在目标语中再现的过程。翻译教学一方面涉及如何教学生准确地理解原文语篇,特别是能够精确体会到语篇的文体特性,另一方面涉及如何使原文语篇在目标语中再现,使它达到文体上的对等。在这里,对等不是简单的相同,而是能够在目标语读者或听话者中产生相同的感觉和效果,这一方面是意义上有一定对等性,同时又要适合目标语文化的特点。这种文体上的对等是翻译教学的目标。丁岚(2012)在翻译教学研究中提倡按从上到下的方式进行翻译教学。教师要引导学生将翻译整体上作为一个完整的交际过程:不仅要理解原作者的意图,还要理解文本中包含的各种信息,最大限度地理解其内在意义;在翻译过程中要注意两种语言在文化上的异同,还要适合读者的接受水平和兴趣,全面考虑译文语言在词语、句子和语篇结构方面的特征,巧妙地利用目标语语言的优势,使译文恰当地传达出原文语篇的意图、信息及意义,表现出与原文的文体相似的特征,发挥相应的社会功能。她提出了翻译教学的大概思路:(1)培养语篇意识,通过评价多种体裁的译文文本,使学员熟悉译文质量的评定标准;(2)内化翻译步骤,通过学习使学生逐步内化从上到下的理解并再现语篇的翻译步骤;(3)迎合信息社会,有意识地把前面掌握的知识和技巧运用到新的科技平台或网络翻译实践中去等。

2. 翻译文体学

翻译的过程涉及对原语语篇的准确理解和使该语篇内容在目标语中再现的过程,文体翻译涉及如何使原文语篇在目标语中再现,使它达到文体上的对等。在这里,对等不是简单的相同,而是能够在目标语读者或听话者中产生相同的感觉和效果,这一方面是意义上有一定对等性,同时又要适合目标语文化的特点。通过文体上的对等提高翻译的质量很早就受到翻译界学者的重视。例如，我国著名翻译者刘宓庆早在1986年就出版了专著《文体与翻译》一书。该书论述了新闻报刊文体、论述文体、公文文体、描述与叙述文体、科技文体、应用文体等不同范畴和体裁的语篇的文体特征，最后还提出了著名的三论：(1)论严谨，包括三个方面——概述、要义、译文不严谨的表现形式；(2)论修辞，包括五个方面——精心斟酌译词、恰当运用成语、正确使用虚词、灵活安排句式、谨慎掌握增减；(3)论翻译的风格，包括三个方面——译文应适应原文文体风貌、译文应适应作家个人风格、"翻译体"。该书被认为是我国那个时期出版的优秀的高校翻译教材。连淑能（1989）认为，本书的突出优点是"它反映了至20世纪80年代初期为止我国语言学界和翻译界的研究成果，反映了我国各派评论家（主要是传统译论）对翻译学诸多问题的主流意见"，包括"神形兼顾"但"神似重于形似""发挥译文优势"等。

我国著名文体学家申丹于1995年还出版了《文学文体学与翻译研究》一书在现代文体学与翻译研究的结合方面具有一定的开创性意义。申丹从文体学出发为小说翻译实践、翻译批评和翻译研究工作指出了两个理论问题。与传统翻译研究所涉及的理解与表达关系问题不同的是，她的论述把译者在目标语表达上隐性的失误作了高度理论归类，对译者具有很强的指导性，对批评家有很强的操作性。该书把文体学视为一个中介层次，从词汇的表达、句法和话语与思想表现几个方面探讨了文体学在小说翻译中的作用。封宗信（1999）认为，"本书最显著的特点是，从语言形式和文学阐释入手，以文体学为工具对小说翻译中的问题进行了分析研究。它不是文学文体学和文学翻译这两个学科的简单结合，而是以严密的语言学和文学理论为基础结合小说翻译实例的跨学科研究。"本书还从更深层次上探索了理解与表达之关系，对"信、达、雅"以及"信、顺"等翻译原则和标准的具体内容进行了丰富和发展。

在西方，这类研究反而不是太多。但英国东安格利亚大学，博厄斯·贝耶尔教授（Jean Boase-Beiser, 2009）出版了《翻译文体学研究》(*Stylistic Approaches to Translation*) 一书，全面和系统地把文体学的各个方面整合到翻译研究中，并进行了细致精当的翻译案例分析（杨红梅，2012）。

第 10 章 文体学各学派间的互动及应用实践

本书重点探讨文体学对翻译研究的重要作用及其理论方法对翻译实践和翻译批评的有益启示。本书首先探讨文体的含义、演变及其在翻译理论中的地位，说明了翻译中文体所涉及的复杂因素，强调该书讨论的重点是译者所感知的原文本的文体及其在翻译中的传达、改变或保留，认为语言在词汇、文体和语义等方面的共性是翻译的基本前提，论述了文体普遍性和创造性转换问题、文体和语境之间的关系、语言和文体的相对性问题等。接着，论述了文体对作为读者的译者在理解原文本时所起的作用，关注对原文本的"文体阅读"以及把它在译本中再现出来这两个与翻译过程最直接相关的问题，阅读本身受到的种种限制或影响使得阅读或阐释活动更加复杂，还探讨了关联理论和文体研究的关系。第三，作者探讨了译者可进行的各种选择，包括文体与选择，认为译者的文体选择是"有动因的选择"，还通过多个实例说明了译者文体选择的本质以及所受到的诸如原文本、译本功能等的限制等；考察了译文文体研究及其不同的侧重点，指出译文文体与原文文体的联系，即译者的文体总是译者声音与原作中各种声音的交互，并从翻译文体学角度重新诠释了韦努蒂的"异化"和"归化"策略。第四，探讨了认知文体学的新发展及对翻译的启示，展示人文学科中的认知研究趋势和发展，以及译文中的思维问题。最后，通过实例展示了一个具有"文体意识"的译者如何进行具体翻译实践。

3. 媒体文体学

批评文体学可以是文体学与文学批评的交叉学科，也可以是媒体与批评话语分析的交叉学科。后者实际上涉及对媒体的研究，但由于它是研究的语料，不作为一种理论依据。还有一种媒体研究是从文体学的角度来探讨媒体，称为"媒体文体学"（Media Stylistics）（Duskaeva，2011）。从达斯克伊娃（Duskaeva）的角度看，媒体文体学是把功能文体学理论应用于探讨媒体的应用研究。这种研究不仅把媒体看作一种语言载体，而且看作对媒体进行的认识的、道义的、政治的、社会的、心理的、行为的和文化的研究。在这里，文体学研究的对象是大众媒体。

出版物的文体概念是由三组属性形成的：体裁、结构和表达。媒体语篇有许多特有的特性还没有被发现，这些问题包括：（1）媒体语篇组织中的语言和非语言特征；（2）社会分类学；（3）体裁分类学，以及媒体语篇发展模式和结构原则等。

新闻媒体的文体，根据体裁系统，可分为三个类别：（1）信息类体裁，是社会活动的第一阶段，包括事件、情景、事实和参与者的信息；（2）评价类体裁，媒体语篇包含的对现实的媒体研究的阶段，这些阶段包括对结果、变化趋势、情景、意见等的评价；（3）动机类体裁，这类体裁的阶段包括媒体的目标、任务、要解决的问题等。媒体体裁的分类情况见表10-1。

表10-1　媒体体裁分类

体裁组	目的
1.信息类体裁（报告、新闻、采访）	
报道发生的事	报道事件发展的进程、地点、结果，以及原因
报道现状	报道一种现象或情景：主体间进行互动，以及互动的地点和发生的原因等
报道政治人物	报道某人的行动、话语以及外表等
2.评价类体裁（文章、评论、采访、观察、分析采访）等	
进程评价	评价某人的行动、社会变化结构和预测等
现状评价	评价一个现象、情景等
评价某人话语	评价某人说的话，或作品
3.动机类体裁	
激发实践活动	建议解决问题的方式、行动方案
激发选择	建议解决问题或行动方案的措施
激发活动调整	调整上级作出的错误决定，在冲突情景中的错误行动

媒体文体学还要遵循一定的原则，包括话语中的语言和非语言成分，媒体文体和公众意识的政治意识，以及相应的交际领域的一致性；把某个语篇或语篇组的意图作为分析话语材料的话语特点的决定因素等。

第 10 章 文体学各学派间的互动及应用实践

新闻语篇分析的目的是研究新闻语篇的动态性：媒体语篇形成过程。研究发现，媒体语篇促动了记者态度和消息来源之间的互动。这种互动主要通过三种方式在报纸语篇的对话单元中体现和建构：(1)问题—答案—纠正答案；(2)信息—对信息的评价—对评价的论证或解释；(3)行动的启动—行动—证明采取行动的必要性。

现代媒体文体学还要注重三个方面的研究：(1)在对大众媒体的研究要注重对非语言因素的研究，例如对娱乐的研究，新潮服饰的研究等；(2)要注重对新媒体的研究，如网络和超语篇环境的研究等；(3)要注重对以不同伪装、在不同领域和环境中存在的媒体产品的多维度和多元化研究。

总之，现在已经形成了一个新的研究领域：媒体文体学，主要注重研究媒体语篇的话语组织。媒体语篇的意义结构是由语言、非语言、片内因素和篇际因素体现的。其理论基础是功能文体学理论。

10.5 结语

本章重点谈了两个方面的问题：不同文体学流派之间的互动和文体学理论在其他领域中的应用。从前者来看，主要的互动发生在相邻和相关的新旧理论之间，如传统修辞学和形式文体学之间的互动。形式文体学是在传统修辞学之后发展起来的。这样，传统修辞学的理论要在形式文体学中有一定表现或作用。同时，形式文体学也对传统修辞学有很大影响，促使其改造或者消亡。本章共讨论了五种这样的互动：修辞学与文体学、传统文体学与形式文体学、形式文体学与功能文体学、功能文体学与认知文体学、文体学与叙事学。通过对这些互动的研究，我们发现，文体学具有较强的适应性和应变能力，从而使其继续发展，但也有其弱点：寄生性、间断性和不稳定性。

经过互动，在不稳定中，也有些理论成分被稳定下来。一是布拉格学派提出的前景化分析模式：发现耀眼、突出的特征，包括量上突出的特征和质上突出的特征，确定它们的文体效应；二是从功能文体学和认知文体学中沉淀下来的通过思维模式或认知过程来解释文体价值的过程。

从第二个问题来说，文体学不仅借助语言学发展新理论，还借助语言学扩展自己的理论：通过批评话语分析理论发展了批评文体学，使研究进入媒体批评领域；通过语用学发展了语用文体学，用语用学的理论来解释文体效果；通过语料库的进展发展了语料库文体学，把语料库方法应用于分析文体效果；通过多模态话语分析理论发展了多模态文体学理论。文体学理论还广泛应用于其他相关领域，用于解决其他领域的问题。文体学主要的应用领域是语言教学，特别是外语教学，包括听说读写译几种技能的培养和整体素质的培养；第二是翻译研究，通过文体学提高翻译者对文体的敏感度，提高翻译的准确性和质量。还有一个可以发展起来，但还没有太大发展的领域是媒体文体学，通过文体学发展媒体研究，就像通过语言学发展媒体研究一样。

结　论

本书旨在对中国文体学研究在 21 世纪的发展做全面、系统的梳理和分析，展示中国文体学者的风貌、他们在文体学领域的研究成就、从事的研究活动和召开的相关会议，以及应用和实践活动等，为文体学未来的发展提供经验和启示。

本书包括五个部分。第一部分包括第 1 章和第 2 章，是对文体学在 20 世纪和 21 世纪初总体的发展情况的综述。第 1 章在回顾了西方文体学在修辞学中的孕育和发展基础上，厘清了现代文体学和现代修辞学的关系；在回顾了西方文体学在 20 世纪初的产生和确立后，又详细介绍了文体学在 20 世纪 60 年代到 90 年代在西方的繁荣和发展，包括主要文体学流派的产生背景和发展历程，同时还回顾了西方文体学在我国的发展和我国的汉语文体研究情况，勾勒出新时代的文体学研究的全貌。

第 2 章首先概述了 20 世纪末兴起的认知文体学、语料库文体学和叙事文体学等文体学流派。功能文体学是 20 世纪 70 年代繁荣发展的文体学分支，进入 21 世纪后，仍然保持了旺盛的生命力。本章简单介绍了 21 世纪功能文体学的新发展，接着，对近十年兴起的多模态文体学、情感文体学等流派做了细致介绍，概述了进入 21 世纪后西方文体学在我国的新发展和汉语文体学的新发展；最后，本章对文体学在未来的发展趋势进行了展望。

第二部分探讨文体学在 21 世纪的新发展，包括第 3 章至第 6 章。这四章重点对 21 世纪的四个主要文体学流派——功能文体学、认知文体学、多模态文体学和语料库文体学的理论发展、出版的重要著作和发表的论文做了详细的分析。第 3 章探讨了在 20 世纪 70 年代及之后的 30 年间在文体学研究领域产生重大影响的功能文体学流派。近十年来，西方文体学界对功能文体学的热情下降，中国的西方文体学界虽然仍然应用功能文体学的理论和方法分析文本，但是对功能文体学的理论发展较少。从我们在该章所做的论著梳理和分析中，读者可以清楚地看到，在近十年中，功能文体学领域没有出现理论探讨的重要著作，在理论上没有大的发展。

在第 4 章中，我们对认知文体学研究做了全面梳理，发现认知文体学领域近十年发展的主要特点是在分析方法上，除了应用认知语言学的经典理论，如概念隐喻、心理空间和概念整合、世界理论等，还从认知科学借鉴新的理论；在理论研究的基础上增加了实证研究，从以作者的阅读反应为分析基础转变为以大量真实读者的阅读反应为研究语料；研究对象快速增加，扩展到各种体裁和多种模态；在作者本人感性分析基础上，应用语料库统计工具和方法来辅助认知文体分析。认知文体学的这些发展趋势展示出该领域的旺盛生命力。

第 5 章对多模态文体学在 21 世纪的发展做了系统分析。我们发现，多模态文体学从起步开始一直在发展，论著数量在增加，但是不像功能文体学和认知文体学那样形成了比较清楚的理论体系。多模态文体学的领军人物诺加德在 2018 年出版了专著——《小说的多模态文体学：超越文字》(Multimodal Stylistics of the Novel: More than Words)。这是多模态文体学的第一部专著，全面展示出近十年多模态文体学研究采取的主要理论和方法，从而让对该流派的理论和方法有兴趣的学者明白该流派最近的研究范式，即在坚持文字模态重要性的基础上分析各种模态之间互动产生的新内涵。

第 6 章分析了语料库文体学在过去十年间的发展。语料库文体学不仅可以分析多种语言、体裁的文本，而且可以分析关键词频率、搭配、索引、语义韵等多种语言特征。语料库文体学在理论上取得很大进步，和认知文体学、心理学、文学教学、翻译等进行跨学科结合。这些都展示出语料库文体学具有良好的发展前景。

第三部分重点探讨文体学在 21 世纪和近十年研究方法的新进展，包括第 7 章和第 8 章。第 7 章在回顾文体学方法论和系统描述传统文体研究方法的基础上，重点介绍了统计方法、语料库方法和心理实验方法在文体学研究中的应用，并分析了 21 世纪文体学研究的主流方法。在第 8 章，我们对多模态方法、认知神经方法和自然阅读法这三种近十年出现的文体研究新方法进行了详细分析，对文体学研究方法的未来发展趋势进行展望：统计方法将会更好地服务量化研究，语料库方法会继续深入，多模态方法会趋向完善，实验方法将更加注重推广和应用，语际对比方法将会超越传统的文体对比。以上方法在具体文体分析中也会相互融合和相互补充。

第四部分分析了文体学在实践中面临的主要挑战及应对措施，以及文体学各流派之间的互动及应用，包括第 9 章和第 10 章。第 9 章首先分析了文体学依附语言学寄生发展的主要特点，并认为，文体学的持续发展得益于该寄生性，但同时也因为该寄生性出现被动性、间断性和非核性。为减少文体学的寄生性带来的负面影响，文体学的跨流派、跨学科结合是让文体学更好地发挥其作用的方法和趋势。第 10 章重点谈了两个问题：文体学流派之间的互动和文体学理论与其他学科的结合。文体学流派的互动发生在相邻和相关的新旧理论之间，如传统修辞学和形式文体学的互动。本章共讨论了五种这样的互动：修辞学与文体学、传统文体学与形式文体学、形式文体学与功能文体学、功能文体学与认知文体学以及文体学与叙事学。我们相信，读者在前几章中已经清楚地看到各个文体学流派通过不断相互借鉴，并且向其他学科借鉴理论方法来丰富壮大其分析框架和适用范围，比如通过借鉴语料库语言学的方法使语料分析客观、翔实、严谨，通过不断扩大分析对象的体裁和模态来检验、补充和修正其理论和方法等。

第五部分是结论，对全书进行了总结和评价。

总的来说，21 世纪的前 20 年对于文体学这个学科的发展来说是个百花齐放的时代。近十年，各个主要文体学流派不仅继续探讨文体学的核心概念（如陌生化、前景化），继续应用文体学的经典分析方法（如应用传统文体学的词汇清单分析文本各个语言层面的特点，应用功能文体学的及物性分析方法，应用认知文体学的概念隐喻、文本世界、心理空间等分析方法），而且非常灵活地进行跨流派、跨学科结合，充分展示出文体学在方法论上"兼收并蓄"的学科特点，为充分分析文本的语言特点进行多流派、多学科融合，借鉴语料库语言学、多模态符号学、叙事学、心理学、统计学等各个学科的理论和方法。我们相信，文体学其兼收并蓄的学科属性会使得它在新时代取得更大进展，在对各题材、各模态文本分析中展示出其更迷人的学科魅力。

参考文献

鲍春. 2012. 从功能文体学角度分析《荆棘鸟》中主要女性人物的性格特征. 开封：河南大学硕士论文.
陈婵. 2014. 爱丽丝·门罗小说中的词簇特征及其功能分析——一项基于语料库的文体学研究. 解放军外国语学院学报, (3)：151–159.
陈建生, 张珊. 2018. 基于语料库文体学的《尤利西斯》意识流研究. 外国语言文学, (3)：304–317.
陈松云, 何静秋. 2011. 功能文体视角下的医学英语语篇教学初探. 广东医学院学报, (1)：107–109.
陈望道. 1932. 修辞学发凡. 上海：大江书铺.
陈云. 2013. 从文学文体学角度看《名利场》之翻译. 牡丹江大学学报, (4)：92–94.
程雨民. 1989. 英语语体学. 上海：上海外语教育出版社.
程雨民. 1988. 英语语体学和文体学论文选. 上海：上海外语教育出版社.
迟维东. 2005. 逻辑方法与创新思维. 北京：中央编译出版社.
褚斌杰. 1984. 中国古代文体概论. 北京：北京大学出版社.
褚斌杰. 1990. 中国古代文体概论（增订版）. 北京：北京大学出版社.
储常胜. 2014. 政治演讲语篇的文体学比较研究——以高级英语的课文为例. 淮北师范大学学报, (4)：181–183.
慈继伟. 1985. 小说对文学文体学的挑战. 外语教学与研究, (2)：7–13.
戴凡. 2002. 格律论和评价系统在语篇中的文体意义. 中山大学学报（社会科学版）, (5)：41–48.
戴凡, 吕黛蓉. 2013. 功能文体理论研究. 北京：外语教学与研究出版社.
丁岚. 2005. 从上到下的视角——浅论文体学在翻译教学中的应用. 中国外语, (4)：58–61.
董启明. 2009. 新编英语文体学教程. 北京：外语教学与研究出版社.
方汉泉, 何广铿. 2005. 布拉格学派对现代文体学发展的贡献. 外语教学与研究, (5)：383–386.
方开瑞. 2007. 叙述学和文体学在小说翻译研究中的应用. 中国翻译, (4)：58–61.
方梦之. 1998. 英语科技文体：范式与应用. 上海：上海外语教育出版社.
封宗信. 1999. 文学文体学——文学翻译批评的试金石——评介《文学文体学与小说翻译》. 中国翻译, (5)：40–42.
封宗信. 2002. 文学语篇的语用文体学研究. 北京：清华大学出版社.
封宗信. 2017. 系统功能语言学前沿与文体学研究：文体学前沿研究专题（笔谈）. 外语学刊, (2)：19–31.

冯庆华.2002.文体翻译论.上海：上海外语教育出版社.
高芳.2002.文体意识与写作教学.外语与外语教学,(5)：34-37.
宫瑞英.2008.认识文体学视角下的叙事作品的人物塑造——兼谈《圣经》叙事的人物塑造.山东外语教学,(3)：52-56.
顾曰国.1983.现代英美修辞学漫谈.修辞学习,(4)：23-25.
管淑红.2009.《达洛卫夫人》的系统功能文体研究.上海：上海外国语大学博士论文.
管淑红.2011.《达洛卫夫人》的人物思想表达的评价功能——叙述学与文体学的分析.山东外语教学,(3)：77-81.
郭鸿.1988.评《英语文体学的范围、性质与方法》.外语研究,(1)：61-66.
郭绍虞.1981.提倡一些文体分类学.复旦学报(社会科学版),(1)：2-11.
郭英德.2005.中国古代文体学论稿.北京：北京大学出版社.
过常宝.2016.先秦文体与话语方式研究.北京：中华书局.
贺赛波.2015.多模态文体学视域下译本图像研究——以女性成长小说《大地的女儿》中译本为例.外语研究,(5)：84-88.
侯维瑞.1988.英语语体.上海：上海外语教育出版社.
胡春雨.2015.《语料库文体学与狄更斯小说》述评.现代外语,(3)：433-436.
胡开宝,杨枫.2019.基于语料库的文学研究：内涵和意义.浙江大学学报(人文社会科学版),(5)：143-153.
胡明珠.2012.运用文体分析方法提高学生语篇能力——以外研社版高中教材为例.教学与管理,(12)：128-129.
胡文仲.1984.现代文体学的沿革、流派和争论.外国语,(5)：7-13.
胡显耀,肖忠华,Hardie, A. 2020.翻译英语变体的语料库文体统计学分析.外语教学与研究,(2)：273-282.
胡壮麟.1985.语音模式的全应效果.外语教学与研究,(2)：14-18.
胡壮麟.1997.高吉亚斯修辞学与柏拉图真修辞学——西方文体学萌芽时期的一场论战.外语与外语教学,(4)：6-10.
胡壮麟.2000.理论文体学.北京：外语教学与研究出版社.
胡壮麟.2012.认知文体学及其相邻学科的异同.外语教学与研究,(2)：163-172.
胡壮麟,刘世生.2000.文体学研究在中国的进展.山东师大外国语学院学报,(3)：1-10.
胡壮麟,刘世生.2004.文体学研究在中国的进展.王守元,郭鸿,苗兴伟主编.文体学研究在中国的进展.上海：上海外语教育出版社,7-8.
黄东花.2013.电视学术讲坛类节目的多模态隐喻研究——以"百家讲坛"《易经的奥秘》为例.宁夏社会科学,(4)：121-126.
黄立波.2011.基于双语平行语料库的翻译文体学探讨：以《骆驼祥子》两个英译本中人称代词主语和叙事视角转换为例.中国外语,(6):100-106.
黄震华.1985.突出与理解.外语教学与研究,(3)：34-40.
贾晓庆.2009.叙事文体学——理论建构与应用.开封：河南大学博士论文.

贾晓庆. 2014. 认知诗学的两个重要问题探讨——兼评《当代诗学》杂志 2011 年"交换价值：诗学与认知科学"专刊. 外语与外语教学, (5)：83–87.
贾晓庆, 张德禄. 2013. 认知文体学理论构建的几个重要问题探讨. 外语与外语教学, (3)：6–10.
江桂英, 王容花. 2013. 英语演讲中言语—手势多模态隐喻的融合研究. 外语研究, (5)：9–16.
蒋原伦, 潘凯雄. 1994. 历史描述与逻辑演绎：文学批评文体论. 昆明：云南人民出版社.
蓝纯, 蔡颖. 2013. 广告中多模态隐喻的认知语言学研究——以海飞丝广告为例. 外语研究, (5)：17–23.
雷茜. 2015. 多模态文学语篇的文体建构研究——功能文体学视角. 上海：同济大学博士论文.
雷茜. 2017. 格林海姆·洛雷拼贴小说《女性世界》人物认知研究——多模态认知文体学视角. 北京第二外国语学院学报, (6)：57–68.
雷茜. 2018. 多模态功能文体学理论建构中的几个重要问题探讨. 外语教学, (2)：36–41.
雷茜, 张德禄. 2014. 多模态文体学：一种文体研究新方法. 外语教学, (5)：1–4, 44.
雷茜, 张德禄. 2015. 格林海姆·洛雷拼贴小说《女性世界》两版封面的多模态文体对比研究. 当代外语研究, (9)：20–26, 76.
雷茜, 张德禄. 2016. 现代文体学研究方法的新发展. 现代外语, (2)：278–286.
黎运汉. 2003. 近 20 多年来汉语风格学研究的成就和发展趋势. 扬州大学学报（人文社会科学版），(3)：35–40.
李伯超. 1998. 中国风格学源流. 长沙：岳麓书社.
李德超, 唐芳. 2015. 基于类比语料库的英语旅游文本文体特征考察. 中国外语, (4)：88–96.
李华东. 2007. 戏剧舞台指令的语用文体研究. 北京：科学出版社.
李华东. 2010. 文体学研究：回顾、现状与展望——2008 文体学国际研讨会暨第六届全国文体学研讨会综述. 外国语, (1)：63–69.
李良荣. 2002. 中国报纸文体发展概要（第 2 版）. 福州：福建人民出版社.
李敏杰, 朱薇. 2012. 基于平行语料库的《红楼梦》英译本文体风格研究. 中南民族大学学报（社会科学版），(2)：177–180.
李南晖, 伏煦, 陈凌. 2020. 中国古代文体学论著集目. 北京：北京大学出版社.
李士彪. 2004. 魏晋南北朝文体学. 上海：上海古籍出版社.
李涛, 王菊丽. 2009. 文体学——计算机辅助文学语篇的文体分析. 外语电化教学, (1)：20–24.
连淑能. 1990. 评刘宓庆著《文体与翻译》——兼论翻译教学问题. 中国翻译, (1)：49–52.
连燕堂. 2000. 从古文到白话——近代文界革命与文体流变. 北京：中央民族大学出版社.
梁晓晖. 2013. 多模态隐喻在英语写作教学中的应用. 外语研究, (5)：24–31.

梁晓晖，刘世生．2009．关于文本世界的界定标准．中国外语，(9)：17–25，47．
刘宝强．2018．清代文体述略．成都：电子科技大学出版社．
刘承宇．2008．语法隐喻的功能——认知文体学研究．厦门：厦门大学出版社．
刘凤梅．2018．特朗普就职演讲的功能文体分析．开封：河南大学出版社．
刘国辉．2014．论语言科学研究中的实证主义．北京第二外国语学院学报，(12)：1–9．
刘金龙．2012．科技英语：文体、范式与翻译——方梦之《英语科技文体：范式与翻译》评述．中国翻译，(4)：57–61．
刘宓庆．1986．文体与翻译．北京：中国对外翻译出版社．
刘润清．1999．外语教学中的科研方法．北京：外语教学与研究出版社．
刘世生．1992．文体学的理论、实践和探索．北京大学学报（英语语言文学专刊），(2)：98–102．
刘世生．1998．西方文体学论纲．济南：山东教育出版社．
刘世生．2016．什么是文体学．上海：上海外语教育出版社．
刘世生，朱瑞青．2006．文体学概论．北京：北京大学出版社．
刘世生，吕中舌，封宗信．2008．文体学：中国与世界同步．北京：外语教学与研究出版社．
刘世生，宋成方．2010．功能文体学研究．外语教学，(6)：14–19．
刘晓军．2011．章回小说文体研究．上海：华东师范大学出版社．
刘雪莹．2019．多模态文体学视域下电影片尾"彩蛋"研究——以漫威电影宇宙为例．武汉：中南民族大学硕士论文．
刘泽权，刘超朋，朱虹．2011．《红楼梦》四个英译本的译者风格初探——基于语料库的统计与分析．中国翻译，(1)：60–64．
卢卫中，夏云．2010．语料库文体学：文学文体学研究的新途径．外国语，(1)：47–53．
陆侃如，牟世金．1962．刘勰的文体论——《文心雕龙》简介之二．山东文学，(2)：35–36．
马菊玲．2007．生命的空间——《乞力马扎罗的雪》的认知文体分析．外语教学，(1)：78–81．
马菊玲．2008．哈哈镜里的荒诞"世界"：美国黑色幽默小说的文本世界研究．开封：河南大学博士论文．
马迎花．2010．运用文体学理论提高大学生英语综合应用能力．聊城大学学报，(2)：405–407．
毛延生．2011．语用文体学研究前沿展望——第十二届国际语用学研讨会"语用学与文体学界面研究"专题评介．复旦外国语言文学论丛，(3)：78–84．
彭宣维．2014．共时性对立波动平衡——评价文体学的批评与审美观．外语教学，(4)：1–4，28．
彭宣维．2015a．评价文体学．北京：北京大学出版社．
彭宣维．2015b．一维过程性、轨迹在线性与层次结构性——《评价文体学》建构的三个基本原则．外语教学，(1)：7–12．
彭宣维，程晓堂．2013．理论之于应用的非自足性：评价文体学建构中的理论问题与解决方案．中国外语，(1)：27–35．

齐登红，孙丰果．2013．教改新阶段文体分析与大学英语读写译教学整合研究．外语电化教学，(2)：72–76．

钱佼汝．1985．英语文体学的范围、性质与方法．外语教学与研究，(2)：1–6．

钱瑗．1991．实用文体学教程．北京：北京师范大学出版社．

秦俊红．2009．对中篇小说《饥饿》中女性主义特征的及物性研究．济南：山东大学博士论文．

秦秀白．1986．英语文体学入门．长沙：湖南教育出版社．

邱璐，许凌军．2020．认知文体学视域下的翻译行为研究——以阿来《格萨尔王》英译为例．解放军外国语学院学报，(3)：136–144．

曲卫国．2009．话语文体学导论．上海：复旦大学出版社．

任竞泽．2011．宋代文体学研究论稿．北京：商务印书馆．

任绍曾．2006．概念隐喻及其语篇体现——对体现概念隐喻的语篇的多维分析．外语与外语教学，(10)：17–21．

任晓霏，冯庆华．2016．语料库戏剧翻译文体学．北京：中国社会科学出版社．

任晓霏，张吟，邱玉琳，刘锋，路静，梁金花，沈子璇．2014．喜剧翻译研究的语料库文体学途径——以喜剧翻译中的指示系统为例．外语教学理论与实践，(2)：84–90．

任艳，陈建生，丁峻．2013．英国哥特式小说中的词丛——基于语料库的文学文体学研究．解放军外国语学院学报，(5)：16–20．

荣榕．2015．多模态文体学对电影场景的解读．山东外语教学，36 (4)：15–24．

荣榕．2016．记忆闪回的认知文体学解读模型．西安外国语大学学报，(3)：32–37．

荣榕，李昀．2018．元整合视域下认知文体学与认知诗学的关联性研究，(1)：27–32．

沙红兵．2008．唐宋八大家骈文研究．北京：人民文学出版社．

邵璐，许凌君．2020．认知文体学视域中的翻译行为研究——以阿来《格萨尔王》英译为例．解放军外国语学院学报，(3)：136–144．

申丹．1988．斯坦利费什的"读者反应文体学"．山东外语教学，(3–4)：25–28．

申丹．1995．文学文体学与小说翻译．北京：北京大学出版社．

申丹．1998．叙述学与小说文体学研究（第三版）．北京：北京大学出版社．

申丹．2000．西方现代文体学百年发展历程．外语教学与研究，(1)：23–28．

申丹．2002．功能文体学再思考．外语教学与研究（外国语文双月刊），(3)：188–193．

申丹．2004．叙述学与小说文体学研究（第三版）．北京：北京大学出版社．

申丹．2006．及物性系统与深层象征意义——修斯《在路上》的文体分析．外语教学与研究（外国语文双月刊），(1)：4–10．

申丹．2008．西方文体学的新发展．上海：上海外语教育出版社．

申丹．2009a．谈关于认知文体学的几个问题．外国语文，(1)：1–5．

申丹．2009b．叙事、文体与潜文本．北京：北京大学出版社．

申丹．2014．文体学研究的新进展——《文体学手册》．外语教学与研究，(2)：303–308．

申丹．2020．叙述学与小说文体学研究（第四版）．北京：北京大学出版社．

申丹，王丽亚．2010．西方叙事学：经典与后经典．北京：北京大学出版社．
施建军．2019．计量文体学导论．北京：北京大学出版社．
司建国．2004．系统功能语言学与小说文体研究（在冷血中的功能主义分析）．广州：暨南大学出版社．
司建国．2011．"上"与"下"的隐喻意义及其文体功能——《北京人》的认知文体学分析．外语学刊，(1)：21–24．
司建国．2016．当代文体学研究（文本描述与分析）．广州：中山大学出版社．
宋成方，刘世生．2010．功能文体学研究．外语教学，(6)：14–19．
宋成方，刘世生．2015．功能文体学研究的新进展．现代外语，(2)：278–286．
宋庆伟．2019．基于语料库的莫言小说英译本中国话语建构研究．浙江大学学报（人文社会科学版），(5)：168–179．
苏晓军．2008．认知文体学研究：选择性述评．重庆大学学报，(1)：114–118．
苏晓军．2014．文体学研究：实证·认知·跨学科．上海：上海外语教育出版社．
孙爱珍，叶向平．2010．计算文体学模式构建．外语电化教学，(6)：32–38．
孙松娜．2015．分析文体学在计算机信息科学和技术中的作用．边疆经济与文化，(1)：139–140．
谭业升．2012．表情力与翻译中的认知增量——翻译认知文体学再探．外语教学，(5)：94–99．
谭业升．2013．基于认知文体分析框架的翻译批评——以《红楼梦》两个经典译本的批评分析为例．外语研究，(2)：72–77．
陶东风．1994．文体演变及其文化意味．昆明：云南人民出版社．
童庆炳．1994．文体与文体的创造．昆明：云南人民出版社．
万本华．2011．重在分析与鉴赏——文体学观照下的《高级英语》教学．外国语文，(6)：148–151．
王德春．1987．语体略论．福州：福建教育出版社．
王海传，岳丽艳，陈素，礼征坤．2008．普通逻辑学．北京：科学出版社．
王虹．2006．戏剧文体分析——话语分析的方法．上海：上海外语教育出版社．
王红阳．2007．卡明斯诗歌"la"的多模态功能解读．外语教学，(5)：22–26．
王焕运．1982．关于建立汉语语言风格学的意见．天津师院学报，(4)：89–91．
王菊丽．2004．叙事视角的文体功能．外语与外语教学，(10)：106–111．
王璐，张德禄．2009．语码转换的前景化——小说中语码转换的文体效应探索．外语与外语教学，(11)：9–11．
王守元．1990．英语文体学教程．济南：山东教育出版社．
王文融．1984．从修辞学到文体学．法国研究，(1)：43–49．
王竹青，苗兴伟．2015．文学语篇的语言艺术分析框架——《麦田守望者》的功能文体分析．外国语文，(1)：106–111．
王佐良．1963．关于英语的文体、风格研究．外语教学与研究，(2)：3–11．

王佐良. 1978. 英语文体学研究及其他. 外语教学与研究，(1)：5-20.
王佐良. 1980. 英语文体学论文集. 北京：外语教学与研究出版社.
王佐良，丁往道. 1987. 英语文体学引论. 北京：外语教学与研究出版社.
魏爽，毛延生. 2013. "身份危机"的话语象似性表征：以《阿拉比》的认知文体学分析为例. 宁夏大学学报，(4)：114-120.
吴承学. 1993. 中国古典文学风格学. 广州：花城出版社.
吴承学. 2000. 中国古代文体形态研究. 广州：中山大学出版社.
吴承学. 2005. "中国古代文体学之内涵与前景"专题研讨. 中山大学学报（社会科学版），(3)：18-20.
吴承学. 2010. 中国文体学：回归本土与本体的研究. 学术研究，(5)：125-129.
吴承学. 2011. 中国古代文体学研究. 北京：人民出版社.
吴承学. 2013. 中国文体学研究. 暨南学报，(10)：1.
吴承学. 2015. 建设具有现代意义的中国文体学. 文学评论，(2)：208-218.
吴承学. 2019. 中国文体学研究的百年之路. 华东师范大学学报（哲学社会科学版），(4)：17-28，185.
吴调公. 1961. 刘勰的风格论. 文学遗产，376：1-1.
吴静. 2006.《枫桥夜泊》英译文的及物性和意象分析. 苏州大学学报（哲学社会科学版），(2)：91-95.
吴礼权. 1998. 中国风格学源流研究的理论和实践意义. 湘潭大学学报（哲学社会科学版），(6)：125-127.
吴显友. 2003. 试论普通文体学的理论框架及其应用研究. 外语教学，(5)：8-12.
谢妮妮. 2014.《格林童话》中图文关系的逻辑语义扩展探讨. 外语教学，(1)：21-25.
徐德荣，姜泽珣. 2018. 论儿童文学翻译风格再造的新思路. 中国翻译，(1)：97-103.
徐德荣，王圣哲. 2018. 功能文体学视域下动物小说翻译的文体风格再现. 中国海洋大学学报，(1)：104-110.
徐兴岭，安文风. 2016. 英语文体学概论与实践研究. 北京：新华出版社.
徐有志. 1992. 现代英语文体学. 开封：河南大学出版社.
徐有志. 2000a. 现代文体学研究的90年. 外国语，(4)：65-74.
徐有志. 2000b. 有关普通文体学理论建构的几个问题. 外语与外语教学，(11)：24-31.
徐有志，张璐，吴显友. 2005. 文体学研究在中国的发展及应用——第四届全国文体学研讨会述评. 外国语，(4)：68-72.
许力生. 2006. 文体风格的现代透视. 杭州：浙江大学出版社.
鄢春艳. 2006. 基于文体分析的写作教学——英语专业高年级写作教学实践. 浙江万里学院学报，(4)：155-157.
鄢化志. 2001. 中国古代杂体诗通论. 北京：北京大学出版社.
杨传普，2003. 现代文体学世纪回眸. 外语与外语教学，(1)：27.

杨凤玲. 2019. 功能文体理论视角下的欧·亨利小说人物性格分析. 济南：山东师范大学硕士论文.
杨红梅. 2012.《翻译文体学研究》介评. 外语研究，(6)：106–108.
杨家海. 2018. 媒体批评论的文体学研究. 宁夏社会科学，(1)：244–249.
杨建玫. 2002.《警察与赞美诗》的语料库检索分析. 四川外语学院学报，18(3)：56–59.
杨尉. 2016.《评价文体学》述介. 外文研究，(4)：97–100.
杨信彰. 2009. 多模态语篇分析与系统功能语言学. 外语教学，(4)：11–14.
杨信彰. 2010. 多模态词典语篇中的图文关系. 国际语篇分析研讨会暨第12届语篇分析研讨会宣读论文. 上海：同济大学.
姚海燕. 2018. 英语新闻媒体中视觉图像与文字表达的多模态文体分析. 重庆：西南大学硕士论文.
易兴霞. 2015. 动态多模态语篇中的图文关系. 西安外国语大学学报，(4)：50–53.
俞东明. 2010. 文体学研究：回顾、现状与展望. 上海：上海外语教育出版社.
俞东明，曲政. 2012. 中国国外文体学研究：回顾、现状与展望. 当代外语研究，(10)：9–13.
曾枣庄. 2012. 中国古代文体学. 上海：上海人民出版社.
翟后铭. 2016. 从多模态文体学视角分析 in-just. 语文学刊，(2)：76–77.
詹锳. 1982.《文心雕龙》的风格学. 北京：人民文学出版社.
张德禄. 1998. 功能文体学. 济南：山东教育出版社.
张德禄. 2005. 语言的功能与文体. 北京：高等教育出版社.
张德禄. 2007. 功能文体学研究方法探索. 四川外语学院学报，(6)：12–16.
张德禄. 2008. 汉英语篇连贯机制对比研究. 中国海洋大学学报（社会科学版），(4)：31–35.
张德禄. 2009a. 多模态话语分析综合理论框架. 中国外语，(1)：24–30.
张德禄. 2009b. 多模态话语理论与媒体技术在外语教学中的应用. 外语教学，(4)：15–20.
张德禄. 2010a. 多模态外语教学的设计与模态调用初探. 中国外语，(3)：48–53.
张德禄. 2010b. 多模态话语模态的协同及其在外语教学中的体现. 外语学刊，(3)：97–102.
张德禄. 2018. 语际功能文体探索——以汉英寓言文体对比为例. 浙江外国语学院学报，(5)：47–56.
张德禄，陈其功，许鲁之. 1992. 英语语体阅读教程. 青岛：青岛海洋大学出版社.
张德禄，贾晓庆，雷茜. 2015. 英语文体学重点问题研究. 北京：外语教学与研究出版社.
张德禄，穆志刚. 2012. 多模态功能文体学理论框架探索. 外语教学，(3)：1–6.
张德禄，张国，张淑杰，胡永近. 2016. 英语文体学教程. 北京：高等教育出版社.

张辉,杨波. 2008. 心理空间与概念整合:理论发展及其应用. 解放军外国语学院学报,(1):7-14.
张璐. 2007. 批评文体学——理论构建与方法论探讨. 开封:河南大学博士论文.
张鸣瑾. 2014. 及物性和评价系统下文体特征与叙事策略互补性研究——以《一小时的故事》为例. 黑龙江社会科学,(4):141-143.
张庆彬,王振华. 2019. "政治等效"与"评价等效":中国外交表态词的评价机制和翻译原则. 浙江大学学报(人文社会科学版),(5):157-166.
张仁霞,戴桂玉. 2010. 语料库检索分析在文学批评领域中的应用——以海明威《永别了,武器》为例. 广东外语外贸大学学报,(5):34-38.
张旭红. 2010. 视觉诗 ME UP AT DOES 多模态意义的构建. 外语学刊,(1):85-90.
赵蓉蓉. 2019. 国际生态话语的及物性分析——以《纽约时报》中的国际新闻报道为例. 济南:山东师范大学硕士论文.
赵晓囡. 2009. 吉尔曼短篇小说《黄色墙纸》的功能文体分析. 西南民族大学学报,(2):66-69.
赵秀凤. 2009. 意识的隐喻表征和合成——意识流小说《到灯塔去》的认知文体学分析. 外国语文,(2):11-17.
赵秀凤. 2010. 意识流语篇中心理空间网络体系的构建——认知诗学研究视角. 解放军外国语学院学报,(5):7-11.
赵秀凤. 2011. 概念隐喻研究的新发展——多模态隐喻研究——兼评 Forceville & Urios-Aparisi 的《多模态隐喻》. 外语研究,(1):1-10.
赵秀凤. 2013. 多模态隐喻构建的整合模型. 外语研究,(5):1-8.
赵秀凤,苏会艳. 2010. 多模态隐喻性语篇意义的认知建构——多模态转喻和隐喻互动下的整合. 北京科技大学学报,(4):18-24.
赵艳芳. 2001. 认知语言学概论. 上海:上海外语教育出版社.
郑文韬,郑飞. 2012. 论马格维奇的自我救赎——基于语料库的《远大前程》文本检索分析. 北京航空航天大学学报(社会科学版),(2):97-100.
周娟,王澜. 2013. 平行语料库在翻译教学中的应用:以《简·爱》译者文体分析为例. 教育理论与实践,(12):57-58.
周振甫. 1989. 文学风格例话. 上海:上海教育出版社.
朱永生. 2007. 多模态话语分析的理论基础与研究方法. 外语学刊,(1):3.
Adolphs, S. 2006. *Introducing Electronic Text Analysis: A Practical Guide for Language and Literary Studies*. New York: Routledge.
Adolphs, S. & Carter, R. 2003. Corpus Stylistics: Point of View and Semantic Prosodies in Virginia Woolf's *To the Lighthouse*. *Poetica*, 58: 7-20.
Adolphs, S. & Knight, D. 2010. Building a Spoken Corpus: What Are the Basics? In O'Keeffe, A. & M. McCarthy. (eds.) *The Routledge Handbook of Corpus Linguistics*. Abingdon: Routledge, 66-80.

Alabi, O., Tshotsho, B., Cekiso, M. & Landa, N. 2017. An Examination of Emotive Style in Online Begging Discourse. *Gender & Behaviour*, (2): 8639–8650.

Allington, D. 2011. "It Actually Painted a Picture of the Village and the Sea and the Bottom of the Sea": Reading Groups, Cultural Legitimacy, and Description in Narrative (with Particular Reference to John Steinbeck's *The Pearl*). *Language and Literature*, 20 (4): 317–332.

Allington, D & Swann, J. 2009. Researching Literary Reading as Social Practice. *Language and Literature*, 18 (3): 219–230.

AlSallal, M., Iqbal, R., Palade, V., Amin, S. & Chang, V. 2019. An Integrated Approach for Intrinsic Plagiarism Detection. *Future Generation Computer Systems*, (7): 700–712.

Alvarez-Pereyre, M. 2011. Using Film as Linguistic Specimen: Theoretical and Practical Issues. In Piazza, R., Bednarek M. & F. Rossi. (eds.) *Telecinematic Discourse: Approaches to the Language of Films and Television Series*. Amsterdam: John Benjamins, 47–68.

Amador-Moreno, C. P. 2010. How Can Corpora Be Used to Explore Literary Speech Representation. In O'Keeffe, A. & M. McCarthy. (eds.) *The Routledge Handbook of Corpus Linguistics*. Abingdon: Routledge, 531–544.

Andrews, R. 2018. *Multimodality, Poetry and Poetics*. Abingdon: Taylor & Francis.

Anthony, L. 2011. AntConc (Version 3.5.8) [Computer Software], Tokyo, Japan: Waseda University.

Argaman, E. 2008. In the Same Boat? On Metaphor Variation as Mediating the Individual Voice in Organizational Change. *Applied Linguistics*, (3): 483–502.

Aristotle. 1954. *The Rhetoric and Poetics of Aristotle*. Trans. W. Rhys Roberts. New York: Modern Library.

Augustinus, A. 2004. *The Confessions*. Coradella Collegiate Bookshelf Editions.

Baayen, H., Van Halteren, H. & Tweedie, F. 1996. Outside the Cave of Shadows: Using Syntactic Annotation to Enhance Authorship Attribution. *Literary and Linguistic Computing*, 11(3): 121–132.

Bacon, F. 1605/1965. *The Advancement of Learning*. London: Cassell & Company.

Bailin, A. 2008. Ambiguity and Metaphor. *Semiotica*, (4): 151–169.

Bal, M. 1985. *Narratology: Introduction to the Theory of Narrative*. Trans. C. Van Boheemen. Toronto: University of Toronto Press.

Baldry, A. P. 2007. The Role of Multimodal Concordances in Multimodal Corpus Linguistics. In Royce, T. D. & L. B. Wendy. (eds.) *New Directions in the Analysis of Multimodal Discourse*. Mahwah, NJ: Lawrence Erlbaum, 173–194.

Bally, C. 1909. *Traite de Stylistique Francaise*. Heidelberg: Carl Winters.

Balossi, G. 2014. *A Corpus Linguistic Approach to Literary Language and Characterization in Virginia Woolf's The Waves*. Amsterdam: John Benjamins.

Barcelona, A. 2000. *Metaphor and Metonymy at the Crossroads*. The Hague: Mouton de Gruyter.

Barthes, R. 1977. *Image-Music-Text*. New York: The Noonday Press.

Bartlett, F. C. 1932. *Remembering: A Study in Experimental and Social Psychology*. Cambridge: Cambridge University Press.

Bartley, L. & Hidalgo-Tenorio, E. 2016. "To Be Irish, Gay, and on the Outside": A Critical Discourse Analysis of the Other After the Celtic Tiger Period. *Journal of Language and Sexuality*, 5(1): 1–36.

Bateman, J., Wildfeuer, J. & Hiippala, T. (eds.) 2017. *Multimodality: Foundations, Research and Analysis: A Problem-Oriented Introduction*. Berlin & Boston: Mouton de Gruyter.

Bednarek, M. 2011. The Stability of the Televisual Character: A Corpus Stylistic Case Study. In Piazza, R., Bednarek, M. & F. Rossi. (eds.) *Telecinematic Discourse: Approaches to the Language of Films and Television Series*. Amsterdam: John Benjamins, 185–204.

Bednarek, M. & Caple, H. 2014. Why do News Values Matter? Towards a New Methodological Framework for Analyzing News Discourse in Critical Discourse Analysis and Beyond. *Discourse and Society*, (2): 135–158.

Bednarek, M. & Caple, H. 2017. *The Discourse of News Values: How News Organizations Create Newsworthiness*. Oxford: Oxford University Press.

Bell, A. 2007. Do You Want to Hear About It? Exploring Possible Worlds in Michael Joyce's Hyperfiction, *Afternoon, a Story*. In Lambrou, M. & P. Stockwell. (eds.) *Contemporary Stylistics*. London: Continuum, 43–55.

Bell, A. 2010. *The Possible Worlds of Hypertext Fiction*. New York: Springer.

Bell, A. & Ryan, L. M. (eds.) 2019. *Possible Worlds Theory and Contemporary Narratology*. Lincoln: University of Nebraska Press.

Bell, A., Ensslin, A. & Rustad, H. (eds.) 2013. *Analyzing Digital Fiction*. London: Routledge.

Benwell, B. 2009. "A Pathetic and Racist and Awful Character": Ethnomethodological Approaches to the Reception of Diasporic Fiction. *Language and Literature*, 18 (3): 300–315.

Berendt, E. A. (ed.) 2008. *Metaphors for Learning: Cross-Cultural Perspectives*. Amsterdam: John Benjamins Publishing.

Biber, D. 2011. Corpus Linguistics and the Study of Literature. *Scientific Study of Literature*, (1): 15–23.

Birch, D. & O'Toole, M. (eds.) 1988. *Functions of Style*. New York: Pinter Pub Limited.

Black, E. 2006. *Pragmatic Stylistics*. New York: Columbia University Press.

Blount, T. 1654. *The Academie of Eloquence*. London: Scolar Press.

Boase-Beiser, J. 2009. *Stylistic Approaches to Translation*. London: Routledge.

Bonelli, E. T. 2010. Theoretical Overview of the Evolution of Corpus Linguistics. In O'Keeffe, A. & M. McCarthy. (eds.) *The Routledge Handbook of Corpus Linguistics*. Abingdon: Routledge, 42–56.

Bordwell, D., Thompson, K. & Smith, J. 1993. *Film Art: An Introduction*. New York: McGraw-Hill.

Borkent, M. 2010. Illusions of Simplicity: A Cognitive Approach to Visual Poetry. In Dancygier, B. & J. Sanders. (eds.) *Textual Choices and Discourse Genres: Creating Meaning Through Form. Special Issue of English Text Construction*, 3(2): 145–164.

Bousfield, D. & McIntyre, D. 2011. Emotion and Empathy in Martin Scorsese's Goodfellas: A Case Study of the "Funny Guy" Scene. In Piazza R., M. Bednarek & F. Rossi. (eds.) *Telecinematic Discourse: Approaches to the Language of Films and Television Series*. Amsterdam: John Benjamins, 105–123.

Bray, J. 2007. The Effects of Free Indirect Discourse: Empathy Revisited. In Lambrou, M. & P. Stockwell. (eds.) *Contemporary Stylistics*. London: Continuum, 56–67.

Bray, J., Gibbons, A. & McHale, B. (eds.) 2012. *The Routledge Companion to Experimental Literature*. London: Routledge.

Brône, G. & Vandaele, J. 2009. *Cognitive Poetics: Goals, Gains and Gaps*. Berlin & New York: Mouton De Gruyter.

Brown, P. & Levinson, S. 1978. Universals in Language Usage: Politeness Phenomena. In Goody, E. N. (ed.) *Questions and Politeness: Strategies in Social Interaction*. Cambridge: Cambridge University Press, 256–289.

Brown, P. & Levinson, S. 1987. *Politeness*. Cambridge: Cambridge University Press.

Browse, S. 2018. From Functional to Cognitive Grammar in Stylistic Analysis of Golding's *The Inheritors*. *Journal of Literary Semantics*, (2):121–146.

Bruhn, M. J. 2011. Introduction, Exchange Values: Poetics and Cognitive Science. *Poetics Today*, (4): 403–460.
Burke, K. 1945/1969a. *The Grammar of Motives*. Berkeley: University of California Press.
Burke, K. 1950/1969b. *The Rhetoric of Motives*. Berkeley: University of California Press.
Burke, M. 2001. Iconicity and Literary Emotion. *European Journal of English Studies*, 5(1): 31–46.
Burke, M. 2006. Emotion: Stylistic Approaches. In Brown, K. (ed.) *Encyclopedia of Language and Linguistics*. Vol.12. London: Elsevier, 127–129.
Burke, M. 2010. *Literary Reading, Cognition and Emotion: An Exploration of the Oceanic Mind*. London: Routledge.
Burke, M. 2011. *Literary Reading, Cognition and Emotion: An Exploration of the Oceanic Mind*. New York: Routledge.
Burke, M. (ed.) 2014. *The Routledge Handbook of Stylistics*. Abingdon & New York: Routledge.
Burke, M. & Troscianko, E, T. 2013. Mind, Brain, and Literature: A Dialogue on What Humanities Might Offer to Cognitive Science. *The Journal of Literary Semantics*, 42(2): 141–148.
Burke, M. & Evers, K. 2014. Formalist Stylistics. In Burke, M. (ed.) *The Routledge Handbook of Stylistics*. London: Routledge, 31–44.
Burke, M., Fialho, O. & Zyngier, S. (eds.) 2016. *Scientific Approaches to Literature in Learning Environments*. New York: John Benjamins.
Burrows, J. F. 1987. *Computation into Criticism: A Study of Jane Austen's Novels and an Experiment in Method*. Oxford: Clarendon Press.
Burton, D. 1982. Through Glass Darkly: Through Dark Glasses. In Carter, R. (ed.) *Language and Literature: An Introductory Reader in Stylistics*. London: George Allen and Unwin, 195–214.
Busse, B. 2010. *Speech, Writing and Thought Presentation in a Corpus of Nineteenth-Century English Narrative Fiction*. Bern: University of Bern.
Busse, B. 2011. Blending Cognitive and Corpus Stylistics. In Callies, M., Keller, W. R. & A. Lohoefer.(eds.) *Bi-Directionality in the Cognitive Sciences: Avenues, Challenges, and Limitations*. Amsterdam: Benjamins, 121.
Busse, B. & McIntyre, D. (eds.) 2010. *Language and Style*. Basingstoke: Palgrave.
Butler, C. S. 2004. Corpus Studies and Functional Linguistic Theories. *Functions of Language*, (2): 147–186.

Callies, M., Keller, W. R. & Lohöfer, A. (eds.) 2011. *Bi-Directionality in the Cognitive Sciences*. Amsterdam: John Benjamins.

Calvo, C. 1994. In Defence of Celia: Discourse Analysis and Women's Discourse in *As You Like It*. In Wales, K. (ed.) *Feminist Linguistics in Literary Criticism*. Woodbridge, England: Boydell and Brewer, 91–116.

Campbell, G. 1776. *The Philosophy of Rhetoric*. Carbondale: Southern Illinois University Press.

Canning, P. 2008. "The Bodie and the Letters Both": "Blending" the Rules of Early Modern Religion. *Language and Literature*, 17(3): 187–203.

Canning, P. 2012. *Style in the Renaissance: Language and Ideology in Early Modern England*. London: Continuum.

Cánovas, C. P. 2011. "The Genesis of the Arrows of Love": Diachronic Conceptual Integration in Greek Mythology. *American Journal of Philology*, 132 (4): 553–579.

Carminati, M. N., Stabler, J., Roberts, A. M. & Fischer, M. H. 2006. Readers' Responses to Sub-genre and Rhyme Scheme in Poetry. *Poetics*, 34(3): 204–218.

Carroll, J., Gottschall, J., Johnson, J. A. & Kruger, D. J. 2012. *Graphing Jane Austen: The Evolutionary Basis of Literary Meaning*. London: Springer.

Carter, R. (ed.) 1982. *Language and Literature: An Introductory Reader in Stylistics*. London: Allen & Unwin.

Carter, R. 1996. Study Strategies in the Teaching of Literature for Foreign Students. In Weber, J. J. (ed.) *The Stylistic Reader: From Roman Jakobson to the Present*. London: Arnold, 149–157.

Carter, R. 2010. Methodologies for Stylistic Analysis: Practices and Pedagogies. In McIntyre, D. & B. Busse. (eds.) *Language and Style*. London: Palgrave, 34–46.

Carter, R. & Stockwell, P. 2008. Stylistics: Retrospect and Prospect. In Carter, R. & P. Stockwell. (eds.) *The Language and Literature Reader*. New York: Routledge, 291–302.

Cavalcanti, M. C. & Bizon, A. C. 2008. En Route Through Metaphors Chatrooms as Safe Places to Deal with Difficulties. In Zanotto, M. S., Cameron, L. & M. C. Cavalcanti. (eds.) *Confronting Metaphor in Use: An Applied Linguistic Approach*. Amsterdam: John Benjamins Publishing, 243.

Chapman, S. & Clark, B. (eds.) 2014. *Pragmatic Literary Stylistics*. New York: Springer.

Charteris-Black, J. 2014. Political Style. In Stockwell, P. & S. Whiteley. (eds.) *The Cambridge Handbook of Stylistics*. Cambridge: Cambridge University Press, 536–557.

Chatman, S. 1978. *Story and Discourse*. Ithaca: Cornell University Press.

Chomsky, N. 1957. *Syntactic Structures*. Hague: Monton de Gruyter.

Cicero, M. T. 1878. *On Oratory and Orators*. Michigan: Harper & bros.

Cohn, N. (ed.) 2016. *The Visual Narrative Reader*. London and New York: Bloomsbury.

Cook, A. 2007. Interplay: The Method and Potential of a Cognitive Approach to Theatre. *Theatre Journal*, 59 (4): 579–594.

Cook, A. 2010. *Shakespearean Neuroplay: Reinvigorating the Study of Dramatic Texts and Performance Through Cognitive Science*. New York: Palgrave Macmillan.

Cook, G. 1994. *Discourse and Literature: The Interplay of Form and Mind*. Oxford: Oxford University Press.

Copland, S. 2008. Reading in the Blend: Collaborative Conceptual Blending in the *Silent Traveller* Narratives. *Narrative*, 16 (2): 140–162.

Copland, S. 2012. Conceptual Blending in *The Waves*: "A Mind Thinking". In Schneider, R. & M. Hartner. (eds) *Blending and the Study of Narrative*. New York: de Gruyter, 253–278.

Coulson, S. 2001. *Semantic Leaps*. Cambridge: Cambridge University Press.

Coulson, S. & Petten, C. V. 2002. Conceptual Integration and Metaphor: An Event-Related Potential Study. *Memory and Cognition*, (6): 958–968.

Coupland, N. 2007. *Style: Language Variation and Identity*. Cambridge: Cambridge University Press.

Cox, L. 2009. *Arte or Crafte of Rhetoryke*. London: Dodo Press.

Crisp, P. 2008. Between Extended Metaphor and Allegory: Is Blending Enough? *Language and Literature*, (4): 291–308.

Cruickshank, T. & Lahey, E. 2010. Building the Stages of Drama: Towards a Text World Theory Account of Dramatic Play-Texts. *Journal of Literary Semantics*, (1): 67–91.

Crystal, D. & Davy, D. 1969. *Investigating English Style*. London: Longman.

Csábi, S. 2000. 'The War of Independence: A Cognitive Linguistic Approach. A Cognitive Linguistic Analysis of Thomas Paine's *Common Sense*. Unpublished thesis. Budapest: ELTE University.

Culler, J. D. 2002. *Structuralist Poetics: Structuralism, Linguistics and the Study of Literature*. London: Routledge.

Culpeper, J. 2001. *Language and Characterisation: People in Plays and Other Texts*. New York: Routledge.

Culpeper, J. 2002. A Cognitive Stylistic Approach to Characterisation. In Semino, E. & J. Culpeper. (eds.) *Cognitive Stylistics: Language and Cognition in Text Analysis*. New York: John Benjamins Publishing, 251–278.

Culpeper, J. 2009. Keyness: Words, Parts-of-Speech and Semantic Categories in the Character-Talk of Shakespeare's *Romeo and Juliet*. *International Journal of Corpus Linguistics*, (1): 29–59.

Currie, G. 2004. Cognitivism. In Miller T. & R. Stam. (eds.) *A Companion to Film Theory*. Oxford: Blackwell Publishing, 105–122.

Dancygier, B. 2005. Blending and Narrative Viewpoint: Jonathan Raban's Travels Through Mental Spaces. *Language and Literature*, 14(2): 99–127.

Dancygier, B. 2006. What can Blending Do for You? *Language and Literature*, 15(1): 5–15. Reprinted in Dancygier, B. (ed.) *Conceptual Blending. Special Issue of Language and Literature*, 15: 5–15.

Dancygier, B. 2007. Narrative Anchors and the Processes of Story Construction: The Case of Margaret Atwood's *The Blind Assassin*. *Style*, 41 (2): 133–152.

Dancygier, B. 2008a. The Text and the Story: Levels of Blending in Fictional Narratives. In Oakley, T. and A. Hougaard (eds.) *Mental Spaces in Discourse and Interaction*, Amsterdam: Benjamins, 51–78.

Dancygier, B. 2008b. Personal Pronouns, Blending, and Narrative Viewpoint. In Tyler, A., Kim, Y. & M. Takada. (eds.) *Language in the Context of Use: Discourse and Cognitive Approaches to Language*. Berlin: Mouton de Gruyter, 167–182.

Dancygier, B. 2012. Narrative Time, Sequence, and Memory: A Blending Analysis. In Schneider, R. & M. Hartner. (eds) *Blending and the Study of Narrative*. New York: de Gruyter, 31–56.

Dancygier, B. 2014. Stylistics and Blending. In Burke, M. (ed.) *Routledge Handbook of Stylistics*. London: Routledge, 297–312.

Dancygier, B. & Sanders, J. 2010. Special Issue: Creating Meaning Through Form. *English Text Construction*, (2): 141–332.

Dancygier, B., Sanders, J. & Vandelanotte, L.(eds.) 2012. *Textual Choices in Discourse: A View from Cognitive Linguistics*. Amsterdam: John Benjamins.

Dannenberg, H. 2008. *Coincidence and Counterfactuality: Plotting Time and Space in Narrative Fiction*. Lincoln: University of Nebraska Press.

Day, A. 1599. *The English Secretorie*. Gainesville: Scholar's Facsimiles & Reprints.

Deignan, A. 2010. The Evaluative Properties of Metaphors. In Low, G. D., Z. Todd, A. Deignan & L. Cameron. (eds.) *Researching and Applying Metaphor in the Real World*. Amsterdam: John Benjamins, 357–374.

Deignan, A., Littlemore, J. & Semino, E. 2013. *Figurative Language, Genre and Register*. Cambridge: Cambridge University Press.

Deignan, A., Semino, E. & Paul, S. A. 2019. Metaphors of Climate Science in Three Genres: Research Articles, Educational Texts, and Secondary School Student Talk. *Applied Linguistics*, 40(2): 379–403.

Demmen, J. E., Semino, E., Demjen, Z., Koller, V., Hardie, A., Rayson, P. & Payne, S. 2015. A Computer-Assisted Study of the Use of Violence Metaphors for Cancer and End of Life by Patients, Family Carers and Health Professionals. *International Journal of Corpus Linguistics*, 20(2): 205–231.

Devyani, S. 2011. Style Repertoire and Social Change in British Asian English. *Journal of Sociolinguistics*, 15(4): 464–492.

Downes, W. 2000. The Language of Felt Experience: Emotional, Evaluative and Intuitive. *Language and Literature*, 9(2): 99–121.

Downey, C. 1993. Introduction. *Lectures on Rhetoric and Belles-Lettres*. Delmar, N. Y.: Scholars' Facsimiles & Reprints.

Downing, H. L. 2003. Text World Creation in Advertising Discourse. CLAC, 2003, 13. From http://pendientedemigracion.ucm.es/info/circulo/no13/hidalgo.htm. Retrieved July 30th, 2020.

Duskaeva, L. R. 2011. Media Stylistics: The New Concept or New Phenomenon? *Russian Journal of Communication*, 4(3/4): 229–250.

Dutta-Flanders, R. 2017. *The Language of Suspense in Crime Fiction*. London: Palgrave Macmillan.

Dutta-Flanders, R. 2018. Offender Theme Analyses in a Crime Narrative: An Applied Approach. *International Journal for the Semiotics of Law*, 31(4): 721–743.

Eco, U. 1979. *The Role of Reader: Explorations in the Semiotics of Texts*. Bloomington: Indian University Press.

Eco, U. 1983. The Scandal of Metaphor: Metaphorology and Semiotics. *Poetics Today*, 4(2): 217–257.

Ediyono, S. & Ali, S. 2019. Foregrounding and Metaphor: A Stylistic Study on Hamza Yusuf's Religious Poems. *Theory and Practice in Language Studies*, 9(6): 746–753.

Egbert, J. 2012. Style in Nineteenth Century Fiction: A Multi-Dimensional Analysis. *Scientific Study of Literature*, 2(2), 167–198.

Emmott, C. 1997. *Narrative Comprehension: A Discourse Perspective*. Oxford: Oxford University Press.

Emmott, C. 2002. "Split Selves" in Fiction and in Medical "Life Stories". In Semino, E. & J. Culpeper. (eds.) *Cognitive stylistics: Language and Cognition in Text Analysis*. New York: John Benjamins Publishing, 153–181.

Emmott, C., Sanford, A. J. & Morrow, L. I. 2006. Capturing the Attention of Readers: Stylistic and Psychological Perspectives on the Use and Effect of Text Fragmentation in Narratives. *Journal of Literary Semantics*, 35(1): 1–31.

Emmott, C., Sanford, A. & Alexander, M. 2013. Rhetorical Control of Readers' Attention: Psychological and Stylistic Perspectives on Foreground and Background in Narrative. In Bernaerts, L., De Geest, D., Herman, L. & B. Vervaeck. (eds.) *Stories and Minds: Cognitive Approaches to Literary Narrative*. Lincoln: University of Nebraska Press, 39–57.

Emmott, C., Alexander, M. & Marszalek, A. 2014. Schema Theory in Stylistics. In Burke, M. (ed.) *The Routledge Handbook of Stylistics*. Abingdon & New York: Routledge, 268–283.

Emmott, C.& Alexander, M. 2019. Manipulation in Agatha Christie's Detective Stories: Rhetorical Control and Cognitive Misdirection in Creating and Solving Crime Puzzles. In Sorlin, S. (ed.) *Stylistic Manipulation of the Reader in Contemporary Fiction*. London: Bloomsbury, 195–214.

Enkvist, N. E. & Spencer, J. 1964. *Linguistics and Style*. Oxford: Oxford University Press.

Ermida, I. 2008. *The Language of Comic Narratives: Humor Construction in Short Stories*. Berlin: Mouton de Gruyter.

Fairclough, N. 1989. *Language and Power*. London: Longman.

Fairclough, N. 1995. *Critical Discourse Analysis: The Critical Study of Language*. London: Longman.

Fairclough, N. 2000. *New Labour, New Language*. London: Routledge.

Fauconnier, G. 1994. *Mental Spaces: Aspects of Meaning Construction in Natural Language*. Cambridge: Cambridge University Press.

Fauconnier, G. 1997. *Mappings in Thought and Language*. Cambridge: Cambridge University Press.

Fauconnier, G. & Sweetser, E. (eds.) 1996. *Spaces, Worlds, and Grammar*. Chicago: University of Chicago Press.

Fauconnier, G. & Turner, M. 2002. *The Way We Think: Conceptual Blending and the Mind's Hidden Complexity*. New York: Basic Books.

Fenner, D. 2010. *Artes of Logike and Rhetoryke*, Proquest, Eebo Editions.

Fialho, O. 2007. Foregrounding and Familiarization: Understanding Readers' Response to Literary Texts. *Language and Literature*, 16 (2): 105–123.

Fialho, O. & Zyngier, S. 2014. Quantitative Methodological Approaches to Stylistics. In Burke, M. (ed.) *Routledge Handbook of Stylistics*. London: Routledge, 329–345.

Fillmore, C. 1985. Frames and the Semantics of Understanding. *Quaderni di Semantica*, 6(2): 222–254.

Fillmore, C. 2006. Frame Semantics. In Geererts, D. (ed.) *Cognitive Linguistics: Basic Readings*. Berlin: de Gruyter, 373–400.

Finlayson, R., Pienaar, M. & Slabbert, S. 2008. Metaphors of Transformation: The New Language of Education in South Africa. In Berendt, E. A. (ed.) *Metaphors for Learning: Cross-Cultural Perspectives*. Amsterdam: John Benjamins Publishing, 225.

Fischer-Starcke, B. 2009. Keywords and Frequent Phrases of Jane Austin's *Pride and Prejudice*: A Corpus Stylistic Analysis. *International Journal of Corpus Linguistics*, 14(4): 492–523.

Fischer-Starcke, B. 2010. *Corpus Linguistics in Literary Analysis: Jane Austen and Her Contemporaries*. New York: Bloomsbury Publishing.

Fish, S. 1970. Literature in the Reader: Affective Stylistics. *New Literary History*, 2(1):123–162.

Fish, S. 1973. What is Stylistics and Why Are They Saying Such Terrible Things about It? In Chatman, S. (ed). *Approaches to Poetics*. New York: Columbia UP. Reprinted in Freeman, D. C. (ed.) *Essays in Modern Stylistics*. London: Methuen, 325–360.

Fish, S. 1980. *Is There a Text in this Class? The Authority of Interpretive Communities*. Cambridge, Mass: Harvard University Press.

Fleary, F. G. 1874. On Metrical Tests Applied to Dramatic Poetry, I. Shakespeare. *New Shakespearean Society Transaction*, (1): 1–16, 38–39.

Fludernik, M. 2003. Chronology, Time, Tense and Experientiality in Narrative. *Language and Literature*, 12(2): 117–134.

Fludernik, M. 2010. Naturalizing the Unnatural: A View from Blending Theory. *Journal of Literary Semantics*, 39(1): 1–28.

Fludernik, M., Freeman, D. C. & Freeman, M. II. 1999. Metaphor and Beyond: An Introduction. *Poetics Today*, 20(3): 383–396.

Fomukong, S. E. A. 2017. Transitivity in Stylistics: Protest Through Animal Proverbs in Bole Butake's and Palm Wine Will Flow. *Advances in language and Literary Studies*, 8(3): 91–99.

Forceville, C. 1996. *Pictorial Metaphor in Advertising*. London and New York: Routledge.

Forceville, C. 1999. The Metaphor COLIN IS A CHILD in Ian McEwan's, Harold Pinter's & Paul Schrader's *The Comfort of Strangers*. *Metaphor and Symbol*, 14(3): 179–198.

Forceville, C. 2000. Compasses, Beauty Queens and Other PCs: Pictorial Metaphors in Computer Advertisements. *Hermes, Journal of Linguistics*, 24: 31–55.

Forceville, C. 2002. The Conspiracy in *The Comfort of Strangers*: Narration in Novel and the Film. *Language and Literature*, 11(2): 119–135.

Forceville, C. 2007. Multimodal Metaphor in Ten Dutch TV Commercials. *The Public Journal of Semiotics*, 1(1): 19–51.

Forceville, C. & Urios-Aparisi, E. (eds.) 2009. *Multimodal Metaphor*. New York: Walter de Gruyter.

Forceville, C., El Refaie, E. & Meesters, G. 2014. Stylistics and Comics. In Burke, M. (ed.) *The Routledge Handbook of Stylistics*. London: Routledge, 485–499.

Fowler, R. 1977. *Linguistics and the Novel*. London: Methuen.

Fowler, R. 1981. *Literature as Social Discourse: The Practice of Linguistic Criticism*. London: Batsford.

Fowler, R. 1986. *Linguistic Criticism*. Oxford: Oxford University Press.

Fowler, R. 1989. Polyphony in Hard Times. In Carter, R. & P. Simpson. (eds) *Language, Discourse and Literature: An Introductory Reader in Discourse Stylistics*. London: Routledge: 76–93.

Fowler, R. 1991. *Language in the news*. London: Routledge.

Fowler, R. 1996. *Linguistic Criticism* (2nd edition). Oxford: Oxford University Press.

Fowler, R., Hodge, R., Kress, G. & Trew, T. 1979. *Language and Control*. London: Routledge & Kegan Paul.

Freeman, D. C. 1993. Read: "Reading the Language Itself" Itself. *Language and Literature*, 2(2): 129–133.

Freeman. D. C. 1995. "Catch[ing] the Nearest Way": Macbeth and Cognitive Metaphor. *Journal of Pragmatics*, 24(6): 689–708.

Freeman, M. H. 1995. Metaphor Making Meaning: Dickinson's Conceptual Universe. *Journal of Pragmatics*, 24(6): 643–666.

Freeman, M. H. 1997. Grounded Spaces: Deictic-Self Anaphors in the Poetry of Emily Dickinson. *Language and Literature*, 6(1): 7–28.

Freeman, M. H. 1998. A Cognitive Approach to Dickinson's Metaphors. In Crumbley, P., Grabher, G., Hagenbüchle, R. & C. Miller. (eds.) *The Emily Dickinson Handbook*, 258–272.

Freeman, M. H. 2000. Poetry and the Scope of Metaphor: Toward a Cognitive Theory of Literature. In Barcelona, A. (ed.) *Metaphor and Metonymy at the Crossroads: A Cognitive Perspective*. Berlin & New York: Mouton de Gruyter, 253–283.

Freeman, M. H. 2002a. Cognitive Mapping in Literary Analysis. *Style*, 36 (3): 466–483.

Freeman, M. H. 2002b. Momentary Stays, Exploding Forces: A Cognitive Linguistic Approach to the Poetics of Emily Dickinson and Robert Frost. *Journal of English Linguistics*, 30 (1): 73–90.

Freeman, M. H. 2002c. The Body in the Word. In Semino, E. & J. Culpeper. (eds.) *Cognitive Stylistics. Language and Cognition in Text Analysis*. Amsterdam: John Benjamins, 23–48.

Freeman, M. H. 2005a. The Poem as Complex Blend: Conceptual Mappings of Metaphor in Sylvia Plath's *The Applicant*. *Language and Literature*, 14(1): 25–44.

Freeman, M. H. 2005b. Poetry as Power: The Dynamics of Cognitive Poetics as a Scientific and Literary Paradigm. In Veivo, H., Pettersson, B. & M. Polvinen. (eds.) *Cognition and Literary Interpretation Practice*. Helsinki: Yliopistopaino, 31–57.

Freeman, M. H. 2006a. The Fall of the Wall between Literary Studies and Linguistics: Cognitive Poetics. *Applications of Cognitive Linguistics*, (1): 403.

Freeman, M. H. 2006b. Blending: A Response. *Language and Literature*, 15 (1): 107–117.

Freeman, M. H. 2006c. From Metaphor to Iconicity in a Poetic Text. In Benczes, R. & S. Csábi.(eds.) *The Metaphors of Sixty: Papers Presented on the Occasion of the 60th Birthday of Zoltán Kövecses*. Budapest: Eötvös Loránd University, 127–135.

Freeman, M. H. 2008a. Metaphor and Iconicity: A Cognitive Approach to Analysing Texts. *Poetics Today*, 29 (2): 353–370.

Freeman, M. H. 2008b. Reading Readers Reading A Poem: From Conceptual to Cognitive Integration. *Cognitive Semiotics*, (2): 102–128.

Freeman, M. H. 2009a. Reuven Tsur, Toward a Theory of Cognitive Poetics. *Pragmatics & Cognition*, 17 (2): 450–457.

Freeman, M. H. 2009b. Minding: Feeling, Form, and Meaning in the Creation of Poetic Iconicity. In Brone, G. & J. Vandaele. (eds.) *Cognitive Poetics: Goals, Gains and Gaps*. New York: Mouton de Gruyter, 169–196.

Freeman, M. H. 2009c. Cognitive Linguistic Approaches to Literary Studies: State of the Art in Cognitive Poetics. In Geeraerts, D. & H. Cuyckens. (eds.) *Oxford Handbook of Cognitive Linguistics*. Cambridge: Cambridge University Press, 1175–1202.

Freeman, M. H. 2011a. The Aesthetics of Human Experience: Minding, Metaphor, and Icon in Poetic Expression. *Poetics Today*, 32(4): 717–752.

Freeman, M. H. 2011b. The Role of Metaphor in Poetic Iconicity. In Fludernik, M. (ed.) *Beyond Cognitive Metaphor Theory: Perspectives on Literary Metaphor*. London & New York: Routledge, 158–175.

Freeman, M. H. 2014a. Cognitive Poetics. In Burke, M. (ed.) *The Routledge Handbook of Stylistics*. London & New York: Routledge, 313–328.

Freeman, M. H. 2014b. Complexities of Cognition in Poetic Art: Matthew Arnold's "The Last Word". *Cognitive Semiotics*, 7 (1): 83–101.

Freeman, M. H. 2015a. Authorial Presence in Poetry: Some Cognitive Reappraisals. *Poetics Today*, 36 (3): 201–231.

Freeman, M. H. 2015b. Trying to Think with Emily Dickinson. *Poetics Today*, 36 (3): 201–231.

Freeman, M. H. 2017. Multimodalities of Metaphor: A Perspective from the Poetic Arts. *Poetics Today*, 38 (1): 61–92.

Fucks, W. 1952. On the Mathematical Analysis of Style. *Biometrika*, 39(1): 122–129.

Fujii, A. 2008. Meaning Construction in Humorous Discourse: Context and Incongruities in Conceptual Blending. In Tyler, A., Kim, Y. & M. Takada. (eds.) *Language in the Context of Use: Discourse and Cognitive Approaches to Language*. Berlin: Mouton de Gruyter, 183–198.

Furnival, F. J. 1887. *Introduction to the Leopold Shakespeare*. London: Cassel & Co.

Gavins, J. 2007. *Text World Theory: An introduction*. Edinburgh: Edinburgh University Press.

Gavins, J. 2009. The Year's Work in Stylistics 2008. *Language and Literature*, 18 (4): 367–383.

Gavins, J. 2010. "Appeased by the Certitude": The Quiet Disintegration of the Paranoid Mind in *The Mustache*. In McIntyre, D. & B. Busse. (eds.) *Language and Style*. Basingstoke: Palgrave MacMillan, 402–418.

Gavins, J. 2014a. Defamiliarisation. In Stockwell, P. & S. Whiteley. (eds.) *The Cambridge Handbook of Stylistics*. Cambridge: Cambridge University Press, 196–211.

Gavins, J. 2014b. Metaphor Studies in Retrospect and Prospect: An Interview with Gerard Steen. *Review of Cognitive Linguistics*, 12(2): 493–510.

Gavins, J. 2015. Text-Worlds. In Sotirova, V. (ed.) *The Bloomsbury Companion to Stylistics*. London & New York: Bloomsbury, 444–457.

Gavins, J. 2016. Stylistic Interanimation and Apophatic Poetics in Jacob Polley's "Hide and Seek". In Gavins, J. & E. Lahey. (eds.) *World Building: Discourse in the Mind*. London: Bloomsbury, 276–292.

Gavins, J. & Steen, G. 2003. *Cognitive Poetics in Practice*. London & New York: Routledge.

Gavins, J. & Stockwell, P. 2012. About the Heart, Where It Hurt Exactly, and How Often. *Language and Literature*, 21(1): 33–50.

Gavins, J. & Simpson, P. 2015. Regina v John Terry: The Discursive Construction of an Alleged Racist Event. *Discourse & Society*, 26(6): 712–732.

Gavins, J. & Lahey, E. (eds.) 2016. *World Building: Discourse in the Mind*. London: Bloomsbury.

Geeraerts, D. & Cuyckens, H. (eds.) 2009. *Oxford Handbook of Cognitive Linguistics*. Cambridge: Cambridge University Press.

Genette, G. 1980. *Narrative Discourse*. Trans. Jane E. Lewin. New York: Cornell University Press.

Gibbons, A. 2008a. Multimodal Literature "Moves" Us: Dynamic Movement and Embodiment in VAS: An Opera in Flatland. *Hermes*, (41): 107–124.

Gibbons, A. 2008b. *Towards a Multimodal Cognitive Poetics: Three Literary Case-Studies*. Sheffield: The University of Sheffield.

Gibbons, A. 2010a. "I Contain Multitudes": Narrative Multimodality and the Book that Bleeds. In Page, R. (ed.) *New Perspectives on Narrative and Multimodality*. London & New York: Routledge, 113–128.

Gibbons, A. 2010b. Narrative Worlds and Multimodal Figures in *House of Leaves*: "Find Your Own Words; I Have no More". In Grishakova, M. and M-L. Ryan. (eds.) *Intermediality and Storytelling*. Berlin: Walter de Gruyter, 285–311.

Gibbons, A. 2011. *Multimodality, Cognition, and Experimental Literature*. New York and London: Routledge.

Gibbons, A. 2012a. Multimodal Literature and Experimentation. In Bray, J., Gibbons, A. & B. McHale. (eds.) *Routledge Companion to Experimental Literature*. London & New York: Routledge, 420–434.

Gibbons, A. 2012b. *Multimodality, Cognition, and Experimental Literature*. New York: Routledge.

Gibbons, A. 2013. Multimodal Metaphors in Contemporary Experimental Literature. *Metaphor and the Social World*, 3(2): 180–198.

Gibbons, A. 2016. Multimodality, Cognitive Poetics, and Genre: Reading Grady Hendrix's Novel *Horrorstör*. *Multimodal Communication*, 5(1): 15–29.

Gibbons, A. 2019. The "Dissolving Margins" of Elena Ferrante and the Neapolitan Novels. *Narrative Inquiry*, 29(2): 391–417.

Gibbons, A. & Whiteley, S. 2018. *Contemporary Stylistics: Language, Cognition, Interpretation*. Edinburgh: Edinburgh University Press.

Gibbs, R. 2000. Making Good Psychology out of Blending Theory. *Cognitive Linguistics*, 11(3/4): 347–358.

Gibbs, R. 2003. Prototypes in Dynamic Meaning Construal. In Gavins, J. & G. Steen. (eds.) *Cognitive Poetics in Practice*. London: Routledge, 27–40.

Giovanelli, M. 2018. Something Happened, Something Bad: Blackouts, Uncertainties and Event Construal in *The Girl on the Train*. *Language and Literature*, 27(1):38–51.

Giovanelli, M. & Harrison, C. 2018. *Cognitive Grammar in Stylistics: A Practical Guide*. London: Bloomsbury Academic.

Goffman, E. 1967. On Face-Work: An Analysis of Ritual Elements in Social Interaction. In Goffman, E. (ed.) *Interaction Ritual: Essays on Face to Face Behaviour*. New York: Pantheon, 5–46.

Goffman, E. 1981. *Forms of Talk*. Philadelphia: University of Philadelphia Press.

Gordon, I. E. 1997. *Theories of Visual Perception*. West Sussex: John Wiley and Sons.

Górska, E. 2010. Life is Music: A Case Study of a Novel Metaphor and Its Use in Discourse. *English Text Construction*, 3(2): 275–293.

Górska, E. 2012. Life is Music: A Case Study of a Novel Metaphor and Its Use in Discourse. In Dancygier, B., Sanders, J. & L. Vandelanotte. (eds.) *Textual Choices in Discourse: A View from Cognitive Linguistics*. Amsterdam: John Benjamins, 137–156.

Grasmuck, E. L. 2004. *Augustinus Bekenntisse*. Framlfurt: Insel Verlag.

Gregoriou, C. 2007. The Stylistics of True Crime: Mapping the Minds of Serial Killers. In Lambrou, M. & P. Stockwell. (eds.), *Contemporary Stylistics*. London: Continuum, 43–55.

Grice, H. P. 1975. Logic and Conversation. In Cole, P. & J. Morgan. (eds.) *Syntax and Semantics 3: Speech Acts*. New York: Academic Press, 41–58.

Hall, G. 2008. Empirical Research into the Processing of Free Indirect Discourse and the Imperative of Ecological Validity. In Zyngier, S., Bortolussi, M., Chesnokova, A. & J. Auracher. (eds.) *Directions in Empirical Literary Studies*. Amsterdam: Benjamins, 21–34.

Hall, G. 2009. Texts, Readers—and Real Readers. *Language and Literature*, 18 (3): 331–337.

Halliday, M. A. K. 1971. Linguistic Function and Literary Style: An Inquiry into the Language of William Golding's *The Inheritors*. In Chatman, S. (ed.) *Literary Style: A Symposium*. Oxford: OUP, 330–365.

Halliday, M. A. K. 1973. *Explorations in the Functions of Language*. London: Edward Arnold.

Halliday, M. A. K. 1978. *Language as Social Semiotic: The Social Interpretation of Language and Meaning*. London: Edward Arnold.

Halliday, M. A. K. 1981. Linguistic Functions and Literary Style: An Inquiry into the Language of William Golding's *The Inheritors*. Reprinted in Freeman, D. C. (ed.) *Essays in Modern Stylistics*. London: Methuen, 325–360.

Halliday, M. A. K. 1994. *Introduction to Functional Grammar*. London: Arnold.

Halliday, M. A. K. & Hasan, R. 1985/1989. *Language, Context and Text: Aspects of Language in a Semiotic Perspective*. Victoria: Deakin University Press.

Hamilton, C. 2003. A Cognitive Grammar of "Hospital Barge" by Wilfred Owen. In Gavins, J. & G. Steen. (eds.) *Cognitive Poetics in Practice*. London: Routledge, 55–65.

Hamilton, C. 2011. Allegory, Blending, and Censorship in Modern Literature. *Journal of Literary Semantics*, 40(1): 23–42.

Hanauer, D. 1998. The Genre-specific Hypothesis of Reading: Reading Poetry and Encyclopedic Items. *Poetics*, 26: 63–80.

Harding, J. 2007. Evaluative Stance and Counterfactuals in Language and Literature. *Language and Literature*, 16 (3): 263–280.

Harding, J. 2012. Metaphor, Narrative Frames and Cognitive Distance in Charles Chesnutt's "Dave's Neckliss". In Schneider, R. & M. Hartner. (eds.) *Blending and the Study of Narrative*. New York: de Gruyter, 229–252.

Hardy, D. E. 2007. *The Body in Flannery O'Connor's Fiction: Computational Technique and Linguistic Voice*. Columbia: University of South Carolina Press.

Hardy, D. E. & Durian, D. 2000. The Stylistics of Syntactic Complements: Grammar and Seeing in Flannery O'Cornor's Fiction. *Style*, 34(1): 92–116.

Harrison, C. 2017. *Cognitive Grammar in Contemporary Fiction*. Amsterdam: John Benjamins.

Harrison, C., Nuttall, L., Stockwell, P. & Yuan, W. (eds.) 2014. *Cognitive Grammar in Literature* (Linguistic Approaches to Literature). Amsterdam: John Benjamins.

Harrison, C. & Stockwell, P. 2014. Cognitive Poetics. In Littlemore, J. & J. Taylor. (eds.) *The Companion to Cognitive Linguistics*. Berlin: de Gruyter Mouton, 218–233.

Hart, C. (ed.) 2019. *Cognitive Linguistic Approaches to Text and Discourse: From Poetics to Politics*. Edinburgh: Edinburgh University Press.

Hartung, F., Burke, M., Hangoor, P. & Willems, R. M. 2016. Taking Perspective: Personal Pronouns Affect Experiential Aspects of Literary Reading. *PLOS ONE*, 11(5): 1–18.

Hasan, R. 1985. *Linguistics, Language and Verbal Art*. Victoria: Deakin University Press.

Hasan, R. 1989. *Linguistics, Language, and Verbal Art* (2nd edition). Oxford: Oxford University Press.

Hendricks, R. K., Demjén, Z., Semino, E. & Boroditsky, L. 2019. Emotional Implications of Metaphor: Consequences of Metaphor Framing for Mindset about Cancer. *Metaphor and Symbol*, 33(4): 267–279.

Herdan, G. 1966. *The Advanced Theory of Language as Choice and Chance*. Berlin: Springer-Verlag.

Herman, D. 2002. *Story Logic: Problems and Possibilities of Narrative*. Lincoln: University of Nebraska Press.

Herman, D. 2011. Post-Cartesian Approaches to Narrative and Mind. *Style*, 45(2): 265–271.

Hidalgo, D. L. 2000. *Negation, Text Worlds, and Discourse: The Pragmatics of Fiction*. Stamford: Ablex.

Hiippala, T. 2015. *The Structure of Multimodal Documents: An Empirical Approach*. New York: Routledge.

Hiraga, M. K. & Berendt, E. 2008. Tao of Learning: Metaphors Japanese Students Live By. In Berendt, E. (ed.) *Metaphors for learning: Cross-cultural Perspectives*. Amsterdam: John Benjamins Publishing, 55–72.

Ho, Y. 2011. *Corpus Stylistics in Principles and Practice: A Stylistic Exploration of John Fowles' The Magus*. New York & London: Continuum.

Ho-Abdullah, I. 2008. The Many Facets of Teaching and Learning in Malay. In Berendt, E. (ed.) *Metaphors for Learning: Cross-Cultural Perspectives*. Amsterdam: John Benjamins Publishing, 123.

Hodge, R. & Kress, G. 1979/1993. *Language as Ideology*. London: Routledge.

Hoey, M., Mahlberg, M., Stubbs, M. & Teubert, W. 2007. *Text, Discourse and Corpora: Theory and Analysis*. New York: Continuum.

Hogan, P. C. 2003. *The Mind and Its Stories: Narrative Universals and Human Emotions*. Cambridge: Cambridge University Press.

Hogan, P. C. 2011. *Affective Narratology: The Emotional Structure of Stories*. Lincoln, NE: University of Nebraska Press.

Hogan, P. C. 2014. Stylistics, Emotion and Neuroscience. In Burke, M. (ed.) *The Routledge Handbook of Stylistics*. Abingdon & New York: Routledge, 516–530.

Holm, A. 2019. On the "Body's Absence": The Embodied Experience of Exile in Joseph Brodsky's "To Urania". *Journal of Literary Semantics*, 48(1): 23–39.

Hoover, D. 2001. Statistical Stylistics and Authorship Attribution: An Empirical Investigation. *Literary and Linguistic Computing*, 16(4): 421–444.

Hoover, D. 2007. Corpus Stylistics, Stylometry and the Styles of Henry James. *Style*, 41(2): 174–203.

Hoover, D. 2010. Some Approaches to Corpus Stylistics. *Journal of Foreign Language*, 33(2): 67–81.

Hoover, D. 2013. Quantitative Analysis and Literary Studies. In Siemens, R. & S. Schreibman. (eds.) *A Companion to Digital Literary Studies*. Oxford: Blackwell, 517–533.

Hoover, D., Culpeper, J. & O'Halloran, K. 2014. *Digital Literary Studies. Corpus Approaches to Poetry, Prose, and Drama*. New York & Abingdon: Routledge.

Horn, L. 1989. *A Natural History of Negation*. Chicago: University of Chicago Press.

Horn, L. 2007. Neo-Gricean Pragmatics: A Manichaean Manifesto. In Burton-Roberts N.(ed.) *Pragmatics*. Basingstoke: Palgrave, 158–183.

Hougaard, A. 2008. Compression in Interaction. In Oakley, T. & A. Hougaard. (eds.) *Mental Spaces in Discourse and Interaction*. Amsterdam: Benjamins, 179–208.

Hoven, E., Hartung, F., Burke, M. & Willems, R. 2016. Individual Differences in Sensitivity of Style During Literary Reading: Insight from Eyes-tracking. *Collabra*, 2(1): 1–16.

Hsu, C., Jacobs, A. M., Citron, F. M. M. & Conrad, M. 2015. The Emotion Potential of Words and Passages in Reading Harry Potter—An fMRI Study. *Brain & Language*, 142: 96–114.

Hu, H. L., Xu, H. & Hao, J. 2018. An SFL Approach to Gender Ideology in the Sentence Examples in the Contemporary Chinese Dictionary. *Lingua*, 222(4):17–29.

Hunston, S. 2010. How Can a Corpus be Used to Explore Patterns? In McCarthy, M. & A. O'Keefe. (eds.) *The Routledge Handbook of Corpus Linguistics*. Abingdon: Routledge, 152–166.

Ilbury, C. 2019. "Sassy Queens": Stylistic Orthographic Variation in Twitter and the Enregisterment of AAVE. *Journal of Sociolinguistics*, (1): 245–264.

Ingram, J. K. 1874. On the Weak Endings of Shakespeare. *New Shakespearean Society Transaction*, (1): 442–446.

Iser W. 1978. *The Act of Reading: A Theory of Aesthetic Response*. Baltimore: John Hopkins University Press.

Jacobs, A. M. 2015. Neurocognitive Poetics: Methods and Models for Investigating the Neuronal and Cognitive-Affective Bases of Literature Reception. *Frontiers in Human Neuroscience*, (9): 186.

Jaén, I. & Simon, J. J. (eds.) 2012. *Cognitive Literary Studies: Current Themes and New Directions*. Austin: University of Texas Press.

Jakobson, R. 1960a. Linguistics and Poetics. In *Poetry of Grammar and Grammar of Poetry. Vol. 3 of Selected Writings (7 Volumes)*. The Hague: Mouton, 18–51.

Jakobson, R. 1960b. Closing Statement: Linguistics and Poetics. In Sebeok, T. A. (ed.) *Style in Language*. Cambridge, MA: MIT Press, 350–377.

Jeffries, L. 1994. Language in Common: Apposition in Contemporary Poetry by Women. In Wales, K. (eds.) *Feminist Linguistics in Literary Criticism*. Woodbridge: Boydell and Brewer, 21–50.

Jeffries, L. 2000. Don't Throw Out the Baby with the Bathwater: In Defense of Theoretical Eclecticism in Stylistics. *Poetics and Linguistics Association*.

Jeffries, L. 2008. The Role of Style in Reader-Involvement: Deictic Shifting in Contemporary Poems. *Journal of Literary Semantics*, 37(1): 69–85.

Jeffries, L. 2010. *Critical Stylistics: The Power of English*. Houndmills, Basingstoke: Palgrave Macmillan.

Jeffries, L. 2014. Critical Stylistics. In Burke, M. (ed.) *Routledge Handbook of Stylistics*. London: Rutledge, 408–420.

Jeffries, L. & McIntyre, D. 2010. *Stylistics*. Cambridge: Cambridge University Press.

Jennifer, S-D. 2018. Epilepsy, Literature and Linguistics: Spotlighting Subjective Symptoms. *Medical Humanities*, (2): 371–380.

Jia, X. Q. 2018. On the Language of Suspense in Crime Fiction. *Style*, (4): 508–512.

Jin, L. & Cortazzi, M. 2008. Images of Teachers, Learning and Questioning in Chinese Cultures of Learning. In Berendt, E. (ed.) *Metaphors for Learning: Cross-Cultural Perspectives*. Amsterdam: John Benjamins Publishing, 177–202.

Jones, R. H. 2014. The Multimodal Dimension of Claims in Food Packaging. *Multimodal Communication*, 3(1): 1–13.
Kenning, M. M. 2010. What are Parallel and Comparable Corpora and How Can We Use Them. In O'Keeffe, A. & M. McCarthy. (eds.) *The Routledge Handbook of Corpus Linguistics*. Abingdon: Routledge, 487–500.
Kiparsky, P. 1981. The Role of Linguistics in a Theory of Poetry. In Freeman, D. C. (ed.) *Essays in Modern Stylistics*. London: Methuen, 9–22.
Koester, A. 2010. Building Small Specialised Corpora. In O'Keeffe, A. & M. McCarthy. (eds.) *The Routledge Handbook of Corpus Linguistics*. Abingdon: Routledge, 94–107.
Koller, V. 2008. Contradictory Metaphors in Contemporary Marketing Discourse. In Zanotto, M. S., Cameron, L. & M. C. Cavalcanti. (eds.) *Confronting Metaphor in Use: An Applied Linguistic Approach*. Amsterdam: John Benjamins Publishing, 103.
Koplenig, A. 2015. Using the Parameters of the Zipf-Mandelbrot Law to Measure Diachronic Lexical, Syntactical and Stylistic Changes—A Large-Scale Corpus Analysis. *Corpus Linguistics and Linguistic Theory*, 14(1): 1–34.
Köppe, T. & Stühring, J. 2011. Against Pan-Narrator Theories. *Journal of Literary Semantics*, 40(1): 59–80.
Kress, G. (ed.) 2001. *Multimodal Teaching and Learning: The Rhetorics of the Science Classroom*. London: A & C Black.
Kress, G. & van Leeuwen, T. J. 1996. *Reading Images: The Grammar of Visual Design*. London: Routledge.
Kress, G. & van Leeuwen, T. 2002. Colour as a Semiotic Mode: Notes for a Grammar of Colour. *Visual Communication*, 1(3): 343–368.
Kress, G. & van Leeuwen, T. J. 2006. *Reading Images: The Grammar of Visual Design* (2nd edition). London & New York: Routledge.
Kübler, N. & Aston, G. 2010. Using Corpora in Translation. In O'Keeffe, A.& M. McCarthy. (eds.) *The Routledge Handbook of Corpus Linguistics*. Abingdon: Routledge, 505–515.
Lahey, E. 2004. All the World's a Subworld: Direct Speech and Subworld Creation in "After" by Norman Maccaig. *Nottingham Linguistic Circular*, 182: 1–28.
Lahey, E. 2006. (Re)thinking World-building: Locating the Text-worlds of Canadian Lyric Poetry. *Journal of Literary Semantics*, 35 (2): 145–164.
Lahey, E. 2007. Megametaphorical Mappings and the Landscapes of Canadian Poetry. In Lambrou, M. & P. Stockwell. (eds.) *Contemporary Stylistics*. London: Continuum, 157–167.

Lakoff, G. & Johnson, M. 1980. *Metaphors We Live by*. Chicago: University of Chicago Press.

Lakoff, G. & Turner, M. 1989. *More Than Cool Reason: A Field Guide to Poetic Metaphor*. Chicago, London: University of Chicago Press.

Lambrou, M. & Durant, A. 2014. Media stylistics. In Stockwell, P. & S. Whiteley. (eds.) *The Cambridge Handbook of Stylistics*. Cambridge: Cambridge University Press, 503–519.

Lambrou, M. & Stockwell, P. (eds.) 2007. *Contemporary Stylistics*. London: Continuum.

Langacker, R. 2008. *Cognitive Grammar: A Basic Introduction*. New York: Oxford University Press.

László, J. 2008. *The Science of Stories: An Introduction to Narrative Psychology*. London: Routledge.

Leech, G. N. 1969. *A Linguistic Guide to English Poetry*. London: Longman.

Leech, G. N. 2008. *Language in Literature*. Harlow: Pearson Longman.

Leech, G. & Short, M. 1981. *Style in Fiction: A Linguistic Introduction to English Fictional Prose*. London & New York: Longman.

Leech, G. N. & Short, M. 2001. *Style in Fiction: A Linguistic Introduction to English Fictional Prose*. Beijing: Foreign Language Teaching and Research Press.

Leech, G. N. & Short, M. 2007. Style in Fiction: New Directions for Research. *Style*, 41(2): 15–116, 252–253.

Li, J. 2010. Transitivity and Lexical Cohesion: Press Representations of a Political Disaster and its Actors. *Journal of Pragmatics*, 42(12): 3444–3458.

Louw, B. & Milojkovic, M. 2016. *Corpus Stylistics as Contextual Prosodic Theory and Subtext*. Amsterdam: John Benjamins Publishing Company.

Louw, W. E. 1993. Irony in the Text or Insincerity in the Writer? The Diagnostic Potential of Semantic Prosodies. In Baker, M., Francis, G. & E. Tognini-Bonelli. (eds.) *Text and Technology: In Honour of John Sinclair*. Amsterdam: John Benjamins, 157–174.

Louw, W. E. 1997. The Role of Corpora in Critical Literary Appreciation. In Wichman, A., Fligelstone, S., McEnery, T. & G. Knowles. (eds.) *Teaching and Language Corpora*. Harlow: Addison Wesley Longman, 240–251.

Louw, W. E. 2004. Irony in the Text or Insincerity of the Writer: The Diagnostic Potential of Semantic Prosodies. In Simpson, G. & D. McCarthy. (eds.) *Corpus Linguistics: Readings in a Widening Discipline*. London: Continuum, 229–241.

Low, G. 2008. Metaphor and Positioning in Academic. In Zanotto, M. S., Cameron, L. & M. C. Cavalcanti. (eds.) *Confronting Metaphor in Use: An Applied Linguistic Approach*. Amsterdam: John Benjamins Publishing, 79.

Low, G. 2010. Why no Similes? The Curious Absence of Simile in University Lectures. In Low, G., Deignan, A., Cameron, L. & Z. Todd. (eds.) *Researching and Applying Metaphor in the Real World*. Amsterdam: John Benjamins Publishing, 291-308.

Low, G., Deignan, A., Cameron, L. & Todd, Z. (eds.) 2010. *Researching and Applying Metaphor in the Real World*. Amsterdam: John Benjamins Publishing.

Low, G., Littlemore, J. & Koester, A. 2008. Metaphor Use in Three UK University Lectures. *Applied Linguistics*, 29(3): 428-455.

Lugea, J. 2016a. *World Building in Spanish and English Spoken Narratives*. London & New York: Bloomsbury.

Lugea, J. 2016b. A Text-World Account of Temporal World-Building Strategies in English and Spanish. In Romano, M. & M. D. Porto. (eds.) *Exploring Discourse Strategies in Social and Cognitive Interaction*. Amsterdam & Philadelphia: John Benjamins, 245-272.

Lugea, J. 2017. The Year's Work in Stylistics 2016. *Language and Literature*, 26(4): 340-360.

Mahlberg, M. 2004. The Evidence: Corpus Design and the Words in a Dictionary. *Lexicographica*, (20): 114-129.

Mahlberg, M. 2005. *English General Nouns: A Corpus Theoretical Approach*. Amsterdam: John Benjamins.

Mahlberg, M. 2006. Lexical Cohesion: Corpus Linguistic Theory and Its Application in ELT. *International Journal of Corpus linguistics*, 11(3): 363-383.

Mahlberg, M. 2007a. A Corpus Stylistic Perspective on Dickens' *Great Expectations*. In Lambrou, M. & P. Stockwell. (eds.) *Contemporary Stylistics*. London: Continuum, 19-31.

Mahlberg, M. 2007b. Clusters, Key Clusters and Local Textual Functions in Dickens. *Corpora*, 2 (1): 1-31.

Mahlberg, M. 2007c. Corpus Stylistics: Bridging the Gap between Linguistic and Literary Studies. In Hoey, M., Mahlberg, M., Stubbs, M. & W. Teubert (eds.) *Text, Discourse and Corpora: Theory and Analysis*. London: continuum, 219-246.

Mahlberg, M. 2007d. Review of M. Hori 2004 Investigating Dickens' Style: A Collocational Analysis. *Language and Literature*, 16(1): 93-96.

Mahlberg, M. 2009. Corpus Stylistics and The *Pickwickian Watering-pot*. In Baker P. (ed.) *Contemporary Corpus Linguistics*. London: Continuum, 47–63.

Mahlberg, M. 2010. Corpus Linguistics and the Study of Nineteenth-Century Fiction. *Journal of Victorian Culture*, 15 (2): 292–298.

Mahlberg, M. 2012a. Corpus Analysis of Literary Texts. In Chapelle, C. A.(ed.) *The Encyclopedia of Applied Linguistics*. Oxford: Wiley-Blackwell.

Mahlberg, M. 2012b. Corpus Stylistics, Dickens, Text-Drivenness and the Fictional World. In John, J. (ed.) *Essays and Studies on Dickens and Modernity*. Woodbridge: Boydell & Brewer, 94–114.

Mahlberg, M. 2012c. Dickens, The Suspended Quotation and the Corpus. *Language and Literature*, 21(1): 51–65.

Mahlberg, M. 2012d. The Corpus Stylistic Analysis of Fiction—or the Fiction of Corpus Stylistics? In Huber, M. & J. Mukherjee. (eds.) *Corpus Linguistics and Variation in English: Theory and Description*. Amsterdam: Rodopi, 77–95.

Mahlberg, M. 2013. *Corpus Stylistics and Dickens's Fiction*. London & New York: Routledge.

Mahlberg, M. 2014. Corpus Stylistics. In Burke, M. (ed.) *Routledge Handbook of Stylistics*. London: Routledge, 378–392.

Mahlberg, M. 2015. Corpus Stylistics. In Sotirova, V.(ed.) *The Bloomsbury Companion to Stylistics*. New York: Bloomsbury Publishing, 139–156.

Mahlberg, M. & Smith, C. 2010. Corpus Approaches to Prose Fiction: Civility and body language in *Pride and Prejudice*. In McIntyre, D. & B. Busse. (eds.) *Language and Style*. Basingstoke: Palgrave Macmillan, 449–467.

Mahlberg, M. & McIntyre, D. 2011. A Case for Corpus Stylistics. *English Text Construction*, 4(2): 204–227.

Mahlberg, M., Conklin, K. & Bisson, M. J. 2014. Reading Dickens's Characters: Employing Psycholinguistic Methods to Investigate the Cognitive Reality of Patterns in Texts. *Language and Literature*, 23(4): 369–388.

Mahlberg, M., Joode, J., Smith, C., Stockwell, P. J. & O'Donnell, M. 2016. CLiC Dickens—Novel Uses of Concordances for the Integration of Corpus Stylistics and Cognitive Poetics. *Corpora*, 11(3): 433–463.

Mahlberg, M. & Stockwell, P. 2016. Point and CLiC: Teaching Literature with Corpus Stylistic Tools. In Burke, M., Fialho, O. & S. Zyngier. (eds.) *Scientific Approaches to Literature in Learning Environments*. New York: John Benjamins, 253.

Mahlberg, M. & Wiegand, V. 2019. Corpus Stylistics, Norms and Comparisons: Studying Speech in *Great Expectations*. In Page, R., Busse, B. & N. Nørgaard (eds.) *Rethinking Language, Text and Context: Interdisciplinary Research in Stylistics*. New York: Routledge.

Mao, Z., Li, N. & Xue, J. 2014. Corpus Functional Stylistic Analysis of Modal Verbs in *Major Barbara* and Its Chinese Versions. *Theory and Practice in Language Studies*, (4): 70–78.

Margolin, M. 2011. Necessarily a Narrator or Narrator if Necessary: A Short Note on a Long Subject Words. *Journal of Literary Semantics*, 40(1): 43–57.

Marlar L. S. 2010. Capturing the Dynamics of Narrative Development in an Oral Storytelling Performance: A Multimodal Perspective. *Language and Literature*, 19(4): 357–377.

Marley, C. 2008. Truth Values and Truth-Commitment in Interdiscursive Dating Ads. *Language and Literature*, 17(2): 137–154.

Marszalek, A. 2013. "It's not Funny out of Context!": A Cognitive Stylistic Approach to Humorous Narratives. In Dynel, M. (ed.) *Developments in Linguistic Humour Theory*. Amsterdam: Benjamins, 393–421.

Martin, J. R. 1992. *English Text: System and Structure*. Amsterdam: John Benjamins Publishing Company.

Martin, J. R. & Rose, D. 2002. *Working with Discourse: Meaning Beyond the Clause*. London: Continuum.

Martin, J. R. & Rose, D. 2008. *Procedures and Procedural Recounts. Genre Relations: Mapping Culture*. London: equinox.

Martin, J. R. & White, P. R. 2005. The *Language of Evaluation: Appraisal in English*. Basingstoke: Palgrave Macmillan.

Martin, W. 2005. Stylistics: Corpus Approach. Online Available. http://www.pala.ac.uk/resources/sigs/corpus-style/Corpora_stylistics.pdf. Accessed 10 May, 2013.

Martindale, C. & Dailey, A. 1995. I. A. Richards Revisited: Do People Agree in Their Interpretations of Literature? *Poetics*, 23 (4): 299–314.

McArthur, T., Lam-McArthur, J. & Fontaine, L. 2018. *The Oxford Companion to the English Language*. Oxford: Oxford University Press.

McCarthy, M & O'Keefe, A. 2010. Historical Perspective: What are Corpora and How Have They Evolved? In McCarthy, M. & A. O'Keefe. (eds.) *The Routledge Handbook of Corpus Linguistics*. Abingdon: Routledge, 3–13.

McIntyre, D. 2008. Integrating Multimodal Analysis and the Stylistics of Drama: A Multimodal Perspective on IanMcKellen's *Richard III*. *Language and Literature*, 17(4): 309–334.

McIntyre, D. 2011.The Year's Work in Stylistics 2010. *Language and Literature*, 20(4): 347–364.

McIntyre, D. 2012a. Corpus Stylistics in the Classroom. In Burke, M., Csabi, S., Week, L. & J. Zerkowitz. (eds.) *Pedagogical Stylistics: Current Trends in Language, Literature and ELT*. New York: Continuum International publishing group, 113–125.

McIntyre, D. 2012b. Prototypical Characteristics of Blockbuster Movie Dialogue: A Corpus Stylistic Analysis. *Texas Studies in Literature and Language*, 54(3): 402–425.

McIntyre, D. 2012c. The Year's Work in Stylistics 2011. *Language and Literature*, 21(4): 402–415.

McIntyre, D. 2013a. Language and Style in *David Peace's 1974*: A Corpus Informed Analysis. *Style in Fiction Today*, (4): 133–146.

McIntyre, D. 2013b. The Year's Work in Stylistics 2012. *Language and Literature*, 22(4): 333–347.

McIntyre, D. 2015. Towards an Integrated Corpus Stylistics. *Topics in Linguistics*, 16(1): 59–68.

McIntyre, D. & Deixis, C. 2007. The Construction of Viewpoint. In Lambrou M. & P. Stockwell. (eds.) *Contemporary Stylistics*. London: Continuum, 118–130.

McIntyre, D. & Archer, D. 2010. A Corpus-Based Approach to Mind Style. *Journal of Literary Semantics*, 39(2): 167–182.

McIntyre, D. & Busse, B. (eds.) 2010. *Language and Style*. London: Red Globe Press.

McIntyre, D & Culpeper, J. 2010. Activity Types, Incongruity and Humour in Dramatic Discourse. In McIntyre, D. & B. Busse. (eds.) *Language and style*. London: Palgrave, 204–222.

McIntyre, D. & Walker, B. 2010. How Can Corpora Be Used to Explore the Language of Poetry and Drama? In O'Keeffe, A. & M. McCarthy. (eds.) *The Routledge Handbook of Corpus Linguistics*. Abingdon: Routledge, 516–530.

McIntyre, D. & Walker, B. 2011. Discourse Presentation in Early Modern English Writing: A Preliminary Corpus-Based Investigation. *International Journal of Corpus Linguistics*, 16(1): 101–130.

McIntyre, D. & Walker, B. 2019. *Corpus Stylistics: Theory and Practice*. Edinburgh: Edinburgh University Press.

Miall, D. S. 2001. Sounds of Contrast: An Empirical Approach to Phonemic Iconicity. *Poetics*, 29(1): 55–70.

Miall, D. S. 2005. Beyond Interpretation: The Cognitive Significance of Reading. In Petterson, B. et al. (eds.) *Cognition and Literary Interpretation in Practice*. Helsinki: University of Helsinki Press, 129–156.

Miall, D.S. 2011. Emotions and the Structure of Narrative Responses. *Poetics Today*, 32(3): 323–348.

Miall, D. S. & Kuiken, D. 1994. Foregrounding, Defamiliarization, and Affect: Response to Literary Stories. *Poetics*, 22(5): 389–407.

Miall, D. S. & Kuiken, D. 1998. The Form of Reading: Empirical Studies of Literariness. *Poetics*, 25(6): 327–341.

Miall, D. S. & Kuiken, D. 2001. Shifting Perspectives: Readers' Feelings and Literary Response. In van Peer, W. & S. Chatman. (eds.) *New Perspectives on Narrative Perspective*. Albany, NY: State University of New York Press, 289–301.

Mildorf, J. & Kinzel, T.(eds.) 2016. *Audionarratology: Interfaces of Sound and Narrative*. Berlin and Boston: De Gruyter.

Milic, L. T. 1967. *A Quantitative Approach to the Style of Jonanthan Swift*. The Hague: Mouton.

Millis, K. K. 1995. Encoding Discourse Perspective during the Reading of a Literary Text. *Poetics*, 23: 235–253.

Mills, S. 1992. Knowing Y/our Place: Towards a Marxist Feminist Contextualised Stylistics. In Toolan, M. (ed.) *Language, Text and Context: Essays in Stylistics*. London: Routledge, 182–207.

Mills, S. 1994. Close Encounters of a Feminist Kind: Transitivity Analysis and Pop Lyrics. In Wales, K. (ed.) *Feminist Linguistics in Literary Criticism*. Woodbridge, England: Boydell and Brewer, 137–156.

Mills, S. 1995. *Feminist Stylistics*. London: Routledge.

Mills, S. 2006. Feminist Stylistics. In Brown, K. (ed.) *Encyclopaedia of Language and Linguistics*. Amsterdam: Elsevier Science, 221–223.

Minsky, M. 1975. A Framework for Representing Knowledge. In Winston, P. H. (ed.) *The Psychology of Computer Vision*. New York: McGraw-Hill, 211–277.

Moder, C. L. 2012. Two Puzzle Pieces: Fitting Discourse Context and Constructions into Cognitive Metaphor Theory. In Dancygier, B., Sanders, J. & L. Vandelanotte. (eds.) *Textual Choices in Discourse: A View from Cognitive Linguistics*. Amsterdam: John Benjamins, 157–184.

Montoro, R. 2007. Stylistics of Cappuccino Fiction: A Socio-cognitive Perspective. In Lambrou, M. & P. Stockwell. (eds.) *Contemporary Stylistics*. London: Continuum, 68–80.

Montoro, R. 2010. A Multimodal Approach to Mind Style: Semiotic Metaphor vs. Multimodal Conceptual Metaphor. In Page, R. (ed.) *New Perspectives on Narrative and Multimodality*. London & New York: Routledge, 45–63.

Montoro, R. 2011. Multimodal Realisations of Mind Style in *Enduring Love*. In Piazza, R., Bednarek, M. & F. Rossi. (eds.) *Telecinematic Discourse: Approaches to the Language of Films and Television Series*. Amsterdam: John Benjamins, 69–84.

Montoro, R. 2012. *Chick Lit: The Stylistics of Cappuccino Fiction Chick lit: the stylistics of cappuccino fiction*. London: Bloomsbury.

Montoro, R. 2015. Years' Work in Stylistics. *Language and Literature*, 24(4): 355–372.

Montoro, R. & McIntyre, D. 2018. Subordination as a Potential Marker of Complexity in Serious and Popular Fiction: A Corpus Stylistic Approach to the Testing of Literary Critical Claims. *Corpora*, 14(3): 275–299.

Morini, M. 2013. Towards a Musical Stylistics: Movement in Kate Bush's *Running Up That Hill*. *Language and Literature*, 22(4): 283–297.

Mueller, R. 2010. Critical Analysis of Creative Metaphors in Political Speeches. In Low, G., Todd, Z., Deignan, A. & L. Cameron. (eds.) *Researching and Applying Metaphor in the Real World*. Amsterdam: John Benjamins, 321–332.

Muhammed, M. M. 2016. Beyond the Law of Transitivity: A Functional Stylistic Study of Maya Angelou's I Know Why the Caged Bird Sings. *Journal of Literary Semantics*, (4): 188–197.

Mukařovský, J. 1958. Standard Language and Poetic Language. In Garvin, P. L. (ed.) *A Prague School Reader on Esthetics: Literary Structure and Style*. Washington D. C.: Georgetown University Press, 17–30.

Murry, J. M. 1930. *The Problem of Style*. Oxford: Oxford University Press.

Nagy, G. T. 2005. *A Cognitive Theory of Style*. New York: Peter Lang Pub Inc.

Nelson, M. 2010. Building a Written Corpus: What are the Basics? In O'Keeffe, A. & M. McCarthy. (eds.) *The Routledge Handbook of Corpus Linguistics*. Abingdon: Routledge, 81–93.

Nørgaard, N. 2009. The Semiotics of Typography in Literary Texts: A Multimodal Approach. *Orbis Litterarum*, 64(2): 141–160.

Nørgaard, N. 2010a. Multimodality and the Literary Text: Making Sense of Safran Foer's *Extremely Loud and Incredibly Close*. In Page, R. (ed.) *New Perspectives on Narrative and Multimodality*. London & New York: Routledge, 115–126.

Nørgaard, N. 2010b. Multimodality: Extending the Stylistic Tool Kit. In Busse, B. & D. McIntyre. (eds.) *Language and Style*. Basingstoke: Palgrave, 433–448.

Nørgaard, N. 2010c. Multimodal Stylistics: The Happy Marriage of Stylistics and Semiotics. In Hamel, S. C. (ed.) *Semiotics: Theory and Applications*. New York: Nova Science Publishers, 255.

Nørgaard, N. 2011a. Teaching Multimodal Stylistics. In Jeffries, L. & D. McIntyre. (eds.) *Teaching Stylistics*. Basingstoke: Palgrave Macmillan, 36–45.

Nørgaard, N. 2011b. The Happy Marriage Between Stylistics and Semiotics. In Hamel, S. C. (ed.) *Semiotics: Theory and Applications*. New York: Nova Science Publishers Inc., 255–260.

Nørgaard, N. 2014. Multimodality and Stylistics. In Burke, M. (ed.) *The Routledge Handbook of Stylistics*, 471–484.

Nørgaard, N. 2018. *Multimodal Stylistics of the Novel: More than Words*. Abingdon: Taylor and Francis.

Nørgaard, N. 2019. *Multimodal Stylistics of the Novel: More Than Words*. New York/London: Routledge.

Nørgaard, N., Montoro, R. & Busse, B. 2010. *Key Terms in Stylistics*. London: Continuum.

Nuttall, L. 2014. Constructing a Text World for *The Handmaid's Tale*. In Harrison, C, Nuttall, L., Stockwell, P. & W. J. Yuan. (eds.) *Cognitive Grammar in Literature*. Amsterdam, The Netherlands and Philadelphia, PA: John Benjamins, 83–100.

Nuttall, L. 2018. *Mind Style and Cognitive Grammar: Language and Worldview in Speculative Fiction*. London: Bloomsbury.

O' Halloran, K. L. 1999. Towards a Systemic Functional Analysis of Multisemiotic Mathematics Texts. *Semiotica*, 124(1/2): 1–29.

O' Halloran, K. L. 2003. Intersemiosis in Mathematics and Science: Grammatical Metaphor and Semiotic Metaphor. In Simon-Vandenbergen, A. M., Taverniers, M. & L. Ravelli, (eds.) *Grammatical Metaphor: Views from Systemic Functional Linguistics*. Amsterdam: John Benjamins, 337–365.

O' Halloran, K. L. (ed.) 2004. *Multimodal Discourse Analysis: Systemic Functional Perspectives*. London/ New York: Continuum.

O'Halloran, K. L. 2007. The Subconscious in James Joyce's "Eveline": A Corpus Stylistic Analysis That Chews on the "Fishhook". *Language and Literature*, 16(3): 227–244.

O'Halloran, K. L. 2011. Investigating Argumentation in Reading Groups: Combining Manual Qualitative Coding and Automated Corpus Analysis Tools. *Applied Linguistics*, 32(2): 172–179.

O'Toole, M. 1988. Henry Reed and What Follows the "Naming of Parts". In Birch, D. & M. O'Toole. (eds.) *Functions of Style*. London: Printer Publishers, 12–30.

O'Toole, M. 1994. *The Language of Displayed Art*. London: Leicester University Press.

Oakley, T. & Hougaard, A. R. (eds.) 2008. *Mental Spaces in Discourse and Interaction*. Amsterdam & Philadelphia: John Benjamins Pub.

Oatley, K. 2011. The Reader and the Space-In-Between. *Style*, 45(2): 330–332.

Oatley, K., Mar, R. A. & Djikic, M. 2012. The Psychology of Fiction: Present and Future. In Jaén, I. & J. J. Simon. (eds.) *Cognitive Literary Studies: Current Themes and New Directions*. Austin: University of Texas Press, 235–249.

Ogden, C. K. & Richards, I. A. 1923. *The Meaning of Meaning: A Study of the Influence of Language upon Thought and of the Science of Symbolism*. Cambridge: University of Cambridge.

Ohmann, R. 1964. Generative Grammars and the Concept of Literary Style. *Word*, (20): 423–439.

Ohmann, R. 1970. Generative Grammars and the Concept of literary Style. Reprinted in Freeman D. C. (eds.) *Linguistics and Literary Style*. New York: Holt, Rinehart and Winston, 258–278.

O'Keeffe, A. & McCarthy, M. (eds.) 2010. *The Routledge Handbook of Corpus Linguistics*. Abingdon: Routledge.

Page, R. 2003. Feminist Narratology? Literary and Linguistic Perspectives on Gender and Narrativity. *Language and Literature*, 12 (1): 43–56.

Page, R. 2006. *Literary and Linguistic Approaches to Feminist Narratology*. New York: Palgrave MacMillan.

Page, R. 2007a. *Bridget Jones's Diary* and Feminist Narratology. In Lambrou, M. & P. Stockwell. (eds.) *Contemporary Stylistics*. London: Continuum, 93–105.

Page, R. 2007b. Gender. In Herman, D. (ed.) *The Cambridge Companion to Narrative*. Cambridge: Cambridge University Press, 189–202.

Page, R. (ed.) 2009. *New Perspectives on Narrative and Multimodality*. London & New York: Routledge.

Paine, T. 1986 [1776]. *Common Sense*. New York: Penguin Books.

Palmer, A. 2007. Attribution Theory: Action and Emotion in Dickens and Pyncheon. In Lambrou, M. & P. Stockwell. (eds.) *Contemporary Stylistics*. London: Continuum, 82–92.

Palmer, A. 2010. *Social Minds in the Novel*. Columbus: Ohio State University Press.

Palmer, A. 2011. Social Minds in Fiction and Criticism. *Style*, 45(2): 196–240.

Pandit, L. & Hogan, P. C. 2006. Introduction: Morsels and Modules: On Embodying Cognition in Shakespeare's Plays. *College Literature*, 33(1): 1–13.

Partington, A. 2003. *The Linguistics of Political Argument: The Spin-doctor and the Wolf-pack at the White House*. London: Routledge.

Partington, A. 2004. Utterly Content in Each Other's Company: Semantic Prosody and Semantic Preference. *International Journal of Corpus Linguistics*, 9(1): 131–156.

Pascual, E. 2008. Fictive Blends in Everyday Life and Courtroom Settings. In Oakley, T. & A. Hougaard. (eds.) *Mental Spaces in Discourse and Interaction*. Amsterdam: Benjamins, 79–108.

Pebrianti, S., Syaifullah, A. & Sudana, D. 2020. Sexual Harassment Against Women on German Online Media: Ideology and Cultural Study. *Proceedings of the 1st International Conference on Language and Language Teaching, ICLLT 2019, 12 October*, Magelang, Central Java, Indonesia.

Peplow, D. 2011. "Oh, I've Known a Lot of Irish People": Reading Groups and the Negotiation of Literary Interpretation. *Language and Literature*, 20(4): 295–315.

Peplow, D. 2016. *Talk About Books: A Study of Reading Groups*. London: Bloomsbury.

Peplow, D. & Carter, R. 2014. Stylistics and Real Readers. In Burke, M. (ed.) *Routledge Handbook of Stylistics*. London: Routledge, 440–454.

Perelman, C. 1984. The New Rhetoric and the Rhetoricians: Remembrances and Comments. *Quarterly Journal of Speech*, 70(2): 188–196.

Perelman, C. 2001. The New Rhetoric: A Theory of Practical Reasoning. In Bizzell, P. & B. Herzberg. (eds.) *The Rhetorical Tradition*. New York: Bedford Books, 1384–1409.

Piaget, J. 1925/1960. *The Language and Thought of the Child*. London: Routledge.

Piazza, R. 2010. Voice-Over and Self-Narrative in Film: A Multimodal Analysis of Antonioni's *When Love Fails* (Tentato Suicidio). *Language and Literature*, 19(2):173–195.

Piazza, R. 2011. Pragmatic Deviance in Realist Horror Films: A Look at Films by Argento and Fincher. In Piazza, R., Bednarek, M. & F. Rossi. (eds.) *Telecinematic Discourse: Approaches to the Language of Films and Television Series*. Amsterdam: John Benjamins, 85–104.

Piazza, R., Bednarek, M. & Rossi, F. (eds.) 2011. *Telecinematic Discourse: Approaches to the Language of Films and Television Series*. Amsterdam: John Benjamins.

Pickering, M. 2001. *Stereotyping: The Politics of Representation*. Houndmills: Palgrave.

Piquer-Piriz, A. M. 2008. Young Learners' Understanding of Figurative. In Zanotto, M. S., Cameron, L. & M. C. Cavalcanti. (eds.) *Confronting Metaphor in Use: An Applied Linguistic Approach*. Amsterdam: John Benjamins Publishing, 183.

Pratt, M. 1977. *Towards A Speech Act Theory of Literary Discourse*. Bloomington: Indiana University Press.

Price, H. & McIntyre, D. 2018. Straight Talking Money: A Corpus Assisted Critical Discourse Analysis of Payday Loans Websites. *IVACS 2018 Wednesday 13th June*, 48.

Prince, G. 2003. *A Dictionary of Narratology*. Revised edition. Lincoln: University of Nebraska Press.

Puttenham, G. 1589/1970. *Arte of English Poesie*. A facsimile reproduction. Intro. Baxter.

Raskin, V. 1985. *Semantic Mechanisms of Humor*. Dordrecht: D. Reidel Publishing.

Rayson, P. 2008. From Key Words to Key Semantic Domains. *International Journal of Corpus Linguistics*, 13(4): 519–549.

Reali, F. 2020. Emotion Metaphors in James Joyce's *A Portrait of the Artist as a Young Man*. *Journal of Literary Semantics*, 49(1): 41–60.

Reppen, R. 2010. Building a Corpus: What are the Key Considerations? In O'Keeffe, A. & M. McCarthy. (eds.) *The Routledge Handbook of Corpus Linguistics*. Abingdon: Routledge, 59–65.

Richards, I. A. 1929. *Practical Criticism: A Study of Literary Judgment*. London: Kegan Paul.

Richards, I. A. 1936. *The Philosophy of Rhetoric*. Oxford: Oxford University Press.

Richardson, A. & Steen, F. F. 2002. Literature and the Cognitive Revolution: An Introduction. *Poetics Today*, 23(1): 1–8.

Richardson, K. 2010. Multimodality and the study of popular drama. *Language & Literature*, 19(4): 378–395.

Riffaterre, M. 1959. Criteria for Stylistic Analysis. *Word*, 15(1): 154–174.
Rimmon-Kenan, S. 2002. *Narrative Fiction* (2nd edition). London: Routledge.
Ringrow, H. 2016. *The Language of Cosmetics Advertising*. Basingstoke: Palgrave Macmillan.
Ross, D. 1973. Beyond the Concordance: Algorithms for Description of English Clauses and Phrases. In Aitken, A. J., Bailey, R. W. & N. Hamilton-Smith. (eds.) *The Computer and Literary Style*. Edinburgh: Edinburgh University Press, 85–99.
Rossi, F. 2011. Discourse Analysis of Film Dialogues: Italian Comedy Between Linguistic Realism and Pragmatic Non-Realism. In Piazza, R., Bednarek, M. & F. Rossi. (eds.) *Telecinematic Discourse: Approaches to the Language of Films and Television Series*. Amsterdam: John Benjamins, 21–46.
Royce, T. 1998. Synergy on the Page: Exploring Intersemiotic Complementarity in Page-Based Multimodal Text. *JASFL Occasional Papers*, 1(1): 25–49.
Royce, T. 2002. Multimodality in the TESOL Classroom: Exploring Visual-verbal Synergy. *TESOL Quarterly*, 36(2): 191–212.
Ruano San Segundo, P. 2016. A Corpus-Stylistic Approach to Dickens' Use of Speech Verbs: Beyond Mere Reporting. *Language and Literature*, 25(2): 113–129.
Rundquist, E. 2020. The Cognitive Grammar of Drunkenness: Consciousness Representation in Under the Volcano. *Language and Literature*, (2): 39–56.
Ryan, M. L. 1991. *Possible Worlds, Artificial Intelligence and Narrative Theory*. Bloomington: Indiana University Press.
Salway, A. 2010. The Computer-Based Analysis of Narrative and Multimodality. In Page, R. (ed.) *New Perspectives on Narrative and Multimodality*. London & New York: Routledge, 64–78.
Sanford, A. J & Garrod, S. C. 1981. *Understanding Written Language: Explorations in Comprehension Beyond the Sentence*. Chichester: Wiley.
Sanford, A. J. & Garrod, S. C. 1998. The Role of Scenario Mapping in Text Comprehension. *Discourse Processes*, 26(2): 159–190.
Sanford, A. J. & Emmott, C. 2012. *Mind, Brain and Narrative*. Cambridge: Cambridge University Press.
Schank, R. C. & Abelson, R. P. 1977. *Scripts, Plans, Goals and Understanding*. Hillsdale: Lawrence Erlbaum.
Schneider, R. & Hartner, M. (eds.) 2012. *Blending and the Study of Narrative: Approaches and Applications*. Berlin: de Gruyter.

Schweinitz, J. 2010. Stereotypes and the Narratological Analysis of Film Characters. In Eder, J., Jannidis, F. & R. Schneider. (eds.) *Characters in Fictional Worlds: Understanding Imaginary Beings in Literature, Film and Other Media*. Berlin: de Gruyter, 276–289.

Scott, M. 2010. What Can Corpus Software Do? In O'Keeffe, A. & M. McCarthy. (eds.) *The Routledge Handbook of Corpus Linguistics*. Abingdon: Routledge, 164–179.

Scott, M. 2012. WordSmith Tools version (6.0), Liverpool: Lexical Analysis Software.

Sebeok, T. A. & Norman, A. 1960. Style in Language. *Modern Philology*, 91(4): 379–387.

Semino, E. 1997. *Language and World Creation in Poems and Other Texts*. London and New York: Longman.

Semino, E. 2002. A Cognitive Stylistic Approach to Mind Style in Narrative Fiction. In Semino, E. & J. Culpeper. (eds.) *Cognitive Stylistics: Language and Cognition in Text Analysis*. Amsterdam: John Benjamins, 95–122.

Semino, E. 2006. Mind Style. In Brown, K. (ed.) *Encyclopedia of Language and Linguistics*, Volume 10, Oxford: Elsevier, 142–148.

Semino, E. 2008. *Metaphor in Discourse*. Cambridge: Cambridge University Press.

Semino, E. 2009. Text Worlds. In Brône, G. & J. Vandaele. (eds.) *Cognitive Poetics: Goals, Gains, and Gaps*. New York: de Gruyter, 33–72.

Semino, E. 2010a. Descriptions of Pain, Metaphor, and Embodied Simulation. *Metaphor and Symbol*, 25(4): 205–226.

Semino, E. 2010b. Unrealistic Scenarios, Metaphorical Blends and Rhetorical Strategies across Genres. *English Text Construction*, 3(2): 250–274.

Semino, E. 2010c. Unrealistic Scenarios, Metaphorical Blends, and Rhetorical Strategies Across Genres. *English Text Construction*, 3(2): 250–274.

Semino, E. 2011a. Rethinking "Inferred" Thought Presentation: some reflections on Palmer's "Social Minds". *Style*, 45(2): 296–300.

Semino, E. 2011b. The Adaptation of Metaphors across Genres. *Review of Cognitive Linguistics*, 9(1): 130–152.

Semino, E. 2012. Unrealistic Scenarios, Metaphorical Blends and Rhetorical Strategies across Genres. In Dancygier, B, J. Sanders & L. Vandelanotte. (eds.) *Textual Choices in Discourse: A View from Cognitive Linguistics*. Amsterdam: John Benjamins, 111–136.

Semino, E. & Culpeper, M. J. (eds.) 2002. *Cognitive Stylistics: Language and Cognition in Text Analysis*. Amsterdam: John Benjamins.

Semino, E. & Demjén, Z. 2017a. *The Routledge Handbook of Metaphor and Language*. New York: Routledge.
Semino, E. & Demjén, Z. 2017b. The Cancer Card: Metaphor, Intimacy and Humor in Online Interactions about the Experience of Cancer. In Hampe, B. (ed.) *Metaphor: Embodied Cognition and Discourse*. Cambridge: Cambridge University Press, 181–199.
Semino, E., Demjén, Z., Hardie, A., Payne, S. & Rayson, P. 2018. *Metaphor, Cancer and the End of Life: A Corpus-Based Study*. London: Routledge.
Semino, E & Short, M. 2004. *Corpus Stylistics: Speech, Writing and Thought Presentation in a Corpus of English Writing*. London: Routledge.
Shen, Y. & Aisenman, R. 2008. Heard Melodies Are Sweet, but Those Unheard Are Sweeter': Synaesthetic Metaphors and Cognition. *Language and Literature*, 17(2): 107–121.
Shen, D. 2012. Stylistics in China in the New Century. *Language and Literature*, 21(1): 93–105.
Shen, D. 2014. Stylistics and Narratology. In Burke, M. (ed.) *Routledge Handbook of Stylistics*. London: Routledge, 191–205.
Sherry, R. 2012. *A Treatise of Schemes and Tropes*. Traditional Classics.(Microform).
Short, M. 1989. Discourse Analysis and the Analysis of Drama. In Carter, R. & P. Simpson. (eds.) *Language, Discourse and Literature: An Introductory Reader in Discourse Stylistics*. London: Unwin Hyman, 139–170.
Short, M., 1999. Graphological Deviation, Style Variation and Point of View in *Marabou Stork Nightmares* by Irvine Welsh. *Journal of Literary Studies*, (15): 305–323.
Short, M. 2016. Stylistics and "He Wishes for the Cloths of Heaven" by W. B. Yeats. In Auer, A., González-Díaz, V., Hodson, J. & V. Sotirova.(eds.) *Linguistics and Literary History: In Honour of Sylvia Adamson*. Amsterdam and Philadelphia: John Benjamins, 195–211.
Short, M., Semino, E., McEnery, T., Heywood, J. & McIntyre, D. 2003. A Corpus-Based Investigation into Speech and Thought Presentation in Spoken British English. 23rd Conference of the Poetics and Linguistics Association (http://www.pala2003.boun.edu.tr/program.htm.)
Simpson, E. H. 1949. Measurement of Diversity. *Nature*, 163, 688.
Simpson, P. 1989. Politeness Phenomena in Ionesco's *The Lesson*. In Carter, R. & P. Simpson. (eds.) *Language, Discourse and Literature: An introductory Reader in Discourse Stylistics*. London: Unwin Hyman, 171–193.

Simpson, P. 1993. *Language, Ideology and Point of View*. London: Routledge.
Simpson, P. 2003. *On the Discourse of Satire*. Amsterdam: John Benjamins.
Simpson, P. 2004. *Stylistics: A Resource Book for Students*. London & New York: Routledge.
Simpson, P. 2014a. *Stylistics: A Resource Book for Students*. (Second Edition) Abingdon & New York: Routledge.
Simpson, P. 2014b. Just What Is Narrative Urgency? *Language and Literature*, 23(1): 3–22.
Sinclair, J. M. 2004. *Trust the Text: Language, Corpus and Discourse*. London: Routledge.
Sinclair, J. M., & Coulthard, R. M. 1975. *Towards an Analysis of Discourse: The English Used by Teachers and Pupils*. London: Oxford University Press.
Sklar, H. 2013. *The Art of Sympathy in Fiction: Forms of Ethical and Emotional Persuasion*. Amsterdam: John Benjamins Publishing.
Smith, M. W. A. 1989. Forensic Stylometry: A Theoretical Basis for Further Developments of Practical Methods. *Journal of the Forensic Science Society*, 29 (1): 5–33.
Smith, N. 2020. Conversationalization and Democratization in a radio chat show: A Grammar-led Investigation. *Language Sciences*, http://doi.org/10.1016/j.langsci.2020.101269.
Snow, C. P. 1959. *The Two Cultures and the Scientific Revolution*. New York: Cambridge University Press.
Somers, H. H. 1966. Statistical Methods in Literary Analysis. In Leed, J. (ed.) *The Computer and Literary Style*. Kent, OH: Kent State University Press, 128–140.
Sørensen, J. 2008. Magic among the Trobrianders: Conceptual Mapping in Magical Rituals. *Cognitive Semiotics*, (3): 36–64.
Sorlin, S. 2016a. Language and Manipulation in *House of Cards*. A Pragma-Stylistic Perspective. Houndmills, Basingstoke: Palgrave Macmillan.
Sorlin, S. 2016b. Three Major Handbooks in Three Years: Stylistics as a Mature Discipline. *Language and Literature*, 25(3): 286–301.
Sotirova, V. 2007. Woolf's Experiments with Consciousness in Fiction. In Lambrou, M. & P. Stockwell. (eds.) *Contemporary Stylistics*. London: Continuum, 7–18.
Sotirova, V. (ed.) 2015. *The Bloomsbury Companion to Stylistics*. London and New York: Bloomsbury.
Spizter, L. 1948. *Linguistics and Literary History: Essays in Stylistics*. Princeton: Princeton University Press.

Stamatatos, E., Fakotakis, N. & Kokkinakis, G. 2001. Computer-based Authorship Attribution Without Lexical Measures. *Computers and the Humanities*, 35(2): 193–214.

Starcke, B. 2006. The Phraseology of Jane Austen's *Persuasion*: Phraseological Units as Carriers of Meaning. *ICAME journal*, (30): 87–104.

Starfield, S., Paltridge, B., Mcmurtrie, R., Holbrook, A., Bourke, S., Fairbairn, H., Kiley, M .& Lovat, T. 2015. Understanding the Language of Evaluation in Examiners' Reports on Doctoral Theses. *Linguistics & Education*, (31):130–144.

Sternberg, M. 1978. *Expositional Modes and Temporal Ordering in Fiction*. Baltimore, MD: Johns Hopkins University Press.

Sternberg, M. 2003. Universals of Narrative and Their Cognitivist Fortunes. *Poetics Today*, 24(2): 297–395.

Stockwell, P. J. 2002. *Cognitive Poetics: An Introduction*. London: Routledge.

Stockwell, P. J. 2003. Schema Poetics and Speculative Cosmology. *Language and Literature*, 12 (3): 252–271.

Stockwell, P. J. 2006. On Cognitive Poetics and Stylistics. In Veivo, H., Petterson, B. & M. Polvinen. (eds.) *Cognition and Literary Interpretation in Practice*. Helsinki: University of Helsinki Press, 267–282.

Stockwell, P. J. 2007. Cognitive Poetics and Literary Theory. *Journal of Literary Theory*, 1(1): 135–152.

Stockwell, P. J. 2008a. Cartographies of Cognitive Poetics. *Pragmatics and Cognition*, 16(3): 587–598.

Stockwell, P. J. 2008b. Situating Cognitive Approaches to Narrative Analysis. In Brône, G. & J. Vandaele. (eds.) *Cognitive Poetics: Goals, Gains and Gaps*. Berlin & New York: Mouton de Gruyter, 119–123.

Stockwell, P. J. 2009a. *Texture: A Cognitive Aesthetics of Reading*. Edinburgh: Edinburgh University Press.

Stockwell, P. J. 2009b. The Cognitive Poetics of Literary Resonance. *Language and Cognition*, 1(1): 25–44.

Stockwell, P. J. 2010a. Cognitive Poetics. In Hogan, P. C.(ed.) *Cambridge Encyclopedia of the Language Sciences*. Cambridge: Cambridge University Press, 169–171.

Stockwell, P. J. 2010b. The Eleventh Checksheet of the Apocalypse In McIntyre, D. & B. Busse. (eds.) *Language and Style*. Basingstoke: Palgrave Macmillan, 419–432.

Stockwell, P. J. 2011a. Changing Minds in Narrative. *Style*, 45 (2): 288–291.

Stockwell, P. J. 2011b. Ethics and Imagination in Literary Reading. In Jones, R. (ed.) *Discourse and Creativity*. London: Pearson, 35–51.

Stockwell, P. J. 2013. The Positioned Reader. *Language and Literature*, 22(3): 263–277.

Stockwell, P. J. 2014a. Creative Reading, World and Style in Ben Jonson's "To Celia". Language in the Creative Mind. In Borkent, M., Dancygier, B. & J. Himmell. (eds.) *Language and the Creative Mind*. Stanford: CSLI Publications, 157–172.

Stockwell, P. J. 2014b. War, Worlds and Cognitive Grammar. In Harrison, C., Nuttall, L., Stockwell, P. & W. Yuan. (eds.) *Cognitive Grammar in Literature*. New York: Benjamins, 18–34.

Stockwell, P. J. 2015. Cognitive Stylistics. In Jones, R. H. (ed.) *The Routledge Handbook of Language and Creativity*. London & New York: Routledge, 218–230.

Stockwell, P. J. 2016. The Texture of Authorial Intention. In Gavins, J. & E. Lahey. (eds.) *World Building: Discourse in the Mind*. New York: Bloomsbury: 147–164.

Stockwell, P. J. & Whiteley, S. (eds.) 2014. *The Cambridge Handbook of Stylistics*. Cambridge: Cambridge University Press.

Stockwell, P. J. & Mahlberg, M. 2015. Mind-Modelling with Corpus Stylistics in *David Copperfield. Language and Literature*, 24(2): 129–147.

Stubbs, M. 2005. Conrad in the Computer: Examples of Quantitative Stylistic Methods. *Language and Literature*, 14(1): 5–24.

Sunderland, J. & McGlashan, M. 2012. The Linguistic, Visual and Multimodal Representation of Two-Mum and Two-Dad Families in Children's Picturebooks. *Language and Literature*, 21(2): 189–210.

Swann, J. & Allington, D. 2009. Reading Groups and the Language of Literary Texts: A Case Study in Social Reading. *Language and Literature*, 18(3): 247–264.

Sweetser, E. & Sizemore, M. 2008. Personal and Interpersonal Gesture Spaces: Functional Contrasts in Language and Gesture. In Tyler, A., Kim, Y. & M. Takada. (eds.) *Language in the Context of Use: Discourse and Cognitive Approaches to Language*. Berlin: Mouton de Gruyter, 25–52.

Tabata, T. 2002. Investigating Stylistic Variation in Dickens Through Correspondence Analysis of Wordclass Distribution. In Saito, T., Nakamura, J. & S. Yamazaki. (eds.) *English Corpus Linguistics in Japan*. Amsterdam: Rodopi, 165–182.

Tabbert, U. 2016. *Language and Crime: Constructing Offenders and Victims in Newspaper Reports*. Houndmills, Basingstoke: Palgrave Macmillan.

Tan, Y. S. 2009. *Construal Across Languages: A Cognitive Linguistic Approach to Translation*. Shanghai: Shanghai Foreign Language Education Press.

Tao, S. L. 2019. Recreating the Image of a "Chaste Wife": Transitivity in Two Translations of Chinese Ancient Poem "Jie Fu Yin". *Theory and Practice in Language Studies*, 9(11): 1433–1441.

Tay, D. 2011. Therapy is a Journey as a Discourse Metaphor. *Discourse Studies*, 13(1): 47–68.

Taylor, T. J. 1980. *Linguistic Theory and Structural Stylistics*. Oxford: Pergamon Press.

Terkourafi, M. & Petrakis, S. 2010. A Critical Look at the Desktop Metaphor 30 Years on. In Low, G., Todd, Z., Deignan, A. & L. Cameron. (eds.) *Researching and Applying Metaphor in the Real World*. Amsterdam: John Benjamins, 145–164.

Thorne, J. P. 1965. Stylistics and Generative Grammars. *Journal of Linguistics*, 1(1): 49–59.

Thorne, J. P. 1970. Generative Grammar and Stylistic Analysis. In Lyons, J. (ed.) *New Horizons in Linguistics*. Harmondsworth: Penguin, 185–197.

Thorne, J. P. 1981. Generative Grammar and Stylistic Analysis. In Freeman, D. C. (ed.) *Essays in Modern Stylistics*. London and New York: Mathuen, 42–52.

Tissari, H. 2010. Love, Metaphor and Responsibility: Some Examples from Early Modern and Present-Day English Corpora. In Low, G., Todd, Z., Deignan, A. & L. Cameron. (eds.) *Researching and Applying Metaphor in the Real World*. Amsterdam: John Benjamins, 125–144.

Todorov, T. 1971. *The Poetics of Prose*. Trans. R. Howard. Ithaca. NY: Cornell University Press.

Toolan, M. 1989a. Analysing Conversation in Fiction: An Example from Joyce's Portrait. In Carter, R. & P. Simpson. (eds) *Language, Discourse and Literature: An introductory Reader in Discourse Stylistics*. London: Unwin Hyman, 194–211.

Toolan, M. 1989b. *Language in Literature: An Introduction to Stylistics*. London: Hodder Arnold.

Toolan, M. 1990. *The Stylistics of Fiction: A Literary-Linguistic Approach*. Abingdon: Routledge.

Toolan, M. 2001. *Narrative: A Critical Linguistic Introduction*. London: Routledge.

Toolan, M. 2009. *Narrative Progression in Short Story: A Corpus Based Approach*. Amsterdam and Philadelphia: John Benjamins.

Toolan, M. 2010. Electronic Multimodal Narratives and Literary Form. In Page, R. (ed.) *New Perspectives on Narrative and Multimodality*. London & New York: Routledge, 141–155.

Toolan, M. 2011. I Don't Know What They're Saying Half the Time But I'm Hooked on the Series: Incomprehensible Dialogue and Integrated Multimodal Characterisation in *The Wire*. In Piazza, R., Bednarek, M. & F. Rossi. (eds.) *Telecinematic Discourse: Approaches to the Language of Films and Television Series*. Amsterdam: John Benjamins, 161–184.

Toolan, M. 2014. Stylistics and Film. In Burke, M. (ed.) *The Routledge Handbook of Stylistics*. London & New York: Routledge, 455–470.

Toolan, M. 2016. *Making Sense of Narrative Text: Situation, Repetition, and Picturing in the Reading of Short Stories*. London & New York: Routledge.

Toolan, M. 2018. Stylistics. In Richter, D. H. (ed.) *A Companion to Literary Theory*. Chichester: John Wiley & Sons Ltd., 60–71.

Toolan, M. & Weber, J. J. 2005. Introduction: Preamble. *European Journal of English Studies*, 9(2): 107–115.

Toulmin, S. E. 1958/2003. *The Uses of Argument*. Cambridge: Cambridge University Press.

Tribble, C. 2010. What Are Concordances and How Are They Used. In O'Keeffe A. & M. McCarthy. (eds.) *The Routledge Handbook of Corpus Linguistics*. Abingdon: Routledge, 167–183.

Trimarco, P. 2014. Stylistics and Hypertext Fiction. In Burke, M. (ed.) *The Routledge Handbook of Stylistics*. London: Routledge, 500.

Tsur, R. 1992. *Toward a Theory of Cognitive Poetics*. Amsterdam: North-Holland.

Tsur, R. 2002. Aspects of Cognitive Poetics. In Semino, E. & J. Culpeper. (eds.) *Cognitive Stylistics: Language and Cognition in Text Analysis*. Amsterdam: John Benjamins, 279–318.

Tsur, R. 2003. *On the Shore of Nothingness: A Study in Cognitive Poetics*. Exeter, UK: Imprint Academic.

Tsur, R. 2008. *Toward a Theory of Cognitive Poetics* (2nd expanded and updated edition). Brighton and Portland, OR: Sussex Academic Press.

Tsur, R. 2012a. *Playing by Ear and the Tip of the Tongue: Precategorial Information in Poetry*. Amsterdam: John Benjamins.

Tsur, R. 2012b. *Poetic Rhythm: Structure and Performance: An Empirical Study in Cognitive Poetics*. Vester Skerninge: Apollo Books.

Turci, M. 2007. The Meaning of "Dark" in Joseph Conrad's *Heart of Darkness*. In Miller, D. R. & M. Turci. (eds.) *Language and Verbal Art Revisited: Linguistic Approaches to the Study of Literature*. Sheffield: Equinox Publishing, 97–114.

Turner, M. 1991. *Reading Minds: The Study of English in the Age of Cognitive Science*. Princeton, NJ: Princeton University Press.

Turner, M. 1996. *The Literary Mind*. Chicago and London: The University of Chicago Press.

Turner, M. 2004. The Ghost of Anyone's Father. In, Bradshaw G., Bishop, T. & M. Turner. (eds.) *The Shakespearean International Yearbook 4*. Aldershot: Ashgate Publishing, 72–97.

Tyler, A., Kim, Y. & Takada, M.(eds.) 2008. *Language in the Context of Use: Discourse and Cognitive Approaches to Language*. Berlin: Mouton de Gruyter.

van Leeuwen, T. 2005. Typographic Meaning. *Visual Communication*, 4(2): 137–143.

van Leeuwen, T. 2006. Towards a Semiotics of Typography. *Information Design Journal & Document Design*, 14(2): 139–155.

van Leeuwen, T. 2011. *The Language of Color: An Introduction*. London: Routledge Publishing Co.

van Peer, W. 1986. *Stylistics and Psychology: Investigations of Foregrounding*. London: Croom Helm.

van Peer, W. 1989. Quantitative Studies of Style: A Critique and an Outlook. *Computers and the Humanity*, 23(4): 301–307.

van Peer, W. 2001. Justice in Perspective. In Chatman, S. & W. van Peer. (eds.) *New Perspectives on Narrative Perspective*. Albany: State University of New York, 325–336.

van Peer, W. (ed.) 2007. Introduction to Foregrounding: a state of the art. *Language and Literature*, 16(2): 99–104.

van Peer, W., Hakemulder, F. & Zyngier, S. 2007. Lines on Feeling: Foregrounding, Aesthetics and Meaning. *Language and Literature*, 16 (2): 197–213.

van Peer, W., Hakemulder, J. & Zyngier, S. 2012. *Scientific Methods for the Humanities*. Amsterdam: Benjamins.

Van't Jagt, R. K., Hocks, J. C., Dorleijn, G. J. & Hendriks, P. 2014. Look before You Leap: How Enjambment Affects the Processing of Poetry. *Scientific Study of Literature*, 4(1): 3–24.

Vandelanotte, L. 2012. Where am I, Lurking in What Place of Vantage? The Discourse of Distance in John Banville's Fiction. In Dancygier, B.,

Sanders, J. & L. Vandelanotte. (eds.) *Textual Choices in Discourse: A View from Cognitive Linguistics*. Amsterdam: John Benjamins, 63–85.

Vandergrift, L. 1993. Facilitating Second Language Listening Comprehension. *ELT Journal*, (3): 168.

Veivo, H., Pettersson, B. & Polvinen, M. (eds.) 2005. *Cognition and Literary Interpretation in Practice*. Helsinki: Yliopistopaino.

Verdonk, P. 2002. *Stylistics*. Oxford: Oxford University Press.

Voice, M. & Whiteley, S. 2019. Y'all Don't Wanna Hear Me, You Just Wanna Dance': A Cognitive Approach to Listener Attention in OutKast's Hey Ya!. *Language and Literature*, 28 (1): 7–22.

Vuust, P. & Roepstorff, A. 2008. Listen up! Polyrhythms in Brain and Music. *Cognitive Semiotics*, (3): 134–158.

Wales, K. 1989. *A Dictionary of Stylistics*. London: Longman.

Wales, K. (ed.) 1994. *Feminist Linguistics in literary criticism*. Woodbridge, England: Boydell and Brewer.

Wales, K. 2001/2011. *A Dictionary of Stylistics* (the third edition). Harlow, Essex: Pearson Education Ltd.

Wales, K. 2012. A Celebration of Style: Retrospect and Prospect. *Language and Literature*, 21(1): 9–11.

Walsh, C. 2007. Schema Poetics and Crossover Fiction. In Lambrou M. & P. J. Stockwell. (eds.) *Contemporary Stylistics*. London: Continuum, 106–117.

Wareing, S. 1994. And Then He Kissed Her: The Reclamation of Female Characters to Submissive Roles. In Wale, K. (ed.) *Feminist Linguistics in Literary Criticism*. Woodbridge: Boydell and Brewer, 117–136.

Weber, J. J. 1996. *A Stylistic Reader: from Roman Jakobson to the Present*. Amsterdam-Atlanta, GA: Rodopi.

Werth, P. 1995a. How to Build a World (in a Lot Less Than Six Days and Using Only What's in Your Head). In Green, K. (ed.) *New Essays on Deixis: Discourse, Narrative, Literature*. Amsterdam: Rodopi, 49–80.

Werth, P. 1995b. "World Enough and Time": Deictic Space and the Interpretation of Prose. In Verdonk, P. & J. J. Weber. (eds.) *Twentieth Century Fiction: From Text to Context*. London: Routledge, 181–205.

Werth, P. 1999. *Text Worlds: Representing Conceptual Space in Discourse*. Harlow: Longman.

West, D. 2013. *I. A. Richards and the Rise of Cognitive Stylistics*. New York: Bloomsbury.

Whately, R. 1964. *Elements of Rhetoric*: London: Bibliolife.

Whiteley, S. 2010. *Text World Theory and the Emotional Experience of Literary Discourse*. Sheffield: University of Sheffield.
Whiteley, S. 2011a. Text World Theory, Real Readers and Emotional Responses to *The Remains of the Day*. *Language and Literature*, 20(1): 23–42.
Whiteley, S. 2011b. Talking about "An Accommodation": The Implications of Discussion Group Data for Community Engagement and Pedagogy. *Language and Literature*, 20(3): 236–256.
Widdowson, H. G. 1975. *Stylistics and the Teaching of Literature*. London: Longman.
Widdowson, H. G. 1992. *Practical Stylistics*. London: Oxford University Press.
Williams, R. F. 2008. Guided Conceptualizations: Mental Spaces in Instructional Discourse. In Oakley, T. & A. Hougaard. (eds.) *Mental Spaces in Discourse and Interaction*. Amsterdam: Benjamins, 209–234.
Wilson, T. 1560/2009. *Arte of Rhetorique*. London: BiblioLife.
Winter, W. 1969. Styles as Dialects. In Doležel, L. & W. B. Richard. (eds.) *Statistics and Style*. New York: American Elsevier Publishing Company, INC, 3–9.
Wright, L & Hope, J. 1996. *Stylistics: A practical Coursebook*. London: Routledge.
Wynne, M. 2006. Stylistics: Corpus Approaches. In Brown, K. (ed.) *Encyclopedia of Language and Linguistics*, 12(2): 223–226.
Yule, G. U. 1938. On Sentence Length as a Statistical Characteristic of Style in Prose with Application to Two Cases of Disputed Authorship. *Biometrika*, 30: 363–390.
Yule, G. U. 1944. *The Statistical Study of Literary Vocabulary*. Cambridge: Cambridge University Press.
Zanotto, M. S., Cameron, L. & Cavalcanti, M. C. (eds.) 2008. *Confronting Metaphor in Use: An Applied Linguistic Approach*. Amsterdam: John Benjamins Publishing.
Zettelmann, E. 2017. Narrativity and World-Building in the Lyric. 7th Conference of the International Association of Literary Semantics.
Zhang, P. 2010. The Strength of the Feminist Discourse—Feminist Stylistic Analysis of *A Jury of Her Peers*. *Journal of Beijing International Studies University*, (4): 54–57, 81.
Zhang, Y. C. 2017. Transitivity Analysis of Hillary Clinton's and Donald Trump's First Television Debate. *International Journal of Applied Linguistics and English Literature*, 6(7): 11–17.

Zhou, J. P. 2020. An Analysis of *A Long Walk to Freedom* from the Perspective of Transitivity System. *Open Journal of Modern Linguistics*, 10(3): 195–202.

Zhuravleva, N. N. 2012. Application of Quantitative Methods to the Analysis of Author's Style and the Solution of the Problems of Attribution. *Tyumen State University Herald*, (1): 136–141.

Zuo, X. Y. 2019. A Preliminary Study on International Ecological Discourse and Its Transitivity Analysis Model. *Journal of Language Teaching and Research*, 10(4): 820–825.

Zyngier, S. (ed.) 2016. *Language, Discourse, Style: Selected works of John McH Sinclair*. Amsterdam & Philadelphia: John Benjamins.

Zyngier, S., van Peer, W. & Hakemulder, J. 2007. Complexity and Foregrounding: In the Eye of the Beholder? *Poetics Today*, 28 (4): 653–682.

术语表

B

版面设计，字体	typography
伴语言特征	paralinguistic feature
背景	background
背景化	backgrounding
本体论	ontology
本体隐喻	ontological metaphor
本质	nature, quality, essence
比较	comparison
比较推理	comparative inference
比较性的	comparative
比喻	figure of speech
比喻性语言	figurative language
必要成分	obligatory element
编码	encoding
变量	variable
变体	variety
变异	variation
辩驳	rebuttal
标题	title
标注	annotate (*v.*), annotation (*n.*)
标准	criterion
标准差	standard deviation
标准语言，标准语	standard language
表层结构	surface structure
表达	expression
表达策略，情感策略	expressive strategy
表达方式	mode of expression
表达风格	expressive style
表达风格学	expressive stylistics
表达手段	expression device
表达行为	expressive action

表情的，情感的，情感意义	affective
表情性	expressivity
表现手段	means of expression
表演，重现	enactment
表意词汇，实义词	content word
表征行为	representing action/event/state
表征时间、空间和社会	representing time, space and society
表征言语和思想	presenting other's speech and thought
补语	complement
不确定性	indeterminacy
不一致	inconsistency
布局	layout
布拉格学派	the Prague School

C

参与者	participant
参照点关系	reference point relationship
参照库	reference corpus
策略	strategy
侧面	profile
层次	level, stratum
层次化	stratification
阐释主义	interpretivism
常规	norm
场景	setting
场面调度	mise en scene
超规则的	overregular
超级读者	superreader
超文本小说	hypertext fiction
沉浸式戏剧	immersive theatre
陈述句	statement
称呼语，称谓	terms of address
成分	element, constituent
程度	extent
程式化	schematization
程序	procedure
持续情感	sustaining emotion

重复	repetition
重现，重复	recursion, recurrence
冲突	conflict
抽样	sampling
出发点	point of departure
出乎意料的	unexpected
穿梭运动	shuttling process
传统派	traditional school
传统修辞学	traditional rhetoric
词	word
词汇	lexis
词汇层	lexical level
词汇集	lexical set
词汇密度	lexical density
词汇启动	lexical priming
词汇衔接	lexical cohesion
词汇语法	lexicogrammar
词汇语法特征	lexicogrammatical feature
词类分布	word class distribution
词汇列表	wordlist
词素	morpheme
词组	group
次第扫描	sequential scanning
刺激	stimulus
从属关系，形合法	hypotaxis
存在过程	existential process
措辞，用词	diction, wording

D

搭配	collocation
当代美国英语语料库	Corpus of Contemporary American English, COCA
倒叙，回叙，闪回	analepsis, flashback
得体，合适	adequate, decorum, appropriate
得体原则	maxim of appropriateness
等价原则	equal-value principle
等同和对立	equating and contrasting

地点	location
典型的，通常的	typical
调查法	survey (investigation) method
调动起来的，激活的	mobilized
定量方法	quantitative method
定性方法	qualitative method
动态多模态语篇	dynamic multimodal text (discourse)
动因，动机，理据	motivation
独白	soliloquy, monologue
独特特征	unique feature
独特性	uniqueness
读心	reading mind
读者	reader
读者反应	reader's response
读者反应批评	reader's response criticism
断代文体学	chronological stylistics
断言	claim
对比	contrast
对比推理	contrastive inference
对等	equivalence
对话	dialogue
对立，对立性	opposition
对立假设	alternative hypothesis
对象，目标	target
多模态符号学	multimodal semiotics
多模态功能文体学	multimodal functional stylistics
多模态话语	multimodal discourse
多模态话语分析	multimodal discourse analysis
多模态认知文体学	multimodal cognitive stylistics
多模态文体学	multimodal stylistics
多模态性	multimodality
多模态叙述体裁	multimodal narrative genre
多模态隐喻	multimodal metaphor
多模态语料库检索工具	Multimodal Corpus Authoring System, MCA
多学科	multidisciplinarity, interdisciplinarity
多样性	variation
多样性比率	variation ratio

E

二元对立	binary opposition
二元论	dualism
ERP 神经成像技术	ERP Imaging technology

F

发话者，发话人	addresser
法律文体	legal (forensic) style
法律文体学	forensic stylistics
反讽	irony
反馈	feedback
反应，反响	response
泛化的，概括的	generalized
范畴	category
范畴化	categorization
范式	model, pattern
范围	range, scope
方差	variance
方差分析	analysis of variance, variance analysis
方法	method
方法论	methodology
方式，手段	means
方式准则	maxim of manner
方位隐喻	orientational metaphor
方位指示语	locative deixis
方言	dialect
非常规	abnormal
非熟悉化	de-familiarization
非言语声音	nonverbal sound
非自动化	de-automatization
分布	distribution
分离的	separate
分裂句	cleft sentence
分析	analysis
分析阶段	analytic stage

丰富	rich
风格	style
风趣	humorous
封面设计	book-cover design
讽刺	satire
否定	negating
肤电反应	galvanic skin response, GSR
浮华	flashy, showy
符号	sign, symbol
符号系统	semiotic system
符号学	semiotics
符码	coding
福克纳文体	Faulknerian style
附加	addition
附加语，状语，修饰语	adjunct
复杂的	complex
复杂性	complexity

G

概念	concept
概念场景	conceptual scenario
概念功能	ideational function
概念化	conceptualize *v.*
概念化	conceptualization *n.*
概念结构	conceptual structure
概念意义	ideational meaning
概念隐喻	conceptual metaphor
概念整合，概念合成	conceptual integration, blending
概念整合理论	blending theory
感觉，直觉	intuition
感觉辞格	tactile figure
感情，感受	feeling, affection
感受文体学	affective stylistics
高层次注意力	high-level focus
高度复杂	high perplexity
高结构主义	high structuralism
高频率出现	high frequency of occurrence

格律性，格律论	periodicity
个人传记	autobiography
个体，个人	individual
个体方言	idiolect
个体化	individualization
个体特征	personal characteristic (feature)
个性特征	personal characteristic
工具	tool, instrument
公开的叙事者	overt narrator
功能	function
功能文体	functional style
功能文体学	functional stylistics
功能性磁共振成像	functional magnetic resonance imaging, fMRI
功能语法	functional grammar
功能主义	functionalism
共同点	common feature (characteristic)
共现	concurrence
共性特征	common feature
古典修辞学	classical rhetoric
故事	fabula, historie
故事内叙事的	intra-diegetic
故事外声音	extra-fictional voice
故事外叙事的	extra-diegetic
关键词	keyword
关联	linking, connection
关联准则	maxim of relevance
关系过程	relational process
观察法	observation method
观看	looking at
观众，听众，受话人	audience
归纳	induction
归纳推理	inductive inference
规定	stipulation, regulation
规范	norm
规则	regularity
规则的	regular
过程	process
过滤文本	filler

H

含义	connotation
寒暄功能	phatic function
汉语文体学	Chinese stylistics
和谐	harmony
合作	cooperation
合作原则	cooperative principle
宏大风格	grand style
宏观层面	macro-level
呼应	echo
互补	complementarity
互动	interaction
互动意义	interactive meaning
互文，互文性	inter-textuality
华而不实	flashy
滑稽模仿	burlesque
话步	move
话轮	turn
话轮转换	turn-taking
话题	topic
话题转移	topic shift
话语	locution, discourse
话语参与者	discourse participant
话语范围	field, field of discourse
话语方式	mode, mode of discourse
话语分析	discourse analysis
话语过程	verbal process
话语基调	tenor, tenor of discourse
话语世界	discourse world
话语文体学	discursive stylistics
回归分析	regression analysis
回合	exchange
会话分析	conversation analysis
会话含义	conversational implicature

J

基本假设	basic assumption
基础主义	foundationalism
基调	keynote, mood
机构性话语	institutional discourse
激活的，有动因的	activated, motivated
级，阶级	rank
极差	gradation
及物性结构	transitivity
给予	giving
集中趋势	central tendency
计算文体学	computational stylistics
记忆	memoria
技巧	skill, technique
技术	technology
假设	hypothesis
假设检验	hypothesis test
价值	value
价值中立	value free
兼收并蓄	eclecticism
简单的	simple
简短，简洁	brevity, terseness
简化性	simplicity
间接引语	indirect speech
间离话语	distancing discourse
鉴赏	appreciation
讲话者，讲话人	speaker
交叉	intersection
交叉学科	interdiscipline
交际过程	communication process
交流	exchange
交易	transaction
角度，方面	perspective
角色，身份	role
脚本	script
教学文体学	pedagogical stylistics
接触	contact

接受者	receiver
节奏	rhythm
结构	structure
结构的	structural
结构隐喻	structural metaphor
结构主义	structuralism
结果	result
结果情感	outcome emotion
结尾	peroration, coda, denouement
解构	deconstruction
解码	decoding
解释	explanation, interpretation
介入	engagement
介绍	introduction
界标	landmark
借喻，转喻	metonymy
紧张	tension
进程	progression
近红外光谱技术	near infra-red spectroscopy (NIRs)
禁忌语	taboo
经验推理	empirical inference
经验意义	experiential meaning
痉挛	twitch
静态的	static
镜像神经元	mirror neuron
镜像神经元系统	mirror-neuron system
局域语篇建构功能	local textual function
句法层	syntactic level
句片	sentence fragment
具身体验	embodiment
具体的	concrete
具体化	specification
距离	distance
聚类，词簇，词块	cluster
聚类分析	cluster analysis
均值	mean

K

科学主义	scientism
可能世界	possible world
客观调查法	objective survey method
客观释解	objective construal
客观性	objectivity
客体	object
肯定的，积极的	positive
空白，空缺	lacuna
空间	space
空间布局	layout, spatial arrangement
空间形式	spatial form
口音，重音，重音性	accent, accentuation
口语	spoken language
口语体	orality
夸张	hyperbole
跨行连续	enjamb(e)ment
跨学科	crossdisciplinarity
框架，构架	frame, framing
扩展	expansion

L

拉米斯派	Ramis School
类比	analogy
类比推理	analogical inference
离散趋势	dispersion
礼貌	politeness
礼貌策略	politeness strategy
里克特量表	Likert scale
理论取向	theoretical orientation
理论文体学	theoretical stylistics
理性	reason
理想读者	ideal reader
立场，态度	stance
力动态	force dynamics

历史文体学	historical stylistics
历史文学研究	historical literary study
例证和枚举	exemplifying and enumerating
连贯，连贯性	coherence
连接（词）	conjunction
连续体	continuum, cline
连续性	continuity
联系，联想	association
量上的	quantitative
路径	path, route
伦理，伦理学	ethics
论说	argument
逻格斯	logos
逻辑，逻辑学	logic
逻辑语义关系	logico-semantic relation

M

矛盾	contradiction
媒介	medium
媒体文体学	media stylistics
美	beauty
美学	aesthetics
美学功能	aesthetic function
美学价值	aesthetic value
美学效果	aesthetic effect
觅材取材	inventio
密度	density
面子，脸面	face
描述	description
描述法	descriptive method
描述性统计	descriptive statistics
描写	description
民间故事形态学	the morphology of the folktale
敏感性，敏感程度	sensitivity
名物化	nominalization
明喻	simile
命令	command

命名	naming
命题	proposition
模范读者	model reader
模仿	mimesis
模拟	mimicry, simulation
模式	pattern
模式，模型	model
模态	mode, modality
模态独立性	modal independency
模态协同	synergy of modes
魔法仪式	magical ritual
陌生化，疏远	estrangement; de-familiarization
谋篇布局	disposition
目标	goal, objective, aim
目标库	target corpus
目标域	target domain
目的	purpose, aim

N

脑磁图	magnetoencephalography, MEG
脑电图	electroencephalograph, EEG
内包	inclusion
内部思维	intramental thought
内容	content
拟人	personification
女性文体学	feminist stylistics
女性主义	feminism

P

拍摄方式	cinematography
排比，对偶，平行结构	parallelism
批评话语分析	critical discourse analysis
批评文体学	critical stylistics
批评语言学	critical linguistics
皮尔逊相关系数	Pearson Correlation Coefficient

偏离，变异	deviation
偏离常规	deviation from the norm
篇章性，文感	texture
骈文	parallel prose style
频率	frequency
平均值	mean value
评价	evaluation
评价阶段	evaluative stage
评价理论	appraisal theory
评价文体学	appraisal stylistics
评价性的	evaluative
评价意义	evaluative meaning
朴实	plain
朴实风格	plain style
概括性	generality
普尔钦斑	purkinje image
普通文体学	general stylistics

Q

启蒙时代或启蒙运动时代	Age of Enlightenment
祈使句	imperative
乞讨话语	begging discourse
歧义，歧义性	ambiguity
恰好，适当	adequacy
前景化	foregrounding
前缀	prefix
潜势，潜在	potential
嵌套	embedding
强度	intensity
强调	emphasis, highlighting
强化的情感	accentuated feeling
强加	superimposition
亲密体	intimate style
清晰性	clarity
情感	affect, emotion
情感的	emotive
情感反应	emotional (affective) response

情感功能	emotive function
情感认同	expressive identity
情感认同类型	expressive identity type
情感文体学	affective stylistics
情感效果	emotional effect
情节	plot, sjuzet
情景	situation
情景语境	context of situation
情态	modality
求取	demanding
区别，区分	difference
区别性特征	distinctive feature
去人格化	depersonification
权证	warrant
劝说	persuasion

R

人格，人品	personality
人际功能	interpersonal function
人际思维	intermental thought
人际意义	interpersonal meaning
人物	character
人物刻画	characterization
人物形象	character profile
人种志研究方法	ethnographic approach
认同	identification
认知	cognition
认知反应	cognitive response
认知符号学	cognitive semiotics
认知革命	cognitive revolution
认知科学的双向性	bi-directionality in the cognitive science
认知理据	cognitive motivation
认知入景理论	nominal grounding strategy
认知诗学	cognitive poetics
认知文体学	cognitive stylistics
认知叙事学	cognitive narratology
认知亚文本世界	epistemic sub-world

认知语法	cognitive grammar
认知域	dominion
认知指示，认知指示词	cognitive deixis

S

散点图	scattered diagram
散文	essay
扫描	scanning
商议性	consultative
上下文	co-text
社会语言学	sociolinguistics
射体	trajector
身份协商	negotiation of identity
身体反应	body (physical) response
身体体验	physical experience
深层结构	deep structure
神经科学	neuroscience
神经认知诗学	neurocognitive poetics
神经语言学	neurolinguistics
审查	censorship
审查者	censor
审美功能	aesthetic function
生成文体学	generative stylistics
生成语法	generative grammar
生理反应	physiological response
生态话语	ecological discourse
生态语言学文体学	ecological linguistic stylistics
生硬	hardness
声波语音学	acoustic phonetics
声音效果	sound effect
省略	ellipsis
施动者	actor
失衡	deflection
失协	incongruity
诗歌	poetry
诗歌文体学	stylistics of poetry

诗歌象似性	poetic iconicity
诗歌语言	poetic language
诗性	poetic nature
诗性形式	poetic form
诗学	poetics
诗学功能	poetic function
时间	time
时距	duration
时态	tense
时序	chronological sequence, temporal order
时序倒错	anachrony
识解	construal *n.*
识解	construe *v.*
实例化	instantiation
实体	substance
实验方法	experimental method
实验文体学	experimental stylistics
实验小说	experimental fiction
实用文体	practical style
实用文体学	practical stylistics
实用性	practicality
实证主义	positivism
世界观	world-view
事件	event
事件相关电位法	event-related potentials, ERP
事实	truth
事物	thing
视点	point of view, focalization
视角	angle, perspective
视觉感知	visual perception
视觉话语	visual discourse
视觉特征	visual feature
视觉通信	visual communication
视觉意义	visual meaning
视觉语法	grammar of visual design
视频剪辑	video editing
受话者,受话人	addressee
受述者	narratee

书面语	written language
抒情诗	lyric
属性	attribute
数理统计	statistics
数量上的	quantitative
数量准则	maxim of quantity
衰减	attenuation
双则语用框架	two-principled pragmatic framework
顺行性遗忘症	anterograde amnesia
顺序	sequencing
说教辞格	didactic figure
说明	exposition
司法性	legal, legislative
思维风格	mind style
思想	idea, thought
俗文体	popular style
索引	index
使用者，使用人	user

T

t 检验	t-test
态度	attitude
态度亚文本世界	attitudinal sub-world
特殊特征	special feature
特殊性	particularity
特征	feature
梯度，递级	gradience
提供	offer
提问	question
提议	proposal
题材	subject matter
体裁	genre
体裁结构	generic structure
体现，体现化	realization
替代	substitution
替代经验	vicarious experience
听话者，听话人	listener

听觉辞格	auditory figure
通感隐喻	synaesthetic metaphor
通俗性	popular
同位现象	apposition
瞳孔—角膜反射法	the pupil center cornea reflection technique
统计方法	statistical method
统计学	statistics
统计文体学	statistical stylistics, stylostatistics
统一体	unified whole
统一性	uniformity
投射	projection
凸显	salience
突出	prominence
突显	profiling
突显的，凸露的，显耀的	highlighting
图式	schema, script, frame, scenario
图式理论	schema theory
图式理论认知模型	Thematic Organization Points, TOPs
图像	icon, image, photograph, drawing
图像图式、意象图式	image schema
图像隐喻	image metaphor
图像语法	image grammar
图形—背景	figure and ground
推断，推测	inference
推理	reasoning
推理小说	speculative fiction
推理性统计	inferential statistics

W

外貌	appearance
外延	denotation
万灵倾向	a tendency of animism
微型段落	mini-paragraph
违背，违反，打破	violation
违反（违背）常规	violation of norm
文本变化检测法	text change detection method

文本触发	textual trigger
文本世界构建成分	world-building element
文本世界理论	text world theory
文本指示元素	textual deictic element
文感	texture
文化	culture
文化语境	context of culture
文体	style
文体测量学	stylometry, stylometrics
文体分析	stylistic analysis
文体感	a sense of style
文体技巧	stylistic technique
文体价值	stylistic value
文体区分特征（因子）	style discriminator
文体史料学	stylistic historiography
文体特点	stylistic characteristic
文体特征、文体特色	stylistic feature
文体效应，文体效果	stylistic effect
文体选择	stylistic choice (selection)
文体学	stylistics
文体意义	stylistic significance
文学	literature
文学语言	language of literature
文学接受实验方法	empirical approaches to literary reception
文学批评	literary criticism
文学认知研究	cognitive literary study
文学实证研究	empirical study of literature, ESL
文学文体	literary style
文学文体学	literary stylistics
文学性	literariness
文学预备阶段	pre-literary stage
文学作品中的语言	language in literature
文学作品中语言的功能	functions of language in literature
文艺复兴	The Renaissance
文艺美学	literary aesthetics
文艺批评、文学批评	literary critic
问卷（调查法）	questionnaire
无标记的	unmarked

无生命的	inanimate
五艺说	five canons
误差	error
误解	misunderstanding
物理形式	material form
物态	materiality
物体	object
物质过程	material process

X

西方文体学	Western stylistics
习用的	idiomatic, customized
戏剧	drama
戏曲文体学	style of Chinese opera
系统功能语言学	systemic-functional linguistics
系统性	systematicity
衔接	cohesion
衔接机制	cohesive device
显性的	explicit
显著	salient
显著度	strikingness
显著性差异	significant difference
现代修辞学	modern rhetoric
现象	phenomenon
相对性的	relative
相关性	relevance
相关性标准	criteria of relevance
相互依赖关系	interdependency
相似，相似性	similarity
想象的跨文本世界	figured trans-world
象似符号	icon
象似性	iconicity
象征	symbolism
小句	clause
小妞文学	chick lit
小说	fiction

小说文体学	stylistics of fiction
效应	effect
协同	synergy
心理处理，心理加工	mental processing
心理范畴	mental category
心理归因	psychological attribution
心理过程	mental process
心理空间	mental space
心理空间理论	mental space theory
心理实验	psychological experiment
心理文体，个体文体、思维风格	mind style
心理效果	psychological effect
心灵归属	mind attribution
心智	minding
心智构念	mental construct
心智建模理论，心智塑性	mind-modelling
欣赏	appreciation
新批评	new criticism
新信息	new information
新颖	new
信息	information
信息结构	information structure
行动，具体情节	action
行动链	action chain
行为，行动	act
行为过程	behavioural process
行为者	actor, behaver
行为主义	behaviorism
形式	form
形式变量	form variable
形式特征	formal feature
形式文体学	formal stylistics
形象	profile
形状	shape
型式	construction
修辞（学）	rhetoric
修辞方式	rhetorical mode
修辞格	rhetorical figure, figure of speech

修辞技巧	rhetorical technique
修辞手段	rhetorical device
修辞手段派	School of Rhetorical Devices
修辞效果	rhetorical effect
修辞学家	rhetor; rhetorician
修辞艺术	art of rhetoric
修饰语	modifier
虚构的	fictitious
虚构性	fictionality
虚拟位移	fictive motion
虚无假设	null hypothesis
序列图像	sequential image
序言	prologue
叙事	diegesis
叙事急迫	narrative urgency
叙事技巧	narrative technique
叙事文体学	narrative stylistics
叙事学	narratology
叙事者，叙述者	narrator
叙述视角	narrative perspective
宣传	propaganda
选择	choice, selection
选择轴	axis of choice

Y

押韵	rhyme
亚文本世界	sub-world
延迟	retardation
延伸	extension
言语	parole
言语，演讲，口语	speech
言语事件	speech event
言语行为	speech act
言语行为	locutionary act
研究范围	scope of study
眼动仪	eye-tracker

眼动追踪测试	eye-tracking test
眼睛视频分析	video oculographic analysis
眼球追踪和延续实验	eye-tracking and continuation test
演讲技巧	pronuntiatio
演绎	deduction
演绎推理	deductive inference
样本	sample
依据	ground
一致性，团结	solidarity
移情	empathy
疑问句	interrogative
以计算机作为媒介的语篇分析方法	computer-mediated discourse analysis, CMDA
义务	obligation
艺术	art
异常	anomaly
意动功能	conative function
意识流	stream of consciousness
意识形态	ideology
意态	modulation
意图，意向	intention
意象	image
意象美	imagery beauty
意象派风格	imagist style
意象图式	imagery schema
意义	meaning
意义单位	semantic unit
意义互补	semantic complementarity
意义建构	meaning-making
意义潜势	meaning potential
意义特征	semantic feature
意义指向的稳定性	the stability of its semantic direction
意义转移	meaning transference
意愿	inclination
因素、要素	element, factor
因素分析	factor analysis
音步	foot
音节	syllable
音频—视频转录表	audio visual transcript

音位	phoneme
音系学	phonology
音乐的	musical
引言	proem
隐蔽的叙事者	covert narrator
隐含的	implied
隐含和假定	implying and assuming
隐含意义	implied meaning
隐含作者	implied author
隐性变量	implicit variable
隐性的	implicit
隐喻，暗喻	metaphor
隐喻模式	metaphorical pattern
隐喻转移	metaphor shifting
印象主义	impressionism
印象主义风格	impressionistic style
英语国家语料库	British National Corpus, BNC
英语文体学	English stylistics
应对	interaction
映射	mapping
用途	use
幽默的	humorous
优先	prioritizing
有标记的	marked
有动因的突出	motivated prominence
有动因的选择	motivated choice
有认知倾向的	cognitively sympathetic
有声思维报告	think-aloud protocol
诱发电位	evoked potential, EP
语调	intonation
语法	grammar
语法的	grammatical
语法隐喻	grammatical metaphor
语境	context
语境共现检索	concord
语境特征	contextual feature
语境语义韵理论	contextual prosodic theory, CPT
语境中关键词索引	concordance

语句	utterance
语句衔接	sentence cohesion
语料库	corpus
语料库方法	corpus method
语料库文体学	corpus stylistics
语料库语言学	corpus linguistics
语码	code
语码转换	code-switching
语篇，文本，篇章	text, discourse
语篇变化识别法	text change detection method
语篇处理	discourse processing
语篇功能	textual function
语篇世界，文本世界	text world
语篇碎片	text fragment
语篇位置的稳定性	the stability of its textual location
语篇文体学	discourse stylistics
语篇意义	textual meaning
语篇语言学	text linguistics
语篇语义学	discourse semantics
语气	mood
语态	voice
语体	style, genre
语体学	stylistics, genre theory
语文圈	philological circle
语言	langue
语言变体	language variation
语言的层级	levels of language
语言（言语）社团	language (speech) community
语言特征	linguistic feature
语言行为	performance
语言学文体学	linguistic stylistics
语义层	semantic level
语义场	semantic field
语义结构	semantic structure
语义三角	semantic triangle
语义韵	semantic prosody
语音层	phonetic level
语用文体学	pragmatic stylistics

语用学	pragmatics
语域	register
域	domain
预测	anticipation
预设	presupposition
寓言	fable
元功能，纯理功能	metafunction
元语言	metalanguage
元语言功能	metalingual function
原型	prototype
原因	course, reason
源域	source domain
原则，准则，（作家）真品，精品	canon
阅读时间实验	reading time experiment
阅读注意力	reading focus
运用，使用	use
韵律特征	prosodic feature

Z

载体	carrier
张力	tension
真实，真理	truth
真实世界	real world
整合经验的情感能力	a capacity of emotion to integrate experiences
整体性	totality
正电子发射扫描	position emission tomography, PET
正确性	correctness
正式程度	degree of formality
政治文体	political style
支持	backing
支配，控制	control
肢体语言	body language
直感，直觉	intuition
直接辖域	immediate scope
直接性	directness
直接引语	direct speech

直觉印象法	intuitive expression method
植入情境	grounding
指称，指代	reference
指称功能	referential function
指示物	referent
指示性定位	deictic positioning
指示亚世界	deictic sub-world
指示语	deixis
指示转换理论	deictic shift theory
置换变形	displacement
质量上的	qualitative
质量准则	maxim of quality
制约	constrain
制约机制	constraining mechanism
中世纪	Middle Ages
中世纪文体	medieval style
中性文体，中庸文体，中间文体	middle style
中值	medium
种群	population
众数	mode
重音	stress
轴，语轴	axis
主观阐释	subjective interpretation
主观调查法	subjective survey method
主观感受	subjective affection
主观性	subjectivity
主题	thesis
主题词	key word
主题意义	thematic meaning
主体	subject
主位	theme
主语	subject
注意力，专注（程度）	attentiveness
转换	transformation
转换规则	transformation rule
庄严，庄重	solemn
桌面比拟	desktop metaphor
资源	resource

自动化，常规化	automatization
自发脑电图	electroencephalograph, EEG
自然阅读研究	naturalistic study of readers, NSR
自由风格，自由文体	free style
自由间接思想	free indirect thought
自由间接引语	free indirect speech
自指	self-reference
自足性	self-sufficiency
字形，字体，字位学	graphology
字形层	graphological level
字形语法，字体语法	grammar of graphology
总结	summary
总结扫描	summary scanning
组成部分	exponent
组成指示元素	compositional deictic element
组合轴	axis of chain
最大辖域	maximal scope
作者	author